# iPhone / Android

## 애플리케이션 개발자를 위한

# 머신러닝, 딥러닝

## 실전 입문

후루카와 히데카즈 지음
원인재 옮김

## Create ML
## Core ML
## Turi Create

## ML Kit
## TensorFlow
## Cloud AutoML

**스마트폰과 인공지능을 조합하여
지금까지 구현된적 없는 앱을 만들 수 있는
최고의 길잡이**

터닝
포인트

# iPhone / Android 애플리케이션 개발자를 위한
# 머신러닝, 딥러닝 실전 입문

2019년 12월 2일 초판 1쇄 인쇄
2019년 12월 9일 초판 1쇄 발행

**지은이** 후루카와 히데카즈
**옮긴이** 원인재

**펴낸이** 정상석
**책임 편집** 엄진영
**본문편집** 이경숙
**표지디자인** 김보라
**펴낸 곳** 터닝포인트(www.diytp.com)
**등록번호** 제2005-000285호

**주소** (03991) 서울시 마포구 동교로27길 53 지남빌딩 308호
**대표 전화** (02)332-7646
**팩스** (02)3142-7646
**ISBN** 979-11-6134-059-3 (13000)

**정가** 33,000원

**내용 및 집필 문의** diamat@naver.com
터닝포인트는 삶에 긍정적 변화를 가져오는 좋은 원고를 환영합니다.

이 도서의 국립중앙도서관 출판예정도서목록(CIP)은 서지정보유통지원시스템 홈페이지(http://seoji.nl.go.kr)와
국가자료공동목록시스템(http://www.nl.go.kr/kolisnet)에서 이용하실 수 있습니다.
(CIP제어번호: CIP2019045045)

# 머릿말

이 책은 iPhone/Android 애플리케이션에서 "머신 러닝" 기능을 적용해 볼 수 있는 방법을 소개하고 있습니다. 다른 머신 러닝 서적에 비해 이 책에서는, iPhone/Android 앱 개발자 전용으로 머신 러닝 기능을 다루고 있습니다.

대상 독자는 다음과 같습니다.

- iPhone/Android 앱 개발 경험자로 인공지능에 흥미가 있는 독자
- iPhone/Android 환경에서 스스로 머신 러닝 기능을 사용하고 싶은 독자
- 다른 머신 러닝 관련 서적을 보고 실망했던 독자

지금 제 3차 인공지능 붐이 일어나고 있습니다. "사진에 고양이와 개의 어느 쪽이 찍혀 있을까"를 판단하거나 "문장이 긍정적인가 부정적인가"를 판단하는 등, 불과 1-2년 전에는 인간이 아니면 할 수 없었던 것들이 인공지능에 의해서 차례차례 실현되고 있습니다.

이러한 "인공 지능"을 스스로 구현하려면 어떻게 하면 좋을까요?

"예측에 사용하는 정보"와 "예측 결과의 정보"의 페어 데이터를 대량으로 준비하고, 인공지능에 학습시키면 됩니다.

"사진에 고양이와 개의 어느 쪽이 찍혀 있는가"를 판단하려면 "예측에 사용하는 정보"로 "사진", "예측 결과의 정보"로 "고양이 또는 개"의 데이터를 이용한 학습이, "문장이 긍정인지 부정인지"를 판단하려면 "예측에 사용하는 정보"로 "문장", "예측 결과의 정보"로 "긍정 또는 부정"이라고 하는 데이터로 학습시켜야 합니다.

그럼, 어떠한 머신 러닝 프레임워크를 사용하여 인공지능을 학습시키면 좋을까요?

주요 프레임워크로는 "TensorFlow", "Chainer", "PyTorch" 등이 있습니다. 이와 같은 프레임워크를 잘 다루기 위해서는 많은 전문 지식이 필요하고 난이도도 높습니다.

그래서 이 책에서는 애플이 제공하고 있는 "Core ML", "Create ML", "Turi Create"와

Google이 제공하고 있는 "ML Kit", "Cloud AutoML"을 사용하여 알고리즘이나 수식을 의식할 필요가 없이 간단하게 이용할 수 있도록 설명하고 있습니다. iPhone/Android 전용으로 최적화되어 있고 기존 머신 러닝 학습 모델을 변환해 스마트폰에서 이용할 수도 있습니다.

각 프레임워크에서 제공하고 있는 머신 러닝 기능에 대해서는 뒤에서 설명하는 "이 책의 구성"을 확인하기 바랍니다. 또한 이 책에서는 "TensorFlow"의 기본 사용법에 대해서도 설명합니다.

이 책은 iPhone/Android 앱으로 머신 러닝 기능을 잘 다루기 위한 노하우들로 구성되어 있으며 스마트폰과 인공지능을 조합하여 지금까지 구현된적 없는 앱을 만들 수 있는 길잡이가 되었으면 하는 마음으로 기술하였습니다.

마지막으로 born디지털사의 사토 에이이치씨, 그림을 그려주신 히라자와 세이지씨, 사진을 제공해 주신 타카라 이쿠토씨 그 외 협력해 주신 분들께 감사드립니다.

저자 후루카와 에이이치

# 이 책의 구성

이 책에서는 Apple과 Google에서 제공하고 있는 머신 러닝 프레임워크를 사용하여 머신 러닝을 활용한 스마트폰 애플리케이션 개발방법에 대해 설명하고 있습니다.

특히 iPhone/Android 개발 경험자를 대상으로 하고 있기 때문에 각 개발 환경에 대한 설치나 사용방법, 프로그래밍 기초 등에 대한 경험이 없는 경우에는 먼저 iPhone/Android 애플리케이션 개발 입문서를 읽어주기 바랍니다.

또한 iPhone/Android 개발에서 사용하고 있는 Swift, Java 이외에도 파이썬을 사용하고 있습니다.

지면관계상 파이썬 프로그래밍 입문에 대해서도 설명하고 있지 않으므로 파이썬 경험이 없는 분들은 파이썬 관련 서적과 함께 읽어주기 바랍니다.

이 책에서는 앞으로 머신 러닝을 시작하고자 하는 독자들을 위한 구성으로 되어있지만, 특히 소개하는 프레임워크에 대한 활용법을 중심으로 설명하고 있으므로 일반적인 AI(인공지능)나 머신 러닝에 대한 상세한 해설은 생략하고 있습니다.

이 책에서 설명하고 있는 내용은 다음과 같습니다.

1장에서는 각 프레임워크의 개요와 개발 환경 및 실행환경에 대해 자세하게 정리하고 있으니 먼저 1장의 내용을 통해 각각의 개요를 이해하기 바랍니다.

### Core ML

화상 분류, 유사 화상 검색, 물체 검출, 화풍 변환, 활동 분류, 텍스트 분류, 얼굴 검출, 바코드 검출, 문자 검출, 수평선 검출, 물체 이동 트래킹, 자연어 처리

### Create ML

화상 분류, 텍스트 분류, 분류, 회귀

## Turi Create

화상 분류, 유사 화상 검색, 물체 검출, 화풍 변환, 활동 분류, 텍스트 분류, 추천, 분류, 회귀, 클러스터링(군집화), 그래프 분석, 텍스트 분석

## ML Kit

화상 분류, 얼굴 검출, 바코드 검출, 랜드마크 인식, 텍스트 인식, 커스텀모델

## Cloud AutoML

화상 분류, 텍스트 분류, 번역

## Tensor Flow

화상 분류, 텍스트 분류, 머신 러닝 모델 변환

2장부터는 프레임워크마다 샘플 프로그램을 만들어 보며 각각의 내용에 대해 설명할 것입니다. 프레임워크에 따라서는 "학습을 통한 추론 모델작성", "모델을 이용한 추론하기", "학습과 추론 양쪽 모두 사용하기"와 같이 다양한 이용 형태를 가지고 있습니다.

해당 내용에 대해서는 1장의 표 1-1-1 및 그림 1-1-10에서 정리하고 있으므로 우선은 전체를 파악하고 나서 읽어 보는것을 추천합니다.

## 샘플 프로그램 다운로드

이 책 안에서 설명하고 있는 샘플 소스 코드는 다음에서 다운로드 받을 수 있습니다.

- https://github.com/TurningPointPub/ml-for-app-devs

# ◆ 서문

## CHAPTER 1_ 머신 러닝과 프레임워크

## CHAPTER 2_ Core ML - 기본

## CHAPTER 3_ Core ML – Vision · Natural Language

## CHAPTER 4_ Create ML

# CHAPTER 5_ Turi Create – 작업 기반

## CHAPTER 7_ ML Kit

## CHAPTER 8_ Cloud AutoML

# CHAPTER 9_ TensorFlow

## APPENDIX A_ iOS 개발 환경 구성하기

## APPENDIX B_ Android 개발 환경 구성하기

# CHAPTER 1

# 머신 러닝과 프레임워크

# 1-1 머신 러닝의 개요

## 1-1-1 머신 러닝이란

「머신 러닝」(Machine Learning)이란 대량의 데이터에서 규칙성을 찾아서 분류나 판단과 같은 추론을 위한 규칙을 기계에 반영시키는 방법을 지칭하는 「인공지능」(Artitial Intelligence) 연구분야의 하나이며 「딥 러닝」(Deep Learning)은 그러한 머신 러닝의 여러 방법중 하나이다.

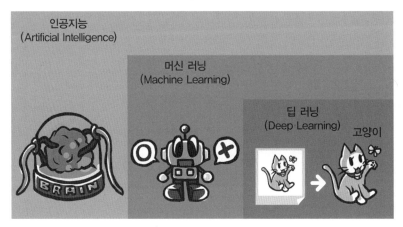

▲ 그림 1-1-1 인공지능, 머신 러닝, 딥 러닝의 관계

「머신 러닝」 이전의 인공지능은 예측이나 판단을 하는 규칙을 모두 인간이 고려해야 했다. 하지만, 규칙을 생각하는 인간이 그 분야의 전문가라 할 지라도 자신의 감각(행동 평가)을 바른 규칙으로 정의하는 것은 아주 어려운 작업이다. 「규칙 기반」이라고 불리는 방법은 사람의 한계가 그대로 인공지능의 한계가 되었다.

거기에서 등장한 것이 「머신 러닝」이다. 「머신 러닝」은 컴퓨터가 대량의 데이터를 분석하고 그 데이터에 잠재되어 있는 규칙성이나 상호 관계를 비롯한 대답을 이끌어내기 위한 규칙을 찾아내준다.

또한 그 데이터에 잠재되어 있는 규칙을 찾아내기 위한 학습 방법중 하나가 「딥 러닝」이다.

「딥 러닝」 이전의 머신 러닝에서는 「색과 형태에 주목」과 같은 착안점을 지시할 필요가 있었지만 「딥 러닝」의 경우에는 지시를 하지 않아도 자동으로 학습된다.

구체적으로는 단계가 네 개 이상의 모델에 대한 학습 방법을 가리키며 화상 분류를 비롯한 많은 작업에서 딥 러닝을 사용하고 있다(각 단계에 대해서는 9장 「TensorFlow」에서 설명한다).

### 1-1-2 학습과 추론

머신 러닝에는 [학습]과 [추론]이라는 2개의 프로세스가 존재한다.

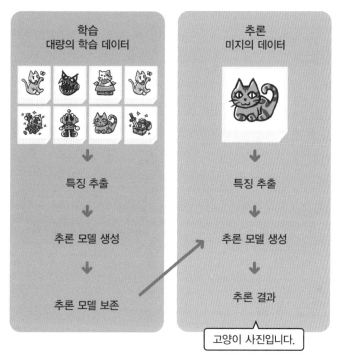

▲ 그림 1-1-2 머신 러닝의 [학습]과 [추론]

### ◎ 학습

「학습」이란 대량의 학습 데이터에서 특징을 추출하고 실제 데이터에서 추론하기 위한 [추론 모델]을 생성하는 프로세스를 말한다.

예를 들어, 사진에 「고양이」가 찍혀 있는지 없는지 판정하는 경우 「고양이」의 「귀 모양」이나 「꼬리 길이」 등의 특징 중에서 「고양이 사진」이라고 판단할 수 있는 특징을 추출해서 수치화한다. 이 수치를 「특징량」이라고 한다.

「특징량」이 준비되면 대량의 학습 데이터를 읽어들여 「고양이」라고 판단하기 위한 최적의 특징량 조합을 찾는다. 이것에 따라 실제 데이터에서 추론하기 위한 「추론 모델」을 생성한다.

### ◎ 추론

「추론」이란 부여된 데이터를 「추론 모델」에 적용시켜 추론 결과를 도출하는 프로세스를 말한다.

예를 들어, 사진에서 해당 특징을 추출하여 미리 준비된 「추론 모델」에 그 특징을 대조한다. 그리고 추출모델이 고양이가 찍혀 있을 가능성이 높다고 판단하면 「고양이 사진」이라는 추론 결과를 이끌어낸다.

예측에 사용되는 정보를 「설명 변수」라 하고 예측 결과의 정보를 「목적 변수」라고 부른다. 이번 예제를 기준으로 설명하면 「설명 변수」는 「사진」, 「목적 변수」는 고양이인지 아닌지가 된다.

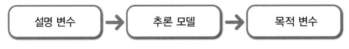

▲ 그림 1-1-3 추론 모델

## 1-1-3 지도 학습, 자율 학습, 강화 학습

머신 러닝의 방법에는 몇 가지 종류가 있는데 대표적인 것으로 「지도 학습」, 「자율 학습」, 「강화 학습」이 있다.

### ◎ 지도 학습

「지도 학습」이란 입력과 출력의 관계를 학습하는 방법이다. 예측의 기본이 되는 「정답 데이터」와 학습에 사용되는 「학습 데이터」를 함께 학습시키는 것으로, 입력된 데이터에 대해서 예측을 출력하는 추론 모델을 생성한다.

「지도 학습」은 「분류」, 「회귀」 두 가지로 나뉜다.

## 분류

「분류」는 복수의 특징 데이터를 기본으로 「클래스」(데이터 종류)를 예측하는 것이다.

예측하는 클래스 수가 2개인 경우 「이진 분류」라고 한다. 이진 분류보다 많은 수의 분류에 대해서는 「다중 분류」라고 한다.

예를들어 임의의 사진을 보고 고양이와 개 어느 것인지를 예측하는 태스크를 예로 들어보자. 이 경우, 클래스는 고양이와 개 두 가지인 「이진 분류」가 된다.

▲ 그림 1-1-4 분류 모델

## 회귀

「회귀」는 복수의 특징 데이터를 기본으로 연속값 등의 수치를 예측하는 것이다.

예를들어 광고 예산 증가에 따른 상품의 매출증가를 예측하는 경우를 예로 들어보자.

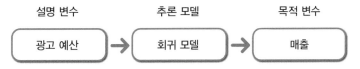

▲ 그림 1-1-5 회귀 모델

「분류」와 「회귀」의 다른 점은 「분류」가 「패밀리 레스토랑을 좋아하는지, 싫어하는지」에 대한 「분류」(좋음, 싫음)를 예측하는 것이라면 「회귀」는 「패밀리 레스토랑을 한 달에 몇 번 가는지」에 대한 「수치」(0번, 1번, 2번...)를 예측하는 부분이다.

이 책에서 소개하는 다음 내용은 대부분 「지도 학습」에 관한 것이다.

- 화상 분류
- 유사 화상 검색
- 물체 검출
- 화풍 변환
- 활동 분류
- 텍스트 분류
- 추천

- 얼굴 검출
- 바코드 검출
- 문자 검출
- 지평선 검출
- 물체 이동 트래킹

## ◎ 자율 학습

「자율 학습」이란 데이터의 구조를 학습하는 방법이다. 학습 데이터만으로 학습시켜, 학습 데이터에 포함되어 있는 잠재적인 패턴을 도출해 내는 추론 모델을 생성한다. 이 추론 모델을 이용하면 군집화(clustering)를 이용한 데이터 분석이 가능해진다.

### 군집화(clustering)

[군집화]란 학습 데이터의 패턴을 찾아 비슷한 패턴을 가지며 성질이 유사한 데이터를 통합하는 방법이다. 온라인 쇼핑의 유사구매자 분류 등이 이에 해당한다.

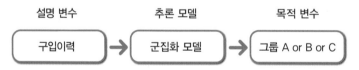

▲ 그림 1-1-6 클러스터 분석 모델

이 책에서 소개하는 「자율 학습」은 다음 두 가지이다.

- 군집화
- 토픽 모델

## ◎ 강화 학습

「강화 학습」이란 어떤 학습 환경에 놓여진 에이전트가 학습 환경의 상태에 따라 「행동」하고 획득할 「보수」가 최대화되도록 「방법」을 찾는 기법이다. 「강화 학습」은 장기나 바둑과 같은 게임의 대전 상대, 자동차의 자율주행, 로봇제어의 시뮬레이션 등에 이용된다.

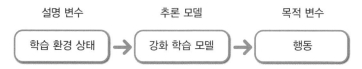

▲ 그림 1-1-7 강화 학습 모델

이 책에서는 「강화 학습」에 대해서는 다루지 않는다.

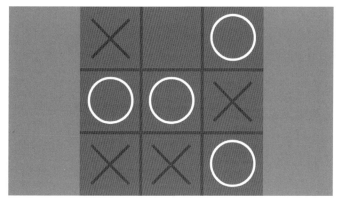

▲ 그림 1-1-8 강화 학습 샘플 「틱택토」

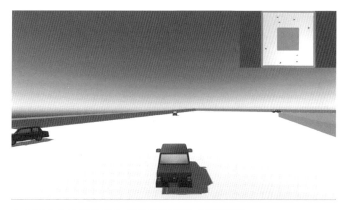

▲ 그림 1-1-9 강화 학습 샘플 「자율주행 시뮬레이션」

**1-1-4** 머신 러닝 프레임워크

이 책에서는 「Core ML」, 「Create ML」, 「Turi Create」, 「ML Kit」, 「Cloud AutoML」, 「TensorFlow」의 여섯 가지 「머신 러닝 프레임워크」에 대한 사용 방법을 샘플과 함께 소개할 것이다.

「Core ML」, 「Create ML」, 「Turi Create」의 세 가지는 Apple이, 나머지 「ML Kit」, 「Cloud AutoML」, 「Tensor Flow」는 Google이 제공하고 있는 프레임워크로 각각 「iOS」나 「Android」에서 머신 러닝 기능을 사용하는 것이 가능하다.

「추론 환경」은 머신 러닝의 추론을 사용한 어플의 실행 환경, 「개발 환경」은 어플 및 모델의 개발 환경, 「프로그래밍 언어」는 개발에 이용하는 주요한 프로그래밍 언어가 된다. iPhone의 표기에는 iPad도 포함된다.

| 프레임워크 | 학습 | 추론 | 추론 모델 | 추론 환경 | 개발 환경 | 프로그래밍 언어 |
|---|---|---|---|---|---|---|
| Core ML | × | ○ | Core ML 모델 | iPhone/Mac/Apple TV/Apple Watch | Mac | Swift, Objective-C |
| Create ML | ○ | × | Core ML 모델 | iPhone/Mac/Apple TV/Apple Watch ※Core ML을 이용하여 추론 | Mac | Swift |
| Turi Create | ○ | ○ | Turi Create 모델 | Mac/Linux | Mac/Linux | Python |
| | | | Core ML 모델 | iPhone/Mac/Apple TV/Apple Watch ※Core ML을 이용하여 추론 | | |
| ML Kit | × | ○ | TensorFlow Lite 모델 | iPhone | Mac | Swift, Objective-C |
| | | | | Android | Mac/Windows | Java |
| Cloud AutoML | ○ | ○ | – | iPhone/Android/Mac/Windows/Linux ※REST API를 경유하여 추론 | Mac/Windows/Ubuntu ※브라우저 | – |
| TensorFlow | ○ | ○ | TensorFlow 모델 | Mac/Windows/Linux/Raspberry Pi | Mac/Windows/Linux | Python |
| | | | TensorFlow Lite 모델 | iPhone/Android ※ML Kit를 이용하여 추론 | | |

▲ 표 1-1-1 머신 러닝 프레임워크

이 여섯 개의 프레임워크를 연계한 「학습」부터 「추론」까지의 흐름은 다음과 같다. 「Vision」, 「Natural Language」는 다음 장에서 설명한다.

① 「Core ML」에서 「Vision」,「Natural Language」를 사용한 추론

② 「Create ML」로 학습해서 「Core ML 모델」을 작성하고 「Core ML」로 추론

③ 「Turi Create」로 학습해서 「Core ML 모델」을 작성하고 「Core ML」로 추론

④ 「ML Kit」에서 「Vision」을 사용하여 온디바이스 또는 클라우드로 추출

⑤ 「Cloud AutoML」로 학습과 추론. REST API 경유로 결과 획득

⑥ 「TensorFlow」로 학습하여 「TensorFlow 모델」을 작성한 후 「Core ML 모델」로 변환하고 「Core ML」로 추론

⑦ 「TensorFlow」로 학습하여 「TensorFlow 모델」을 작성한 후 「TensorFlow Lite 모델」로 변환하고 「ML Kit」로 추론

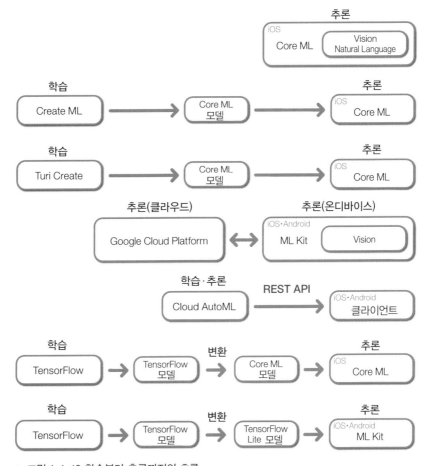

▲ 그림 1-1-10 학습부터 추론까지의 흐름

## 1-2 Core ML

### 1-2-1 Core ML의 개요

Apple이 제공하는 「Core ML」은 이미 학습이 끝난 모델을 사용하여 단말기에서 머신 러닝의 추론을 실행할 수 있는 프레임워크이다. iPhone, iPad, Mac, Apple Watch, Apple TV 등 Apple 제품에서 이용할 수 있다.

추론 모델 「Core ML 모델」을 이용한다.

- Core ML | Apple Developer Documentation
https://developer.apple.com/documentation/coreml

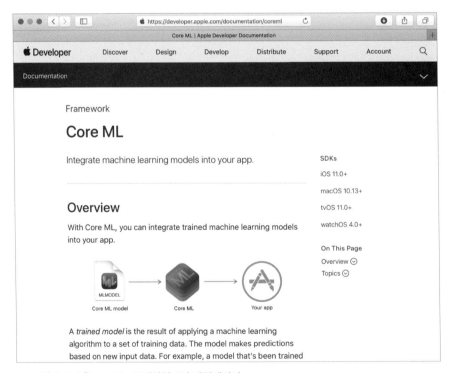

▲ 그림 1-2-1 「Core ML」 프레임워크의 메인페이지

「Core ML」의 특징은 다음과 같다.

- Apple 제품에서 머신 러닝의 효과를 최대한 발휘할 수 있도록 최적화되어 있다.
- 단말기에서 추론을 실행하기 위해 데이터를 외부로 송신할 필요가 없어 개인정보 등 기밀성 높은 데이터도 안심하고 이용할 수 있다.
- Apple이 제공하는 툴에 따라 기존의 「TensorFlow 모델」을 「Core ML 모델」로 변환해서 사용할 수 있다.

## 1-2-2 Core ML의 「Vision」, 「Natural Language」

「Core ML」을 기본으로 「화상 분류」나 「얼굴 검출」 등의 일반적인 머신 러닝의 기능을 바로 이용할 수 있는 프레임워크로 「Vision」과 「Natural Language」가 이용되고 있다. 학습을 통한 추론 모델을 준비할 필요가 없다.

「Vision」은 화상 해석, 「Natural Language」은 자연어 해석을 실행하는 프레임워크이다.

▲ 그림 1-2-2 Vision과 Natural Language

Core ML의 「Vision」과 「Natural Language」의 기능은 다음과 같다.

| 「Vision」의 기능 | 「Natural Language」의 기능 |
|---|---|
| • 화상 분류 | • 언어 판단 |
| • 얼굴 검출 | • 토큰화 |
| • 바코드 검출 | • 품사 태그 붙이기 |
| • 텍스트 검출 | • 표제어 추출(lemmatization) |
| • 수평선 검출 | • 고유 표현 추출 |
| • 물체 이동 트랙킹 | |

## 1-2-3 실행 환경과 개발 환경 그리고 프로그래밍 언어

「Core ML」의 「실행 환경」, 「개발 환경」 그리고 「이용 가능한 프로그래밍 언어」는 다음과 같다.

「Xcode」는 Apple 제품의 애플리케이션을 개발하기 위한 통합 개발 환경으로 AppStore에서 무료 다운로드할 수 있다. 이 책에서는 집필 시점의 최신판인 「iOS12」 「Xcode 10」 「Swift 4.2」를 기본으로 설명한다.

| 항목 | 필요한 환경/도구 |
|---|---|
| 실행 환경 | iOS 11.0이후, macOS 10.13이후, tvOS 11.0이후, watchOS 4.0이후 |
| 개발 환경 | macOS 10.13.4이후 |
| 개발 도구 | Xcode 9이후 |
| 프로그래밍 언어 | Swift, Objective-C 중 한 가지 |

▲ 표 1-2-1 Core ML의 이용 환경

## 1-3 Create ML

### 1-3-1 Create ML의 개요

Apple이 제공하는 「Create ML」은 머신 러닝의 전문 지식없이 간단하게 머신 러닝의 「학습」을 실행할 수 있는 프레임워크이다.

「Xcode」의 「Playground」에서 실행할 수 있고, 추론 모델 「Core ML 모델」을 작성한다.

- Create ML | Apple Developer Documentation
  https://developer.apple.com/documentation/createml

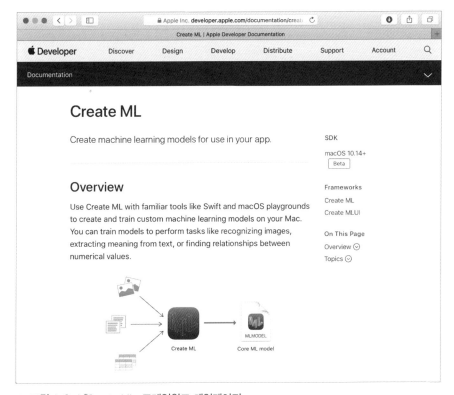

▲ 그림 1-3-1 「Create ML」 프레임워크 메인페이지

Create ML의 기능은 다음과 같다.

- 화상 분류
- 텍스트 분류
- 분류
- 회귀

「Create ML」의 특징은 다음과 같다. 데이터만 있으면 추론 모델을 작성할 수 있어 사용이 용이한 것이 특징이다.

- 스크립트를 몇 행 써서 GUI를 기동한 후, 화상 파일을 드래그앤드롭하는 것만으로 추론 모델이 완성된다.

▲ 그림 1-3-2 학습용 화상 데이터를 준비해서 드래그앤드롭

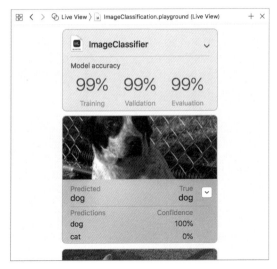

▲ 그림 1-3-3 Core ML 추론 모델 작성

1-3-2 ## Playground란

「Playground」는 Xcode에 부속되어 있는 기능으로 Swift 언어 프로그램의 실시간 실행 환경이다. 에디터에서 코드를 빌드할 필요없이 바로 실행해서 결과를 확인할 수 있으므로 코드의 동작 확인에 유용하다.

「Create ML」은 「Playground」에서 이용 가능한 프레임워크 중 하나이다.

1-3-3 ## 개발 환경과 프로그래밍 언어

「Create ML」의 「개발 환경」과 「이용 가능한 프로그래밍 언어」는 다음과 같다.

「Create ML」은 「macOS 10.14 이후」 버전이 아닌 경우 작동하지 않으므로 주의한다. 이 책에서는 집필 시점 현재 최신판인 「Xcode 10」, 「Swift 4.2」를 기반으로 설명한다.

| 항목 | 필요한 환경/도구 |
|---|---|
| 개발 환경 | macOS 10.14이후 |
| 개발 도구 | Xcode 10이후 |
| 프로그래밍 언어 | Swift |

▲ 표 1-3-1 Create ML 이용 환경

〈Swift Playgrounds〉

「Xcode」의 「Playground」와 별도로 「Swift Playgrounds」라는 이름의 iPad 앱이 있다. 「Swift Playgrounds」는 프로그래밍을 배우고 싶은 사람을 위한 학습 어플로, 비슷한 이름의 Swift 프로그래밍 환경이지만 별개의 툴이다.

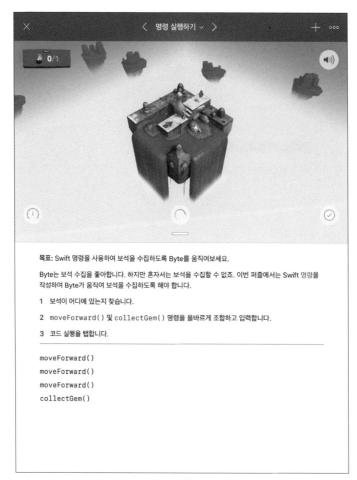

**목표:** Swift 명령을 사용하여 보석을 수집하도록 Byte를 움직여보세요.

Byte는 보석 수집을 좋아합니다. 하지만 혼자서는 보석을 수집할 수 없죠. 이번 퍼즐에서는 Swift 명령을 작성하여 Byte가 움직여 보석을 수집하도록 해야 합니다.

1  보석이 어디에 있는지 찾습니다.

2  `moveForward()` 및 `collectGem()` 명령을 올바르게 조합하고 입력합니다.

3  코드 실행을 탭합니다.

```
moveForward()
moveForward()
moveForward()
collectGem()
```

▲ 「Create ML」은 iPad용 앱인 「Swift Playgrounds」에서는 실행되지 않는다

# 1-4 Turi Create

## 1-4-1 Turi Create의 개요

Apple이 제공하는 「Turi Create」는 머신 러닝의 전문 지식없이 간단하게 머신 러닝의 「학습」, 「추론」을 실행할 수 있는 프레임워크이다.

「Mac」 환경에서 동작하는 것은 물론 「Linux」 서버의 기능으로 「학습」, 「추론」을 사용하는 것이 가능하다. 그리고 추론 모델 「Core ML 모델」의 작성과 「Turi Create 모델」의 작성 및 이용에 사용한다.

「Core ML 모델」은 Core ML로 「Turi Create 모델」은 Turi Create로 추론 가능한 모델이다.

- Turi Create
  https://github.com/apple/turicreate

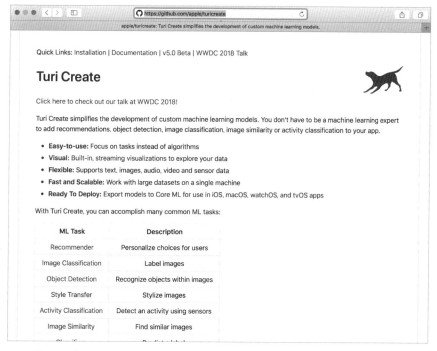

▲ 그림 1-4-1 「Turi Create」 프레임워크 메인페이지

「Turi Create」의 특징은 다음과 같다.

- 태스크 기반의 API를 지원하고 있으므로 알고리즘이 아니라 태스크 자체에 집중할 수 있다.
- 스크립트의 데이터 세트를 간단하게 열람할 수 있는 툴이 준비되어 있다.
- 텍스트, 화상, 오디오, 비디오, 센서 데이터 등 다양한 데이터 형식을 지원한다.
- 서버 한대로 대규모의 데이터 세트를 처리할 수 있다.
- 서버에서 동적으로 Core ML 모델을 작성할 수 있다.

## 1-4-2 태스크 기반과 알고리즘 기반

「Turi Create」는 「태스크 기반」과 「알고리즘 기반」의 두 가지 API로 나누어져 있다.

「태스크 기반」은 「화상 분류」, 「유사 화상 검출」 등을 처리하는 것을 목적으로 한 API를 지칭하며, 「알고리즘 기반」은 「분류」, 「회귀」, 「클러스터 분석」 등에 사용하고자 하는 API이다.

Turi Create의 「태스크 기반」과 「알고리즘 기반」의 기능은 다음과 같다.

| 「태스크 기반」의 기능 | 「알고리즘 기반」의 기능 |
|---|---|
| • 화상 분류<br>• 유사 화상 검출<br>• 물체 검출<br>• 화풍 변환<br>• 활동 분류<br>• 텍스트 분류<br>• 추천 | • 분류<br>• 회귀<br>• 클러스터 분석<br>• 그래프 분석<br>• 텍스트 분석 |

## 1-4-3 개발 환경과 프로그래밍 언어

「Turi Create」의 「개발 환경」과 「이용 가능한 프로그래밍 언어」는 다음과 같다. 이 책에서는 집필 시점의 최신판인 「Turi Create 5.1」에 대해 설명한다.

| 항목 | 필요한 환경/도구 |
| --- | --- |
| 개발 환경 | macOS 10.12이후, Windows 10, Linux(glibc 2.12이후) ※x86_64 아키텍처 필수 |
| 개발 도구 | Anaconda, Jupyter Notebook |
| 프로그래밍 언어 | Python |

▲ 표 1-4-1 Turi Create 이용 환경

Python을 이용하는 방법에는 여러 가지가 있는데 이 책에서는 「Anaconda」와 「Jupyter Notebook」을 이용한다.

「Anaconda」는 Python 본체와 자주 이용되는 라이브러리를 세트로 한 패키지로 간단하게 Python 환경을 구축할 수 있다.

「Jupyter Notebook」은 프로그램 실행 결과를 기록 하면서 데이터 분석을 실행하기 위한 툴이다. 프로그램과 그 기록을 「노트북」(확장자는 「*.ipynb」)이라고 불리는 파일 단위로 관리할 수 있다.

「Anaconda」와 「Jupyter Notebook」에 대한 자세한 사항은 5장 「5-1 Python 개발 환경」과 「5-2 Jupyter Notebook」에서 설명한다.

〈Windows Subsystem for Linux〉

「Windows Subsystem for Linux」는 「Windows 10」에서 「Linux」를 실행하기 위한 호환 레이어이다. 「Windows Subsystem for Linux」(WSL)를 사용하여 「Windows 10」 상에서 「Ubuntu」 등의 「Linux」의 디스트리뷰션(패키지)을 실행하거나 해당 환경에서 「Turi Create」를 실행할 수 있다.

사용 방법은 「Windows 10」 설정에서 「Windows Subsystem for Linux」를 활성화한 후, Microsoft Store에서 Ubuntu 어플을 다운로드만 하면 Windows 상에서 Linux를 사용할 수 있다.

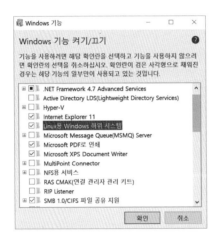

▲ Windows Subsystem for Linux 유효화

▲ Linux 디스트리뷰션 애플리케이션

# 1-5 ML Kit

## 1-5-1 ML Kit의 개요

Google이 제공하는 「ML Kit」는 이미 학습을 끝낸 모델을 사용하여 단말기에서 머신 러닝의 「추론」을 실행할 수 있는 프레임워크이다. iPhone과 Android 모두 이용할 수 있다.

「TensorFlow Lite 모델」을 이용한다.

- Core ML | Apple Developer Documentation
  https://firebase.google.com/docs/ml–kit/

▲ 그림 1-5-1 「ML Kit」 프레임워크 메인페이지

「ML Kit」의 특징은 다음과 같다.

- iOS와 Android 양쪽에서 머신 러닝의 추론을 실행할 수 있다.
- 온디바이스 API와 클라우드 API를 선택할 수 있다.
- Google이 제공하는 툴에 따라 기존의 「TensorFlow 모델」을 「TensorFlow Lite 모델」로 변환하여 이용할 수 있다.

## 1-5-2 TensorFlow Lite란

「TensorFlow Lite」는 모바일 단말기에서 보다 간단하고 빠르게 추론할 수 있도록 최적화된 TensorFlow 모델 전용 포맷 및 실행 환경이다.

Google이 제공하는 툴을 사용하여 기존 「TensorFlow 모델」을 「TensorFlow Lite 모델」로 변환하여 iOS나 Android 등의 단말에서 추론 모델을 이용할 수 있다.

단, 「TensorFlow Lite」는 제한된 연산자만 서포트하기 때문에 모든 모델에서 작동하는 것은 아니다.

---

**COLUMN**

**〈TensorFlow Mobile〉**

「TensorFlow Lite」와 별도로 「TensorFlow Mobile」이 있는데 이것은 「TensorFlow Lite」의 이전 버전이다.

2018년 12월 현재 「ML Kit」와 「TensorFlow Lite」는 베타 버전이어서 바로 TensorFlow 모델의 추론을 실제로 설치한 모바일 앱을 릴리스하고 싶은 사람을 대상으로 「TensorFlow Mobile」을 제공하고 있지만 「ML Kit」에서는 사용할 수 없다.

---

## 1-5-3 ML Kit의 「Vision」

「ML Kit」에는 「화상 분류」나 「얼굴 검출」 등의 일반적인 머신 러닝 기능을 바로 이용할 수 있도록 「Vision」이라는 화상 해석용 프레임워크가 준비되어 있는데 이미 학습이 끝난 모델이므로 추론 모델을 준비할 필요가 없다.

「Core ML」의 「Vision」과 이름이 같지만 다른 프레임워크이다. ML Kit의 「Vision」의 기능은 다음과 같다.

「Vision」의 기능

- 화상 분류
- 얼굴 검출
- 바코드 인식
- 직사각형 인식
- 랜드마크 인식
- 텍스트 인식

## 1-5-4 온디바이스(On-Device) API와 클라우드 API 선택

「ML Kit」에서는 「온디바이스 API」와 「클라우드 API」 어느 쪽을 사용할지 선택할 수 있다.

「온디바이스 API」는 네트워크에 접속하지 않고 빠르게 추론을 실행할 수 있고 「클라우드 API」는 「Google Cloud Platform」의 머신 러닝 능력을 활용하여 고정밀 추론을 실행할 수 있는 이점이 있다. 또한, 아래 표와 같이 API에 따라 추론이 이용 가능한 항목이 다르다.

또한, 「클라우드 API」는 이용 내용에 따라 비용이 발생하므로 주의하기 바란다.

| 항목 | 온디바이스 API | 클라우드 API |
|------|:---:|:---:|
| 화상 분류 | ○ | ○ |
| 얼굴 검출 | ○ | - |
| 바코드 검출 | ○ | - |
| 랜드마크 인식 | - | ○ |
| 텍스트 인식 | ○ | ○ |
| 주문 모델 | ○ | - |

▲ 표 1-5-1 온디바이스 API와 클라우드 API의 차이

**〈Google Cloud Platform〉**

「Google Cloud Platform」(GCP)는 Google이 클라우드 상에서 제공하는 서비스군의 총칭이다. 「GCP」의 머신 러닝 관련 서비스에는 다음과 같은 것이 있다.

「ML Kit」의 「Vision」 클라우드 API는 내부적으로 「Cloud Vision API」를 이용하고 있다.

| 서비스명 | 설명 |
|---|---|
| Cloud AutoML | 머신 러닝의 전문 지식없이 간단히 학습 실행 |
| Cloud TPU | TPU ※에 따른 머신 러닝의 학습과 추론 실행 |
| Cloud Machine Learning Engine | 머신 러닝의 학습과 추론 실행 |
| Cloud Vision API | 사진에서 분석 정보 추출 |
| Cloud Video Intelligence | 영상에서 분석 정보 추출 |
| Cloud Natural Language | 텍스트에서 분석 정보 추출 |
| Cloud Speech API | 음성을 텍스트로 변환 |
| Cloud Text-to-Speech | 텍스트를 음성으로 변환 |
| Cloud Translation API | 번역 |

▲ 표 Google Cloud Platform 머신 러닝 관련 서비스

※「TensorFlow」을 고속으로 실행하기 위한 전용 프로세서 「Tensorflow Processing Unit」 (TPU)

## 1-5-5 실행 환경과 개발 환경 그리고 프로그래밍 언어

「ML Kit」의 「실행 환경」, 「개발 환경」 그리고 「이용 가능한 프로그래밍 언어」는 다음과 같다. 이 책에서는 집필 시점의 최신판인 「ML Kit」의 베타버전을 가지고 설명한다.

| 항목 | 필요한 환경/도구 |
|---|---|
| 실행 환경 | iOS 8.0이후 |
| 개발 환경 | macOS 10.13.4이후 |
| 개발 도구 | Xcode100이후 |
| 프로그래밍 언어 | Swift, Objective-C 중 한 가지 |

▲ 표 1-5-2 ML Kit 이용 환경(iOS)

| 항목 | 필요한 환경/도구 |
|---|---|
| 실행 환경 | Android 4.0이후 |
| 개발 환경 | macOS 10.10 또는, 10.13이후,<br>Windows 7이후(32/64-bit) |
| 개발 도구 | Android Studio 3이후 |
| 프로그래밍 언어 | Java |

▲ 표 1-5-3 ML Kit 이용 환경(Android)

「Xcode」는 Apple 제품의 앱을 개발하기 위한 통합 개발 환경이다. Mac의 AppStore에서 무료로 다운로드할 수 있다.

「Android Studio」는 Android 애플리케이션을 개발하기 위한 통합 개발 환경이다. 아래 사이트에서 무료로 다운로드할 수 있다.

• Download Android Studio and SDK tools | Android Developers
  https://developer.android.com/studio/?hl=ko

COLUMN

〈Android Neural Networks API〉

「Android Neural Networks API」(NNAPI)는 Android 단말기에서 머신 러닝을 위한 계산을 실행하기 위해 설계된 C 언어 기반의 API이다. NNAPI는 Android 단말기에서 학습된 모델을 넘겨주어 추론을 실행한다.

이 API는 「Android 8.1 」(API 레벨 27)이후 버전에서 사용할 수 있다. 직접 NNAPI를 조작하는 일은 별로 없지만 「Android 8.1 」 이후 단말기에서는 NNAPI에 따라 「ML Kit」의 성능도 향상된다.

# 1-6  Cloud AutoML

## 1-6-1  Cloud AutoML의 개요

Google이 제공하는 「Cloud AutoML」는 머신 러닝의 전문 지식없이 간단하게 머신 러닝의 「학습」을 실행할 수 있는 클라우드 서비스로 「Google Cloud Platform」 서비스중 한 가지이다.

추론 모델을 클라우드 상에서 작성하고 「REST API」를 이용하여 외부에서 추론을 실행한 후, 결과를 얻을 수 있다. 모델을 다운로드해서 온디바이스로 추론하는 기능은 없다.

- Cloud AutoML – 커스텀 머신 러닝 모델 | AutoML | Google Cloud
  https://cloud.google.com/automl/

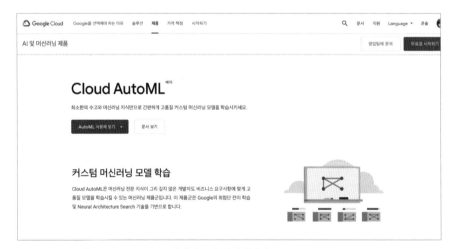

▲ 그림 1-6-1 「Cloud AutoML」 프레임워크의 메인페이지

「Cloud AutoML」의 기능은 다음과 같다.

- 화상 분류
- 텍스트 분류
- 번역

「Cloud AutoML」의 특징은 다음과 같다. 데이터만 있으면 바로 추론 모델을 작성할 수 있어 사용이 간편하다. 다만, 「Cloud AutoML」은 이용 내용에 따라 비용이 발생하므로 주의해야 한다.

● 클라우드에 화상 파일을 업로드하는 것만으로 추론 모델이 완성된다.

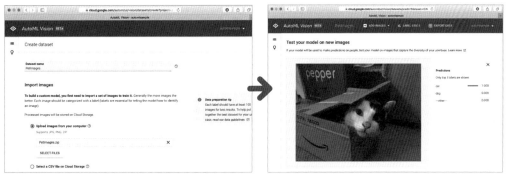

▲ 그림 1-6-2 학습용 화상 데이터를 준비하여 드래그 앤드롭

▲ 그림 1-6-3 추론 모델 완성

## 1-6-2 Cloud AutoML의 「Vision」, 「Natural Language」, 「Translation」

「Cloud AutoML」에서 학습 가능한 모델에는 「Vision」, 「Natural Language」 그리고 「Translation」의 세 종류가 있다.

「Vision」은 화상 분류, 「Natural Language」는 텍스트 분류, 「Translation」는 번역을 실행하는 모델이다.

〈REST API〉

「REST API」는 웹 시스템을 외부에서 이용하기 위한 API이다. REST라고 불리는 설계 원칙에 따라 구성되어 있다.

REST의 설계 원칙은 다음과 같다.

- 어드레스 지정이 가능한 URI로 공개되어 있다.
- 인터페이스(HTTP 메소드 이용)가 통일되어 있다.
- 무상태성(stateless)이다.
- 처리 결과가 HTTP 상태 코드로 통지된다.

# 1-7 TensorFlow

## 1-7-1 TensorFlow의 개요

「TensorFlow」는 머신 러닝의 「학습」, 「추론」을 실행할 수 있는 프레임워크로 머신 러닝에 대한 전문 지식이 필요하다. 모델 설계가 가능하기 때문에 새로운 태스크를 실행 가능한 새로운 모델을 작성하는 것도 가능하다.

「Mac」이나 「Windows」 등의 클라이언트나 「Linux」 서버의 기능으로 「학습」, 「추론」을 사용할 수 있다. 추론 모델 「TensorFlow 모델」을 작성 및 이용한다. 「TensorFlow 모델」은 iPhone/Android에서 추론할 수 있는 「TensorFlow Lite 모델」로 변환할 수 있다.

- TensorFlow

  https://www.tensorflow.org/

▲ 그림 1-7-1 「TensorFlow」 프레임워크의 메인페이지

「TensorFlow」의 특징은 다음과 같다.

- 세계에서 이용자 수가 가장 많은 프레임워크.
- 텐서 처리를 위해 만들어진 라이브러리이기 때문에 머신 러닝 프레임워크로서는 가장 미세한 조정이 가능.
- 임베디드 프로세서, CPU, GPU, TPU 등 다양한 하드웨어에서 빠르게 실행할 수 있다.

〈Create ML과 Turi Create 그리고 TensorFlow〉

「Create ML」, 「Turi Create」 그리고 「TensorFlow」가 할 수 있는 일의 범위는 「Create ML 〈 Turi Create 〈 TensorFlow」이지만 필요한 전문 지식의 양도 「Create ML 〈 Turi Create 〈 TensorFlow」 순이다.

그래서 머신 러닝을 처음 시작하는 사람은 「Create ML → Turi Create → TensorFlow」의 순서로 학습하는 것이 좋다.

## 1-7-2 개발 환경과 프로그래밍 언어

「TensorFlow」의 「개발 환경」과 「이용 가능한 프로그래밍 언어」는 다음과 같다. 이 책에서는 집필 시점의 최신판인 「TensorFlow 1.9」를 바탕으로 설명한다.

| 항목 | 필요한 환경/도구 |
|------|------------------|
| 개발 환경 | macOS 10.12.6이후, Ubuntu 16.04이후, Windows 7이후, Raspbian 9.00이후 |
| 개발 도구 | Anaconda, Jupyter Notebook |
| 프로그래밍 언어 | Python |

▲ 표 1-7-1 TensorFlow 이용 환경

파이썬을 이용하는 방법에는 여러 가지가 있는데 이 책에서는 「Anaconda」와 「Jupyter Notebook」을 이용한다. 자세한 내용은 5장 「5-1 Python의 개발 환경」과 「5-2 Jupyter Notebook」에서 설명한다.

# CHAPTER 2

# Core ML – 기본

# 2-1 화상 분류(이미지)

## 2-1-1 화상 분류 샘플 프로그램의 구성

「화상 분류」는 이미지를 바탕으로 해당 이미지가 속하는 「클래스」(데이터의 종류)를 예측하는 작업이다.

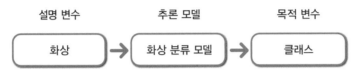

▲ 그림 2-1-1 화상 분류 모델

「화상 분류」에 대한 예는 다음과 같다.

- 얼굴 사진에서 해당 인물의 나이 판정
- 인물의 표정에서 웃는 얼굴인지 아닌지 판정
- 풍경 사진에서 위치 정보를 취득
- 상품 사진를 통해 구입 사이트 열기

여기에서는 샘플로 「카메라」와 「사진 라이브러리」의 사진을 가지고 「고양이」와 「개」 중에서 어느 것이 찍혀 있는지 예측하는 앱을 만들어 본다.

▲ 그림 2-1-2 샘플 프로그램

## 2-1-2 모델 준비

이번에는 5장 Turi Create 「5-3 화상 분류」에서 작성하는 모델 「Image Classication.mlmodel」을 사용한다. 4장 Create ML 「4-1 화상 분류」에서 작성하는 모델 파일명 「ImageClassication.mlmodel」으로 변경하면 이용할 수 있다. 이 책의 샘플 프로그램을 먼저 다운로드하도록 하자.

https://github.com/TurningPointPub/ml-for-app-devs에서 다운로드 받을 수 있다.

Xcode 프로젝트에 모델 「ImageClassication.mlmodel」을 드래그앤드롭으로 추가한다.

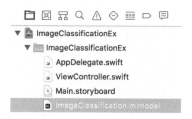

▲ 그림 2-1-3 Xcode에 모델 추가

Xcode에서 추가된 파일을 선택하면 모델 정보가 표시된다.

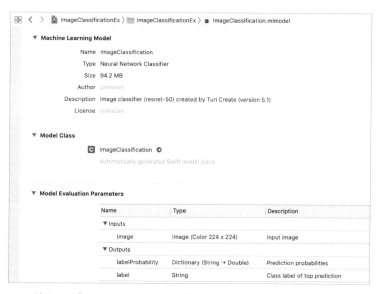

▲ 그림 2-1-4 「ImageClassication」 모델 정보

◎ **Machine Learning Model의 상세 내용**

「Machine Learning Model」에는 모델 정보가 표시된다.

| 이름 | 설명 | 예 |
|---|---|---|
| Name | 모델명 | ImageClassification |
| Type | 종별 | Neural Network Classifier |
| Size | 사이즈 | 94.2MB |
| Author | 작자 | unknown |
| Description | 설명 | Image classifier (resnet-50) created by Turi Create (version 5.1) |
| License | 라이선스 | unknown |

▲ 표 2-1-1 「Machine Learning Model」 항목


◎ **Model Class의 상세 내용**

「Model Class」에는 자동 생성된 모델을 조작하기 위한 클래스가 표시된다. 「→」
을 누르면 소스 코드가 표시된다.

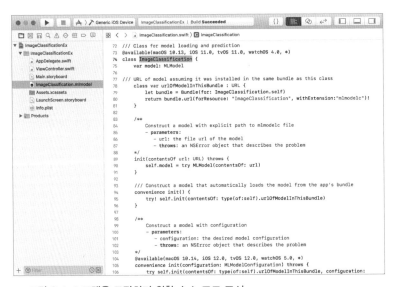

▲ 그림 2-1-5 모델을 조작하기 위한 소스 코드 표시


모델 파일명에서 클래스명이 정해진다. 이번에는 파일명이 「ImageClassication.
mlmodel」이므로 다음 세 가지 클래스가 생성된다.

| 이름 | 설명 |
|---|---|
| ImageClassificationInput | 입력 |
| ImageClassificationOutput | 출력 |
| ImageClassification | 모델 |

▲ 표 2-1-2 생성되는 클래스

## ◎ Model Evaluation Parameters의 상세 내용

「Model Evaluation Parameters」에는 모델의 입출력 형이 표시된다.

「이미지」(크기는 244 × 244 도트) 입력에 대해 「라벨」(「클래스」에 부여된 이름)과 「신뢰도」 값이 돌아오는 것을 알 수 있다.

| 입력/출력 | 이름 | 종별 | 설명 |
|---|---|---|---|
| 입력 | image | Image(244×244) | 사진 |
| 출력 | labelProbabillity | Dictionary(String→Double) | 신뢰도 |
| | label | String | 라벨 |

▲ 표 2-1-3 Model Evaluation Parameters 항목

「고양이」와 「개」 이외의 것을 분류하고 싶을 때는 분류하고 싶은 이미지를 학습시킨 모델을 준비해야한다. 자세한 내용은 4장 Create ML 「4-1 화상 분류」와 5장 Turi Create 「5-3 화상 분류」에서 설명한다.

### 2-1-3  소스 코드 설명

프로그램의 본체가 되는 「ViewController.swift」에 대해 설명한다.

### 1 이미지 피커(Image Picker)

「카메라」나 「사진 라이브러리」에서 사진을 가져올 때 「이미지 피커」를 사용한다.

```
//이미지 피커 열기
func openPicker(sourceType: UIImagePickerController.SourceType) {
    let picker = UIImagePickerController()
    picker.sourceType = sourceType
    picker.delegate = self
    self.present(picker, animated: true, completion: nil)
```

```
}

//이미지 피커의 이미지 취득시에 호출
func imagePickerController(_ picker: UIImagePickerController,
    didFinishPickingMediaWithInfo info: [UIImagePickerController.InfoKey : Any]) {
    //이미지 취득
    var image = info[UIImagePickerController.InfoKey.originalImage] as! UIImage

    //화상 방향 보정
    let size = image.size
    UIGraphicsBeginImageContext(size)
    image.draw(in: CGRect(x: 0, y: 0, width: size.width, height: size.height))
    image = UIGraphicsGetImageFromCurrentImageContext()!
    UIGraphicsEndImageContext()

    //이미지 지정
    self.imageView.image = image

    //닫기
    picker.presentingViewController!.dismiss(animated:true, completion:nil);

    //예측
    predict(image)
}

//이미지 피커 취소시에 호출
func imagePickerControllerDidCancel(_ picker: UIImagePickerController) {
    //닫기
    picker.presentingViewController!.dismiss(animated:true, completion:nil)
}
```

UIImagePickerController 오브젝트를 생성하고 sourceType에 소스 종류, delegate에 통지패스를 지정하고 present()를 이용하여 「카메라」 또는 「사진 라이브러리」를 조작한다.

조작 위치에서 사진을 확보하면 델리게이트 메소드 「imagePickerController(_ :didFinishPickingMediaWithInfo:)」가 호출되므로 이미지 방향의 보정을 실행한 후 예측을 담당하는 predict()에 「UIImage」를 넘겨준다.

〈Info.plist 설정〉

카메라를 이용하는 앱은 「Info.plist」의 「NSCameraUsageDescription」에 카메라 이용 확인 대화창에 표시되는 문구를 설정할 필요가 있다.

```
<key>NSCameraUsageDescription</key>
<string>카메라를 이용합니다. </string>
```

▲ 그림 Infoplist에서 확인 대화창에 표시되는 문구 설정

## ② 모델 생성

모델 「ImageClassication.mlmodel」에서 자동 생성된 클래스 「ImageClassication」의 오브젝트를 생성한다. 그리고 해당 오브젝트의 model을 인수로 「VNCoreMLModel」 오브젝트를 생성한다.

```
var model = try? VNCoreMLModel(for: ImageClassification().model)
```

「VNCoreMLModel」의 서식은 다음과 같다.

> **VNCoreMLModel**
> init(for: MLModel)
> **설명** : VNCoreMLModel 오브젝트 생성
> **인수** : MLModel 오브젝트

## 3. 예측

예측을 실행하는 메소드 「predict()」을 작성한다. 인수로 넘겨진 사진을 바탕으로 화상 분류 요청을 실행하여 콜백(callback)으로 검출 결과를 취득한다.

```swift
func predict(_ image: UIImage) {
    DispatchQueue.global(qos: .default).async {
        //요청 생성
        let request = VNCoreMLRequest(model: self.model) {
            request, error in
            //에러 처리
            if error != nil {
                self.showAlert(error!.localizedDescription)
                return
            }

            //검출 결과 취득
            let observations = request.results as! [VNClassificationObservation]
            var text: String = " \n"
            for i in 0..<min(3, observations.count) { //상위 3건
                let rate = Int(observations[i].confidence*100) //신뢰도
                let identifier = observations[i].identifier //ID
                text += " \(identifier) : \(rate)% \n"
            }

            //UI 업데이트
            DispatchQueue.main.async {
                self.lblText.text = text
            }
        }

        //입력 화상의 크기 조정 지정
        request.imageCropAndScaleOption = .centerCrop

        //UIImage를 CIImage로 변환
        let ciImage = CIImage(image: image)!

        //화상 방향 취득
        let orientation = CGImagePropertyOrientation(
            rawValue: UInt32(image.imageOrientation.rawValue))!

        //핸들러 생성과 실행
        let handler = VNImageRequestHandler(
            ciImage: ciImage, orientation: orientation)
        guard (try? handler.perform([request])) != nil else {return }
    }
}
```

### ■ 요청 생성

화상 분류 요청을 생성한다.

```
let request = VNCoreMLRequest(model: model) {
    request, error in
    ~검출 결과 취득시 처리~
}
```

「요청」과 「검출 결과」는 작업마다 다른 클래스가 준비되어 있다.

| 요구 | 검출 결과 | 설명 |
|---|---|---|
| VNCoreMLRequest | VNClassificationObservation<br>VNPixelBufferObservation<br>VNCoreMLFeatureValue<br>Observation | 화상처리(분류)<br>화상처리(설명)<br>화상처리(특징값) |
| VNDetectFaceRectanglesRequest | VNFaceObservation | 얼굴 검출(영역만) |
| VNDetectFaceLandmarksRequest | VNFaceObservation | 얼굴 검출(랜드마크 포함) |
| VNDetectBarcodesRequest | VNBarcodeObservation | 바코드 검출 |
| VNDetectRectanglesRequest | VNRectangleObservation | 직사각형 검출 |
| VNDetectTextRectanglesRequest | VNTextObservation | 텍스트 검출 |
| VNDetectHorizonRequest | VNHorizonObservation | 수평선 검출 |
| VNTrackObjectRequest | VNDetectedObject<br>Observation | 물체 이동 트래킹 |

▲ 표 2-1-4 요청과 검출 결과

이번에는 화상 처리를 실행하므로 「VNCoreMLReques」를 사용한다.

> **VNCoreMLRequest**
> init(model: VNCoreMLModel, completionHandler: VNRequestCompletion
> Handler? = nil)
> **설명** : 화상처리 요청 생성
> **인수** : mode   모델
>         completionHandler 검출 결과 콜백

### ■ 입력 이미지의 크기 조정 지정

이번 모델의 입력 이미지는 「224 × 224 도트」이기 때문에 「카메라」나 「사진 라이브러리」에서 확보한 이미지를 해당 크기로 크기 조정하고 나서 추론이 실행된다.

크기 조정 방법은 「resizeAspectFill」, 「resizeAspect」, 「resize」 등 세 가지 종류
가 있는데 imageCropAndScaleOption 프로퍼티에서 지정한다.

| 속성 | 설명 |
|---|---|
| var imageCropAndScaleOption: VNImageCropAndScaleOption | 리사이즈 방법 |

▲ 표 2-1-5 VNCoreRequest 프로퍼티

| 정수 | 설명 |
|---|---|
| resizeAspectFill | 카메라 영상의 종횡비를 유지하면서 카메라 영상의 짧은 변과 영역이 맞도록 확대 축소. 긴변의 끝은 보이지 않음 |
| resizeAspect | 카메라 영상의 종횡비를 유지하면서 카메라 영상의 긴 변과 영역이 맞도록 확대 축소 |
| resize | 카메라 영상의 종횡비를 유지하지 않고 영역을 채우도록 영상을 확대 축소 |

▲ 표 2-1-6 VNImageCropAndScaleOption 정수

▲ 그림 2-1-6 VNImageCropAndScaleOption 정수에 따른 표시 예시

### ■ UIImage를 CIImage로 변환하기

UIImage로는 요청에 맞게 넘겨줄 수 없기 때문에 「CIImage」로 변환한다.

```
let ciImage = CIImage(image: image)!
```

요청에 맞게 넘겨줄 수 있는 이미지 형태는 다음과 같다.

| 화상 형태 | 설명 |
|---|---|
| CGImage | Core Graphics의 화상 포맷 |
| CIImage | Core Image의 화상 포맷 |
| CVPixelBuffer | 비디오 화상의 화상 포맷 |
| NSData | 바이트 데이터 |
| NSURL | 디스트 상의 이미지 URL 경로 |

▲ 표 2-1-7

### ■ 이미지 방향 취득

화상 클래스에는 「UIImage」외에 「CIImage」와 「CGImage」가 있는데 「UIImage」와 다르게 「CIImage」와 「CGImage」는 화상 방향을 유지하고 있지 않다.

「UIImage」에서 화상 방향을 확인 후 요청할때 지정할 필요가 있다.

```
let orientation = CGImagePropertyOrientation(
    rawValue: UInt32(image!.imageOrientation.rawValue))!
```

UIImage의 imageOrientation 프로퍼티에 UIImage의 화상 방향 「UIImage.Orientation」의 정보를 취득한 후 「CGImagePropertyOrientation」로 변환하고 나서 넘겨준다.

### ■ 핸들러의 생성과 실행

요청은 「핸들러」를 사용해서 실행한다.

```
let handler = VNImageRequestHandler(
    ciImage: ciImage, orientation:orientation)
guard (try? handler.perform([request])) != nil else {return }
```

「핸들러」에는 다음 두 종류가 있다.

| 클래스 | 설명 |
|---|---|
| VNImageRequestHandler | 단일 화상의 화상 해석 요구를 실행하는 핸들러 |
| VNSequenceRequestHandler | 연속하는 화상의 화상 해석 요구를 실행하는 핸들러<br>물체 이동 트래킹에서 이용 |

▲ 표 2-1-8 핸들러의 종류

이번에는 단일 화상의 화상 해석 요청을 실행하므로 「VNImageRequest Handler」를 사용한다.

> **VNImageRequestHandler**
> init(ciImage: CIImage, orientation: CGImagePropertyOrientation, options: [VN ImageOption : Any] = [:])
> **설명** : 화상 처리 요청 생성
> **인수** : ciImage　　　　　　화상
> 　　　　 orientation　　　화상 방향
> 　　　　 options　　　　　옵션

### ■ 검출 결과의 콜백

핸들러로 요청한 후 검출 결과는 콜백형태로 돌아온다. 콜백의 형태는 「VNRequestCompletionHandler」이다.

> **VNRequestCompletionHandler**
> typealias VNRequestCompletionHandler = (VNRequest, Error?) -> Void
> **설명** : 검출 결과의 콜백
> **인수** : request　　　　요청
> 　　　　 error　　　　　에러

VNRequest는 results 프로퍼티에 검출 결과를 보관하고 있다.

| 속성 | 설명 |
|---|---|
| var results: [Any]? | 검출 결과 |

▲ 표 2-1-9 VNRequest 프로퍼티

### ■ 에러 처리

error가 null이 아닐 때 에러 경고가 표시된다.

```
if error != nil {
    self.showAlert(error!.localizedDescription)
    return
}
```

■ **검출 결과 취득**

화상 분류에서는 VNRequest의 results 방식을 [VNClassicationObservation]
에 캐스트해서 이용한다.

```
let observations = request.results as! [VNClassificationObservation]
var text: String = " \n"
for i in 0..<min(3, observations.count) { //상위 3건
    let probabillity = Int(observations[i].confidence*100) //신뢰도
    let label = observations[i].identifier //라벨
    text += " \(label) : \(probabillity)% \n"
}
```

「VNClassicationObservation」의 프로퍼티는 다음과 같다.

| 속성 | 설명 |
|---|---|
| var identifier: String | 분류 라벨 |
| var confidence: VNConfidence | 신뢰도(0.0~1.0) |

▲ 표 2-1-10

이번에는 VNClassicationObservation에서 신뢰도 순으로 3건의 정보를 표시하
고 있다. 「ImageClassication.mlmodel」는 이진 분류이므로 2개 이상 표시되지
않지만 다른 화상 분류 모델에 바꿔 넣을 때를 고려하여 이번 샘플에서는 3건으
로 한다.

〈Apple이 제공하는 Core ML 모델〉

Apple은 바로 사용할 수 있는 Core ML 모델을 아래의 사이트에서 제공하고 있다. 「ImageClassication.mlmodel」은 고양이와 개의 두 가지로 분류하였지만 아래 모델을 사용하면 나무, 동물, 음식, 탈 것, 사람 등 1000개 카테고리로 분류하는 것이 가능하다.

◎ 머신 러닝 – 모델의 실행 – Apple Developer

- https://developer.apple.com/kr/machine-learning/build-run-models/

▲ 그림 Core ML 모델 다운로드 웹사이트

| 모델 | 설명 |
| --- | --- |
| MobileNet | 나무, 동물, 음식, 탈것, 사람 등 1,000개의 카테고리 세트에서 화상에 존재하는 주요한 오브젝트 검출 |
| SqueezeNet | 나무, 동물, 음식, 탈것, 사람 등 1,000개의 카테고리 세트에서 화상에 존재하는 주요한 오브젝트 검출 |
| Places205-GoogLeNet | 공항 터미널, 침실, 삼림, 해안 등 205의 카테고리 세트에서 화상의 장면 검출 |
| ResNet50 | 나무, 동물, 음식, 탈것, 사람 등 1,000개의 카테고리 세트에서 화상에 존재하는 주요한 오브젝트 검출 |
| VGG16 | 나무, 동물, 음식, 탈것, 사람 등 1,000개의 카테고리 세트에서 화상에 존재하는 주요한 오브젝트 검출 |

▲ 표 다운로드 가능한 모델 종류

Xcode의 프로젝트에 이 모델을 드래그앤드롭으로 추가한 후, 모델의 클래스 이름을 변경하여 이용할 수 있다.

```
var model = try! VNCoreMLModel(for: MobileNet().model)
```

## 2-2 화상 분류(카메라 영상)

### 2-2-1 화상 분류(카메라 영상)의 샘플 프로그램 구성

「화상 분류」(카메라 영상)는 카메라 영상을 이용하여 영상이 속하는 「클래스」(데이터의 종류)를 예측하는 작업이다.

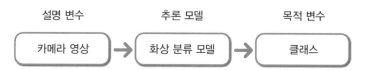

▲ 그림 2-2-1 화상 분류 모델

이번에는 실시간 카메라 영상을 가지고 「고양이」와 「개」 어느 쪽이 찍혀 있는지 예측해서 표시하는 앱을 만든다.

▲ 그림 2-2-2 작성하는 샘플 프로그램 예시

앞 장의 「화상 분류(사진)」와 같은 모델을 이용한다. 다른 점은 「이미지 피커」가 아닌 「카메라 캡처」와 「UIImage」가 아닌 「CMSampleBuffer」을 이용하는 것이다.

**소스 코드 설명**

프로그램의 본체인 「ViewController.swift」에 대해 설명한다.

### ■ 카메라 캡처 시작

카메라 캡처를 시작하는 「startCapture()」를 만든다. 「세션의 초기화」를 실행하고 「입력 지정」, 「출력 지정」, 「미리보기 지정」과 여러 가지 설정을 한 후 마지막으로 「카메라 캡처 시작」을 실행한다.

```swift
func startCapture() {
    //세션의 초기화
    let captureSession = AVCaptureSession()
    captureSession.sessionPreset = AVCaptureSession.Preset.photo

    //입력 지정
    let captureDevice: AVCaptureDevice! = self.device(false)
    guard let input = try? AVCaptureDeviceInput(device: captureDevice) else {return }
    guard captureSession.canAddInput(input) else {return }
    captureSession.addInput(input)

    //출력 지정
    let output: AVCaptureVideoDataOutput = AVCaptureVideoDataOutput()
    output.setSampleBufferDelegate(self, queue: DispatchQueue(label: "VideoQueue"))
    guard captureSession.canAddOutput(output) else {return }
    captureSession.addOutput(output)
    let videoConnection = output.connection(with: AVMediaType.video)
    videoConnection!.videoOrientation = .portrait

    //미리보기 지정
    previewLayer = AVCaptureVideoPreviewLayer(session: captureSession)
    previewLayer.videoGravity = AVLayerVideoGravity.resizeAspectFill
    previewLayer.frame = self.drawView.frame
    self.view.layer.insertSublayer(previewLayer, at: 0)

    //카메라 캡처 시작
    captureSession.startRunning()
}
```

### ■ 세션 초기화

카메라 캡처의 「세션 시작」에서는 「AVCaptureSession」 오브젝트를 생성한 후

sessionPreset 프로퍼티 속성에 동영상 품질을 지정한다. sessionPreset 프로퍼티 속성에 지정하는 정수는 다음과 같다.

| 정수 | 설명 |
|---|---|
| cif352x288 | CIF화질(352×288 픽셀) |
| hd1280x720 | 720p화질(1280×720 픽셀) |
| hd1920x1080 | 1080품질(1920×1080 픽셀) |
| hd4K3840x2160 | 2160p(UHD 또는 4K)화질(3840×2160 픽셀) |
| high | 고품질의 비디오와 오디오의 출력에 맞춘 설정 |
| iFrame1280x720 | 1280×720의 고품질 iFrame H.264 비디오를 AAC 오디오로 약 40Mbits/초로 실현하는 설정 |
| iFrame960x540 | AAC 오디오로 960×540의 고품질 iFrame H.264 비디오를 약 30Mbits/초로 실현하는 설정 |
| inputPriority | 캡처 세션이 오디오 및 비디오 출력 설정을 제어하지 않는 설정 |
| low | 3G 경유에서의 공유에 맞춘 출력 비디오 및 오디오 비트레이트에 맞춘 설정 |
| medium | WiFi 경유에서의 공유에 맞춘 출력 비디오 및 오디오 비트레이트에 맞춘 설정 |
| photo | 고해상도 사진 품질 출력에 맞춘 설정 |
| qHD960x540 | 쿼터 HD급(960x540 픽셀) 영상 출력에 적합한 설정 |
| qvga320x240 | 320×240 픽셀 비디오 출력에 맞춘 설정 |
| vga640x480 | VGA 품질(640×480 픽셀) 비디오 출력에 맞춘 설정 |

▲ 표 2-2-1 sessionPreset 프로퍼티 속성에 지정하는 정수

#### ■ 입력 지정

device()로 「AVCaptureDevice」 오브젝트를 취득한다. 이는 「전방카메라」 또는 「후방카메라」를 조작하기 위한 오브젝트이다. 이것을 이용해서 「AVCaptureDeviceInput」 오브젝트를 생성한다. 그리고 세션의 canAddInput()로 추가 가능 여부를 확인하고 나서 addInput()를 이용하여 추가한다.

#### ■ 출력 지정

「AVCaptureVideoDataOutput」 오브젝트를 생성하고 setSampleBuffer Delegate()로 델리게이트를 지정한다. 그리고 세션의 canAddOutput()로 추가 가능한지 확인하고 addOutput()로 추가한다.

「AVCaptureVideoDataOutput」 오브젝트의 connection으로 「AVCapture Connection」 오브젝트를 취득하고 「AVCaptureConnection」 오브젝트의 video

Orientation 프로퍼티 속성에 카메라 영상의 방향을 지정한다.

videoOrientation 프로퍼티 속성에 지정하는 정수는 다음과 같다.

| 정수 | 설명 |
|---|---|
| portrait | 세로 |
| portraitUpsideDown | 세로(상하 반대) |
| landscapeRight | 가로(오른쪽 방향) |
| landscapeLeft | 가로(왼쪽 방향) |

▲ 표 2-2-2 videoOrientation 프로퍼티 속성에 지정하는 정수

### ■ 미리보기 지정

카메라 동영상을 화면에 표시하기 위한 레이어 「AVCaptureVideo PreviewLayer」를 생성하고, videoGravity 프로퍼티 속성에 영역내 카메라 영상의 확장과 축소 방법을 지정하고 frame 프로퍼티 속성에 배치값을 지정하고 나서 보기 레이어에 추가한다.

videoGravity 프로퍼티 속성에 지정하는 정수는 다음과 같다.

| 정수 | 설명 |
|---|---|
| centerCrop | 화상의 종횡비를 유지하면서 화상의 단변과 영역이 맞도록 확대 축소 장변의 끝은 보이지 않음 |
| scaleFit | 화상의 종횡비를 유지하면서 화상의 장변과 영역이 맞도록 확대 축소 |
| scaleFill | 화상의 종횡비를 유지하지 않고 영역을 채우도록 영상을 확대 축소 |

▲ 표 2-2-3 videoGravity 프로퍼티 속성에 지정하는 정수

### ■ 카메라 캡처 시작

카메라 캡처를 시작할 때는 「AVCaptureSession」의 startRunning()을 호출한다.

### 2 디바이스 취득

「전방 카메라」 또는 「후방 카메라」를 조작하기 위한 「AVCaptureDevice」 오브젝트를 취득하는 「device()」를 만든다. 인수는 「전방 카메라」와 「후방 카메라」 어느 것으로 할지에 따른다.

```
//디바이스 취득
func device(_ frontCamera: Bool) -> AVCaptureDevice! {
    //AVCaptureDevice 리스트 취득
    let deviceDiscoverySession = AVCaptureDevice.DiscoverySession(
        deviceTypes: [AVCaptureDevice.DeviceType.builtInWideAngleCamera],
        mediaType: AVMediaType.video,
        position: AVCaptureDevice.Position.unspecified)
    let devices = deviceDiscoverySession.devices

    // 지정한 포지션을 가진 AVCaptureDevice 검색
    let position: AVCaptureDevice.Position = frontCamera ? .front : .back
    for device in devices {
        if device.position == position {
            return device
        }
    }
    return nil
}
```

「AVCaptureDevice.DiscoverySession」 오브젝트 생성 후, devices 프로퍼티를 호출하여 이용 가능한 「AVCaptureDevice」 오브젝트 리스트를 취득할 수 있다.

그 리스트에서 지정한 옵션을 가진 AVCaptureDevice 오브젝트를 검색한다.

### ❸ 카메라 캡처 이용시 처리방법

카메라 캡처를 시작하면 미리보기를 새로고침할 때마다 델리게이트 메소드 「captureOutput(_:didOutput:from:)」가 호출되기 때문에 예측을 실행하는 predict() 에 「CMSampleBuffer」를 넘겨준다.

```
//카메라 캡처시 호출된다
func captureOutput(_ output: AVCaptureOutput,
    didOutput sampleBuffer: CMSampleBuffer,
    from connection: AVCaptureConnection) {

    // 예측
    predict(sampleBuffer)
}
```

## ▣ CMSampleBuffer를CVPixelBuffer로 전환하기

앞 절에서 사진을 바탕으로 화상 분류를 실행할 때는 「UIImage」를 「CIImage」로 변환했지만 카메라 영상을 가지고 분류할 때는 「CMSampleBuffer」를 「CMSampleBuffer GetImageBuffer」로 변환한다.

```
let pixelBuffer = CMSampleBufferGetImageBuffer(sampleBuffer)!
```

핸들러의 인수도 「CIImage」에서 「CMSampleBufferGetImageBuffer」로 바뀐다.

```
let handler = VNImageRequestHandler(cvPixelBuffer:pixelBuffer,
options:[:])
guard (try? handler.perform([request])) != nil else {return }
```

## 2-3 유사 화상 검색

### 2-3-1 유사 화상 검출 샘플 프로그램의 구성

「유사 화상 검출」은 사진 또는 카메라 영상을 가지고 학습한 내용 중 유사 화상을 찾는 작업이다.

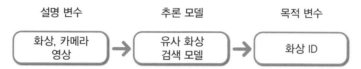

설명 변수 → 추론 모델 → 목적 변수

화상, 카메라 영상 → 유사 화상 검색 모델 → 화상 ID

▲ 그림 2-3-1 유사 화상 검색 모델

「유사 화상 검출」의 사용예는 다음과 같다.

- 임의의 사진과 똑같은 예술 작품 검색
- 임의의 사진과 똑같은 유명인 사진 검색
- 저작권 문제가 있는 사진여부 판정

이번에는 카메라 또는 사진 라이브러리의 사진을 가지고 데이터 세트 Caltech 101 안에서 비슷한 화상을 검색하고 화상 ID를 표시하는 앱을 샘플로 작성해 본다.

Caltech 101은 아코디언(accordion), 비행기(airplanes), 개미(ant) 등 해당 카테고리의 화상이 카테고리마다 약 40~800장 포함되어 있는 데이터 세트이다.

- Caltech 101

  http://www.vision.caltech.edu/Image_Datasets/Caltech101/

▲ 그림 2-3-2 샘플 프로그램

「화상 ID」는 영어숫자로 정렬한 화상 파일의 경로에 「0」부터 연속으로 번호가 부여된 것이다. 다운로드 후 압축 해제한 「101_ObjectCategories」 폴더로 터미널을 이용하여 이동 후 아래 명령을 입력하면 영어숫자로 정렬된 화상 파일 경로의 일람정보인 「images.txt」를 생성할 수 있다.

```
find . -name "*.jpg" | sort > images.txt
```

텍스트 편집기의 행수는 「1」부터 연속하는 번호로 나타나 있으므로 화상 ID에 「1」을 더한 행수가 해당 화상 파일이 된다. 화상 ID 「7327」이 표시되는 경우에는 1을 더한 「7328」행 째의 화상 파일 「./pizza/image_0008.jpg」가 검색 결과이다.

▲ 그림 2-3-3 검색 결과 화상 파일

---

### 2-3-2 모델 준비

이번에는 5장 Turi Create 「5-4 유사 화상 검색」에서 작성하는 모델 「ImageSimilarity.mlmodel」을 사용한다. 이 책의 샘플 프로그램을 먼저 다운로드 한 후 모델을 확보한다.

Xcode 프로젝트에 모델 「ImageSimilarity.mlmodel」을 드래그앤드롭으로 추가한다. 선택하면 모델 정보가 표시된다.

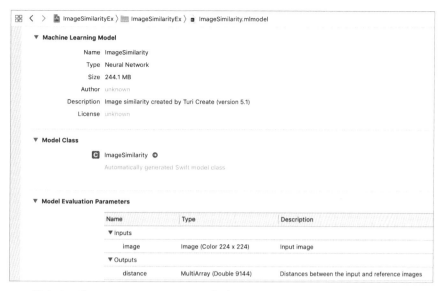

▲ 그림 2-3-4 「ImageSimilaritymlmodel」 모델 정보

Model Evaluation Parameters의 상세 내용은 다음과 같다.

| 입력/출력 | 이름 | 종별 | 설명 |
|---|---|---|---|
| 입력 | image | Image(244×244) | 화상 |
| 출력 | distance | MultiArray(Double 9144) | 유사거리(작은 값만큼 유사함) |

▲ 표 2-3-1 Model Evaluation Parameters의 항목

「유사거리」형은 「MultiArray(Double 9144)」이다. 이것은 9144개의 Double형 배열을 가진 「MultiArray」로 임의의 화상과 9144장의 학습한 화상의 유사거리가 된다. 유사거리는 작은값 일수록 화상이 비슷함을 나타낸다.

유사 화상을 변경하고 싶을 때는 검색하고 싶은 화상을 학습시킨 모델을 작성해야 한다. 자세한 내용은 5장 Turi Create「5-4 유사 화상 검색」에서 설명한다.

### 2-3-3 소스 코드 설명

프로그램의 본체인 「ViewController.swift」를 설명한다.

## ■1 모델 생성

모델 「ImageSimilarity.mlmodel」에서 자동 생성된 클래스 「ImageSimilarity」의 오브젝트를 생성한다. 그리고 그 오브젝트의 model 프로퍼티를 인수로 해서 「VNCoreMLModel」 오브젝트를 생성한다.

```
var model = try! VNCoreMLModel(for: StyleTransfer().model)
```

## ■2 예측

예측을 실행하는 명령 「predict()」을 작성한다. 인수로 넘겨진 사진을 바탕으로 유사 화상 검색의 요청을 실행한 후, 콜백으로 검출 결과를 확인한다.

```
func predict(_ image: UIImage) {
    DispatchQueue.global(qos: .default).async {
        //요청 생성
        let request = VNCoreMLRequest(model: self.model) {
        request, error in
        //에러 처리
        if error != nil {
            self.showAlert(error!.localizedDescription)
            return
        }

        //검출 결과 취득
        guard let results = request.results as?
            [VNCoreMLFeatureValueObservation] else {return }
        let distances = results.first!.featureValue.multiArrayValue!

        //MLMultiArray을 [Double]로 변환
        var distanceArray = [Double]()
        let count = distances.shape[0].intValue
        for r in 0..<count {
            distanceArray.append(Double(truncating: distances[r]))
        }

        //유사 거리 순으로 정렬
        let sorted = distanceArray.enumerated().sorted(by: {$0.element <
          $1.element })
        var text: String = " \n"
        for i in 0..<min(3, sorted.count) { //상위 3건
            let distance = sorted[i].element //유사 거리
```

```
            let identifier = sorted[i].offset //화상 ID
            text += String(format:"%d : %.2f \n", identifier, distance)
        }

        //UI 변경
        DispatchQueue.main.async {
            self.lblText.text = text
        }
    }

    //입력 화상의 크기 조정 지정
    request.imageCropAndScaleOption = VNImageCropAndScaleOption.centerCrop

    //UIImage를 CIImage로 변환
    let ciImage = CIImage(image: image)!

    //화상 방향 취득
    let orientation = CGImagePropertyOrientation(
        rawValue: UInt32(image.imageOrientation.rawValue))!

    //핸들러의 생성과 실행
    let handler = VNImageRequestHandler(ciImage: ciImage,
    orientation:orientation)
    guard (try? handler.perform([request])) != nil else {return }
    }
}
```

### ■ 검출 결과 취득

유사 화상 검색에서는 VNRequest의 results 프로퍼티를 [VNCoreMLFeatureV
alueObservation]에 캐스트해서 이용한다.

```
guard let results = request.results as?
    [VNCoreMLFeatureValueObservation] else {return }
let distances = results.first!.featureValue.multiArrayValue!
```

「VNCoreMLFeatureValueObservation」의 featureValue 프로퍼티에서
「MLFeatureValue」를 확보하고「MLFeatureValue」의 multiArrayValue 프로퍼
티에서 다차원 배열「MLMultiArray」을 확보한다.

| 속성 | 설명 |
|---|---|
| var featureValue: MLFeatureValue | 특징값 |

▲ 표 2-3-2 VNCoreMLFeatureValueObservation 프로퍼티

| 속성 | 설명 |
|---|---|
| var type: MLFeatureType | 특징 값의 종류 |
| var int64Value: Int64 | Int |
| var doubleValue: Double | Double |
| var stringValue: String | 문자열 |
| var dictionaryValue: [AnyHashable : NSNumber] | 사전 |
| var imageBufferValue: CVPixelBuffer? | 이미지 |
| var multiArrayValue: MLMultiArray? | 다차원 배열 |
| var sequenceValue: MLSequence? | 시퀀스 |
| var isUndefined: Bool | 미정의 여부 |

▲ 표 2-3-3 MLFeatureValue 프로퍼티

| 정수 | 설명 |
|---|---|
| int64 | Int |
| double | Double |
| image | 이미지 |
| multiArray | 다차원 배열 |
| string | 문자열 |
| dictionary | 사전 |
| sequence | 시퀀스 |
| invalid | 무효값 |

▲ 표 2-3-4 MLFeatureType 정수

표 2-3-4의 「MLMultiArray」가 모델 검출의 유사 거리 「MultiArray (Double9144)」가 된다.

### ■ MLMultiArray를 [Double]로 변환하기

「MLMultiArray」의 shape 프로퍼티에서 다차원 배열의 각차원에 대한 크기를 확보할 수 있다.

이번에는 1차원 배열이므로 1차원의 크기를 「distances.shape[0].intValue」에서 확보한다. 값은 「distances[r]」으로 취득한다.

| 속성 | 설명 |
|---|---|
| var shape: [NSNumber] | 다차원 배열의 각 차원 사이즈 |

▲ 표 2-3-5 MLMultiArray 프로퍼티

이것을 이용해서 MLMultiArray를 [Double]로 변환한다.

```
var distanceArray = [Double]()
let count = distances.shape[0].intValue
for r in 0..<count {
    distanceArray.append(Double(truncating: distances[r]))
}
```

#### ■ 유사거리 순으로 정렬

[Double]의 enumerated().sorted(by:)를 사용하여 정렬한다. 결과로 offset이 붙은 튜플 리스트 「Array〈(offset: Int, element: Double)〉」가 반환된다.

「offset」이 「화상 ID」, 「element」가 「유사 거리」를 나타내고 유사 거리가 가까운 순으로 정렬된다.

```
let sorted = distanceArray.enumerated().sorted(by: {$0.element < $1.element })
```

마지막으로 유사 거리가 가까운 순으로 3건의 정보를 표시한다.

```
var text: String = " \n"
for i in 0..<min(3, sorted.count) { //상위 3건
    let distance = sorted[i].element //유사 거리
    let identifier = sorted[i].offset //화상 ID
    text += String(format:"%d : %.2f \n", identifier, distance)
}
```

# 2-4 물체 검출

## 2-4-1 물체 검출 샘플 프로그램 구성

「물체 검출」은 사진 또는 카메라 영상을 가지고 「어디」(영역)에 「무엇」(클래스)이 찍혀 있는지를 검출하는 작업이다.

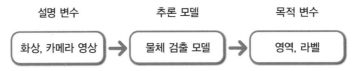

| 설명 변수 | 추론 모델 | 목적 변수 |
|---|---|---|
| 화상, 카메라 영상 | 물체 검출 모델 | 영역, 라벨 |

▲ 그림 2-4-1 물체 검출 모델

「물체 검출」의 이용예는 다음과 같다.

- 내시경 카메라 영상에서 종양 위치 검출
- 도로 사진에서 자동차 수 검출
- 화상 분류와 조합하여 영상에서 특정 사람이 찍혀 있는 장소 검출

이번에는 「카메라」나 「사진 라이브러리」의 사진을 이용하여 「자동차」(car) 또는 「오토바이」(bike)가 찍혀 있는 장소를 직사각형으로 표시한다.

▲ 그림 2-4-2 샘플 프로그램

**2-4-2** **모델 준비**

이번에는 5장 Turi Create 「5-5 물체 검출」에서 작성하는 모델 「ObjectDetection. mlmodel」을 사용한다. 먼저 샘플 프로그램을 다운로드하여 모델을 확보하자. https://github.com/TurningPointPub/ml-for-app-devs에서 다운로드 받을 수 있다.

Xcode 프로젝트에 모델 「ObjectDetection.mlmodel」을 드래그앤드롭으로 추가하고 해당 부분을 선택하면 모델 정보가 표시된다.

▲ 그림 2-4-3 「ObjectDetectionmlmodel」 모델 정보

Model Evaluation Parameters의 자세한 내용은 다음과 같다.

| 입력/출력 | 이름 | 종별 | 설명 |
|---|---|---|---|
| 입력 | image | Image(Color 416×416) | 화상 |
| | iouThreshold | Double | intersection-over-union(IoU)의 역치 |
| | confidenceThreshold | Double | 신뢰도의 역치 |
| 출력 | confidence<br>coordinates | MultiArray(Double 0×2)<br>MultiArray(Double 0×4) | 신뢰도(0.0~1.0)<br>영역 |

▲ 표 2-4-1 Model Evaluation Parameters의 항목

「자동차」와 「오토바이」 이외의 물체를 검출하고자 할때는 검출하고 싶은 물체를 학습시킨 모델을 작성해야 한다. 자세한 내용은 5장 Turi Create 「5-5 물체 검출」에서 설명한다.

### 2-4-3 소스 코드 설명

프로그램 본체인 「ViewController.swift」를 설명한다.

#### ▌1 모델 생성

모델 「ObjectDetection.mlmodel」에서 자동 생성된 클래스 「ObjectDetection」의 오브젝트를 생성한다. 그리고 오브젝트의 model 프로퍼티를 인수로 「VNCoreMLModel」 오브젝트를 생성한다.

```
var model = try! VNCoreMLModel(for: ObjectDetection().model)
```

#### ▌2 예측

예측을 실행하는 메소드 「predict()」를 작성한다. 인수로 받은 사진으로 물체 검출의 요청을 실행한 후 콜백으로 검출 결과를 취득한다.

```
func predict(_ image: UIImage) {
    DispatchQueue.global(qos: .default).async {
        //요청 생성
        let request = VNCoreMLRequest(model: self.model) {
            request, error in
            //에러 처리
            if error != nil {
                self.showAlert(error!.localizedDescription)
                return
            }
            DispatchQueue.main.async {
                //검출 결과 취득
                self.drawView.setImageSize(image.size)
                self.drawView.objects =
                    (request.results as! [VNRecognizedObjectObservation])

                //UI변경
                self.drawView.setNeedsDisplay()
```

```
        }
    }

    //입력 화상의 크기 조정 지정
    request.imageCropAndScaleOption = VNImageCropAndScaleOption.scaleFill

    //UIImage를 CIImage로 변환
    let ciImage = CIImage(image: image)!

    //화상 방향 취득
    let orientation = CGImagePropertyOrientation(
        rawValue: UInt32(image.imageOrientation.rawValue))!

    //핸들러의 생성과 실행
    let handler = VNImageRequestHandler(ciImage: ciImage,
     orientation:orientation)
        guard (try? handler.perform([request])) != nil else {return }
    }
}
```

### ■ 입력 화상의 크기 지정

지금까지는 입력 화상의 크기 지정에 「centerCrop」를 사용했지만 그렇게하면 사진 가장자리의 물체 검출이 되지 않으므로 이번에는 「scaleFill」를 이용한다.

```
request.imageCropAndScaleOption = VNImageCropAndScaleOption.scaleFill
```

### ■ 검출 결과 취득

물체 검출에서는 VNRequest의 results 프로퍼티를 [VNRecognizedObject Observation]로 캐스트해서 이용한다.

```
self.drawView.setImageSize(image.size)
self.drawView.objects =
    (request.results as! [VNRecognizedObjectObservation])
```

화상 크기와 [VNRecognizedObjectObservation]을 「DrawView」로 넘겨주고 setNeedsDisplay()로 화면 업데이트를 한다.

### ❸ 화상 표시 영역 계산(AspectFit)

화상 크기부터 화상 화면내에서 표시 영역 계산을 하기 위해 DrawView에 setImageSize()을 만든다. DrawView의 좌측 위를 기준점으로 한 화면 좌표계가 된다.

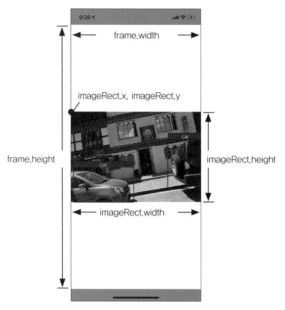

▲ 그림 2-4-4 화상 표시 영역 계산

결과는 imageRect에 대입한다. 화상은 화면 전체에 「AspectFit」로 표시되므로 계산식은 다음과 같다.

```swift
func setImageSize(_ imageSize: CGSize) {
    let scale: CGFloat =
        (self.frame.width/imageSize.width < self.frame.height/imageSize.height) ?
        self.frame.width/imageSize.width :
        self.frame.height/imageSize.height
    let dw: CGFloat = imageSize.width*scale
    let dh: CGFloat = imageSize.height*scale
    self.imageRect = CGRect(
        x: (self.frame.width-dw)/2,
        y: (self.frame.height-dh)/2,
        width: dw, height: dh)
}
```

## ❹ 검출 결과 그리기

검출 결과 그리기를 담당하는 DrawView의 Draw()를 만든다.

```
override func draw(_ rect: CGRect) {
    if self.objects == nil {return }

    //그래픽 컴퓨터 텍스트 생성
    let context = UIGraphicsGetCurrentContext()!

    //Non-maximum suppression의 적용
    objects = nonMmaximumSuppression(objects)

    //물체 검출 그리기
    for object in objects {
        //영역 그리기
        let rect = convertRect(object.boundingBox)
        context.setStrokeColor(COLOR_BLUE.cgColor)
        context.setLineWidth(2)
        context.stroke(rect)

        //라벨 표시
        let label = object.labels.first!.identifier
        drawText(context, text: label, rect: rect)
    }
}
```

물체 검출을 그린다. VNRecognizedObjectObservation에서는 boundingBox 프로퍼티에서 영역, labels로 검출한 라벨과 신뢰도를 확보한다. 「labels」 형태인 「VNClassicationObservation」는 화상 분류에서 사용한 것과 같다.

| 속성 | 설명 |
|---|---|
| var boundingBox: CGRect | 영역 |
| var labels: [VNClassificationObservation] | 검출한 라벨과 신뢰도 |

▲ 표 2-4-2 VNRecognizedObjectObservation의 프로퍼티 속성

| 속성 | 설명 |
|---|---|
| var identifier: String | 분류 라벨 |
| var confidence: VNConfidence | 신뢰도(0.0~1.0) |

▲ 표 2-4-3 VNClassificationObservation의 프로퍼티 속성

### 5 검출영역 좌표계를 화면 좌표계로 변환하기

「검출영역 좌표계」를 「화면 좌표계」로 변환한다. 「검출영역 좌표계」는 폭과 높이를 「0.0~1.0」으로 하고 왼쪽 하단이 기준점이 된다. 「화면 좌표계」는 폭과 높이를 dp 단위로 나타내고 왼쪽 상단이 기준점이 된다.

▲ 그림 2-4-5 검출영역 좌표계

계산식은 다음과 같다.

```
func convertRect(_ rect:CGRect) -> CGRect {
    return CGRect(
        x: self.imageRect.minX + rect.minX * self.imageRect.width,
        y: self.imageRect.minY + (1 - rect.maxY) * self.imageRect.height,
        width: rect.width * self.imageRect.width,
        height: rect.height * self.imageRect.height)
}
```

### 6 IoU 값 계산

「IoU(Intersection over Union)값」은 화상의 겹침 비율을 나타내는 값으로 다음에 설명하는 「Non-maximum suppression」에서 이용한다. 이 값이 클수록 겹쳐 있음을 나타낸다.

IoU 값의 계산식은 「2개의 영역이 겹치는 면적」(intersection)을 「2개의 영역을 포함하는 최소 직사각형의 면적」(union)으로 나눈 값이다.

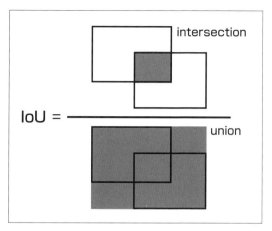

▲ 그림 2-4-6 IoU값의 계산식

```swift
func IoU(_ a: CGRect, _ b: CGRect) -> Float {
    let intersection = a.intersection(b)
    let union = a.union(b)
    return Float((intersection.width * intersection.height) /
        (union.width * union.height))
}
```

### 7 Non-maximum suppression 적용

「Non-Maximum Suppression」는 하나의 물체에 대해 검출 영역이 중복되어 있는 상태를 억제하는 알고리즘이다.

5장 「Turi Create」의 예측에서는 자동적으로 적용되지만 「Core ML」의 예측에서는 적용되지 않으므로 추가해야 한다.

알고리즘은 간단한데 다음과 같이 검출 영역이 겹쳐져 있을 경우 신뢰도 순으로 IoU값이 임계값 (이번에는 0.3)이상의 영역을 억제한다. 임계값은 경우에 따라 조정한다.

억제 전                                    억제 후

▲ 그림 2-4-7 「Non-Maximum Suppression」에서의 영역 억제

```swift
func nonMmaximumSuppression(_ objects : [VNRecognizedObjectObservation])
  -> [VNRecognizedObjectObservation] {
  let nms_threshold: Float = 0.3 //IoU값의 임계값
  var results: [VNRecognizedObjectObservation] = [] //결과배열
  var keep = [Bool](repeating: true, count: objects.count) //유지플래그

  // 신뢰도순(높은순)으로 정렬
  let orderedObjects = objects.sorted {$0.confidence > $1.confidence}

  for i in 0..<orderedObjects.count {
    if keep[i] {
      // 신뢰도순으로 결과 배열에 추가
      results.append(orderedObjects[i])

      //신뢰도순으로 IoU값의 임계치 이상의 영역 억제
      let bbox1 = orderedObjects[i].boundingBox
      for j in (i+1)..<orderedObjects.count {
        if keep[j] {
          let bbox2 = orderedObjects[j].boundingBox
          if IoU(bbox1, bbox2) > nms_threshold {
            keep[j] = false
          }
        }
      }
    }
  }
  return results
}
```

# 2-5 화풍 변환

## 2-5-1 화풍 변환 샘플 프로그램의 구성

「화풍 변환」은 사진 또는 카메라 영상을 다른 사진의 화풍으로 변환하는 작업이다.

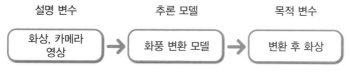

설명 변수 → 추론 모델 → 목적 변수

화상, 카메라 영상 → 화풍 변환 모델 → 변환 후 화상

▲ 그림 2-5-1 화풍 변환 모델

화풍 변환에 의해 사진이나 동영상을 피카소풍, 고흐풍, 풍속화풍과 같이 자신이 좋아하는 화풍으로 변환할 수 있다.

머신 러닝의 화풍 변환을 이용하는 필터 앱은 「Prisma」가 유명하다. 실제 화가가 그린 작품처럼 변환된다.

- Prisma
  https://itunes.apple.com/kr/app/prisma-photo-editor/id1122649984?mt=8

이번에는 「카메라」나 「사진 라이브러리」를 사진으로 그 사진의 화풍을 변환하는 앱을 만든다. 화면 상부의 세그먼트 컨트롤로 「원본」, 「그림화풍」, 「풍속화풍」을 바꿀 수 있다.

▲ 그림2-5-2 「Prisma」 이용예

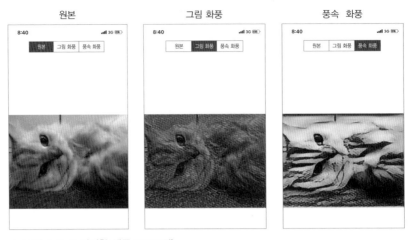

| 원본 | 그림 화풍 | 풍속 화풍 |

▲ 그림 2-5-3 작성할 샘플 프로그램

## 2-5-2 모델 준비

이번에는 5장 Turi Create 「5-6 화풍 변환」에서 작성하는 모델 「StyleTransfer.
mlmodel」을 사용한다. 먼저 샘플 프로그램을 다운로드하여 사용할 모델을 확보
하자.

Xcode 프로젝트에 모델 「StyleTransfer.mlmodel」을 드래그앤드롭으로 추가하
고 해당 부분을 선택하면 모델 정보가 표시된다.

▲ 그림 2-5-4 「StyleTransfermlmodel」 모델 정보

Model Evaluation Parameters의 자세한 내용은 다음과 같다.

| 입력/출력 | 이름 | 종별 | 설명 |
|---|---|---|---|
| 입력 | image | Image(Color 256×256) | 화상 |
| | index | MultiArray(Double 4) | 스타일 종별 |
| 출력 | stylizedImage | Image(Color 256×256) | 화상 |

▲ 표 2-5-1 Model Evaluation Parameters의 항목

화풍 변환을 직접 만들고 싶은 경우에는 변환하고 싶은 화풍을 학습시킨 모델을 준비해야 한다. 자세한 내용은 5장 Turi Create 「5-6 화풍 변환」에서 설명한다.

## 2-5-3 소스 코드 설명

프로그램 본체인 「ViewController.swift」에 대해 설명한다.

### 1 모델 생성

모델 「StyleTransfer.mlmodel」에서 자동 생성된 클래스 「StyleTransfer」의 오브젝트를 생성한다. 2018년 12월 현재, 화풍 변환은 VNCoreMLModel 통해 잘 동작하지 않으므로 모델을 직접 조작한다.

```
var model = StyleTransfer()
```

### 2 예측

예측을 실행하는 명령 「predict()」을 작성한다. 인수로 넘겨받은 사진과 스타일 종류를 가지고 화풍 변환을 실행한다. 이번 모델은 「StyleTransfer.mlmodel」의 스타일 종류는 2가지로 「0」이 「그림 화풍」, 「1」이 「풍속화풍」이다.

```
func predict(_ image: UIImage, styleIndex: Int) {
    self.image = image
    self.segmentControl.isEnabled = true
    DispatchQueue.global(qos: .default).async {
        //스타일 지정
        let styleArray = try! MLMultiArray(
            shape: [2] as [NSNumber],
```

```
        dataType: MLMultiArrayDataType.double)
    for i in 0..<2 {
        styleArray[i] = 0.0
    }
    styleArray[styleIndex] = 1.0

    // 화풍 변환 실행
    let resultImage = self.stylizeImage(image: image, styleArray: styleArray)

    //UI업데이트
    DispatchQueue.main.async {
        self.imageView.image = resultImage
    }
  }
}
```

### ■ 스타일 종류 지정

지금까지 입력은 「화상」뿐이었지만 이번에는 스타일도 지정한다. 크기 4로 Double형 값을 가지는 MLMultiArray를 생성한다. 전체값을 「0.0」으로 초기화한 후 선택한 스타일 종류만 「1.0」으로 지정한다.

```
fet styleArray = try! MLMultiArray(
    shape: [4] as [NSNumber],
    dataType: MLMultiArrayDataType.double)
for i in 0..<4 {
    styleArray[i] = 0.0
}
styleArray[styleIndex] = 1.0
```

MLMultiArray의 서식은 다음과 같다.

> **MLMultiArray**
> init(shape: [NSNumber], dataType: MLMultiArrayDataType)
> **설명** : MLMultiArray 생성
> **인수** : shape　　　　　　다차원 배열의 각 차원 크기를 포함한 배열
> 　　　　　dataType　　　　데이터 종류

### 3 화풍 변환 실행

화풍 변환을 실행하는 메소드 「stylizeImage(image:styleArray:)」를 작성한다. 먼저 사진 크기를 입력 화상 크기(256 × 256 도트)로 조정한 후 UIImage를 CVPixelBuffer로 변환한다.

그리고 모델의 예측을 실행하고 변환 결과에서 CVPixelBuffer를 확보한 후 CVPixelBuffer를 UIImage로 변환한다. 마지막으로 출력 화상 크기(256 × 256 도트)를 사진 크기로 조정해서 완성한다.

```
func stylizeImage(image: UIImage, styleArray: MLMultiArray) -> UIImage! {
    // 사진 크기를 입력화상 크기로 조정
    let inputImage = self.resizeImage(image, size: CGSize(width:256, height:256))!

    //UIImage를 CVPixelBuffer로 변환
    let pixelBuffer = self.uiImage2pixelBuffer(inputImage, width: 256, height: 256)!

    //모델 예측 실행
    let output = try? model.prediction(image: pixelBuffer, index: styleArray)

    //CVPixelBuffer를 UIImage로 변환
    let outputImage = UIImage(
        ciImage: CIImage(cvPixelBuffer: (output?.stylizedImage)!),
        scale: 1.0, orientation: image.imageOrientation)

    // 출력 화상 크기를 사진 크기로 조정
    return resizeImage(outputImage, size: image.size)
}
```

### ■ UIImage를 CVPixelBuffer로 변환

UIImage를 CVPixelBuffer로 변환하는 명령 「uiImage2pixelBuffer()」을 작성한다. UIImage를 CIImage로 변환한 후 CVPixelBufferCreate()로 CVPixelBuffer를 생성하고 CIContext의 render()로 CVPixelBuffer에 CIImage를 그린다.

```
func uiImage2pixelBuffer(_ image: UIImage, width: Int, height: Int) ->
CVPixelBuffer! {
    //UIImage을 CIImage로 변환
    let ciImage = CIImage(image: image)!
```

```
//CVPixelBuffer 생성
var pixelBuffer: CVPixelBuffer?
let attrs = [kCVPixelBufferCGImageCompatibilityKey: kCFBooleanTrue,
    kCVPixelBufferCGBitmapContextCompatibilityKey: kCFBooleanTrue] as CFDictionary
CVPixelBufferCreate(kCFAllocatorDefault, width, height,
    kCVPixelFormatType_32BGRA, attrs, &pixelBuffer)

//CVPixelBuffer에 CIImage를 그리기
let context = CIContext()
context.render(ciImage, to: pixelBuffer!)
return pixelBuffer!
}
```

### ■ 모델의 예측 실행

모델의 예측 실행에는 모델에서 자동 생성된 StyleTransfer의 prediction()를 사용한다.

```
let output = try? model.prediction(image: pixelBuffer, index: styleArray)
```

prediction()의 서식은 다음과 같다.

**StyleTransfer**

func prediction(image: CVPixelBuffer, index: MLMultiArray) throws -> Style
TransferOutput

**기능** : 모델 예측 실행

**인수** :  image           CVPixelBuffer 오브젝트

        index           스타일 종류

### ■ CVPixelBuffer를 UIImage로 변환

CVPixelBuffer를 UIImage로 변환할 때는 먼저 CVPixelBuffer를 CIImage로 변환한 후, CIImage를 UIImage로 변환한다.

```
let outputImage = UIImage(
    ciImage: CIImage(cvPixelBuffer: (output?.stylizedImage)!),
    scale: 1.0, orientation: image.imageOrientation)
```

## 2-6 활동 분류

### 2-6-1 활동 분류 샘플 프로그램 구성

「활동 분류」는 휴대폰의 센서 정보를 바탕으로 사용자가 현재 어떤 활동을 하고 있는지 예측하는 작업이다. 휴대폰의 센서 정보에는 「가속도 센서」, 「자이로스코프」, 사용자의 활동에는 「보행」, 「계단 오르기」, 「계단 내려가기」 등이 있다.

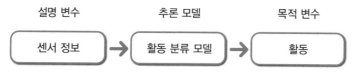

▲ 그림 2-6-1 활동 분류 모델

「활동 분류」의 이용 예는 다음과 같다.

- 시계 센서 정보를 이용하여 수영 기록(랩시간) 측정
- 휴대폰 센서 정보에서 손동작에 따라 Bluetooth를 이용한 조명 점등

이번에는 샘플로 휴대 단말기를 가진 사용자가 현재 하고 있는 활동을 예측해서 화면에 표시하는 앱을 만든다. 예측 활동에는 다음 6 종류가 있다.

- walking(걷기)
- climbing_upstairs(계단 오르기)
- climbing_downstairs(계단 내려가기)
- sitting(앉기)
- standing(서기)
- laying(눕기)

▲ 그림 2-6-2
작성할 샘플 프로그램

**모델준비**

이번에는 5장 Turi Create 「5-7 활동 분류」에서 작성하는 모델 「Activity
Classication.mlmodel」을 사용한다. 먼저 샘플 프로그램을 다운로드하여 사용할
모델을 확보하자. Xcode 프로젝트에 모델 「ActivityClassication.mlmodel」을 드
래그앤드롭으로 추가한다. 선택하면 모델의 정보가 표시된다.

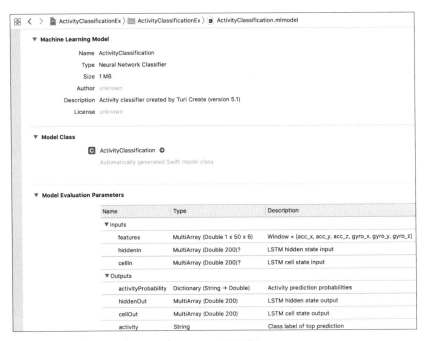

▲ 그림 2-6-3 「ActivityClassicationmlmodel」 모델 정보

Model Evaluation Parameters의 상세 내용은 다음과 같다.

| 입력／출력 | 이름 | 종별 | 설명 |
|---|---|---|---|
| 입력 | features | MultiArray(Double a×50×6) | Prediction Window 크기× 특징 수의 배열 |
| | hiddenIn | MultiArray(Double 200)? | "LSTM의 hidden state 입력 신규 세션 시작 시에는 0 입력 그렇지 않은 경우에는 직전의 hiddenOut을 입력 " |

| | cellIn | MultiArray(Double 200)? | LSTM의 cell state 입력<br>신규 세션 시작 시에는 0 입력<br>그렇지 않은 경우에는 직전의<br>cellOut을 입력 |
|---|---|---|---|
| 출력 | activityProbability | Dictionary(String → Double) | 키는 활동 라벨 값은 신뢰도 |
| | hiddenOut | MultiArray(Double 200) | LSTM의 hidden state 출력 다음<br>예측 요구 시에 hiddenIn에 입력 |
| | cellOut | MultiArray(Double 200) | LSTM의 cell state 출력 다음 예<br>측 요구 시에 cellIn에 입력 |
| | activity | String | 가장 높은 신뢰도를 가진 활동<br>레벨 |

▲ 표 2-6-1 Model Evaluation Parameters 항목

## ◎ Prediction Window 크기

활동 분류의 예측은 몇 초마다 이루어지는데 이 예측의 실행 간격은 「Prediction Window 크기」로 조정한다. 이번 모델은 「50Hz」(1초 동안에 50 샘플)로 샘플링되어 있으므로 1초마다 예측할 때 「Prediction Window 크기」는 「50」이 된다.

## ◎ 특징수

이번 모델은 가속도 센서의 XYZ와 자이로스코프의 XYZ 정보를 「특징」으로 이용하므로 특징수는 「6」이 된다.

## ◎ hiddenIn, cellIn, hiddenOut, cellOut

「hiddenIn」, 「cellIn」에는 신규 세션을 시작할 때 0을 입력한다. 그 이후에는 직전의 「hiddenOut」, 「cellOut」을 입력한다. 모델의 이전 출력값을 다음 입력값으로 사용하여 시계열 데이터 예측을 실현한다.

다른 활동을 분류하고 싶을 때는 분류하고 싶은 활동을 학습시킨 모델을 준비해야 한다. 자세한 내용은 5장 Turi Create 「5-7 활동 분류」에서 설명한다.

**소스 코드 해설**

프로그램 본체인 「ViewController.swift」에 대해 설명한다.

### ■ 모델 생성

모델 「ActivityClassication.mlmodel」에서 자동 생성된 클래스 「Activity Classication」의 오브젝트를 생성한다. 이번에는 화상 처리를 하지 않으므로 「VNCoreMLModel」을 사용하지 않는다.

```
let model = ActivityClassification()
```

### ■ Prediction Window 데이터와 인덱스

「predictionWindowData」는 「Prediction Window 크기×특징수」의 배열이다. 이번에는 Prediction Window 크기가 「50」, 특징수가 「6」이므로 길이 300인 배열이 된다.

「predictionWindowIndex」는 「predictionWindowData」에 데이터가 어느 정도 채워져 있는지 나타내는 인덱스이다.

```
let predictionWindowData = try! MLMultiArray(
    shape: [1, predictionWindowSize, numOfFeatures] as [NSNumber],
    dataType: MLMultiArrayDataType.double)
var predictionWindowIndex = 0
```

### ■ hiddenOut과 cellOut의 변수유지

요청 결과의 출력값 「hiddenOut」과 「hiddenCell」을 유지하는 변수를 준비한다. 요청 결과를 취득할 때는 이들 변수에 「hiddenOut」과 「hiddenCell」을 대입하고 다음 요청의 입력값으로 사용한다.

```
var hiddenOut = try! MLMultiArray(
    shape:[hiddenInLength as NSNumber],
    dataType: MLMultiArrayDataType.double)
var cellOut = try! MLMultiArray(
```

```
   shape:[cellInLength as NSNumber],
   dataType: MLMultiArrayDataType.double)
```

## 4 가속도 센서와 자이로스코프의 유효화

가속도 센서와 자이로스코프를 유효화할 때는 「CMMotionManager」를 사용한다. isAccelerometerAvailable()와 isGyroAvailable()를 사용하여 가속도 센서와 자이로스코프를 이용 가능한지 확인한다.

deviceMotionUpdateInterval 프로퍼티에서 센서 정보의 업데이트 시간을 지정한다. 이번 모델 데이터는 50Hz이므로 「1.0／50.0」을 지정한다.

startDeviceMotionUpdates()에서 가속도 센서와 자이로스코프 정보의 업데이트를 시작한다. 업데이트될 때마다 onUpdateSensorInfo()를 호출하도록 한다.

```
self.motionManager = CMMotionManager()
guard let motionManager = self.motionManager,
   motionManager.isAccelerometerAvailable &&
   motionManager.isGyroAvailable else {return}
motionManager.deviceMotionUpdateInterval = ViewController.sensorsUpdateInterval
motionManager.startDeviceMotionUpdates(to: OperationQueue.current!, withHandler:{
   deviceManager, error in
   self.onUpdateSensorInfo(deviceManager!)
})
```

## 5 센서 정보 업데이트시의 처리

센서 정보를 업데이트할 때는 onUpdateSensorInfo()가 호출된다. 인수 CMDeviceMotion의 userAcceleration 프로퍼티에서 가속화 센서 정보 「CMAcceleration」, rotationRate 프로퍼티에서 자이로스코프 정보 「CMRotationRate」를 취득한다.

확보한 가속화 센서와 자이로스코프 정보를 「predictionWindowData」에 추가하고 「predictionWindowIndex」에 1을 더한다.

predictionWindowData가 가득 차면(여기서는 predictionWindowIndex가 50이 되었을 때) 예측을 실행한다. 예측 실행 후에는 predictionWindowIndex을 0으로 되돌린다.

```swift
func onUpdateSensorInfo(_ deviceManager: CMDeviceMotion!) {
    //센서 정보 취득
    let accel = deviceManager!.userAcceleration
    let gyro = deviceManager!.rotationRate

    //센서 정보를 데이터배열에 추가
    predictionWindowData[[0, predictionWindowIndex, 0] as [NSNumber]] = accel.x as
        NSNumber
    predictionWindowData[[0, predictionWindowIndex, 1] as [NSNumber]] = accel.y as
        NSNumber
    predictionWindowData[[0, predictionWindowIndex, 2] as [NSNumber]] = accel.z as
        NSNumber
    predictionWindowData[[0, predictionWindowIndex, 3] as [NSNumber]] = gyro.x as
        NSNumber
    predictionWindowData[[0, predictionWindowIndex, 4] as [NSNumber]] = gyro.y as
        NSNumber
    predictionWindowData[[0, predictionWindowIndex, 5] as [NSNumber]] = gyro.z as
        NSNumber

    //Prediction Window 인덱스에 1추가
    predictionWindowIndex += 1

    //Prediction Window에 데이터가 가득찼을 때 예측 실행
    if (predictionWindowIndex == ViewController.predictionWindowSize) {
        //예측
        predict()

        //Prediction Window 인텍스에 0 지정
        predictionWindowIndex = 0

    }
}
```

## 6 예측

예측을 실행하는 명령 「predict()」을 작성한다.

```swift
func predict() {
    //예측
    let results = try? self.model.prediction(
        features: self.predictionWindowData,
        hiddenIn: self.hiddenOut,
        cellIn: self.cellOut)
    let text = results!.activity
```

```
//hiddenOut과 cellOut 유지
self.hiddenOut = results!.hiddenOut
self.cellOut = results!.cellOut

//UI 업데이트
DispatchQueue.main.async {
    self.lblText.text = "\n\(text)\n"
}
}
```

model의 prediction()를 이용하여 예측을 실행한다.

**ActivityClassication**
func prediction(features: MLMultiArray, hiddenIn: MLMultiArray?, cellIn: MLMultiArray?) throws -> ActivityClassifiationOutput
**설명** : 모델 예측 실행
**인수** : features    Prediction Window 크기 × 특징수 배열
   hiddenIn    LSTM의 hidden state 입력
   hiddenOut   LSTM의 cell state 입력

예측 후 결과 activity 프로퍼티에서 가장 높은 예측 확률값을 가진 활동 라벨을 취득하고 hiddenOut 프로퍼티와 cellOut 프로퍼티를 필드 변수에 대입해서 유지한다.

## 2-7 텍스트 분류

### 2-7-1 텍스트 분류 샘플 프로그램 구성

「텍스트 분류」는 텍스트 데이터를 이용하여 텍스트가 속한 「클래스」(데이터 종류)를 예측하는 작업이다.

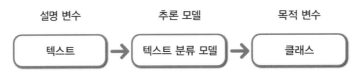

설명 변수 → 텍스트 | 추론 모델 → 텍스트 분류 모델 | 목적 변수 → 클래스

▲ 그림 2-7-1 텍스트 분류 모델

「텍스트 분류」의 이용 예는 다음과 같다.

- 레스토랑이나 영화 리뷰에서 내용이 긍정인지 부정인지 예측
- Twitter 내용에서 악플 예측
- 메일 내용에서 상대방이 받아들인 인상 예측
- 대량의 논문 데이터에서 자신이 읽어야 하는 논문 검출

이번에는 입력한 내용이 「IT」관련 뉴스인지 「스포츠」관련 뉴스인지를 예측하는 앱을 만들어 보자. 텍스트 필드에 「IT」관련 뉴스를 복사하여 붙여넣기 하면 「IT 뉴스」, 「스포츠」관련 뉴스를 복사하여 붙여넣기 하면 「스포츠 뉴스」로 표시된다.

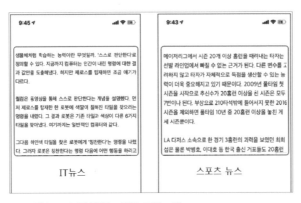

▲ 그림 2-7-2 작성하는 샘플 프로그램

모델준비

이번에는 5장 Turi Create 「5-8 텍스트 분류」에서 작성하는 모델 「TextClassic ation.mlmodel」을 사용한다. 4장 Create ML 「4-2 텍스트 분류」에서 작성하는 모델도 학습량이 적지만 사용할 수 있다. 먼저 책의 샘플 프로그램을 다운로드하여 사용할 모델을 확보하자. Xcode 프로젝트에 모델 「TextClassication. mlmodel」을 드래그앤드롭으로 추가하고 선택하면 모델 정보가 표시된다.

▲ 그림 2-7-3 「TextClassicationmlmodel」 모델 정보

Model Evaluation Parameters의 상세 내용은 다음과 같다.

| 입력/출력 | 이름 | 종별 | 설명 |
|---|---|---|---|
| 입력 | text | Dictionary (String→Double) | 텍스트 |
| 출력 | label | Int64 | 라벨<br>　0 : IT 뉴스<br>　1 : 스포츠 뉴스 |
| | labelProbability | Dictionary (Int64→Double) | 키가 라벨로 값이 신뢰도인 사전 |

▲ 표 2-7-1 Model Evaluation Parameters의 항목

「IT 뉴스」와 「스포츠 뉴스」 이외의 내용을 분류하고 싶을 때에는 분류하고자 하는 텍스트가 학습된 모델을 준비해야 한다. 자세한 내용은 4장 Create ML 「4-2 텍스트 분류」와 5장 Turi Create 「5-8 텍스트 분류」에서 설명한다.

## 2-7-3 소스 코드 설명

프로그램 본체인 「ViewController.swift」에 대해 설명한다.

### 1 모델 생성

모델 「TextClassication.mlmodel」에서 자동 생성된 클래스 「TextClassication」의 오브젝트를 생성한다. 이번에는 화상 처리를 실행하지 않으므로 「VNCoreMLModel」는 사용하지 않는다.

```
let model = TextClassification()
```

### 2 예측

예측을 실행하는 메소드 「predict()」을 작성한다. 먼저 인수로 넘겨받은 텍스트를 머신 러닝으로 처리하기 쉬운 형식인 「Bag-of-words」로 변환하여 「Bag-of-words」를 인수로 텍스트 분류 예측을 실행한다.

```
func predict(_ text: String) {
    DispatchQueue.global(qos: .default).async {
        //텍스트를 Bag-of-words로 변환
        let bagOfWords: [String: Double] = self.bagOfWords(text)

        //예측
        let prediction = try? self.model.prediction(text: bagOfWords)

        //UI 업데이트
        DispatchQueue.main.async {
            if prediction != nil {
                self.lblText.text =
                    (prediction!.label == 0) ? "\nIT\n" : "\n스포츠\n"
            }
        }
    }
}
```

「Bag-of-Words」는 문장에 단어가 포함되어 있는지 없는지 확인하여 단어의 배열 방법 등을 고려하지 않는 모델이다. 구체적으로는 「키」가 「단어」로, 「값」이 「단어의 출현 횟수」인 사전이다.

예를 들어 「아버지가가방가가방여기어디」를 「Bag-of-words」으로 변환하면 다음과 같다.

```
아버지가가방가가방여기어디
↓
[아버지, 가, 가방, 가, 가방, 여기, 어디]
↓
[아버지: 1, 가:2, 가방: 2, 여기: 1, 어디:1]
```

### ❸ 텍스트를 Bag-of-words로 변환

텍스트를 「Bag-of-words」로 변환하는 명령 「bagOfWords」를 만든다.

구체적으로는 텍스트를 하나하나의 단어로 분할해서 각 단어의 수를 사전으로 계산한다. 이 텍스트를 각각의 단어로 분할하는 작업을 「토큰화」라고 부른다. 「토큰」은 단어를 말하는 것으로 문자열에서 의미를 가진 최소 단위가 된다.

```swift
func bagOfWords(_ text: String) -> [String: Double] {
    // 결과변수 준비
    var bagOfWords = [String: Double]()

    //토큰화 준비
    let tokenizer = NLTokenizer(unit: .word)
    tokenizer.string = text

    //토큰화 실행
    tokenizer.enumerateTokens(in: text.startIndex..<text.endIndex) {
    tokenRange, _ in

        //토큰화한 단어
        let word = String(text[tokenRange])
        if bagOfWords[word] != nil {
            bagOfWords[word]! += 1
        } else {
            bagOfWords[word] = 1
        }
        return true
```

```
    }
    return bagOfWords
}
```

자연어 문장을 분할해서 「토큰화」를 실행할 때는 「NLTokenizer」을 사용한다. 「NLTokenizer」는 Natural Language 프레임워크 클래스가 된다.

**NLTokenizer**
init(unit: NLTokenUnit)
**설명** : NLTokenizer 오브젝트 생성
**인수** : unit 유닛

인수 「유닛」에는 토큰화 정도를 지정한다. 이번에는 단어 단위로 토큰화하므로 「word」를 지정한다.

| 정수 | 설명 |
|---|---|
| document | 문서 전체 |
| paragraph | 단락 |
| sentence | 문장 |
| word | 단어 |

▲ 표 2-7-2 NLTokenUnit 정수

토큰화를 실행할 때는 enumerateTokens()을 호출한다.

**NLTokenizer**
@nonobjc func enumerateTokens(in range: Range<String.Index>,
using block: (Range<String.Index>, NLTokenizer.Attributes) -> Bool)
**설명** : 토큰 열거
**인수** : range　　영역
　　　　　 block　　콜백

enumerateTokens()를 호출하면 분할한 토큰의 수만큼 콜백이 호출된 후, 다음 처리를 진행한다. 콜백 인수 「Range〈String.Index〉」로 문자열의 어느 부분이 토큰화 되었는지 알 수 있다.

## ④ 모델 예측 실행

모델 예측 실행은 모델에서 자동 생성한 클래스 「TextClassication」의 prediction()를 사용한다. 메소드 서식은 다음과 같다.

> **TextClassication**
> func prediction(text: [String : Double]) throws -> TextClassifiationOutput
> **설명** : 모델 예측 실행
> **인수** : text      BagOfWord
> **반환값** : 검출 결과

검출 결과는 모델에서 자동 생성된 클래스 「TextClassicationOutput」가 된다. 「TextClassicationOutput」의 label 프로퍼티가 「0」인 경우에는 「IT 뉴스」, 「1」인 경우에는 「스포츠 뉴스」가 된다.

# CHAPTER 3

## Core ML –
## Vision · Natural Language

# 3-1 얼굴 검출

## 3-1-1 얼굴 검출 샘플 프로그램 구성

「얼굴 검출」은 사진 또는 카메라 영상을 이용하여 얼굴의 영역을 검출하는 작업이다. 얼굴 영역을 검출하는 것 외에도 눈, 코, 입, 얼굴 윤곽과 같은 얼굴의 랜드마크 위치를 검출하는 것도 가능하다.

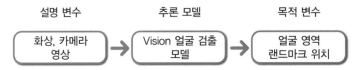

▲ 그림 3-1-1 얼굴 검출 모델

이번에는 실시간 카메라 영상으로 얼굴 위치를 나타내는 직사각형과 얼굴의 랜드마크 위치를 나타내는 앱을 만든다.

▲ 그림 3-1-2 작성할 샘플 프로그램

**소스코드 설명**

프로그램 본체인 「ViewController.swift」에 대해 설명한다.

### ■ 예측

예측을 실행하는 명령 「predict()」을 작성한다. 인수로 넘겨받은 카메라 영상의 버퍼를 가지고 「얼굴 검출」의 요청을 생성하여 실행하고 콜백으로 검출 결과를 획득한다.

```swift
func predict(_ sampleBuffer: CMSampleBuffer) {
    //요청 생성
    let request = VNDetectFaceLandmarksRequest {
        request, error in
        //에러처리
        if error != nil {
            self.showAlert(error!.localizedDescription)
            return
        }

        DispatchQueue.main.async {
            // 검출 결과 획득
            let imageBuffer = CMSampleBufferGetImageBuffer(sampleBuffer)
            self.drawView.setImageSize(CGSize(
                width: CGFloat(CVPixelBufferGetWidth(imageBuffer!)),
                height: CGFloat(CVPixelBufferGetHeight(imageBuffer!))))
            self.drawView.faces = (request.results as! [VNFaceObservation])

            //UI 업데이트
            self.drawView.setNeedsDisplay()
        }
    }

    //CMSampleBuffer를 CVPixelBuffer로 변환
    let pixelBuffer = CMSampleBufferGetImageBuffer(sampleBuffer)!

    //핸들러 생성과 실행
    let handler = VNImageRequestHandler(cvPixelBuffer:pixelBuffer, options:[:])
    guard (try? handler.perform([request])) != nil else {return}
}
```

## ■ 요청 생성

「얼굴 검출」의 요청을 생성한다.

```
let request = VNDetectFaceLandmarksRequest {
    request, error in
    ~검출 결과 획득시 처리~
}
```

「요청」과 「검출 결과」는 클래스마다 다른 클래스가 준비되어 있고 「얼굴 검출」의 클래스에는 다음 세 가지가 있다. 「VNDetectFaceRectanglesRequest」는 얼굴만, 「VNDetectFaceLandmarksRequest」는 영역과 얼굴 랜드마크 모두를 검출한다.

| 클래스명 | 설명 |
|---|---|
| VNDetectFaceRectanglesRequest | 얼굴 검출 |
| VNDetectFaceLandmarksRequest | 얼굴 랜드마크 검출 |
| VNFaceObservation | 얼굴 검출과 얼굴 랜드마크 검출의 검출 결과 |

▲ 표 3-1-1 얼굴 검출 클래스

이번에는 영역과 얼굴의 랜드마크 모두 검출하므로 「VNDetectFace LandmarksRequest」를 사용한다.

## ■ 검출 결과 획득

「얼굴 검출」에서는 VNRequest의 results 프로퍼티를 [VNFaceObservation]로 캐스트하여 이용한다.

```
let imageBuffer = CMSampleBufferGetImageBuffer(sampleBuffer)
self.drawView.setImageSize(CGSize(
    width: CGFloat(CVPixelBufferGetWidth(imageBuffer!)),
    height: CGFloat(CVPixelBufferGetHeight(imageBuffer!))))
self.drawView.faces = (request.results as! [VNFaceObservation])
```

화상 크기와 [VNFaceObservation]을 「DrawView」로 넘겨주고 setNeeds Display()로 화면을 업데이트한다.

## 2 화상 표시 영역 계산(AspectFill)

화상 크기에서 화면 내 표시 영역 계산을 실행하기 위해 DrawView에 setImage Size()를 만든다

2장 「2-4 물체 검출」에서는 사진이기 때문에 장변 정렬(AspectFit)을 했지만 이번에는 동영상이므로 단변 정렬(AspectFill)로 한다. 폭과 높이의 비율 비교 부호는 반대가 된다.

- 장변 정렬

  AspectFit : (self.frame.width/imageSize.width 〈 self.frame.height/imageSize.height)

- 단변 정렬

  AspectFill : (self.frame.width/imageSize.width 〉 self.frame.height/imageSize.height)

```
func setImageSize(_ imageSize: CGSize) {
    let scale: CGFloat =
        (self.frame.width/imageSize.width > self.frame.height/imageSize.height) ?
        self.frame.width/imageSize.width :
        self.frame.height/imageSize.height
    let dw: CGFloat = imageSize.width*scale
    let dh: CGFloat = imageSize.height*scale
    self.imageRect = CGRect(
        x: (self.frame.width-dw)/2,
        y: (self.frame.height-dh)/2,
        width: dw, height: dh)
}
```

## 3 검출 결과 그리기

검출 결과를 그리는 DrawView의 draw()를 만든다. 그래픽스 컨텍스트(Graphics context)를 생성하고 「VNFaceObservation」에서 유지하고 있는 「영역」과 「얼굴의 랜드마크」를 그린다.

「VNFaceObservation」의 프로퍼티는 다음과 같다.

| 속성 | 설명 |
|---|---|
| var boundingBox: CGRect | 영역 |
| var landmarks: VNFaceLandmarks2D? | 얼굴의 랜드마크 |

▲ 표 3-1-2 VNFaceObservation 프로퍼티

```
override func draw(_ rect: CGRect) {
    if self.faces == nil {return}

    //그래픽스 컨텍스트 생성
    let context = UIGraphicsGetCurrentContext()!

    // 얼굴 검출 그리기
    for face in faces {
        // 영역 그리기
        let rect = convertRect(face.boundingBox)
        context.setStrokeColor(COLOR_BLUE.cgColor)
        context.setLineWidth(2)
        context.stroke(rect)

        // 얼굴 랜드마크 그리기
        context.setStrokeColor(COLOR_WHITE.cgColor)
        context.setLineWidth(2)
        if face.landmarks != nil {
            drawLandmark(context, region:face.landmarks!.faceContour!, rect: rect)
            drawLandmark(context, region:face.landmarks!.leftEye!, rect: rect)
            drawLandmark(context, region:face.landmarks!.rightEye!, rect: rect)
            drawLandmark(context, region:face.landmarks!.nose!, rect: rect)
            drawLandmark(context, region:face.landmarks!.innerLips!, rect: rect)
        }
    }
}
```

## ◎ 영역

「영역」(CGRect)은 「VNFaceObservation」의 boundingBox 프로퍼티로 유지한다.

## ◎ 얼굴 랜드마크

「얼굴 랜드마크」(VNFaceLandmarks2D)는 「VNFaceObservation」의 landmarks 프로퍼티에서 「얼굴 랜드마크」로 유지한다.

「VNFaceLandmarks2D」 프로퍼티는 다음과 같다.

| 속성 | 설명 |
|---|---|
| var allPoints: VNFaceLandmarkRegion2D? | 얼굴 전체 |
| var faceContour: VNFaceLandmarkRegion2D? | 왼쪽 뺨, 턱 위, 오른쪽 뺨까지의 얼굴 윤곽 |
| var leftEye: VNFaceLandmarkRegion2D? | 왼쪽 눈의 윤곽 |

| | |
|---|---|
| var rightEye: VNFaceLandmarkRegion2D? | 오른쪽 눈의 윤곽 |
| var leftEyebrow: VNFaceLandmarkRegion2D? | 왼쪽 눈썹 |
| var rightEyebrow: VNFaceLandmarkRegion2D? | 오른쪽 눈썹 |
| var nose: VNFaceLandmarkRegion2D? | 코의 윤곽 |
| var noseCrest: VNFaceLandmarkRegion2D? | 코의 중심 능선 |
| var medianLine: VNFaceLandmarkRegion2D? | 얼굴의 중심 |
| var outerLips: VNFaceLandmarkRegion2D? | 입술의 외측 윤곽 |
| var innerLips: VNFaceLandmarkRegion2D? | 입술 사이의 틈 |
| var leftPupil: VNFaceLandmarkRegion2D? | 왼쪽 눈동자 |
| var rightPupil: VNFaceLandmarkRegion2D? | 오른쪽 눈동자 |

▲ 표 3-1-3 VNFaceLandmarks2D의 프로퍼티

leftEye 프로퍼티는 「왼쪽 눈」, rightEye 프로퍼티는 「오른쪽 눈」과 같이 얼굴 부분마다 「얼굴 랜드마크 영역」(VNFaceLandmarkRegion2D)을 유지한다.

「VNFaceLandmarkRegion2D」 프로퍼티는 다음과 같다.

| 속성 | 설명 |
|---|---|
| var normalizedPoints: [CGPoint] | 정규화된 얼굴 랜드마크의 점 배열 |

▲ 표 3-1-4 VNFaceLandmarkRegion2D의 프로퍼티

## 4 검출 결과 좌표계를 화면 좌표계로 변환하기

얼굴 랜드마크의 점 XY좌표(VNFaceLandmarkRegion2D.normalizedPoints)는 「검출 결과의 좌표계」이므로 이것을 「화면 좌표계」로 변환해서 직사각형을 그린다.

검출 결과의 좌표계는 얼굴 영역(VNFaceObservation.boundingBox)의 폭과 높이를 「0.0~1.0」로 표시하고 영역의 왼쪽 아래가 기준점이 된다.

```
func convertPoint(_ point:CGPoint, rect:CGRect) -> CGPoint {
    return CGPoint(
        x: rect.minX + point.x * rect.size.width,
        y: rect.minY + (1 - point.y) * rect.size.height)
}
```

## 3-2 바코드 검출

### 3-2-1 바코드 검출 샘플 프로그램 구성

「바코드 검출」은 화상 또는 카메라 영상을 이용하여 영역과 바코드의 부가 정보를 검출하는 작업이다.

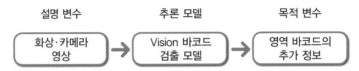

▲ 그림 3-2-1 바코드 검출 모델

이번에는 실시간 카메라 영상을 이용하여 「QR 코드」의 위치와 정보를 표시하는 앱을 만든다.

▲ 그림 3-2-2  작성할 샘플 프로그램

소스 코드 설명

프로그램 본체인 「ViewController.swift」에 대해 설명한다.

### ▌1 예측

예측을 실행하는 메소드 「predict()」을 작성한다. 인수로 넘겨받은 카메라 영상의
버퍼를 가지고 「바코드 검출」 요청를 생성해서 실행하고 콜백으로 검출 결과를 획
득한다.

```swift
func predict(_ sampleBuffer: CMSampleBuffer) {
    //요청 생성
    let request = VNDetectBarcodesRequest {
        request, error in
        //에러처리
        if error != nil {
            self.showAlert(error!.localizedDescription)
            return
        }

        DispatchQueue.main.async {
            // 검출 결과 획득
            let imageBuffer = CMSampleBufferGetImageBuffer(sampleBuffer)
            self.drawView.setImageSize(CGSize(
                width: CGFloat(CVPixelBufferGetWidth(imageBuffer!)),
                height: CGFloat(CVPixelBufferGetHeight(imageBuffer!))))
            self.drawView.barcodes = (request.results as! [VNBarcodeObservation])

            //UI업데이트
            self.drawView.setNeedsDisplay()
        }
    }
    // 검출할 바코드 종류 지정
    request.symbologies = [.QR]

    //CMSampleBuffer를 CVPixelBuffer로 변환
    let pixelBuffer = CMSampleBufferGetImageBuffer(sampleBuffer)!

    //핸들러 생성과 실행
    let handler = VNImageRequestHandler(cvPixelBuffer:pixelBuffer)
    guard (try? handler.perform([request])) != nil else {return}
}
```

## ■ 요청 생성

「바코드 검출」 요청을 생성한다.

```
let request = VNDetectBarcodesRequest {
    request, error in
    ~검출 결과 획득시 처리~
}
request.symbologies = [.QR]
```

「요청」과 「검출 결과」는 작업마다 다른 클래스가 준비되어 있는데 「바코드 검출」 클래스로는 다음 두 가지가 있다.

| 클래스명 | 설명 |
|---|---|
| VNDetectBarcodesRequest | 바코드 검출의 요구 |
| VNBarcodeObservation | 바코드 검출의 검출 결과 |

▲ 표 3-2-1 바코드 검출 클래스

VNDetectBarcodesRequest의 symbologies 프로퍼티로 검출하는 바코드의 종류도 지정한다. 이번에는 「QR」만 지정한다.

| 속성 | 설명 |
|---|---|
| var symbologies: [VNBarcodeSymbology] | 검출하는 바코드 종류 지정 |
| class var supportedSymbologies: [VNBarcodeSymbology] | 지원하는 바코드 종류 취득 |

▲ 표 3-2-2 VNDetectBarcodesRequest 프로퍼티

| 정수 | 설명 |
|---|---|
| Aztec | Aztec |
| Code39 | Code39 |
| Code39Checksum | Code39Checksum |
| Code39FullASCII | Code39FullASCII |
| Code39FullASCIIChecksum | Code39FullASCIIChecksum |
| Code93 | Code93 |
| Code93i | Code93i |
| Code128 | Code128 |
| DataMatrix | DataMatrix |

| EAN8 | EAN8 |
|---|---|
| EAN13 | EAN13 |
| I2of5 | I2of5 |
| I2of5Checksum | I2of5Checksum |
| ITF14 | ITF14 |
| PDF417 | PDF417 |
| QR | QR |
| UPCE | UPCE |

▲ 표 3-2-3 VNBarcodeSymbology 정수

## ■ 검출 결과 획득

「바코드 검출」에서는 VNRequest의 results 프로퍼티를 [VNBarcode Observation]으로 캐스트하여 이용한다.

```
let imageBuffer = CMSampleBufferGetImageBuffer(sampleBuffer)
self.drawView.setImageSize(CGSize(
    width: CGFloat(CVPixelBufferGetWidth(imageBuffer!)),
    height: CGFloat(CVPixelBufferGetHeight(imageBuffer!))))
self.drawView.barcodes = (request.results as! [VNBarcodeObservation])
```

화상 크기와 [VNBarcodeObservation]을 다음에서 설명하는 「DrawView」로 넘기고 setNeedsDisplay()로 화면 업데이트를 한다.

## 3 검출 결과 그리기

검출 결과를 그리는 DrawView의 draw()를 만든다. 그래픽스 컨텍스트 (Graphics Context)를 생성하고 「VNBarcodeObservation」에서 유지하고 있는 「영역」과 「바코드의 부가 정보」를 그린다. 「VNBarcodeObservation」의 프로퍼티는 다음과 같다.

| 속성 | 설명 |
|---|---|
| var boundingBox: CGRect | 영역 |
| var payloadStringValue: String? | 바코드 추가 정보의 문자열 표현 |
| var barcodeDescriptor: CIBarcodeDescriptor? | 바코드 서술자 |
| var symbology: VNBarcodeSymbology | 바코드 종류 |

▲ 표 3-2-4 VNBarcodeObservation의 프로퍼티

```
override func draw(_ rect: CGRect) {
    if self.barcodes == nil {return}

    //그래픽스 컨텍스트 생성
    let context = UIGraphicsGetCurrentContext()!

    //바코드 검출 그리기
    for barcode in barcodes {
        // 영역 그리기
        let rect = convertRect(barcode.boundingBox)
        context.setFillColor(COLOR_BLUE.cgColor)
        context.fill(rect)

        //바코드 부가정보 그리기
        drawText(context, text: barcode.payloadStringValue,
            fontSize: 12, rect: rect)
    }
}
```

## ◎ 영역

「영역」(CGRect)은 「VNBarcodeObservation」의 boundingBox 프로퍼티에서 유지한다.

## ◎ 바코드 검출 부가 정보

「바코드 검출 부가 정보」(String)는 「VNBarcodeObservation」의 payload StringValue 프로퍼티에서 유지한다.

텍스트 검출

텍스트 검출 샘플 프로그램 구성

「텍스트 검출」은 사진 또는 카메라 영상을 이용하여 텍스트의 영역을 검출하는 작업이며 각 문자 영역을 검출하는 것도 가능하다.

영숫자 뿐만 아니라 일본어도 검출할 수 있지만 문자가 너무 작은 경우에는 인식하지 못한다.

| 설명 변수 | 추론 모델 | 목적 변수 |
|---|---|---|
| 화상·카메라 영상 | Vision 텍스트 검출 모델 | 텍스트 영역, 문자마다의 영역 |

▲ 그림 3-3-1 텍스트 검출 모델

이번에는 실시간 카메라 영상을 가지고 텍스트의 위치와 문자 위치를 표시하는 앱을 만든다. 텍스트 위치는 파란 직사각형, 문자 위치는 흰 직사각형으로 표시된다.

▲ 그림 3-3-2 작성할 샘플 프로그램

**소스코드 설명**

프로그램 본체인 「ViewController.swift」에 대해 설명한다.

**■ 예측**

예측을 실행하는 명령 「predict()」을 작성한다. 인수로 넘겨받은 카메라 영상의 버퍼를 가지고 「텍스트 검출」 요청을 생성, 실행하고 콜백으로 검출 결과를 획득한다.

```swift
func predict(_ sampleBuffer: CMSampleBuffer) {
    //요청 생성
    let request = VNDetectTextRectanglesRequest {
        request, error in
        //에러처리
        if error != nil {
            self.showAlert(error!.localizedDescription)
            return
        }

        DispatchQueue.main.async {
            // 검출 결과 획득
            let imageBuffer = CMSampleBufferGetImageBuffer(sampleBuffer)
            self.drawView.setImageSize(CGSize(
                width: CGFloat(CVPixelBufferGetWidth(imageBuffer!)),
                height: CGFloat(CVPixelBufferGetHeight(imageBuffer!))))
            self.drawView.texts = (request.results as! [VNTextObservation])

            //UI업데이트
            self.drawView.setNeedsDisplay()
        }
    }

    // 문자 영역 검출 여부 판단
    request.reportCharacterBoxes = true

    //CMSampleBuffer을 CVPixelBuffer로 변환
    let pixelBuffer = CMSampleBufferGetImageBuffer(sampleBuffer)!

    //핸들러 생성과 실행
    let handler = VNImageRequestHandler(cvPixelBuffer: pixelBuffer)
    guard (try? handler.perform([request])) != nil else {return}
}
```

## ▪ 요청 생성

「텍스트 검출」 요청을 생성한다.

```
let request = VNDetectTextRectanglesRequest {
    request, error in
    ~검출 결과 획득시 처리~
}
```

「요청」과 「검출 결과」는 작업마다 다른 클래스가 준비되어 있고 「텍스트 검출」 클래스에는 다음 세 가지가 있다.

| 클래스명 | 설명 |
|---|---|
| VNDetectHorizonRequest | 텍스트 검출의 요구 |
| VNHorizonObservation | 텍스트 검출의 검출 결과 |
| VNRectangleObservation | 텍스트 검출 문자의 검출 결과 |

▲ 표 3-3-1 텍스트 검출 클래스

VNDetectTextRectanglesRequest 클래스의 reportCharacterBoxes 프로퍼티에서 문자 영역을 검출 여부를 지정한다. 이번에는 true로 한다.

```
request.reportCharacterBoxes = true
```

| 속성명 | 설명 |
|---|---|
| var reportCharacterBoxes: Bool | 문자마다 영역을 검출할지의 여부 |

▲ 표 3-3-2 VNDetectTextRectanglesRequest 클래스 프로퍼티

## ▪ 검출 결과 획득

「텍스트 검출」에서는 VNRequest의 results 프로퍼티를 [VNTextObservation]로 캐스트하여 이용한다.

```
let imageBuffer = CMSampleBufferGetImageBuffer(sampleBuffer)
self.drawView.setImageSize(CGSize(
    width: CGFloat(CVPixelBufferGetWidth(imageBuffer!)),
    height: CGFloat(CVPixelBufferGetHeight(imageBuffer!))))
```

```
self.drawView.texts = (request.results as! [VNTextObservation])
```

화상 크기와 [VNTextObservation]을 다음에서 설명하는 「DrawView」로 넘기고 setNeedsDisplay()에서 화면 업데이트를 한다.

## 2 검출 결과 그리기

검출 결과를 그리는 DrawView의 draw()을 만든다. 그래픽스 컨텍스트 (Graphics Context)를 생성하고 「VNTextObservation」에서 유지하고 있는 「영역」과 「문자마다의 영역」을 그린다.

VNTextObservation」의 프로퍼티는 다음과 같다.

| 속성 | 설명 |
|---|---|
| var boundingBox: CGRect | 영역 |
| var characterBoxes: [VNRectangleObservation]? | 문자마다의 영역 배열 |

▲ 표 3-3-3 VNTextObservation의 프로퍼티

```
override func draw(_ rect: CGRect) {
    if self.texts == nil {return}

    //그래픽스 컨텍스트 생성
    let context = UIGraphicsGetCurrentContext()!

    //텍스트 검출 그리기
    for text in texts {
        // 영역 그리기
        let rect = convertRect(text.boundingBox)
        context.setFillColor(COLOR_BLUE.cgColor)
        context.fill(rect)

        // 문자별 영역 그리기
        context.setStrokeColor(COLOR_WHITE.cgColor)
        context.setLineWidth(1)
        for box in text.characterBoxes! {
            let rect = convertRect(box.boundingBox)
            context.stroke(rect)
        }
    }
}
```

## ◎ 영역

「영역」(CGRect)은「VNTextObservation」의 boundingBox 프로퍼티에서 유지한다.

## ◎ 문자별 영역

「문자별 영역」(CGRect)은 「VNTextObservation」의 characterBoxes 프로퍼티인 「VNRectangleObservation」의 boundingBox 프로퍼티에서 가지고 있다.

「VNRectangleObservation」 프로퍼티는 다음과 같다.

| 속성 | 설명 |
|---|---|
| var boundingBox: CGRect | 영역 |

▲ 표 3-3-4 VNRectangleObservation의 프로퍼티

# 3-4 수평선 검출

## 3-4-1 수평선 검출 샘플 프로그램 구성

「수평선 검출」은 사진 또는 카메라 영상을 이용하여 수평선을 수평으로 변환하기
위한 각도를 검출하는 작업이다.

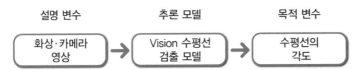

▲ 그림 3-4-1 수평선 검출 모델

이번에는 「카메라」나 「사진 라이브러리」의 사진을 가지고 수평선이 수평이 되도록
사진을 회전하는 앱을 만든다.

▲ 그림 3-4-2 작성할 샘플 프로그램

**소스 코드 설명**

프로그램 본체인 「ViewController.swift」에 대해 설명한다.

### ■ 예측

예측을 실행하는 명령 「predict()」을 작성한다. 인수로 넘겨받은 사진을 이용하여
「수평선 검출」의 요청를 실행하고 콜백으로 검출 결과를 획득한다.

```swift
func predict(_ image: UIImage) {
    DispatchQueue.global(qos: .default).async {
        //요청 생성
        let request = VNDetectHorizonRequest {
            request, error in
            //에러처리
            if error != nil {
                self.showAlert(error!.localizedDescription)
                return
            }

            DispatchQueue.main.async {
                // 검출 결과 획득
                let horizons = request.results as! [VNHorizonObservation]

                //UI업데이트
                if horizons.first == nil {
                    self.imageView.transform = CGAffineTransform(rotationAngle: 0)
                    self.lblText.text = "\nnot found...\n"
                } else {
                    let angle = horizons.first!.angle
                    self.imageView.transform = CGAffineTransform(rotationAngle: -angle)
                    self.lblText.text = String(format:"\nAngle : %.2f\n", angle)
                }
            }
        }

        //UIImage를 CIImage로 변환
        guard let ciImage = CIImage(image: image) else {return}

        // 화상방향 획득
        let orientation = CGImagePropertyOrientation(
            rawValue: UInt32(image.imageOrientation.rawValue))!
```

```
    //핸들러 생성과 실행
    let handler = VNImageRequestHandler(
        ciImage: ciImage, orientation: orientation)
    guard (try? handler.perform([request])) != nil else {return}
  }
}
```

## ■ 요청 생성

「수평선 검출」 요청을 생성한다.

```
let request = VNDetectHorizonRequest {
    request, error in
    ~검출 결과 획득시 처리~
}
```

「요청」과 「검출 결과」는 작업마다 다른 클래스가 준비되어 있고 「수평선 검출」 클래스에는 다음 두 가지가 있다.

| 클래스명 | 설명 |
|---|---|
| VNDetectHorizonRequest | 수평선 검출의 요구 |
| VNHorizonObservation | 수평선 검출의 검출 결과 |

▲ 표 3-4-1 수평선 검출 클래스

## ■ 검출 결과 획득

「수평선 검출」에서는 VNRequest의 results 프로퍼티를 [[VNHorizonObservation] 로 캐스트하여 이용한다.

```
let horizons = request.results as! [VNHorizonObservation]
```

그리고 「VNHorizonObservation」에서 유지하고 있는 「수평선 각도」에서 화상의 회전과 표시를 실행한다. 「VNHorizonObservation」 프로퍼티는 다음과 같다.

| 속성 | 설명 |
|---|---|
| var angle: CGFloat | 수평선의 각도 |

▲ 표 3-4-2 VNHorizonObservation 프로퍼티

## ◎ 수평선의 각도

「수평선 각도」(CGFloat)는「VNHorizonObservation」의 angle 프로퍼티에서 유지한다.

이번에는 화상을 「CGAfneTransform(rotationAngle: −angle)」로 회전하고 수평선이 수평이 되도록 하고 있다. 라벨 표시는 라디언에서 각도로 변환해서 표시한다.

```
let angle = horizons.first!.angle
self.imageView.transform = CGAffineTransform(rotationAngle: -angle)
self.lblText.text = String(format:"\nAngle : %.2f도\n",
    -angle*180/CGFloat(Double.pi))
```

# 3-5 물체 이동 추적

## 3-5-1 물체 이동 추적 샘플 프로그램 구성

「물체 이동」은 실시간 카메라 영상을 이용하여 물체의 위치를 따라가는 작업이다.

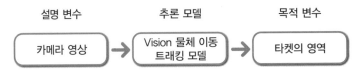

▲ 그림 3-5-1 물체 이동 추적 모델

이번에는 실시간 카메라 동영상을 이용하여 선택한 물체의 위치를 추적하는 앱을 만든다. 화면 상에서 「탭」한 물체를 「타겟」으로 추적한다. 「오래누르기(long press)」로 「타겟」을 해제할 수 있다.

▲ 그림 3-5-2 작성할 샘플 프로그램

**소스 코드 설명**

프로그램 본체인 「ViewController.swift」에 대해 설명한다.

### 1 예측

예측을 실행하는 메소드「predict()」을 작성한다. 인수로 넘겨받은 카메라 영상을 이용하여 「물체 이동 추적」 요청을 실행하고 콜백으로 검출 결과를 획득한다.

```swift
func predict(_ sampleBuffer: CMSampleBuffer) {
  // 화상 크기 지정
  DispatchQueue.main.async {
    let imageBuffer = CMSampleBufferGetImageBuffer(sampleBuffer)
    self.drawView.setImageSize(CGSize(
      width: CGFloat(CVPixelBufferGetWidth(imageBuffer!)),
      height: CGFloat(CVPixelBufferGetHeight(imageBuffer!))))
  }

  //요청 생성
  if (self.drawView.target == nil) {return}
  let request = VNTrackObjectRequest(
    detectedObjectObservation: self.drawView.target) {
    request, error in
    //에러처리
    if error != nil {
      self.showAlert(error!.localizedDescription)
      return
    }

    DispatchQueue.main.async {
      // 검출 정보 획득
      self.drawView.target = (request.results!.first! as!
        VNDetectedObjectObservation)

      //UI업데이트
      self.drawView.setNeedsDisplay()
    }
  }

  // 위치 정확성 우선
  request.trackingLevel = .accurate

  //CMSampleBuffer을 CVPixelBuffer로 변환
```

```
        let pixelBuffer = CMSampleBufferGetImageBuffer(sampleBuffer)!

        //시퀀스 요청 핸들러 실행
        guard (try? handler.perform([request], on: pixelBuffer)) != nil else {return}
}
```

### ■ 화상 크기 지정

지금까지는 검출 결과를 획득할 때 화상 크기를 「DrawView」로 넘겨주었는데 타겟이 선택되지 않으면 예측을 할 수 없으므로 타겟 선택을 위해 필요한 화상 크기를 예측 전에 넘겨주어야 하기 때문이다.

### ■ 요청 생성

「물체 이동 추적」 요청을 생성한다.

```
let request = VNTrackObjectRequest(
    detectedObjectObservation: target) {
    request, error in
    ~검출 결과 획득시 처리~
}
```

「요청」과 「검출 결과」는 작업마다 다른 클래스가 준비되어 있는데 「물체 이동 추적」 클래스에는 다음 두 가지가 있다.

| 클래스명 | 설명 |
|---|---|
| VNTrackObjectRequest | 물체 이동 트래킹의 요구 |
| VNDetectedObjectObservation | 타겟의 위치 정보. 물체 이동 트래킹의 입력 및 검출 결과로 이용 |

▲ 표 3-5-1 물체 이동 추적 클래스

「VNTrackObjectRequest」에는 인수 「VNDetectedObjectObservation」을 지정한다. 「VNDetectedObjectObservation」은 타겟의 위치 정보에서 물체 이동 추적 입력 및 검출 결과로 이용한다.

**VNTrackObjectRequest**
init(detectedObjectObservation: VNDetectedObjectObservation, completion
Handler: VNRequestCompletionHandler? = nil)

**설명** : 물체 이동 추적 생성

**인수** :  detectedObjectObservation        타겟

              completionHandler           핸들러

VNTrackObjectRequest의 trackingLevel 프로퍼티에서 위치 정보와 속도 중 어느 것을 우선으로 할지 지정한다.

| 속성 | 설명 |
|---|---|
| var inputObservation: VNDetectedObjectObservation | 입력 VNDetectedObjectObservation |
| var trackingLevel: VNRequestTrackingLevel | 속도와 위치 정보의 우선 순위 |
| var isLastFrame: Bool | 트래킹 시퀀스의 최종 프레임 여부 |

▲ 표 3-5-2 VNTrackObjectRequest의 프로퍼티

| 정수 | 설명 |
|---|---|
| accurate | 위치 정보 우선 |
| fast | 속도 우선 |

▲ 표 3-5-3 VNRequestTrackingLevel의 정수

이번에는 위치 정보를 우선으로 한다.

```
request.trackingLevel = .accurate
```

### ■ 시퀀스 요청 핸들러 실행하기

지금까지는 핸들러로 단일 화상의 화상 해석 요구를 실행하는 「VNImage RequestHandler」를 사용해 왔다. 이번에는 연속하는 화상의 화상 해석을 실행하므로 「VNSequenceRequestHandler」를 사용한다. 「시퀀스」는 「차례대로 줄서 있는」 것을 의미한다.

「VNSequenceRequestHandler」를 생성한 후, 필드 변수 「handler」로 유지하고 perform()을 호출한다. 「CVPixelBuffer」는 perform()의 인수로 넘겨준다.

```
var handler = VNSequenceRequestHandler()
```

```
guard (try? handler.perform([request], on: pixelBuffer)) != nil else {return}
```

perform() 메소드의 서식은 다음과 같다.

**VNSequenceRequestHandler**
func perform(_ requests: [VNRequest], on pixelBuffer: CVPixelBuffer)
**기능** : 핸들러 실행
**인수** :  requests      요청
         pixelBuffer   CVPixelBuffer 오브젝트

### ■ 검출 결과 획득

검출 결과를 획득할 때는 VNRequest의 results 프로퍼티의 선두 요소를
「VNDetectedObjectObservation」에 캐스트하여 필드 변수 「target」에 대입한다.
그리고 setNeedsDisplay()에서 화면을 업데이트한다.

```
self.drawView.target = (request.results!.first! as!
    VNDetectedObjectObservation)


//UI 업데이트
self.drawView.setNeedsDisplay()
```

### 2 탭 처리

화면 상에서 「탭」 위치에 있는 물체를 「타겟」으로 선택한다.

```
@objc func onTapped(_ sender: UITapGestureRecognizer) {
    // 화면 좌표계 타겟 영역
    let position = sender.location(in: self.drawView)
    var rect = CGRect(
        x: position.x-50, y: position.y+50,
        width: 100, height: 100)

    // 화면 좌표계를 검출 결과 좌표계로 변환
    rect = self.drawView.inversConvertRect(rect)
    if (rect == CGRect.zero) {return}

    //VNDetectedObjectObservation 생성
    self.drawView.target = VNDetectedObjectObservation(boundingBox: rect)
}
```

먼저 탭 위치(position)에서 타겟 영역(rect)을 생성한다. 탭 위치를 중심으로 하

는 「100 × 100dp」의 직사각형이 된다.

이것을 「화면 좌표계」에서 「검출 결과 좌표계」로 변환한다. 「검출 결과 좌표계」는 폭과 높이 「0.0~1.0」으로 나타나고 왼쪽 아래가 기준점이 된다. 계속해서 DrawView에 화면 좌표계를 검출 영역 좌표계로 변환하는 inversConvertRect() 을 만든다.

```swift
func inversConvertRect(_ rect:CGRect) -> CGRect {
    if (self.imageRect == CGRect.zero) {return CGRect.zero}
    return CGRect(
        x: (rect.minX - self.imageRect.minX) / self.imageRect.width,
        y: 1 - (rect.minY - self.imageRect.minY) / self.imageRect.height,
        width: rect.width / self.imageRect.width,
        height: rect.height / self.imageRect.height)
}
```

마지막으로 검출 결과 좌표계의 타겟 영역을 인수로 「VNDetectedObject Observation」을 생성하고 DrawView 필드 변수 「target」에 대입한다.

**VNDetectedObjectObservation**
init(boundingBox: CGRect)
**설명** : VNDetectedObjectObservation의 생성
**인수** : boundingBox    타겟 영역

### 3 오래 누르기 처리

「오래 누르기」로 타겟 상태를 해제한다. 구체적으로는 DrawView 필드 변수 「target」에 nil을 대입한다.

```swift
@objc func onLongPressed(_ sender: Any) {
    DispatchQueue.main.async {
        //타겟 해제
        self.drawView.target = nil

        //UI 업데이트
        self.drawView.setNeedsDisplay()
    }
}
```

## ⓸ 검출 결과 그리기

검출 결과를 그리는 DrawView의 draw()을 만든다. 그래픽스 컨텍스트 (Graphics context)를 생성하고 「VNDetectedObjectObservation」의 boundingBox 프로퍼티를 유지하고 있는 「영역」을 그린다.

「VNDetectedObjectObservation」 프로퍼티는 다음과 같다.

| 속성 | 설명 |
|---|---|
| var boundingBox: CGRect | 영역 |

▲ 표 3-5-4 VNDetectedObjectObservation 프로퍼티

```
override func draw(_ rect: CGRect) {
    if self.target == nil {return}

    //그래픽스 컨텍스트 생성
    let context = UIGraphicsGetCurrentContext()!

    // 영역 그리기
    let rect = convertRect(self.target.boundingBox)
    context.setStrokeColor(COLOR_BLUE.cgColor)
    context.setLineWidth(6)
    context.stroke(rect)
}
```

# 3-6 자연어 처리

## 3-6-1 자연어 처리 샘플 프로그램 구성

「자연어 처리」는 인간이 일상적으로 사용하고 있는 자연어를 컴퓨터로 처리하는 일련의 기술이다. 「자연어」란 인간이 생활 속에서 사용하고 있는 언어(한국어나 영어같은)를 뜻한다. 프로그래밍 언어 등은 포함하지 않는 일반적인 언어를 지칭한다.

iOS에는 「자연어 처리」를 위한 「Natural Language」 프레임워크가 존재하는데 다음과 같은 처리를 할 수 있다.

- 언어 판정
- 토큰화
- 명사 태그 붙이기
- 표제어 추출(Lemmatization)
- 고유 표현 추출

이번에는 텍스트 필드에 입력한 「텍스트」에 대해 세그먼트 컨트롤로 선택한 위 다섯 가지의 자연어 처리를 적용하는 앱을 만든다.

계속해서 각 앱의 개요와 프로그램에 대해 설명한다.

## 3-6-2 「언어 판정」 샘플 프로그램 구성

「언어 판정」은 텍스트가 어느 언어(한국어인지 영어인지)로 쓰여 있는지를 판정하는 작업이다. 이번 샘플에서는 검출 결과로 「언어 코드」와 대응하고 있는 「태그 스킴」(Tag Scheme)을 표시힌다.

▲ 그림 3-6-1 작성할 샘플 프로그램 (언어 판정)

◎ 언어 코드

「언어 코드」란 알파벳 소문자 2문자로 언어를 나타내는 코드이다. 영어는 「en」,
한국어는 「ko」가 된다. 각국의 언어 코드는 아래의 사이트에서 확인할 수 있다.

- 언어 코드 | 용어 · 자료
  https://ko.wikipedia.org/wiki/ISO_639

◎ 태그 스킴

「태그 스킴」은 문장을 어떤 프로퍼티에 따라 분해할지 지정한다. 「NLTagScheme」
의 정수로 정의되어 있다.

| 정수 | 설명 |
| --- | --- |
| tokenType | 단어, 단락, 문자, 화이트 스페이스, 그 밖으로 분해 |
| lexicalClass | 품사로 분해 |
| nameType | 지명, 개인명, 조직부로 분해 |
| nameTypeOrLexicalClass | 지명, 개인명, 조직부 또는 품사로 분해 |
| lemma | 표제어(각 단어의 원형)로 분해 |
| language | 언어명("ko", "en"...)으로 분해 |
| script | ISO 19524의 스크립트 식별자 |

▲ 표 3-6-1 NLTagScheme의 정수

ISO 15924의 스크립트 식별자는 라틴 문자는 「Latn」, 한국어는 「Kore」이 된다.

그 외 식별자는 다음 웹 사이트에서 확인할 수 있다.

- ISO 15924

  https://ko.wikipedia.org/wiki/ISO_15924

이용 가능한 태그 스킴은 「언어」마다 다르다. 「영어」(en)는 많은 작업 스킴에 대응하고 있지만 「한국어」(ko)를 대응하고 있는 것은 「Language」, 「Script」, 「TokenType」뿐이다.

| 언어 | 대응하고 있는 구조 체계 |
|------|----------------------|
| 영어(en) | Language |
| | Script |
| | TokenType |
| | NameType |
| | LexicalClass |
| | NameTypeOfLexicalClass |
| | Lemma |
| 한국어(ko) | Language |
| | Script |
| | TokenType |

▲ 표 3-6-2 영어(en)와 한국어(ko) 대응 태그 스킴

## 3-6-3 「언어 판정」 소스 코드 해설

프로그램 본체인 「ViewController.swift」에 대해 설명한다.

### ■ Natural Language 불러오기

「Natural Language」 프레임워크를 이용할 때는 「NaturalLanguage」를 불러온다.

```
import NaturalLanguage
```

### ② 언어 판정

「언어 판정」을 실행하는 명령 「language()」을 만든다.

```
func language(_ text: String) {
    // 언어 판정 실행
    let tagger = NLTagger(tagSchemes: [.language])
    tagger.string = text
    let language = tagger.dominantLanguage!.rawValue

    // 대응하고 있는 태그 스킴 획득
    let schemes = NLTagger.availableTagSchemes(
        for: .word, language: NLLanguage(rawValue: language))
    var schemesText = "Schemes :\n"
    for scheme in schemes {
        schemesText += " \(scheme.rawValue)\n"
    }

    //UI 업데이트
    self.lblText.text = "Language : \(language)\n\n\(schemesText)"
}
```

### ■ 언어 판정 실행

「언어 판정」을 실행할 때는 「NLTagger」를 사용한다. 「NLTagger」는 자연어 문장을 분석한 후 태그를 붙여서 분해하는 작업이다.

```
let tagger = NLTagger(tagSchemes: [.language])
tagger.string = text
let language = tagger.dominantLanguage!.rawValue
```

**NLTagger**

init(tagSchemes: [NLTagScheme])

**설명** : NLTagger        오브젝트 생성

**인수** : tagSchemes        태그 스킴

이번에는 「언어 판정」을 실행하므로 태그 스킴에 「language」을 지정한다. 「NLTagger」의 string 프로퍼티에 해석할 문장을 지정한 후, dominantLanguage 프로퍼티에서 문장 내에서 주체가 되는 국가 코드를 획득한다.

| 속성 | 설명 |
|---|---|
| var string: String? | 해석하는 문장 |
| var dominantLanguage: NLLanguage? | 문서의 주체가 되는 국가 코드 |

▲ 표 3-6-3 NLTagger 프로퍼티

■ **대응하고 있는 태그 스킴 획득**

대응하고 있는 태그 스킴을 획득할 때는 「NLTagger」의 availableTagSchemes()
을 사용한다.

```
let schemes = NLTagger.availableTagSchemes(
    for: .word, language: NLLanguage(rawValue: language))
var schemesText = "Schemes :\n"
for scheme in schemes {
    schemesText += " \(scheme.rawValue)\n"
}
```

메소드 서식은 다음과 같다.

**NSLinguisticTagger**

class func availableTagSchemes(for unit: NLTokenUnit, language: NLLanguage)
-> [NLTagScheme]
　**설명** : 대응하고 있는 태그 스킴 획득
　**인수** : unit　　　　　　유닛
　　　　　language　　　언어 코드
　**반환값** : 대응하고 있는　태그 스킴

「유닛」에서 토큰화 정도를 지정한다. 이번에는 단어 단위인 「word」를 지정한다.

| 정수 | 설명 |
|------|------|
| document | 문서 전체 |
| paragraph | 단락 |
| sentence | 문장 |
| word | 단어 |

▲ 표 3-6-4 NLTokenUnit의 정수

### 3-6-4 「토큰화」 샘플 프로그램 구성

「토큰화」는 텍스트를 각각의 단어로 분할하는 작업이다. 이번에는 검출 결과로
「토큰화」한 문자열 집합을 표시한다.

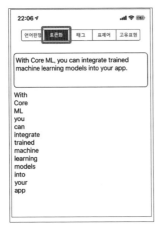

▲ 그림 3-6-2 프로그램(토큰화)

「토큰화」 소스 코드

프로그램 본체인 「ViewController.swift」에 대해 설명한다.

### 3 토큰화 실행

「토큰화」를 실행하는 명령 「tokenize()」을 만든다.

```swift
func tokenize(_ text: String) {
    self.lblText.text = ""

    //토큰화 준비
    let tokenizer = NLTokenizer(unit: .word)
    tokenizer.string = text

    //토큰화 실행
    tokenizer.enumerateTokens(in: text.startIndex..<text.endIndex) {
        tokenRange, _ in
        self.lblText.text = self.lblText.text!+text[tokenRange]+"\n"
        return true
    }
}
```

자연어 문장을 분석하고 「토큰화」를 실행할 때는 「NLTokenizer」을 사용한다. 이번에도 단어 단위로 토큰화하므로 유닛에 「word」를 지정한다.

> **NLTokenizer**
>
> init(unit: NLTokenUnit)
>
> **설명** : NLTokenizer 　　　　 오브젝트 생성
>
> **인수** : unit 　　　　　　　　유닛

「토큰화」를 실행할 때는 enumerateTokens()을 호출한다.

> **NLTokenizer**
>
> @nonobjc func enumerateTokens(in range: Range<String.Index>, using block: (Range<String.Index>, NLTokenizer.Attributes) -> Bool)
>
> **설명** : 토큰 열거
>
> **인수** : range 　　　　　　　분석하는 범위
>
> 　　　　 block 　　　　　　　콜백

enumerateTokens()를 호출하면 분할한 토큰의 수만큼 콜백을 불러온 후 다음 행에서 처리가 진행된다. 콜백 인수 「Range〈String.Index〉」로 문자열의 어느 부분이 토큰화되었는지 알 수 있다.

「NLTagger」과 「NLTokenizer」의 다른 점은 태그를 붙이고 토큰화를 하는가 여부이다.

| 클래스 | 분할 단위 | 분할 메소드 | 분할 콜백 |
|--------|-----------|-------------|-----------|
| NLTagger | NLTagScheme | enumerateTags() | (NLTag?, Range〈String.Index〉) —〉 Bool |
| NLTokenizer | NLTokenUnit | enumerateTokens() | (Range〈String.Index〉, NLTokenizer.Attributes) —〉 Bool |

▲ 표 3-6-5 NLTagger과 NLTokenizer의 차이

## 3-6-6 「품사 태그 붙이기」 샘플 프로그램 구성

「품사 태그 붙이기」는 「토큰화」한 단어에 「품사 태그」를 추가하는 작업이다. 이번에는 검출 결과로 「토큰화」한 문자열 집합에 품사 태그를 붙여서 표시한다.

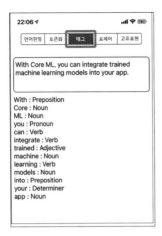

▲ 그림 3-6-3  샘플 프로그램(품사 태그 붙이기)

3-6-7 「품사 태그 붙이기」 소스 코드

프로그램 본체인 「ViewController.swift」에 대해 설명한다.

### 4 품사 태그 붙이기 실행

품사 태그 붙이기를 실행하는 메소드 「tagging()」을 만든다.

```swift
func tagging(_ text: String) {
    self.lblText.text = ""

    // 품사 태그 붙이기 준비
    let tagger = NLTagger(tagSchemes: [.lexicalClass])
    tagger.string = text

    // 품사 태그 붙이기 실행
    let options: NLTagger.Options = [.omitPunctuation, .omitWhitespace]
    tagger.enumerateTags(in: text.startIndex..<text.endIndex,
        unit: .word, scheme: .lexicalClass, options: options) {
        tag, tokenRange in
        self.lblText.text =
            self.lblText.text!+text[tokenRange]+" : "+tag!.rawValue+"\n"
        return true
    }
}
```

「품사 태그 붙이기」를 실행할 때는 「언어 판정」과 같이 「NLTagger」를 사용한다. 이번에는 「품사 태그 붙이기」를 실행하므로 태그 스킴에 「lexicalClass」를 지정한다.

「NLTagger」의 string 프로퍼티에 해석하는 문장을 지정하고 enumerateTags() 에서 품사 태그 붙이기를 실행한다.

**NLTagger**

func enumerateTags(in: Range<String.Index>, unit: NLTokenUnit, scheme: NLTag
Scheme, options: NLTagger.Options, using: (NLTag?, Range<String.Index>) ->
Bool)

**설명** : 태그를 붙여서 톤 열거

**인수** : in                  분석하는 범위

        unit              유닛

        scheme         태그 스킴

        options        옵션

        block          콜백

「NLTagger.Options」의 정수는 다음과 같다. 여기에서는 구두점과 스페이스를 생략한다.

| 정수 | 설명 |
| --- | --- |
| omitWords | 단어(word)의 토큰 생략 |
| omitPunctuation | 구두점(punctuation)의 토큰 생략 |
| omitWhitespace | 화이트 스페이스( white space)의 토큰 생략 |
| omitOther | 그 밖의 토큰 생략 |
| joinNames | 이름 연결 |
| joinContractions | 단축형 연결 |

▲ 표 3-6-6 NLTaggerOption의 정수

enumerateTags()를 호출하면 분할한 토큰의 수만큼 콜백을 불러온 후 다음 행에서 처리가 진행된다. 콜백 인수 「Range〈String.Index〉」로 문자열의 어느 부분이 토큰화되었는지 알 수 있다.

「NLTag」에서 태그의 품사를 알 수 있다. 「NLTag」는 태그 스킴마다 다른 정수를 넘겨준다.

| 정수 | 설명 |
| --- | --- |
| tagWord | 단어 |
| tagPunctuation | 구두점 |
| tagWhitespace | 화이트 스페이스 |
| tagOther | 기타 |

▲ 표 3-6-7 tokenType의 NLTag 정수

| 정수 | 설명 | 정수 | 설명 |
| --- | --- | --- | --- |
| noun | 명사 | otherWord | 다른 어휘 클래스 이외의 단어 |
| verb | 동사 | sentenceTerminator | 문장 끝의 구두점 |
| adjective | 형용사 | openQuote | 따옴표 열기 |
| adverb | 부사 | closeQuote | 따옴표 닫기 |
| pronoun | 대명사 | openParenthesis | 괄호 열기 |
| determiner | 한정사 | closeParenthesis | 괄호 닫기 |
| particle | 조사 | wordJoiner | 단어 결합자 |
| preposition | 전치사 | dash | 대시 |
| number | 숫자 | otherPunctuation | 다른 문구 클래스 이외의 구두점 |
| conjunction | 접속사 | | |
| interjection | 감탄사 | paragraphBreak | 단락 구분 |
| classifier | 분류사 | otherWhitespace | 다른 문구 클래스 여백 |
| idiom | 숙어 | | |

▲ 표 3-6-8 lexicalClass의 NLTag 정수

| 정수 | 설명 |
| --- | --- |
| personalName | 개인명 |
| organizationName | 조직명 |
| placeName | 지명 |

▲ 표 3-6-9 nameType의 NLTag 정수

주의 「품사 태그 붙이기」, 「표제어 추출」, 「고유 표현 추출」은 영어, 프랑스어, 이탈리아어, 독일어, 스페인어, 포르투칼어, 러시아어, 터키어 8개 언어만 대응하고 있다.

## 3-6-8 「표제어 추출」 샘플 프로그램 구성

「표제어 추출(Lemmatization)」은 영어의 「현재형」, 「과거형」처럼 경우에 따라 형태가 바뀌는 단어를 단어의 원형으로 정리하는 작업이다. 이번 샘플에서는 검출

결과로「표제어 추출」한 문자열 집합을 표시한다.

▲ 그림 3-6-4  작성할 샘플 프로그램(표제어 추출)

### 3-6-9 「표제어 추출」 소스 코드

프로그램의 본체인「ViewController.swift」에 대해 설명한다.

### ⑤ 표제어 추출 실행

표제어 추출을 실행하는 명령「lemmaization()」을 만든다.

```swift
func lemmaization(_ text: String) {
    self.lblText.text = ""

    //표제어 추출 준비
    let tagger = NLTagger(tagSchemes: [.lemma])
    tagger.string = text

    //표제어 추출 실행
    let options: NLTagger.Options = [.omitPunctuation, .omitWhitespace]
    tagger.enumerateTags(in: text.startIndex..<text.endIndex,
        unit: .word, scheme: .lemma, options: options) {
        tag, tokenRange in
        if tag != nil {
            self.lblText.text =
                self.lblText.text!+text[tokenRange]+" : "+tag!.rawValue+"\n"
        }
        return true
    }
}
```

「표제어 추출」을 할 때는 「언어 판정」이나 「품사 태그 붙이기」와 같이 「NLTagger」를 사용한다.

이번에는 「표제어 추출」을 실시하기 위해 태그 스킴에 「lemma」를 지정한다. 「NLTagger」의 string 프로퍼티에 해석할 문장을 지정하고 enumerateTags()에서 표제어 추출을 실행한다.

enumerateTags()를 호출하면 분할한 토큰의 수만큼 콜백을 불러온 후 다음 행에서 처리된다. 콜백 인수 「Range⟨String.Index⟩」에서 문자열의 어느 부분이 토큰화되었는지 알 수 있다. 「NLTag」에서 태그의 품사를 알 수 있다. 「NLTag」에서 표제어 추출한 문자열을 알 수 있다.

## 3-6-10 「고유 표현 추출」 샘플 프로그램 구성

「고유 표현 추출」은 문장에서 「인물」, 「장소」, 「조직」을 고유 표현으로 추출하는 작업이다. 이번에는 검출 결과로 「고유 표현 추출」한 문자열 집합을 표시한다.

▲ 그림 3-6-5 샘플 프로그램(고유 표현 추출)

## 3-6-11 「고유 표현 추출」 소스 코드

프로그램의 본체인 「ViewController.swift」에 대해 설명한다.

### 6 고유 표현 추출 실행하기

고유 표현 추출을 실행하는 명령 「lemmaization()」을 만든다.

```
func namedEntry(_ text: String) {
    self.lblText.text = ""

    // 고유 표현 추출 준비
    let tagger = NLTagger(tagSchemes: [.nameType])
    tagger.string = text

    // 고유 표현 추출 실행
    let options: NLTagger.Options = [.omitPunctuation, .omitWhitespace,
                                     .joinNames]
    tagger.enumerateTags(in: text.startIndex..<text.endIndex, unit: .word,
        scheme: .nameType, options: options) {
        tag, tokenRange in
        let tags: [NLTag] = [.personalName, .placeName, .organizationName]
        if tags.contains(tag) {
            self.lblText.text =
                self.lblText.text!+text[tokenRange]+" : "+tag.rawValue+"\n"
        }
        return true
    }
}
```

「고유 표현 추출」을 실행할 때는 「언어 판정」 등과 마찬가지로 「NLTagger」를 사용한다. 이번에는 「고유 표현 추출」을 실행하므로 태그 스킴에 「nameType」을 지정한다. 「NLTagger」의 string 프로퍼티에 해석하고자 하는 문장을 지정하고 enumerateTags()에서 고유 표현 추출을 실행한다.

enumerateTags()를 호출하면 분할한 토큰의 수만큼 콜백을 불러온 후 다음 행에서 처리가 진행된다.

콜백 인수 「Range〈String.Index〉」로 문자열의 어느 부분이 토큰화되었는지 알 수 있고 「NLTag」에서는 고유 표현 추출한 문자열을 알 수 있다.

# CHAPTER 4

## Create ML

## 4-1 화상 분류

### 4-1-1 화상 분류 샘플 프로그램의 구성

「화상 분류」는 사진 또는 카메라 동영상을 기본으로 화상이 속하는 「클래스」(데이터 종류)를 예측하는 작업이다. 이번에는 「고양이」와 「개」 어느 쪽이 찍혀 있는지 예측하는 화상 분류 모델을 작성한다. 여기에서 작성하는 모델은 2장 「2-1 화상 분류(사진)」, 「2-2 화상 분류(카메라 영상)」에서 이용할 수 있다.

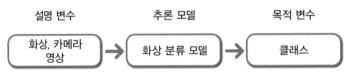

▲ 그림 4-1-1 화상 분류 모델

### 4-1-2 데이터 세트 준비

이번에는 데이터 세트 「Kaggle Cats and Dogs Dataset」를 이용한다. 이 데이터 세트에는 고양이와 개 사진이 12,500 장씩 들어 있다.

- Kaggle Cats and Dogs Dataset

  https://www.microsoft.com/en-us/download/details.aspx?id=54765

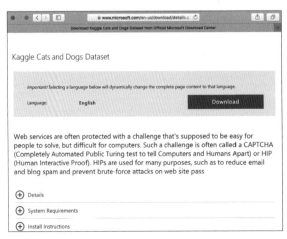

◀ 그림 4-1-2
「Kaggle Cats and Dogs Dataset」 다운로드 페이지

데이터 세트의 폴더 구성은 아래 왼쪽과 같다. 이 데이터 세트를 「CreateML」에서 학습할 수 있도록 오른쪽 파일 구성으로 이동한다.

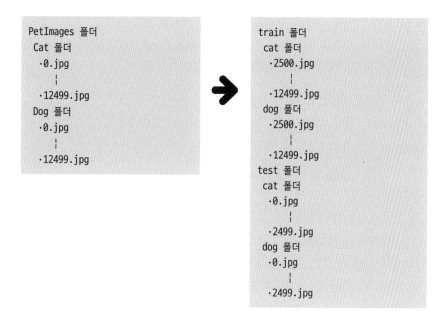

### ◎ 훈련 데이터와 테스트 데이터 분할

데이터 세트를 「훈련 데이터」와 「테스트 데이터」에 8 : 2로 분할한다. 「훈련 데이터」는 학습을 실행하기 위한 데이터, 「테스트 데이터」는 학습 후에 모델의 정밀도를 평가하기 위한 데이터이다. 학습을 너무 많이 하면 훈련 데이터에 최적화되어 미지의 데이터에 대한 모델의 정밀도가 떨어지는 경우가 있기 때문에 최종적인 평가는 학습에 이용하지 않는 데이터로 실행한다. 이번에는 훈련 데이터를 「train」 폴더, 테스트 데이터를 「test」 폴더로 나눈다.

### ◎ 클래스 지정

화상을 넣는 폴더명은 「클래스」(데이터 종류별)로 사용한다. 이번에는 클래스를 「cat」과 「dog」으로 했기 때문에 폴더명도 「cat」과 「dog」이 된다.

### ◎ 화상 파일의 조건

화상 파일은 10장 이상으로 각 클래스에 비슷한 정도의 장수가 좋다. 화상 사이즈는 「299 × 299」 픽셀 이상이 권장된다. 화상 파일명은 뭐든지 괜찮다.

**4-1-3** 학습

화상 분류 모델에 대한 학습을 시작한다. 학습 순서는 다음과 같다.

**01** Xcode 메뉴 「File → New → Playground...」를 선택한 후 「macOS」의 「Blank」를 선택하고 「Next」 버튼을 누른다.

▲ 그림 4-1-3 신규 프로젝트 작성

**02** 프로젝트명을 입력하고 「Create」 버튼을 누른 후 「Playground」 프로젝트 생성

**03** 아래의 Swift 스크립트를 입력하고 실행

```
import CreateMLUI

let builder = MLImageClassifierBuilder()
builder.showInLiveView()
```

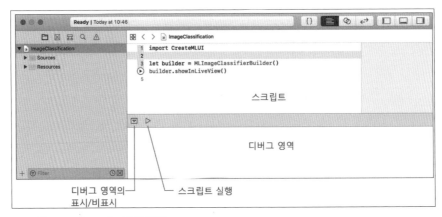

▲ 그림 4-1-4 Swift 스크립트 입력

처음에 「CreateMLUI」를 import한다. 다음으로 「MLImageClassierBuilder」 오브젝트를 생성하고 showInLiveView()를 호출한다. 스크립트 영역 안에 있는 오른쪽 삼각형 버튼을 누르면 스크립트를 실행할 수 있다. 이것에 따라 화상 분류 모델을 학습하기 위한 UI가 「Assistant Editor」에 표시된다.

**04** Playground 메뉴 「View → Assistant Editor → Show Assistant Editor 선택

아래와 같은 화상 분류 모델을 학습하기 위한 UI가 표시된다.

▲ 그림 4-1-5 화상 분류 모델 학습용 UI 표시

**05** 데이터 세트 「train」 폴더를 「Drag Images To Begin Training」이라고 쓰여 있는 영역에 드래그앤드롭

학습이 시작하면 학습 완료까지 잠시 기다린다.

▲ 그림 4-1-6 학습 시작

## 06 학습 완료시, 훈련 데이터와 검증 데이터의 정답률 확인

학습이 완료될 때 「Training」에 「훈련 데이터」의 정답률, 「Validation」에 「검증 데이터」의 정답률이 표시되므로 확인한다. 학습할 때 「훈련 데이터」는 「훈련 데이터」와 「검증 데이터」에 자동적으로 분할된다. 학습 중에는 「검증 데이터」의 정답률을 수시로 계산해서 학습이 바르게 이루어지고 있는지 확인한다. 이 분할은 랜덤으로 이루어지므로 모델을 학습할 때마다 다른 결과가 나올 수 있다.

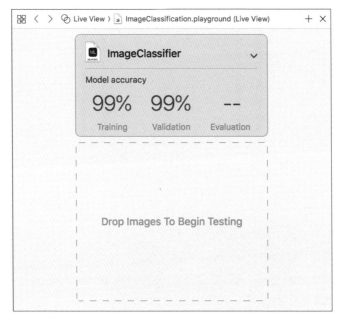

▲ 그림 4-1-7 「훈련 데이터」의 정답률과 「검증 데이터」의 정답률이 표시된다

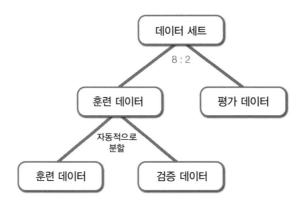

▲ 그림 4-1-8 훈련 데이터, 평가 데이터, 검증 데이터의 관계

**4-1-4** 평가

모델의 미지의 데이터에 대한 예측 성능을 평가한다. 평가 순서는 다음과 같다.

**01** 데이터 세트 「test」 폴더를 「Drag Images To Begin Testing」이라고 쓰여 있는 영역에 드래그앤드롭

평가가 시작되면 평가 완료까지 잠시 기다린다.

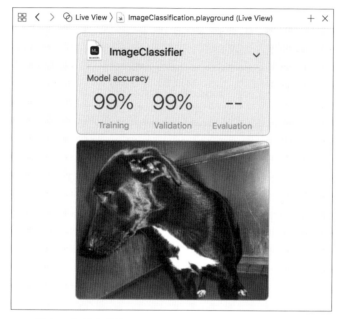

▲ 그림 4-1-9 평가 시작

**02** 평가 완료시, 평가 데이터의 정답률 확인

평가가 완료되면 「Evaluation」에 「평가 데이터」의 정답률이 표시되므로 확인한다.

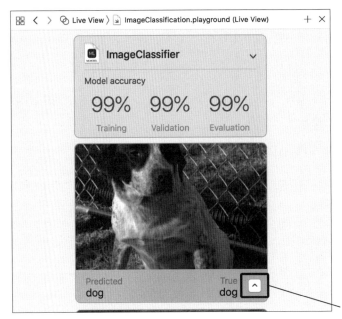

예측결과

▲ 그림 4-1-10 「평가 데이터」의 정답률 표시

결과 화상의 오른쪽 아래 버튼에 「예측 결과」(Predicted)및 각 클래스의 「신뢰도」(Condence)를 확인할 수 있다.

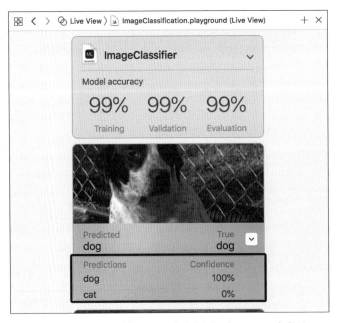

▲ 그림 4-1-11 「예측 결과」(Predicted)와 「신뢰도」(Condence) 확인

정답률은 기본적으로 「훈련 데이터 〉 검증 데이터 〉 평가 데이터」가 된다. 「평가 데이터」가 실제로 앱에서 모델을 이용할 때의 정밀도가 되기 때문에 가장 중요한 지표가 된다.

4-1-5 모델 저장

마지막으로 학습이 끝난 「Core ML 모델」을 저장한다. 학습 후에 화상 분류 모델을 학습하기 위한 UI의 오른쪽 위의 버튼을 누른다. 모델을 저장하기 위한 UI가 표시되므로 아래의 정보를 입력하고 「Save」 버튼을 누른다.

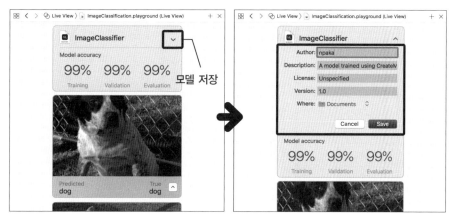

▲ 그림 4-1-12 화상 분류 모델 저장

| 項目 | 설명 |
| --- | --- |
| Auther | 저자 |
| Description | 설명 |
| License | 라이선스 |
| Version | 버전 |
| Where | 저장 폴더 |

▲ 표 4-1-1 Core ML 모델의 모델정보

「서류」(Documents)의 「Shared Playground Data」에 「ImageClassier.mlmodel」이 생성된다.

학습 옵션 설정

학습 전에 화상 분류 모델을 학습하기 위한 UI의 오른쪽 위에 있는 버튼을 누르면 학습 옵션을 설정하는 UI가 표시된다.

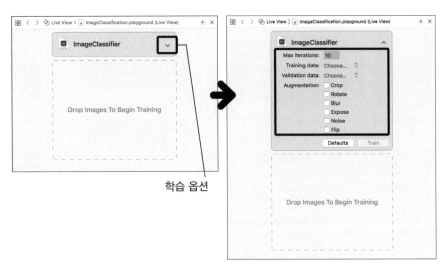

학습 옵션

▲ 그림 4-1-13 학습 옵션 설정 화면

평가 데이터의 정답률이 낮거나 안정되지 않은 경우에는 「Max Iterations」에서 훈련의 최대 횟수를 늘리거나 「Augmentation」에서 훈련 데이터 수를 늘려 재학습하는 것이 좋다.

| 항목 | 설명 |
|---|---|
| Max Iterations | 훈련 최대 횟수 |
| Training data | 훈련 데이터 |
| Validation data | 검증 데이터 |
| Augmentation | 훈련 데이터를 늘리는 기능<br>Crop : 잘라내기<br>Rotate : 회전<br>Blur : 블러<br>Expose : 노출 변경<br>Noise : 노이즈<br>Flip : 플립 |

▲ 표 4-1-2 학습 옵션의 항목

「Augmentation」는 기존의 화상에 대해서 「잘라내기」, 「회전」, 「블러」, 「노출 변경」, 「노이즈」, 「플립」을 실행하여 화상을 늘린다.

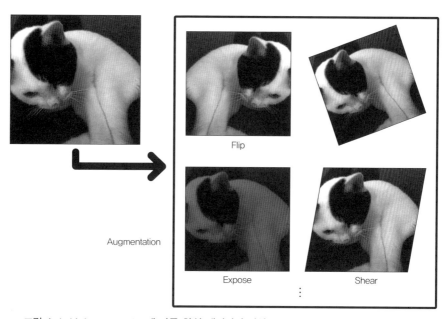

▲ 그림 4-1-14 Augmentation에 따른 화상 데이터의 변화

COLUMN

⟨Create ML에서 이용하는 클래스⟩

「Create ML」에서 이용하는 클래스는 다음과 같다. 화상 분류는 학습하기 위한 UI가 있으므로 평가 지표(정답률 등)는 UI에서 표시한다. 그 외에는 스크립트를 이용하여 학습시키므로 평가 지표를 위한 클래스가 준비되어 있다.

| 종별 | 학습 | 평가지표 |
| --- | --- | --- |
| 화상 분류 | MLImageClassifierBuilder | – |
| 텍스트 분류 | MLTextClassifier | MLClassifierMetrics |
| 분류 | MLTextClassifier | MLClassifierMetrics |
| 회귀 | MLRegressor | MLRegressorMetrics |

▲ 표 Create ML에서 이용하는 클래스

## 4-2  텍스트 분류

### 4-2-1  텍스트 분류 샘플 프로그램의 구성

「텍스트 분류」는 텍스트 데이터를 기본으로 텍스트가 속하는 「클래스」(데이터 종류)를 예측하는 작업이다.

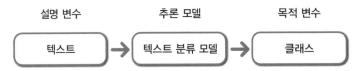

▲ 그림 4-2-1 텍스트 분류 모델

이번에는 입력한 내용에 대해 「IT」 관련 뉴스인지, 「스포츠」 관련 뉴스인지를 예측하는 텍스트 분류 모델을 만든다. 여기에서 작성한 모델은 2장 「2-7 텍스트 분류」에서 이용할 수 있다.

### 4-2-2  데이터 세트 준비

이번에는 데이터 세트로 「국립국어원 언어정보 나눔터의 말뭉치(코퍼스)」를 이용한다. 말뭉치는 회원가입 후 다운로드할 수 있다. https://ithub.korean.go.kr/user/guide/corpus/guide1.do을 참고하면 된다.

- 국립국어원 언어정보 나눔터
  https://ithub.korean.go.kr/user/corpus/corpusManager.do

▲ 그림 4-2-2 「국립국어원 언어정보 나눔터의 말뭉치」 다운로드 페이지

다운로드한 데이터 세트를 「CreateML」에서 학습할 수 있도록 다음과 같이 구성한다.

```
text 폴더
 IT 폴더
  ·it-7BA03A08.txt
        |
  ·it-BJ950028.txt

 sports 폴더
  ·sports-BRAA0160.txt
        |
  ·sports-BTAL0059.txt
```

그리고 나서 이 데이터 세트를 Xcode 프로젝트의 「Resources」에 드래그앤드롭으로 추가한다.

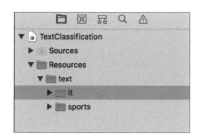

▲ 그림 4-2-3 학습용 데이터 세트를 리소스에 추가

**데이터 세트 불러오기**

데이터 세트를 불러와서 「MLDataTable」를 작성한다. 「MLDataTable」은 머신 러닝 모델을 훈련 또는 평가하기 위한 데이터 테이블의 오브젝트이다.

데이터 세트를 불러오는 방법에는 「사전 데이터」, 「CSV 파일」, 「JSON 파일」과 같이 세 가지가 있다.

## ◎ 사전 데이터

「사전 데이터」를 작성하고 그것을 생성자 인수로 넘겨준다.

● 사전 불러오기 예

```
let dic: [String: MLDataValueConvertible] = [
    "text": ["긍정적인 텍스트", "부정적인 텍스트"],
    "label": ["positive", "negative"]
]
let data = try MLDataTable(dictionary: dic)
```

## ◎ CSV 파일

「CSV 파일」을 리소스에 추가하고 그 경로를 생성자 인수로 넘겨준다.

● CSV 서식

```
text,label
긍정적인 텍스트,positive
부정적인 텍스트,negative
```

● CSV 불러오기 예

```
let url = Bundle.main.url(forResource: "data", withExtension: "csv")!
let data = try MLDataTable(contentsOf: url)
```

## ◎ JSON 파일

「JSON 파일」을 리소스에 추가하고 그 경로를 생성자 인수로 넘겨준다.

- JSON 서식

```
[
  {
    "text": "긍정적인 텍스트",
    "label": "positive"
  }, {
    "text": "부정적인 텍스트",
    "label": "negative"
  }
]
```

- JSON 불러오기 예

```
let url = Bundle.main.url(forResource: "data", withExtension: "json")!
let data = try MLDataTable(contentsOf: url)
```

## 4-2-4 데이터 세트 작성

「Create ML」에서 텍스트 분류로 그대로 이용할 수 있는 「CSV 파일」, 「JSON 파일」이 있으면 파일을 불러오는 것만으로 가능하지만 이번에는 없으므로 파일집합에서 제목만 추출해서 데이터 세트를 작성한다.

```
import CreateML
import SpriteKit
import PlaygroundSupport

//데이터 세트 작성
var label = 0
var labels: [String] = []
var texts: [String] = []
let paths: [String] = [//*환경에 맞도록 경로를 변경한다.
  "/Users/furukawahidekazu/Documents/store/book/MLPhone/sample/ch4/
TextClassification.playground/Resources/text/it-life-hack",
  "/Users/furukawahidekazu/Documents/store/book/MLPhone/sample/ch4/
TextClassification.playground/Resources/text/sports-watch"]
for path in paths {
  let files = try FileManager.default.contentsOfDirectory(atPath: path)
  var count = 0
  for file in files {
```

```
//텍스트 불러오기
var text = try! String(contentsOfFile: path+"/"+file,
    encoding: String.Encoding.utf8)
text = text.components(separatedBy: "\n")[3] //제목만 추출

//텍스트와 라벨 추가
texts.append(text)
labels.append(String(label))

//최대값 400
count = count + 1
if (count >= 400) {break}
    }
    label += 1
}
let dic: [String: MLDataValueConvertible] = [
    "text": texts,
    "label": labels
]
let data = try MLDataTable(dictionary: dic)
print(data)

// 훈련 데이터와 평가 데이터 분할
let (train_data, test_data) = data.randomSplit(by: 0.8, seed: 5)
```

## ◎ 환경에 맞도록 경로 변경

「★환경에 맞도록 경로를 변경한다」라는 「paths」에는 「it」와 「sport-watch」의 경로를 지정한다. 「Resources」의 「it」와 「sport-watch」에서 드래그앤드롭으로 스크립트에 경로를 추가할 수 있다.

▲ 그림 4-2-4 드래그앤드롭으로 경로 추가

### ◎ 파일 불러오기

임의의 폴더 경로에서 파일명 일람을 획득할 때는 「FileManager.default. contentsOfDirectory(atPath:)」, 임의의 파일에서 파일을 불러올 때는 「String( contentsOfFile:encoding:)」을 사용한다.

> **FileManager**
> func contentsOfDirectory (atPath path: String ) - > [String]
> **설명** : 폴더 경로에서 파일명 일람을 획득
> **인수** :  path      폴더 경로
> **반환값** : 폴더명    일람

> **String**
> init (contentsOfFile path: String, encoding enc: String.Encoding )
> **설명** :  String 오브젝트 생성
> **인수** :  path      폴더 경로
>           enc       엔코딩

### ◎ 제목 추출

「Create ML」에서는 「본문」도 학습시키게 되면 데이터 사이즈가 너무 커져 동작하지 않게 되므로 제목만 최대 건수로 추출해서 학습한다.

그리고 5장 「Turi Create」의 「5-8 텍스트 분류」에서는 「본문」도 넣어서 학습한다.

### ◎ 라벨

라벨은 「IT」는 「0」, 「스포츠」는 「1」로 되어 있다.

### ◎ 훈련 데이터와 평가 데이터의 분할

마지막으로 훈련 데이터와 평가 데이터를 「8 : 2」로 분할한다. 분할에는 「MLDataTable」의 「randomSplit(by:seed:)」를 사용한다.

> **MLDataTable**
> func randomSplit (by proportion: Double, seed: Int = default ) - >
> (MLDataTable, MLDataTable)

**설명** : 훈련 데이터와 평가 데이터 분할
**인수** :  proportion          하나의 데이터 비율(0.0~1.0)
            seed                난수 시드
**반환값** : 훈련 데이터와 평가 데이터

<br>

### 4-2-5  학습

모델 학습을 시작한다.

```
let classifier = try MLTextClassifier(
    trainingData: train_data, textColumn: "text", labelColumn: "label")
```

텍스트 분류 모델의 학습을 시작할 때는 「MLTextClassier」를 사용한다. featureColumns이 미지정일 경우에는 targetColumn에서 지정한 열 이외의 전부가 목적 변수가 된다.

**MLTextClassier**
init(trainingData: MLDataTable, textColumn: String, labelColumn: String,
parameters: MLTextClassifir.ModelParameters = default)
**설명** : 텍스트 분류 학습 시작
**인수** :  trainingData         훈련 데이터
            targetColumn         설명 변수열명
            featureColumns       목적 변수열명
            parameters           파라미터

학습이 완료되면 훈련 데이터와 검증 데이터의 정답률을 확인한다.

훈련 데이터의 정답률은 MLTextClassier의 trainingMetrics 프로퍼티, 검증 데이터의 정답률은 MLTextClassier의 validationMetrics 프로퍼티에서 획득한다.

| 클래스 | 설명 |
| --- | --- |
| var trainingMetrics: MLClassifierMetrics | 훈련 데이터 평가 지표 |
| var validationMetrics: MLClassifierMetrics | 검증 데이터 평가 지표 |

▲ 표 4-2-1 MLTextClassifier의 프로퍼티

「MLClassierMetrics」의 classicationError 프로퍼티는 오답률(0.0~1.0)이다.

「(1.0 − 오답률) * 100.0」으로 정답률(0~100%)을 계산할 수 있다.

| 클래스 | 설명 |
|---|---|
| var classificationError: Double | 예측 부정답률(0.0 ~ 1.0) |

▲ 표 4-2-2 MLClassifierMetrics 프로퍼티

```
// 훈련 데이터 정답률
let trainAccuracy = (1.0 - classifier.trainingMetrics.classificationError) *
100.0
print("Training Accuracy: ", trainAccuracy)

// 검증 데이터 정답률
let validAccuracy = (1.0 - classifier.validationMetrics.classificationError) *
100.0
print("Validation Accuracy: ", validAccuracy)
```

로그에는 다음과 같이 출력된다. 값은 학습마다 다소 차이가 있을 수 있다.

```
Training Accuracy: 95.50224887556223
Validation Accuracy: 97.22222222222221
```

**4-2-6** 평가

모델 평가를 시작한다. 평가를 시작할 때는 「evaluation(on:)」을 사용한다.

**MLTextClassier**
func evaluation (on labeledTexts: MLDataTable ) - > MLClassifirMetrics
> **설명** : 텍스트 분류 평가 시작
> **인수** :  labeledTexts        데이터 테이블
> **반환값** : 평가 지표

평가가 완료되면 평가 지표의 정답률을 확인한다.

```
//평가
let evaluation = classifier.evaluation(on: test_data)

P143
```

```
// 평가 데이터 정답률
let evalAccuracy = (1.0 - evaluation.classificationError) * 100.0
print("Evaluation Accuracy: ", evalAccuracy)
```

로그에는 다음과 같이 출력된다. 값은 학습마다 다소 차이가 있을 수 있다.

```
Evaluation Accuracy: 94.80874316939891
```

### 4-2-7 모델 저장

학습이 완료된 「Core ML 모델」을 저장한다. 「서류」(Documents)의 「Share Playground Data」 폴더 안에 「TextClassication.mlmodel」이라는 이름으로 저장된다.

```
//모델 메타 데이터 작성
let metadata = MLModelMetadata(
    author: "npaka",
    shortDescription: "뉴스 카테고리 예측 모델",
    version: "1.0")

//모델 저장소 작성
let directory = playgroundSharedDataDirectory.appendingPathComponent(
    "TextClassification.mlmodel")

//모델 저장
try classifier.write(to: directory, metadata: metadata)
```

#### ◎ 모델 데이터 작성

「MLModelMetadata」를 이용하여 모델 데이터를 작성한다. 「저자명」, 「설명문」, 「라이선스」, 「버전」, 「추가 정보」를 지정한다.

> **MLModelMetadata**
>
> init (author: String = default, shortDescription: String = default, license: String? = default, version: String = default, additional: [String : String]? = default )
> **설명** : 모델 데이터 작성
> **인수** : author 저자명

| shortDescription | 설명문 |
| license | 라이선스 |
| version | 버전 |
| additional | 추가 정보 |

## ◎ 모델 저장소 작성

playgroundSharedDataDirectory의 appendingPathComponent()로 저장 장소의 URL을 작성한다. playgroundSharedDataDirectory는 「서류」(Documents)의 「SharePlayground Data」 폴더의 URL이 된다.

**URL**
func appendingPathComponent (_ pathComponent: String ) - > URL
**설명** : URL 경로 추가
**인수** : pathComponent　　경로
**반환값** : URL에 경로를 추가한 URL

## ◎ 모델 저장

「MLTextClassier」의 「write(to:metadata:)」로 「Core ML 모델」을 저장한다.

**MLTextClassier**
func write (to fieURL: URL, metadata: MLModelMetadata? = default )
**설명** : Core ML 모델 저장
**인수** : leURL　　　　　저장소 URL
　　　　 metadata　　　 메타 데이터

## 4-3 분류

### 4-3-1 분류 샘플 프로그램 구성

「분류」는 복수의 특징 데이터를 기본으로 「클래스」(데이터 종류)를 예측하는 작업이다. 이번에는 버섯의 특징 데이터를 기본으로 독버섯인지, 아닌지를 예측하는 분류 모델을 작성한다.

▲ 그림 4-3-1 분류 모델

### 4-3-2 데이터 세트 준비

이번에는 「Mushroom Data Set」을 데이터 세트로 이용한다. 이 데이터 세트에는 8,124 개의 버섯에 대해서 그 버섯이 독이 있는지, 없는지와 그 이외의 22개 특징 데이터가 표함되어 있다. 8,124개 중에 3,916개가 독버섯이고 4,208 개가 독이 없는 버섯이다.

- Mushroom Data Set : https://archive.ics.uci.edu/ml/datasets/Mushroom

▲ 그림 4-3-2 「Mushroom Data Set」 다운로드 페이지

이 사이트에서 다음 2개의 파일을 다운로드한다.

- agaricus–lepiota.data : 데이터 세트
- agaricus–lepiota.names : 설명 파일

데이터 세트「agaricus–lepiota.data」는 헤더가 없는 데이터뿐이다. 거기에 설명 파일의 정보를 이용하여 데이터 세트 첫 번째 행에 헤더를 추가한다. 그리고 확장자도「csv」로 변경한다.

데이터 세트 각 열의 설명은 다음과 같다. label 열이「독버섯인지 아닌지」(p : 독버섯, e : 독이 없는 버섯)을 나타내는「목적 변수」이다. 그 외의 열은 버섯의 특징 데이터를 나타내는「설명 변수」가 된다.

| 열이름 | 설명 | 열이름 | 설명 |
|---|---|---|---|
| label | 독버섯인지 아닌지 (p : 독버섯 e : 독버섯 아님 | stalk–root | 줄기–뿌리 |
| cap–shape | 캡(갓) 형태 | stalk–surface–above–ring | 줄기–표면–위 링 |
| cap–surface | 캡(갓) 표면 | stalk–surface–below–ring | 줄기–표면–아래 링 |
| cap–color | 캡(갓) 색깔 | stalk–color–above–ring | 줄기–색깔–위 링 |
| bruises | 상처 | stalk–color–below–ring | 줄기–색깔–아래 링 |
| odor | 냄새 | veil–color | 베일 색깔 |
| gill–attachment | 주름살(gill)–흡착 | ring–number | 링 번호 |
| gill–spacing | 주름살(gill)–간격 | ring–type | 링 형태 |
| gill–size | 주름살(gill)–사이즈 | spore–print–color | 포자 프린트 색깔 |
| gill–color | 주름살(gill)–색깔 | population | 인구 |
| stalk–shape | 줄기–형태 | habitat | 서식지 |
| | | veil–type | 베일 종류 |

▲ 표 4–3–1 데이터 세트의 예 설명

- agaricus–lepiota.csv

```
label,cap-shape,cap-surface,cap-color,bruises,odor,gill-attachment,gill-
spacing,gill- size,gill-color,stalk-shape,stalk-root,stalk-surface-
above-ring,stalk-surface-below- ring,stalk-color-above-ring,stalk-color-
below-ring,veil-type,veil-color,ring- number,ring-type,spore-print-
color,population,habitat
p,x,s,n,t,p,f,c,n,k,e,e,s,s,w,w,p,w,o,p,k,s,u
e,x,s,y,t,a,f,c,b,k,e,c,s,s,w,w,p,w,o,p,n,n,g
e,b,s,w,t,l,f,c,b,n,e,c,s,s,w,w,p,w,o,p,n,n,m
~생략~
```

이 데이터 세트를 Xcode 프로젝트의 「Resources」에 드래그앤드롭으로 추가한다.

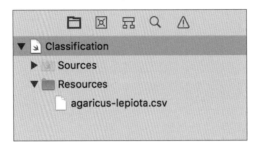

▲ 그림 4-3-3 학습용 데이터 세트를 리소스에 추가하기

4-3-3 데이터 세트 불러오기

CSV 파일 「agaricus-lepiota.csv」를 불러와서 데이터 테이블을 생성한다. 그리고 훈련 데이터와 평가 데이터를 「8 : 2」로 분할한다.

```
import CreateML
import SpriteKit
import PlaygroundSupport

//데이터 세트 불러오기
let url = Bundle.main.url(forResource: "agaricus-lepiota", withExtension:
"csv")!
let data = try MLDataTable(contentsOf: url)
print(data)

// 훈련 데이터와 평가 데이터 분할
let (train_data, test_data) = data.randomSplit(by: 0.8, seed: 5)
```

리소스를 불러올 때는 Bundle.main.url()을 사용한다.

**Bundle**
func url (forResource name: String?, withExtension ext: String? ) - > URL?
**설명** : 리소스 불러오기
**인수** : name    파일명
         ext     확장자

학습

모델의 학습을 시작한다.

```
let classifier = try MLClassifier(trainingData: train_data,
    targetColumn: "label")
```

분류 모델의 학습을 시작할 때는 「MLClassier」를 사용한다. featureColumns이 미지정일 경우 targetColumn에서 지정한 열 이외의 전부가 목적 변수가 된다.

> **MLClassier**
> init (trainingData: MLDataTable, targetColumn: String, featureColumns:
> [String]? = default )
> **설명** : 분류 학습의 시작
> **인수** : trainingData           훈련 데이터
>       targetColumn       설명 변수열명
>       featureColumns     목적 변수열명

학습이 완료되며 훈련 데이터와 검증 데이터의 정답률을 확인한다. 훈련 데이터의 정답률은 MLClassier의 trainingMetrics 프로퍼티, 검증 데이터의 정답률은 MLClassier의 validationMetrics 프로퍼티에서 획득한다.

| 클래스 | 설명 |
|---|---|
| var trainingMetrics: MLClassifierMetrics | 훈련 데이터의 평가 지표 |
| var validationMetrics: MLClassifierMetrics | 검증 데이터의 평가 지표 |

▲ 표 4-3-2 MLClassifier 프로퍼티

```
// 훈련 데이터 정답률
let trainAccuracy = (1.0 - classifier.trainingMetrics.classificationError) * 100.0
print("Training Accuracy: ", trainAccuracy)

// 검증 데이터 정답률
let validAccuracy = (1.0 - classifier.validationMetrics.classificationError) * 100.0
print("Validation Accuracy: ", validAccuracy)
```

로그에는 다음과 같이 출력된다. 값은 학습마다 다소 차이가 있을 수 있다.

```
Training Accuracy: 99.96763754045307
Validation Accuracy: 100.0
```

## 4-3-5 평가

모델의 평가를 시작한다. 평가를 시작할 때는 「evaluation(on:)」을 사용한다.

> **MLClassier**
> func evaluation (on labeledTexts: MLDataTable ) - > MLClassifirMetrics
> **설명** : 분류의 평가 시작
> **인수** : labeledTexts      데이터 테이블
> **반환값** : 평가 지표

평가가 완료되면 평가 지표의 정답률을 확인한다.

```
//평가
let evaluation = classifier.evaluation(on: test_data)

// 평가 데이터 정답률
let evalAccuracy = (1.0 - evaluation.classificationError) * 100.0
print("Evaluation Accuracy: ", evalAccuracy)
```

로그에는 다음과 같이 출력된다. 값은 학습마다 다소 차이가 있을 수 있다.

```
Evaluation Accuracy: 99.87654320987654
```

## 4-3-6 모델 저장

학습이 끝난 「Core ML 모델」을 저장한다. 「서류」(Documents)의 「SharePlayground Data」 폴더 안에 「Classication.mlmodel」이라는 이름으로 저장된다.

```
//모델 메타데이터 작성
let metadata = MLModelMetadata(
    author: "npaka",
    shortDescription: "독 버섯 예측 모델",
```

```
    version: "1.0")

//모델 저장 장소 작성
let directory = playgroundSharedDataDirectory.appendingPathComponent(
    "Classification.mlmodel")

//모델 저장
try classifier.write(to: directory, metadata: metadata)
```

**4-3-7** 모델 이용

「Core ML」(iOS)에서의 분류 모델 이용 예는 다음과 같다. 데이터 세트의 첫 번째 데이터를 가지고 예측한다.

```
let model = Classification()
let prediction = try! model.prediction(
    cap_shape: "x",
    cap_surface: "s",
    cap_color: "n",
    bruises: "t",
    odor: "p",
    gill_attachment: "f",
    149
    gill_spacing: "c",
    gill_size: "n",
    gill_color: "k",
    stalk_shape: "e",
    stalk_root: "e",
    stalk_surface_above_ring: "s",
    stalk_surface_below_ring: "s",
    stalk_color_above_ring: "w",
    stalk_color_below_ring: "w",
    veil_type: "p",
    veil_color: "w",
    ring_number: "o",
    ring_type: "p",
    spore_print_color: "k",
    population: "s",
    habitat: "u")
print("Prediction : \(prediction.label)")
```

출력은 다음과 같다. 예측 결과는 「p」이고 정답 데이터는 「p」이므로 정확하게 예측되어 있는 것을 알 수 있다.

```
Prediction : p
```

Xcode에서 표시된 모델 정보는 다음과 같다.

▲ 그림 4-3-4 모델 정보

| 항목 | 이름 | 종별 | 설명 |
|------|------|------|------|
| 입력 | cap-shape<br>〜<br>veil-type | String<br>〜<br>String | 캡 형태<br>〜<br>베일 종류(표 4-3-1 참조) |
| 출력 | label | String | 라벨 |
|  | labelProbability | Dictionary(String→Double) | 신뢰도 |

▲ 표 4-3-3 Model Evaluation Parameters 상세 정보

## 4-4 회귀

### 4-4-1 회귀 샘플 프로그램 구성

「회귀」는 복수의 특징 데이터를 기본으로 연속값 등의 「수치」를 예측하는 작업이다.

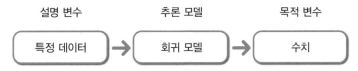

▲ 그림 4-4-1 회귀 모델

이번에는 레드 와인의 특징 데이터를 이용하여 레드 와인의 품질 점수(0 ~10)를 예측하는 회귀 모델을 작성한다.

### 4-4-2 데이터 세트 준비

이번에는 데이터 세트 「Wine Quality Data Set」을 이용한다. 이 데이터 세트에는 1,599 종류의 레드와인에 대한 품질 점수와 그 이외의 11개 특징 데이터가 포함되어 있다.

- Wine Quality Data Set : https://archive.ics.uci.edu/ml/datasets/Wine+Quality

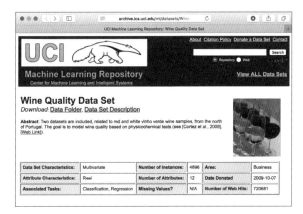

▲ 그림 4-4-2 「Wine Quality Data Set」 다운로드 페이지

이 사이트에서 다음 2개의 파일을 다운로드한다.

- winequality-red.csv : 데이터 세트
- winequality.names : 설명 파일

CSV 파일의 구분자가 「;」이므로 「,」로 치환해준다.

데이터 세트의 각 열에 대한 설명은 다음과 같다. quality 열이 「품질 점수」(0 ~10)를 나타내는 「목적 변수」이다. 다른 열은 레드와인의 특징 데이터를 나타내는 「설명 변수」가 된다.

| 열 이름 | 설명 | 열 이름 | 설명 |
| --- | --- | --- | --- |
| fixed acidity | 주석산 농도 | total sulfur dioxide | 총 아황산 농도 |
| volatile acidity | 초산 농도 | density | 밀도 |
| citric acid | 구연산 농도 | pH | pH |
| residual sugar | 잔류 당분 농도 | sulphates | 황산칼륨 농도 |
| chlorides | 염화나트륨 농도 | alcohol | 알코올 도수 |
| free sulfur dioxide | 유리아황산 농도 | quality | 품질 점수(0 ~ 10) |

▲ 표 4-4-1 데이터 세트의 예 설명

- winequality-red.csv

```
"fixed acidity","volatile acidity","citric acid","residual
sugar","chlorides","free sulfur dioxide","total sulfur dioxide","density","pH","
sulphates","alcohol","quali ty"
7.4,0.7,0,1.9,0.076,11,34,0.9978,3.51,0.56,9.4,5
7.8,0.88,0,2.6,0.098,25,67,0.9968,3.2,0.68,9.8,5
7.8,0.76,0.04,2.3,0.092,15,54,0.997,3.26,0.65,9.8,5
~생략~
```

이 데이터 세트를 Xcode 프로젝트의 「Resources」에 드래그앤드롭으로 추가한다.

▲ 그림 4-4-3 학습용 데이터 세트 리소스 추가

데이터 세트 불러오기

CSV 파일 「winequality-red.csv」을 불러와서 데이터 세트 테이블을 생성한다. 그리고 훈련 데이터와 평가 데이터를 「8 : 2」로 분할한다.

```
import CreateML
import SpriteKit
import PlaygroundSupport

//데이터 세트 불러오기
let url = Bundle.main.url(forResource: "winequality-red", withExtension: "csv")!
let data = try MLDataTable(contentsOf: url)
print(data)

// 훈련 데이터와 평가데이터 분할
let (train_data, test_data) = data.randomSplit(by: 0.8, seed: 5)
```

4-4-4 학습

모델 학습을 실행한다.

```
let regressor = try MLRegressor(trainingData: train_data,
    targetColumn: "quality")
```

회귀 모델의 학습을 시작할 때는 「MLRegressor」를 사용한다. featureColumns이 미지정인 경우에는 targetColumn에서 지정한 열 이외의 모두가 목적 변수가 된다.

**MLRegressor**
init (trainingData: MLDataTable, targetColumn: String,
featureColumns: [String]? = default )
**설명** : 회귀 학습 시작
**인수** : trainingData        훈련 데이터
        targetColumn       설명 변수열명
        featureColumns.      목적 변수열명

학습을 완료하면 훈련 데이터와 검증 데이터의 「RMSE」을 확인한다. 「RMSE」 (Root Mean Squared Error)는 수치 예측 문제에서의 정밀도 평가 지표이다. 예

측 정밀도의 나쁨을 나타내기 위해 「0」에 가까울 만큼 뛰어난 것을 나타낸다.

훈련 데이터와 검증 데이터의 「RMSE」는 「MLRegressor」의 trainingMetrics 프로퍼티와 validationMetrics 프로퍼티에서 획득한다.

| 클래스 | 설명 |
|---|---|
| var trainingMetrics: MLRegressorMetrics | 훈련 데이터의 평가 지표 |
| var validationMetrics: MLRegressorMetrics | 검증 데이터의 평가 지표 |

▲ 표 4-4-2 MLRegresso 프로퍼티

「MLRegressorMetrics」의 rootMeanSquaredError 프로퍼티가 RMSE이다.

| 클래스 | 설명 |
|---|---|
| var classificationError: Double | 수치 예측 문제에서 정밀도 평가 지표(0에 가까울 수록 뛰어남) |

▲ 표 4-4-3 MLRegressorMetrics 프로퍼티

```
//훈련 데이터 RMSE
print("Training RMSE: ", regressor.trainingMetrics.rootMeanSquaredError)

//검증 데이터 RMSE
print("Validation RMSE: ", regressor.validationMetrics.rootMeanSquaredError)
```

로그에는 다음과 같이 출력된다. 값은 학습마다 다소 차이가 있을 수 있다.

```
Training RMSE: 0.461387473509619
Validation RMSE: 0.589122927764728
```

## 4-4-5 평가

모델 평가를 시작한다. 평가를 시작할 때는 「evaluation(on:)」을 사용한다.

**MLRegressor**
func evaluation (on labeledData: MLDataTable ) - > MLRegressorMetrics
　**설명** : 회귀 평가 시작
　**인수** : labeledTexts　　　데이터 테이블
　**반환값** : 평가 지표

평가를 완료할 때는 평가 지표의 RMSE를 확인한다.

```
//평가
let evaluation = regressor.evaluation(on: test_data)

//평가 데이터 RMSE
print("Evaluation RMSE: ", evaluation.rootMeanSquaredError)
```

로그에는 다음과 같이 출력된다. 값은 학습마다 다소 차이가 있을 수 있다.

```
Evaluation RMSE: 0.5968032957129544
```

## 4-4-6 모델 저장

학습이 끝난 「Core ML 모델」을 저장한다. 「서류」(Documents)의 「SharePlayground Data」 폴더 안에 「Regression.mlmodel」이라는 이름으로 저장된다.

```
//모델 메타데이터 작성
let metadata = MLModelMetadata(
    author: "npaka",
    shortDescription: "레드와인 품질 예측 모델",
    version: "1.0")

//모델 저장소 작성
let directory = playgroundSharedDataDirectory.appendingPathComponent(
    "Regression.mlmodel")

//모델 저장
try regressor.write(to: directory, metadata: metadata)
```

## 4-4-7 모델 이용

「Core ML」(iOS)에서의 회귀 모델 이용 예는 다음과 같다. 데이터 세트의 첫 번째 데이터를 기본으로 예측한다.

```
let model = Regression()
let prediction = try! model.prediction(
    fixed_acidity: 7.4,
    volatile_acidity: 0.7,
    citric_acid: 0,
    residual_sugar: 1.9,
    chlorides: 0.076,
    free_sulfur_dioxide: 11,
    total_sulfur_dioxide: 34,
    density: 0.9978,
    pH: 3.51,
    sulphates: 0.56,
    alcohol: 9.4)
print("Prediction : \(prediction.quality)")
```

출력 결과는 다음과 같다. 예측 결과 「5.061736956238747」에 대해 정답 데이터
는 「p」값을 확인해 보면 정확하게 예측되어 있는 것을 알 수 있다.

```
Prediction : 5.061736956238747
```

Xcode에서 표시된 모델 정보는 다음과 같다.

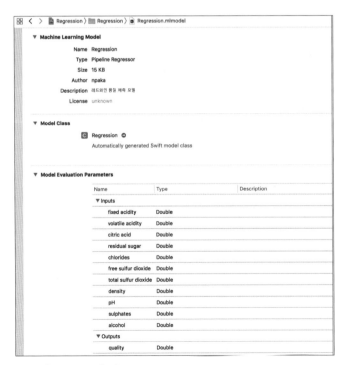

▲ 그림 4-4-4 모델 정보

| 항목 | 이름 | 종별 | 설명 |
|------|------|------|------|
| 입력 | fixed acidity<br>≀<br>alcohl | Double<br>≀<br>Double | 주석산 농도<br>≀<br>알코올 도수(표 4-4-1 참조) |
| 출력 | quality | Double | 품질 점수(0 ~ 10) |

▲ 표 4-4-4 Model Evaluation Parameters 상세

# CHAPTER 5

# Turi Create - 작업 기반

# 5-1 파이썬 개발 환경

## 5-1-1 파이썬 개발 환경 개요

「Turi Create」나 9장 「TensorFlow」에서는 파이썬 개발 환경이 필요하다. 파이썬을 이용하는 방법에는 여러 가지가 있지만 이 책에서는 「Anaconda」와 「JupyterNotebook」을 이용한다. 「Anaconda」는 파이썬에서 자주 사용되는 라이브러리를 세트로 한 패키지로 간단하게 파이썬 환경을 구축할 수 있다. 「Jupyter Notebook」은 프로그램의 실행 결과를 기록하면서 데이터 분석을 실행하기 위한 툴이다. 프로그램과 기록을 「노트북」(확장자는「*.ipynb」)이라고 불리는 파일 단위로 관리할 수 있다.

## 5-1-2 Anaconda 설치

「Anaconda」의 설치 순서는 다음과 같다.

**01** Anaconda 공식 사이트의 「Download」에서 「Python 3.x.x」를 선택하고 인스톨러를 다운로드

- Anaconda : https://www.anaconda.com/

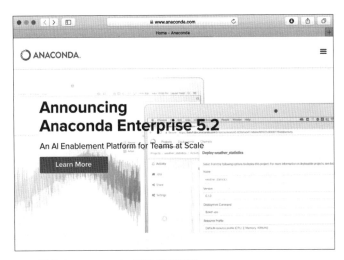

▲ 그림 5-1-1 Anaconda 공식 웹 사이트

## 02 인스톨러를 실행하고 지시에 따라 설치

설치가 완료되면 「가상환경」을 작성한다. 「가상환경」은 파이썬이나 라이브러리의
버전을 용도별로 바꾸어서 이용하기 위한 환경이다.

## 03 Anaconda Navigator 기동

Mac은 설치 디렉토리의 「Anaconda-Navigator.app」, Windows는 프로그램 일
람의 「Anaconda Navigator」로 기동한다.

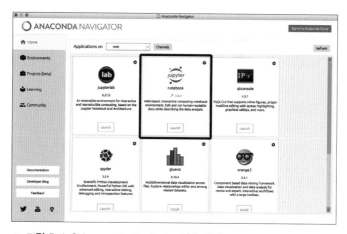

▲ 그림 5-1-2 Anaconda Navigator 기동 화면

## 04 왼쪽 메뉴의 Environments 선택

가상환경 일람이 표시된다. 초기상태에서는 「root」라는 가상환경만 존재한다.

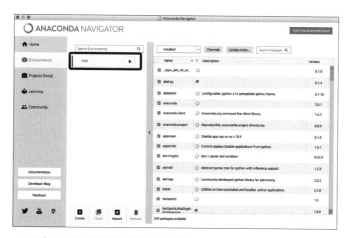

▲ 그림 5-1-3 가상환경 일람 표시 화면

**05** 아래쪽의 Create 버튼 클릭

**06** Name에 「turicreate」(다른 이름이라도 상관없다), Python에 「3.6」을 지정하고
Create 버튼 클릭

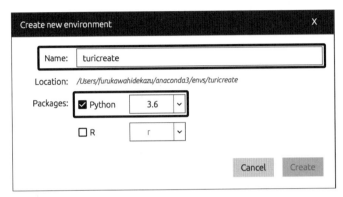

▲ 그림 5-1-4 가상환경 새로운 작성 다이얼로그

**07** 작성한 가상환경 버튼을 클릭하고 「Open Terminal」 선택

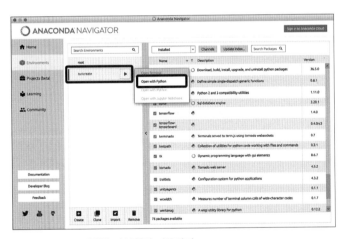

▲ 그림 5-1-5 작성한 가상환경 기동하기

모든 작업이 성공하면 파이썬을 이용가능한 터미널(윈도우에서는 명령 프롬프트)
이 기동된다. 다음 명령을 사용하여 파이썬이 설치되었음을 확인할 수 있다.

```
$ python --version
  Python 3.6.5 :: Anaconda, Inc.
```

## 5-1-3 Jupyter Notebook 설치

「Jupyter Notebook」을 설치할 때는 작성한 가상환경에서 다음 명령을 입력한다.

```
$ conda install jupyter
```

## 5-1-4 Turi Create 설치

「Turi Create」을 설치할 때는 작성한 가상환경에서 다음의 명령을 입력한다.

```
$ pip install -U turicreate
```

버전을 지정하고 설치할 때는 다음과 같이 입력한다.

```
$ pip install turicreate==5.1
```

## 5-1-5 GPU 환경 설정

「Turi Create」의 실행에서 GPU는 필수가 아니지만, 특정 모델의 학습에서는 GPU를 사용해서 퍼포먼스를 높이는 것이 가능하다.

### ◎ Mac에서 GPU 이용하기

Mac에서는 다음 모델에서 GPU를 이용한다.

- 화상 분류(macOS 10.13 이후)
- 유사 화상 검색(macOS 10.13 이후)
- 물체 검출(macOS 10.14 이후)
- 활동 분류(macOS 10.14 이후)

### ◎ Linux에서 GPU 이용하기

Linux에서 GUI를 이용할 때는 다음 순서로 실행한다.

## 01 「CUDA 8.0」과 「cuDNN 5 for CUDA 8.0」 설치

설치 방법은 각각 다음의 웹 사이트를 참조한다.

- CUDA 8.0

  https://docs.nvidia.com/cuda/cuda-installation-guide-linux/

- cuDNN 5 for CUDA 8.0

  https://developer.nvidia.com/cudnn

## 02 CUDA 라이브러리 경로를 LD_LIBRARY_PATH 환경변수에 추가

「~/.bashrc」 파일에 다음 행을 추가한다. 경로는 설치 장소에 맞게 지정한다.

```
export LD_LIBRARY_PATH=/usr/local/cuda/lib64:$LD_LIBRARY_PATH
```

## 03 mxnet을 삭제하고 CUDA 대응 mxnet-cu80 패키지를 설치

Turi Create가 권장하는 것과 같은 버전의 MXNet을 설치한다.

현재는 「1.1.0」이다. GPU 설정에 문제가 있는 경우에는 MxNet 설치 순서에서 추가 도움말이 제공되는 경우가 있다. 명령은 다음과 같다.

```
$ pip uninstall -y mxnet
$ pip install mxnet-cu80==1.1.0
```

**Jupyter Notebook**

Jupyter Notebook 실행

Jupyter Notebook의 실행 순서는 다음과 같다. 접속 조작은 웹 브라우저를 통해 실행한다.

**01** 「Anaconda Navigator」에서 터미널 열기

**02** 터미널에서 명령 「jupyter notebook」 입력

```
$ jupyter notebook
```

**03** 웹 브라우저를 실행하고 주소에 「localhost:8888」을 입력한 후 「Jupyter Notebook」 열기

▲ 그림 5-2-1 웹 브라우저에서 Jupyter Notebook 실행하기

## 5-2-2 Jupyter Notebook 종료

Jupyter Notebook을 종료할 때에는 다음 키 조작으로 실행한다.

**01** 터미널에서 「Control+C」 입력

**02** 「Shutdown this notebook server(y/[n]) ?」라고 나오면 「y」 입력

## 5-2-3 노트북 작성

새로운 실행 결과를 관리하기 위해서는 다음 순서로 노트북을 작성한다.

**01 노트북을 작성하고 싶은 폴더로 이동**

「Jupyter Notebook」 안에서 이동하는 것도 가능하지만 터미널에서 폴더 이동을 하고 나서 「Jupyter Notebook」을 실행하는 것이 간단하다.

▲ 그림 5-2-2 터미널에서 새로운로 작성하고 싶은 폴더로 이동한 후 Jupyter Notebook 실행

**02 오른쪽 상단의 「New」에서 「Python 3」을 선택**

새로운 노트북 「Untitled.ipynb」이 만들어진다.

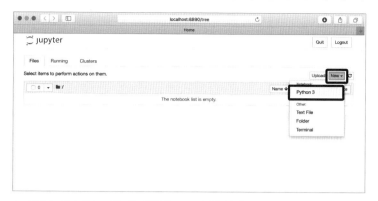

▲ 그림 5-2-3 「New」의 메뉴에서 「Python3」을 선택

새로운 노트북 상단에는 메뉴와 툴바가 표시된다.

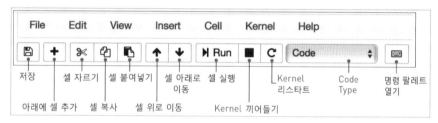

▲ 그림 5-2-4 노트북 툴바 기능

메뉴의 기능은 다음과 같다.

| 메뉴 | 설명 |
|---|---|
| File | 파일의 신규 작성, 저장 등 |
| Edit | 자르기, 복사, 붙여넣기, 셀 이동, 머지 등 |
| View | UI(헤더, 툴바, 행 수)의 표시, 비표시 |
| Insert | 셀 추가 |
| Cell | 셀 실행 |
| Kernel | 리스타트, 출력 클리어 |
| Help | 도움말 |

▲ 표 5-2-1 노트북 메뉴의 기능

**03** 메뉴「File → Rename」을 선택하고「notebook name」에 파일명「Test」를 입력한 후
「Rename」버튼 누르기

파일명이 바뀌어「Test.ipynb」이 된다.

▲ 그림 5-2-5 노트북 파일명 설정

### 5-2-4 셀 스크립트 실행

노트북에서는 스크립트를 작성하고 실행할 수 있다. 스크립트는「셀」이라는 단위
로 관리된다.

**01 빈 셀에 스크립트 작성**

먼저 "Hello Jupyter"라는 문자열을 표시하는 스크립트를 작성해 보자.

```
print("Hello Jupyter")
```

▲ 그림 5-2-6 셀 스크립트 입력

**02** 셀을 선택한 상태에서 「Ctrl+Enter」(또는 메뉴 「Cell → Run Cells」)로 스크립트 실행

셀이 실행되어 출력 결과가 표시된다.

▲ 그림 5-2-7 「Ctrl+Enter」로 실행하여 실행 결과 표시

셀 왼쪽 끝의 「In[ ] : 」에서 스크립트의 실행 상태를 확인할 수 있다.

| 스크립트 실행 상태 | 설명 |
| --- | --- |
| In [ ] : | 실행 전 |
| In [*] : | 실행 중 |
| In [1] : | 실행 완료(숫자는 실행 순서) |

▲ 표 5-2-2 스크립트 실행 상태

### 5-2-5 실행 중인 스크립트 정지

셀 왼쪽 끝이 「In[*] : 」이라고 되어 있는 경우는 스크립트가 실행 중이다. 정지할 때는 메뉴 「Kernel → Interrupt」를 선택한다.

▲ 그림 5-2-8 메뉴에서 스크립트 실행 정지

또한 실행중인 스크립트는 브라우저를 닫아도 종료하지 않는다. 「Home」의 「Running」에서 실행 중인 스크립트를 확인할 수 있다. 이 화면에서 「Shutdown」을 누르는 것으로도 실행중인 스크립트를 정지할 수 있다.

▲ 그림 5-2-9 「Running」 탭에서 스크립트 실행 정지

## 5-2-6 스크립트 출력 결과 지우기

스크립트의 출력 결과를 지우고 싶은 경우에는 메뉴 「Kernel → Restart & Clear Output」을 누른다.

▲ 표 5-2-10 스크립트 출력 결과 지우기

## 5-2-7 문장 추가

노트북에는 스크립트 이외에도 주석 등을 작성할 수 있다.

**01** 메뉴 「Insert → Insert Cell Below」로 셀을 추가

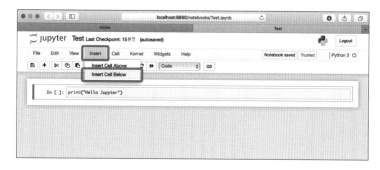

▲ 그림 5-2-11 새로운 셀 추가

**02 추가한 셀을 선택한 상태에서 메뉴 「Cell → Cell Type → Markdown」로 변경**

「Markdown 형식」을 이용한 문장을 셀에 기술할 수 있게 된다.

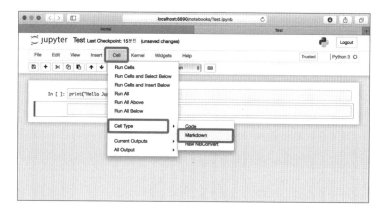

▲ 그림 5-2-12 셀에 「Markdown 형식」의 문장을 기술할 수 있도록 설정

「Markdown 형식」은 문서를 기술하기 위한 마크업 언어의 하나이며 주요 서식은 다음과 같다.

| Markdown 기법 | 설명 |
|---|---|
| 식별 | #, ##, ### |
| 인쇄체 | *ABCDEFG* |
| 강조 | **ABCDEFG** |
| 항목 쓰기 | 「*」「+」「-」숫자(기호 직전의 스페이스나 탭 |
| HTML 태그 | 직접 태그를 씀(일부 제한 있음) |

▲ 표 5-2-3 Markdown 형식의 주요 서식

**03** 추가한 셀에 Markdown 형식의 문장 기술

예를 들어 다음 Markdown 문장을 입력한다.

```
## Core ML
<br>
<img src="https://developer.apple.com/assets/elements/icons/core-ml/core-ml-
128x128_2x.png">
```

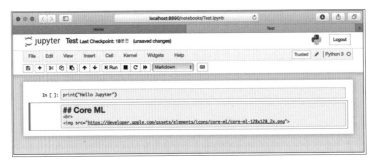

▲ 그림 5-2-13 「Markdown 형식」 기술하기

**04** 셀을 선택한 상태에서 「Ctrl+Enter」(또는 메뉴 「Cell → Run Cells」)로 Markdown
형식 문장을 완성

Markdown 문장이 완성되어 실행 결과가 표시된다.

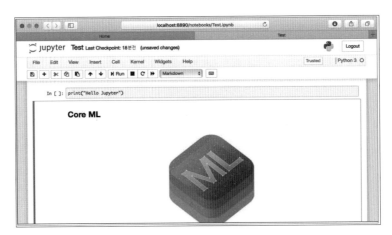

▲ 그림 5-2-14 「Markdown 형식」으로 해석된 문장 표시

# 5-3 화상 분류

## 5-3-1 화상 분류 샘플 모델 구성

「화상 분류」는 사진 또는 카메라 영상을 가지고 화상이 속해 있는 「클래스」(데이터 종류)를 예측하는 작업이다.

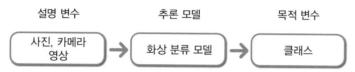

▲ 그림 5-3-1 화상 분류 모델

이번에는 「고양이」와 「개」 어느 쪽이 찍혀 있는지 예측하는 화상 분류 모델을 작성한다. 여기서 작성한 모델은 2장 「2-1 화상 분류(사진)」, 「2-2 화상 분류(카메라 영상)」에서 이용한다.

## 5-3-2 데이터 세트 준비

이번에는 데이터 세트로 「Kaggle Cats and Dogs Dataset」을 이용한다. 4장 「4-1 화상 분류」와 같이 준비한다.

노트북과 같은 폴더에 데이터 세트를 배치하여 이용한다.

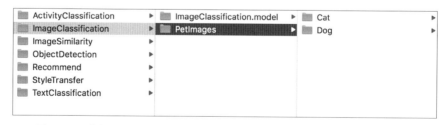

▲ 그림 5-3-2 데이터 세트를 노트북과 같은 폴더에 배치

## 5-3-3 데이터 세트 불러오기

데이터 세트를 불러와 「SFrame」을 작성한다. 「SFrame」는 머신 러닝 모델을 예측 및 평가하기 위한 데이터 테이블의 오브젝트이다.

다음 프로그램을 노트북 셀에 입력하고 실행한다. 계속해서 리스트의 상세한 내용을 설명한다.

```python
import turicreate as tc

# 데이터 세트 불러오기
data = tc.image_analysis.load_images('./PetImages', with_path=True)

# 경로명에서 라벨 생성
data['label'] = data['path'].apply(lambda path: 'dog' if '/Dog' in path else 'cat')

# 데이터 세트 확인
data.explore()

# 훈련 데이터와 평가 데이터 분할
train_data, test_data = data.random_split(0.8)
```

### ◎ 패키지 import하기

turicreate 패키지를 불러온다. 「import turicreate as tc」로 import하고 「tc.XXX」로 turicreate의 API를 이용할 수 있게 된다.

### ◎ 데이터 세트 불러오기

화상을 데이터 세트로 불러올 때는 turicreate.image_analysis.load_images()을 사용한다. 이번에는 경로 「./PetImages」안의 화상을 path열을 붙여 불러온다.

> **함수**
> turicreate.image_analysis.load_images (url, format='auto', with_path=True, recursive=True, ignore_failure=True, random_order=False )
> **설명** : 폴더에서 화상 불러오기
> **인수** : url : str 화상이 들어 있는 경로

| | format : str | 화상 포맷(표 5-3-1「화상 포맷」참조) |
|---|---|---|
| | with_path : bool | SFrame에 path열을 추가 여부 |
| | recursive : bool | 재귀적으로 폴더를 불러올지 여부 |
| | ignore_failure : bool | 실패했을 때 경고를 표시하여 불러오기 계속 여부 |
| | random_order : bool | 무작위 순서로 불러올지 여부 |
| **반환값** : out : SFrame | | image 열을 가진 데이터 테이블 |

| 정수 | 설명 |
|---|---|
| PNG | PNG |
| JPG | JPEG |
| auto | 자동 |

▲ 표 5-3-1 화상 포맷

## ◎ 경로명에서 라벨 생성

path열의 값에서「cat」,「dog」으로 변환하고 label열에 추가한다. 이 변환을 실행하기 위해 SFrame의 apply()를 사용해서 지정된 함수에 따라 각 행을 변환한다.

**함수**
SFrame.apply(fn, dtype=None, seed=None)
**설명** : 지정된 함수로 보내 각 행을 변환

| **인수** : fn : function | SFrame의 각 행을 변환하는 함수 |
|---|---|
| dtype : dtype | 함수의 반환값 데이터형 |
| seed : int | fn에 난수가 사용될 경우의 난수 시드 |
| **반환값** : out : SArray | fn에 따라 변환된 SArray |

이번에는「lambda 식」으로 무명함수를 만든다. 서식은 다음과 같다.

**lambda 인수 :** 〈조건은 Ture일때의 값〉 if 〈조건〉 else 〈조건이 False일때의 값〉

「in」은「문자열 in 문자열」서식으로 오른쪽 문자열 안에 왼쪽의 문자열이 포함되어 있는지 여부를 True/False로 반환하는 연산자가 된다. path에 '/Dog'이 포함되어 있는 경우에는 'dog', 포함되어 있지 않은 경우에는 'cat'을 반환한다.

```
lambda path: 'dog' if '/Dog' in path else 'cat'
```

## ◎ 데이터 세트 확인

데이터 세트의 확인은 SFrame의 explore()을 사용한다. 전용 UI로 데이터 세트 안의 데이터를 확인할 수 있다. path열과 label열이 추가되어 있는 것을 확인한다.

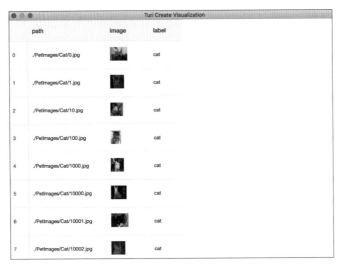

▲ 그림 5-3-2 explore()로 데이터 세트 확인하기

## ◎ 훈련 데이터와 평가 데이터 분할

훈련 데이터와 평가 데이터의 분할에는 SFrame의 random_split()을 사용한다.

> **함수**
> SFrame.random_split (fraction, seed=None, exact=False )
> **설명** : 무작위로 2개의 SFrame로 분할
> **인수** : fraction : float         분할하는 행의 비율(0.0~1.0)
>        seed : int             난수 시드
>        exact : bool          True의 경우 정확하지만 퍼포먼스가 저하
> **반환값** : out : tuple(SFrame, SFrame) 2개의 SFrame 반환

### 5-3-4 학습

모델 학습을 시작한다.

```
# 학습
model = tc.image_classifier.create(train_data, target='label')
```

화상 분류 모델의 학습을 시작할 때는 turicreate.image_classier.create()를 사용한다.

> **함수**
>
> turicreate.image_classifier.create (dataset, target, feature=None, model-'resnet-50', validation_set='auto', max_iterations=10, verbose=True, seed=None, batch_size=64 )
>
> **설명** : 화상 분류 모델 학습 시작
>
> **인수** : dataset : SFrame          훈련 데이터
>
> target : str or int        목적 변수 「클래스」의 열명
>
> feature : str            설명 변수 「화상」의 열명
>
> model : str            이용하는 사전 학습 모델(표 5-3-2 참조)
>
> validation_set : SFrame    검증 데이터(auto의 경우, 훈련 데이터와 나누어 검증, None의 경우는 검증 없음)
>
> max_iterations : oat       최대 훈련 횟수
>
> verbose : bool         진척 표시
>
> seed : int            난수 시드
>
> batch_size : int        배치 크기
>
> **반환값** : out : ImageClassier    학습 완료 모델

「배치 크기」는 메모리 부족의 경우에는 줄여주고 메모리가 충분할 경우에는 늘려주어 효율적으로 학습시킨다.

| 정수 | 설명 |
| --- | --- |
| resnet-50 | ResNet 모델 |
| squeezenet_v1.1 | SqueezeNet 모델 |
| VisionFeaturePrint_Screen | Apple의 OS를 가진 모델 |

▲ 표 5-3-2 사전 학습 완료 모델

**5-3-5** 평가

모델 평가를 시작한다.

```
# 평가
metrics = model.evaluate(test_data)

# 평가데이터 정답률
print(metrics['accuracy'])
```

화상 분류 모델의 평가를 시작할 때는 ImageClassier의 evaluate()을 사용한다.

> **함수**
> ImageClassifir.evaluate (dataset, metric='auto', verbose=True, batch_size=64 )
> **설명** : 화상 분류 모델 평가 시작
> **인수** : dataset : SFrame          평가 데이터
>        metric str           분류 평가 지표(표 5-3-3 참조)
>        verbose :     bool     진척 표시
>        batch_size :    int     배치 사이즈
> **반환값** : out : dict         평가 결과 사전(키값이 평가 기준, 밸류값이 평가 점수)

| 정수 | 평가지표 | 설명 |
|---|---|---|
| auto | – | 이용 가능한 모든 평가 지표 |
| accuracy | Accuracy(정답률) | 예측 총수(TP+FP+TN+FN)에 대한 정(TP+TN)의 비율 $$Accuracy = \frac{TP+TN}{TP+FP+TN+FN}$$ |
| auc | AUC(ROC 곡선 아래 면적) | ROC 곡선의 적분값. 1 이상 |
| precision | Precision(적합률) | 정과 예측한 것(TP+FP)에 대한 정(TP)의 비율 $$Arecision = \frac{TP}{TP+FP}$$ |
| recall | Recall(재현율) | 실제로 정인 것(TP+FN)에 대한 정(TP)의 비율 $$Recall = \frac{TP}{TP+FP}$$ |
| f1_score | F-measure(F 값) | 적합률과 재현율의 관계에 따른 균형 값 $$\frac{1}{F\text{-}measure} = \frac{1}{2} \left( \frac{1}{Recall} + \frac{1}{Precision} \right)$$ |
| log_loss | Logarithm Loss (로그 손실) | 예측 입력이 0과 1 사이의 확률값인 분류 모델의 성능 측정 |
| confusion_matrix | Confusion Matrix 혼동 행렬) | 각 클래스의 바른 분류와 틀린 분류의 상세 내역 |

| 이름 | 설명 |
|---|---|
| roc_curve | ROC 곡선 (수신자 동작 특성) | TPR(True Positive Ratio)=TP/(TP+FN)을 세로축, FPR(False Positive Ratio)=FP/(FP+TN)을 가로축으로 한 그래프 |

▲ 표 5-3-3 분류 평가 지표

표 5-3-1 「평가 지표」 계산에 사용되고 있는 「TP」, 「TN」, 「FP」, 「FN」의 의미는 다음과 같다.

| 이름 | 설명 |
|---|---|
| TP(True Positive) | 정답과 예측이 정확한 데이터 수 |
| TN(True Negative) | 정답과 예측이 부정확한 데이터 수 |
| FP(False Positive) | 정답은 부정확, 예측은 정확한 데이터 수 |
| FN(False Negative) | 정답은 정확, 예측은 부정확한 데이터 수 |

▲ 표 5-3-4 평가 지수 계산용 변수 TP, TN, FP, FN

로그에는 다음과 같이 「정답률」이 표시된다. 해당값은 학습할 때마다 다소 올라가거나 내려간다.

```
0.9901030094930318
```

기본적으로 「정답률」은 「훈련 데이터 > 검증 데이터 > 평가 데이터」 순이다. 「평가 데이터」의 정답률이 실제 앱에서 이용하는 정답률이 되기 때문에 제일 중요한 지표가 된다.

## 5-3-6 모델 저장

「Turi Create 모델」과 「Core ML 모델」의 저장을 실행한다. 「Turi Create 모델」은 「Turi Create」, 「Core ML 모델」은 「Core ML」로 예측하는 모델이 된다.

```
# Turi Create 모델 저장
model.save('./ImageClassification.model')

# Core ML 형식 모델 저장
model.export_coreml('./ImageClassification.mlmodel')
```

「Turi Create 모델」을 불러올 때는 「tc.load_model(' ./ImageClassication.

model' )」을 사용한다. 또한 「Core ML 모델」은 「Turi Create」에서 불러올 수 없다.

> **함수**
> turicreate.load_model (location )
> **설명**: Turi Create 모델 불러오기
> **인수**: location: str            모델 불러오는 장소
> **반환값**: out: ImageClassier 등 모델

## 5-3-7 모델 이용

「Turi Create」로 화상 분류 모델 이용 예는 다음과 같다. 평가 데이터의 첫 번째 데이터를 가지고 예측한다.

```
# 예측
prediction = model.predict(tc.SFrame(data=test_data[0:1]))
print(prediction)

# 정답 데이터
print(test_data[0:1]['label'])
```

출력값은 다음과 같다. 예측 결과 「cat」에 대해 정답 데이터도 「cat」이므로 정확하게 예측되어 있는 것을 알 수 있다. 정답률은 100%가 아니기 때문에 정확하지 않은 경우도 있다.

```
['cat']
['cat']
```

# 5-4 유사 화상 검색

## 5-4-1 유사 화상 검색 샘플 모델 구성

「유사 화상 검색」은 사진 또는 카메라 영상을 이용하여 학습한 화상 중에서 유사 화상을 찾아내는 작업이다. 이번에는 데이터 세트 「Caltech 101」에서 비슷한 화상을 검색해서 「화상 ID」를 반환하는 유사 화상 검색 모델을 작성한다. 여기에서 작성한 모델은 2장 「2-3 유사 화상 검색」에서 이용한다.

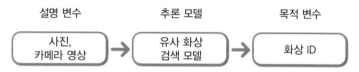

▲ 그림 5-4-1 유사 화상 검색 모델

## 5-4-2 데이터 세트 준비

이번에 사용하는 데이터 세트 Caltech 101에는 아코디언(accordion), 비행기 (airplanes), 개미(ant) 등의 101개 카테고리의 화상이 카테고리마다 약40~800 장씩 포함되어 있다.

- Caltech 101 : http://www.vision.caltech.edu/Image_Datasets/Caltech101/

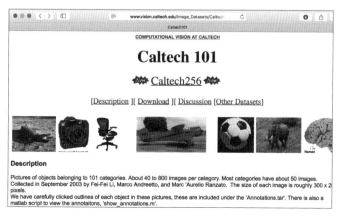

▲ 그림 5-4-2 Caltech 101 다운로드 페이지

데이터 세트 폴더 구성은 다음과 같다. 노트북과 같은 폴더에 데이터 세트를 저장하여 이용한다.

```
101_ObjectCategories폴더
 accordion폴더
  ·image_0001.jpg
         ┆
  ·image_0055.jpg
         ┆
 yin_yang폴더
  ·image_0001.jpg
         ┆
  ·image_0060.jpg
```

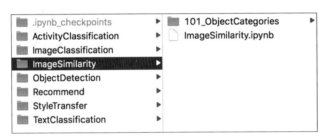

▲ 그림 5-4-3 데이터 세트를 노트북과 같은 폴더에 두기

### 5-4-3 데이터 세트 불러오기

데이터 세트를 불러와 「SFrame」을 작성한다. 계속해서 리스트의 상세한 내용을 설명한다.

```python
import turicreate as tc

# 데이터 세트 불러오기
data = tc.image_analysis.load_images('./101_ObjectCategories')

# 행 번호 추가
data = data.add_row_number()

# 데이터 세트 확인
data.explore()
```

### ◎ 행 번호 추가

add_row_number()를 불러와 데이터 세트에 「행 번호」를 추가한다. id 열에 「0」부터 연속되는 번호 형식으로 추가한다.

### ◎ 데이터 세트 확인

데이터 세트 확인은 SFrame의 explore()을 사용한다. id 열이 추가되어 있는지를 확인한다.

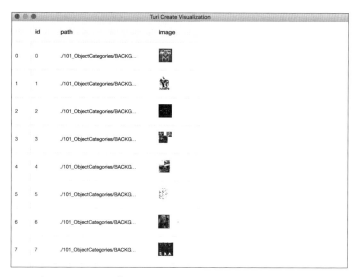

▲ 그림 5-4-4 explore()로 데이터 세트 확인

### 5-4-4 학습

모델의 학습을 실행한다.

```
# 학습
model = tc.image_similarity.create(data, label='id', feature='image')
```

유사 화상 검색 모델의 학습을 시작할 때는 turicreate.image_similarity.create()을 사용한다.

## 5-4-5 모델 저장

「Turi Create 모델」과 「Core ML 모델」을 저장한다. 유사 화상 검색에는 평가가
없다.

```
# Turi Create 모델 저장
model.save('./ImageSimilarity.model')

# Core ML형식 모델 저장
model.export_coreml('./ImageSimilarity.mlmodel')
```

## 5-4-6 모델 이용

「Turi Create」의 유사 화상 검색 이용 예는 다음과 같다.

이번에는 데이터 세트의 2000번째 바이크 사진을 유사 화상 검색한다. 모델은
이 화상도 기억하고 있으므로 2000번째 바이크 사진이 가장 비슷한 사진으로 검
색된다.

```
# 예측
query_result = model.query(data[2000:2001], k=10)
query_result.explore()
```

유사 화상을 검색할 때는 query()을 사용한다.

> **함수**
>
> ImageSimilarityModel.query (dataset, label=None, k=5, radius=None, verbose=True, batch_size=64 )
>
> **설명** : 화상 데이터를 이용하여 모델의 기억 데이터에서 유사 화상 검색
>
> **인수** : dataset : SFrame or SArray       데이터 세트
>
>          label : str          목적 변수 「라벨」의 열명
>
>          k : int          결과로 반환된 화상 수
>
>          radius : float      k가 None인 경우에는 반지름(radius) 안의 모든 화상을 반환
>
>          verbose : bool     진척 표시
>
>          batch_size : int   일괄 처리 사이즈
>
> **반환값** : out : SFrame    검색 결과

검색 결과는 다음과 같다.

| | query_label | reference_label | distance | rank |
|---|---|---|---|---|
| 0 | 0 | 2000 | 0 | 1 |
| 1 | 0 | 2003 | 7.37811 | 2 |
| 2 | 0 | 2001 | 7.77218 | 3 |
| 3 | 0 | 2030 | 8.58255 | 4 |
| 4 | 0 | 1787 | 9.02052 | 5 |
| 5 | 0 | 1734 | 9.14233 | 6 |
| 6 | 0 | 2004 | 9.20764 | 7 |
| 7 | 0 | 2223 | 9.32437 | 8 |
| 8 | 0 | 2017 | 9.38603 | 9 |
| 9 | 0 | 2206 | 9.40598 | 10 |

▲ 그림 5-4-5 유사 화상 검색 결과

| 열 이름 | 설명 |
|---|---|
| query_label | 원래의 화상과 화상 ID |
| reference_label | 검색한 유사 화상과 화상 ID |
| distance | 유사 거리(0에 가까운 쪽이 유사) |
| rank | 유사 순위 |

▲ 표 5-4-1 유사 화상 검색 결과 보기

화상 ID 그대로는 알기 어려우므로 화상 ID와 화상을 쌍으로 한 데이터 세트를
작성한다.

```
# 화상 ID 배열 획득
label_array = test_result['reference_label']

# 화상 ID 배열로 데이터 세트 필터링
similar_data = data.filter_by(label_array, 'id')
similar_data.explore()
```

「test_result['reference_label']」에서 화상 ID 배열을 획득한다. SFrame의 lter_
by()로 id열의 값이 화상 ID 배열에 포함되어 있는 행만 남도록 필터링한다.

> **함수**
> SFrame.fiter_by (values, column_name, exclude=False )
> **설명** : SFrame을 필터링
> **인수** : values : SArray or list or numpy.ndarray or pandas.Series or str
> 필터링에 이용하는 값
> column_name : str      필터링하는 열명
> exclude : bool      values가 포함되어 있는 행을 True인 경우는 제외,
> Flase인 경우는 남김
> **반환값** : out : SFrame      필터링한 SFrame

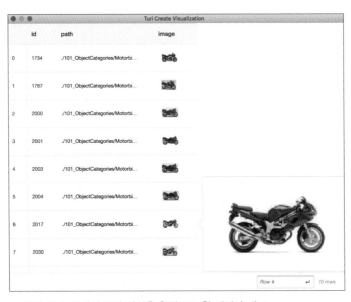

▲ 그림 5-4-6 화상 ID와 화상을 한쌍으로 한 데이터 세트

## 5-5 물체 검출

### 5-5-1 물체 검출 샘플 모델 구성

「물체 검출」은 사진 또는 카메라 영상을 이용하여 「어디」(영역)에 「무엇」(클래스)이 찍혀 있는지를 검출하는 작업이다.

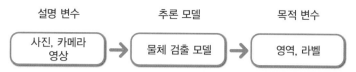

▲ 그림 5-5-1 물체 검출 모델

이번에는 「자동차」(car) 또는 「바이크」(bike)가 찍혀 있는 장소에 직사각형을 표시하는 물체 검출 모델을 작성한다. 여기에서 작성한 모델은 2장 「2-4 블체 검출」에서 이용한다.

### 5-5-2 데이터 세트 준비

이번에는 데이터 세트로 「INRIA Annotations for Graz-02(IG02)」을 이용한다. 이 데이터 세트에는 「차」와 「바이크」의 「사진」과 그 사진의 「마스크 데이터」가 포함되어 있다. 마스크 데이터는 검은 배경으로, 빨간색은 오브젝트의 존재, 초록색은 오클루션(occlusion : 장애물로 인해 보이지 않는 부분)을 나타낸다.

▲ 그림 5-5-2 샘플의 화상 데이터와 마스크 데이터

- INRIA Annotations for Graz-02(IG02)

  https://lear.inrialpes.fr/people/marszalek/data/ig02/

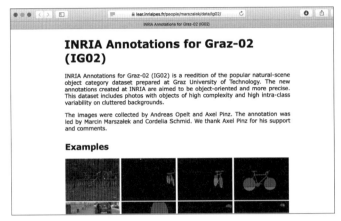

▲ 그림 5-5-3 「INRIA Annotations for Graz-02(IG02)」 다운로드 페이지

「차 데이터」(ig02-v1.0-cars.zip)와 「바이크 데이터」(ig02-v1.0-bikes.zip)를
다운로드한 후, 노트북과 같은 폴더에 「ig02」 폴더를 작성하고 그 안에 「cars」 폴
더와 「bikes」 폴더를 둔다.

폴더 구성은 다음과 같다.

```
ig02 폴더
 cars 폴더
  ·carsgraz_001.image.png
  ·carsgraz_001.mask.0.png
        ⁝
  ·carsgraz_072.image.png
  ·carsgraz_072.mask.0.png
 bikes 폴더
  ·bike_001.image.png
  ·bike_001.mask.0.png
  ·bike_001.mask.1.png
  ·bike_001.mask.2.png
  ·bike_001.mask.3.png
        ⁝
  ·bike_365.image.png
  ·bike_365.mask.0.png
```

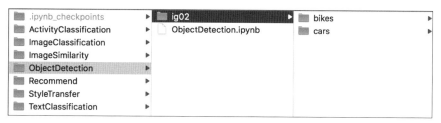

▲ 그림 5-5-4 데이터 세트를 노트북과 같은 폴더에 배치

## 5-5-3 데이터 세트 작성

「Turi Create」의 물체 검출에서 그대로 이용 가능한 「CSV 파일」, 「JSON 파일」이
있으면 파일을 불러오는 것만으로 작성할 수 있지만 이번에는 없으므로 설명 변
수인 「사진」(image열)과 「영역」(annotations열), 목적 변수인 「라벨」(label열)을
가진 데이터 세트를 작성한다.

### 01 「cars」와 「bikes」를 이용한 데이터 세트 작성

사진명을 나타내는 「name열」과 「car」와 「bike」 어느 것이 있는지를 나타내는
「label열」 그리고 「image」와 「mask」 어느 것인지를 나타내는 「type열」을 추가
한다.

```python
import turicreate as tc
import os
import numpy as np

# 데이터 세트 불러오기
data = tc.image_analysis.load_images(
    './ig02',
    recursive=True,
    random_order=True)

# name열 추가
data['name'] = data['path'].apply(lambda path: os.path.basename(path).split('.') [0])

# label열 추가
data['label'] = data['path'].apply(lambda path: 'car' if '/cars' in path else 'bike')

# type열 추가
data['type'] = data['path'].apply(lambda path: 'mask' if '.mask.' in path else
```

```
'image')

# path열 추가
del data['path']

# 데이터 세트 확인
data.explore()
```

데이터 세트를 확인하면 다음과 같다.

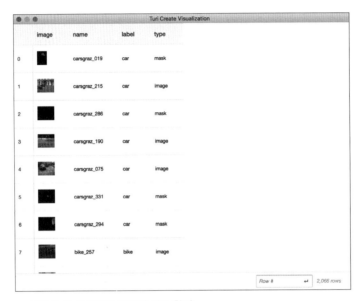

▲ 그림 5-5-5 작성한 데이터 세트 확인

## 02 type열의 image와 mask로 데이터 세트 분할

「data[조건]」에서 SFrame을 필터링하여 image와 mask로 데이터 세트를 분할한다.

```
# image과 mask를 이용한 데이터 세트 분할
image_data = data[data['type'] == 'image']
mask_data = data[data['type'] == 'mask']

# images 데이터 세트 확인
image_data.explore()

# 마스크(mask) 데이터 세트 확인
mask_data.explore()
```

데이터 세트를 확인하면 다음과 같다.

| 화상 데이터 | 마스크 데이터 |
| --- | --- |

▲ 그림 5-5-6 image와 mask로 분할한 데이터 세트

## 03 마스크 데이터를 영역으로 변환하는 함수 작성

```
# 마스크 데이터를 영역으로 변환
def mask_to_bbox_coordinates(img):
    mask = img.pixel_data
    if mask.max() == 0:
        return None
    x0, x1 = np.where(mask.max(0))[0][[0, -1]]
    y0, y1 = np.where(mask.max(1))[0][[0, -1]]
    return {'x': (x0 + x1) / 2, 'width': (x1 - x0),
            'y': (y0 + y1) / 2, 'height': (y1 - y0)}
```

## 04 마스크 데이터를 영역으로 변환하고 마스크 데이터 세트의 coordinates열에 추가

마스크 데이터 세트를 영역으로 변환하는 함수는 None을 반환하는 경우도 있으므로 coordinates열이 None행을 삭제한다.

```
# 마스크 데이터를 영역으로 변환하고, 마스크 데이터 세트 coordinates열에 추가
mask_data['coordinates'] = mask_data['image'].apply(mask_to_bbox_coordinates)

# coordinates열이 None행을 삭제
mask_data = mask_data.dropna('coordinates')
```

```
#데이터 세트 확인
mask_data.explore()
```

coordinates열은 다음과 같이 사전 데이터가 된다.

```
{ "x": 276.5,
  "y" : 390.5,
  "width" : 425,
  "height" : 309
}
```

데이터 세트를 확인하면 다음과 같다.

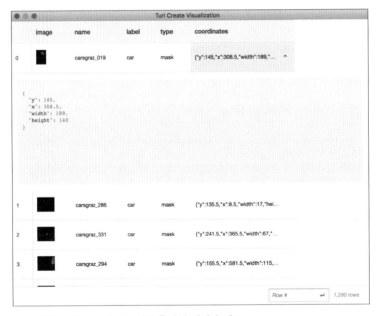

▲ 그림 5-5-7 coordinates열이 추가된 데이터 세트

**05** label열과 coordinates열을 사전 형식으로 결합하고 bbox열로 추가

```
# labe열과 coordinates열을 사전 형식으로 결합하고 bbox열에 추가
mask_data = mask_data.pack_columns(['label', 'coordinates'],
    new_column_name='bbox', dtype=dict)

# 데이터 세트 확인
mask_data.explore()
```

bbox 열은 다음과 같이 사전 데이터가 된다.

```
{ "label": "car",
  "coordinates": {
       "y": 275,
       "x": 491,
       "width": 132,
       "height": 110
   }
}
```

데이터 세트를 확인하면 다음과 같다.

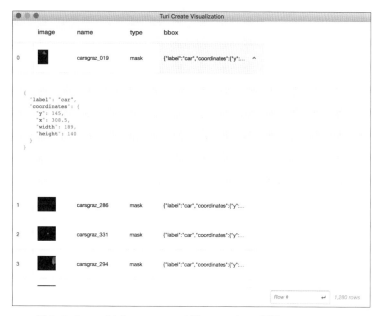

▲ 그림 5-5-8 label열과 coordinates열을 bbox열로 결합한 데이터 세트

## 06 같은 name의 bbox열을 리스트 형식으로 결합하고 annotations열로 추가

```
# 같은 name의 bbox열을 리스트 형식으로 결합하고 annotations열로 추가
mask_data = mask_data.groupby('name',
   {'annotations': tc.aggregate.CONCAT('bbox')})

# 데이터 세트 확인
mask_data.explore()
```

annotations열은 다음과 같이 리스트 데이터가 된다.

```
[
    {
            "label": "car",
            "coordinates": {
                    "y": 275,
                    "x": 491,
                    "width": 132,
                    "height": 110
            }
    },
    {
            "label": "car",
            "coordinates": {
                    "y": 269,
                    "x": 449.5,
                    "width": 61,
                    "height": 50
            }
    }
]
```

데이터 세트를 확인하면 다음과 같다.

▲ 그림 5-5-9 annotations열을 추가한 데이터 세트

**07** image 데이터 세트에 mask 데이터 세트 annotations열 추가

```
# image 데이터 세트에 mask 데이터 세트 annotations열 추가
data = image_data.join(mask_data, on='name', how='left')

# annotations열이 Null일때에는 []로 처리
data['annotations'] = data['annotations'].fillna([])

# type열 삭제
del data['type']

# 데이터 세트 확인
data.explore()
```

데이터 세트를 확인하면 다음과 같다.

▲ 그림 5-5-10 최종적인 데이터 세트 완성

**08** 훈련 데이터와 평가 데이터 분할

```
# 훈련 데이터와 평가 데이터 분할
train_data, test_data = data.random_split(0.8)
```

**학습**

모델의 학습을 시작한다.

```
# 학습
model = tc.object_detector.create(train_data)
```

물체 검출 모델의 학습을 시작할 때는 turicreate.object_detector.create()을 사용한다.

> **함수**
> turicreate.object_detector.create (dataset, annotations=None, feature=None,
> model='darknet-yolo', classes=None, batch_size=0, max_iterations=0,
> verbose=True, **kwargs )
> **설명** : 물체 검출 모델 학습 시작
> **인수** : dataset : SFrame       훈련 데이터
>       annotations : str       물체 검출 어노테이션 열명
>       feature : str       설명 변수 「화상」의 열명
>       model : str       이용하는 사전 학습 완료 모델(표 5-5-1 참조)
>       classes : list       물체 클래스의 이름 리스트
>       max_iterations : int       최대 훈련 횟수
>       batch_size : int       배치 크기
>       verbose : bool       진척 표시
> **반환값** : out : ObjectDetector       물체 검출 모델

| 정수 | 설명 |
|---|---|
| darknet-yolo | Darknet YOLO |

▲ 표 5-5-1 사전 학습 완료 모델

물체 검출 어노테이션(annotatiom) 서식은 다음과 같다.

서식
```
[
  {
    'label': 'dog',
    'type': 'rectangle',
    'coordinates': {'x': 223, 'y': 198, 'width': 130, 'height': 230}
  }
  {
```

```
        'label': 'cat',
        'type': 'rectangle',
        'coordinates': {'x': 40, 'y': 73, 'width': 80, 'height': 123}
    }
]
```

## 5-5-5  평가

모델 평가를 시작한다.

```
# 평가
metrics = model.evaluate(test_data)

# 평가 데이터 mAP
print(metrics['mean_average_precision_50'])
```

물체 검출 모델의 평가를 시작할 때는 ObjectDetector의 evaluate()을 사용한다.

**함수**
ObjectDetector.evaluate (dataset, metric='auto', output_type='dict', verbose=True )
**설명** : 물체 검출 모델 평가 시작
**인수** : dataset : SFrame            평가 데이터
      metric : str                물체 검출 평가 지표(표 5-5-2 참조)
      output_type : str        출력 종별(표 5-5-3 참조)
      verbose : bool            진척 표시
**반환값** : out : dict                평가 결과 사전. 키가 평가 기준, 값이 평가 점수

| 정수 | 평가지표 | 설명 |
|---|---|---|
| auto | – | 주요한 평가 지표 |
| all | – | 모든 평가 지표 |
| average_precision_50 | AP (Average Precision) | 50%의 IoU(파스칼 VOC 메트릭)를 가진 클래스마다의 AP |
| average_precision | | 복수의 IoU 역치(50%, 55%, …. 95%)로 계산해서 평균 클래스마다의 AP |
| mean_average_precision_50 | mAP(mean Average Precision) | average_precision_50의 평균. 주요한 평가 지표 |
| mean_average_precision | | average_precision의 평균 |

▲ 표 5-5-2 물체 검출 평가 지표

| 정수 | 설명 |
|---|---|
| dict | 사전 |
| sframe | SFrame |

▲ 표 5-5-3 출력 종류

「AP」(Average Precision)는 화상(물체)의 정보가 주는 시점까지의 클래스별 「적합률」(Precision)의 평균이고 「mAP」(mean Average Precision)은 「AP」의 평균이 된다. 「mAP」값이 클수록 물체 검출 정밀도가 좋다.

또한 「IoU」(Intersection over Union)에 대해서는 2장 「2-4 물체 검출」에서 설명하고 있다.

로그에는 다음과 같이 「mAP」이 표시된다. 값은 학습때마다 다소 올라가거나 내려간다.

```
0.4250973457740669
```

### 5-5-6 모델 저장

「Turi Create 모델」과 「Core ML 모델」의 저장에 대해 알아본다.

```
# Turi Create 모델 저장
model.save('./ObjectDetection.model')

# Core ML 형식 모델 저장
model.export_coreml('./ObjectDetection.mlmodel')
```

### 5-5-7 모델 이용

「Turi Create」에서 물체 검출 이용 예는 다음과 같다. 이번에는 데이터 세트의 0번째 자전거 사진의 물체 검출을 실행한다.

```
import turicreate as tc

# 모델 불러오기
```

```
model = tc.load_model('./ObjectDetection.model')

# 예측
prediction = model.predict(test_data[0:1])

# 예측 확인
print(prediction)
```

다음과 같은 출력값이 표시된다.

```
[[{'label': 'bike', 'type': 'rectangle', 'coordinates': {'x':
506.23453782819456, 'y': 243.18375801832553, 'width': 235.34106914813702,
'height': 466.63794884314905}, 'confidence': 0.8117598626867337}]]
```

수치만으로는 알기 어려우므로 예측한 영역을 화상으로 그려서 표시한다. 정답률
은 100%가 아니기 때문에 정확하지 않은 경우도 있다.

```
# 예측한 영역을 화상으로 그리기
predictionBox = tc.object_detector.util.draw_bounding_boxes(test_data[0:1]
['image'], prediction)

# 예측 확인
predictionBox.explore()
```

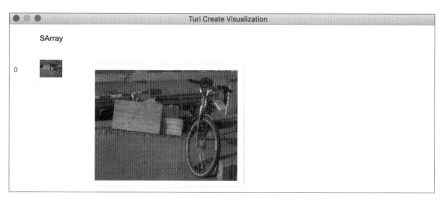

▲ 그림 5-5-11 화상으로 예측 확인

화풍 변환

화풍 변환 샘플 모델 구성

「화풍 변환」은 사진 또는 카메라 영상을 이용하여 다른 화상의 화풍으로 변환하는
작업이다.

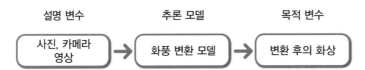

**설명 변수**　　　　　　**추론 모델**　　　　　**목적 변수**

사진, 카메라 영상　→　화풍 변환 모델　→　변환 후의 화상

▲ 그림 5-6-1 화풍 변환 모델

이번에는 사진의 화풍을 변환하는 화풍 변환 모델을 작성한다. 여기에서 작성한
모델은 2장 「2-5 화풍 변화」에서 이용한다.

데이터 세트 준비

「화풍 변환」의 학습에는 「스타일 화상」과 「콘텐츠 화상」 두 종류의 화상이 필요
하다.

◎ **스타일 화상**

「스타일 화상」은 콘텐츠 화상에 적용하는 화풍을 가진 화상으로 준비한다. 하나
의 스타일에 스타일 화상 1개가 필요하다.

이번에는 다음 사이트에서 화상 소재를 참조한다.

- pixabay : 저작권 없는 화상 사이트
  https://pixabay.com/ko/

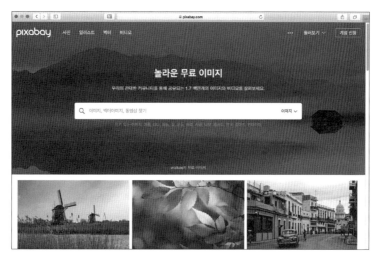

▲ 그림 5-6-2 「pixabay」 다운로드 사이트

노트북과 같은 폴더에 style 폴더를 작성하고 스타일로 이용하는 그림 2장을 둔다. 그림은 정사각형으로 한다.

▲ 그림 5-6-3 스타일로 사용하는 2장의 그림

## ◎ 콘텐츠 화상

「콘텐츠 화상」은 화풍 변화의 대상이 되는 그림을 준비한다. 이렇게 해서 보다 좋은 모델을 얻을 수 있다.

이번에는 「5-3 화상 분류」에서 이용한 데이터 세트 「Kaggle Cats and Dogs Dataset」의 고양이 사진 301장을 둔다.

- Kaggle Cats and Dogs Dataset
  https://www.microsoft.com/en-us/download/confimation.aspx?id=54765

노트북과 같은 폴더에 「content」 폴더를 작성하고 고양이 사진들을 둔다. 폴더 구성은 다음과 같다.

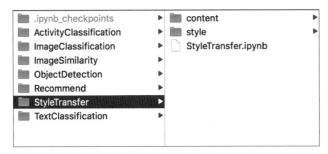

▲ 그림 5-6-4 데이터 세트를 노트북과 같은 폴더에 배치

## 5-6-3 데이터 세트 불러오기

데이터 세트를 불러와서 「SFrame」을 작성한다. 스타일 화풍과 콘텐츠 화풍은 따로 데이터 세트를 작성한다.

```python
import turicreate as tc

# 데이터 세트 불러오기
styles = tc.image_analysis.load_images('./style/')
content = tc.image_analysis.load_images('./content/')

# 데이터 세트 확인
styles.explore()
```

▲ 그림 5-6-5 explore()로 데이터 세트 확인

## 5-6-4 학습

모델 학습을 시작한다. 이 학습에는 시간이 걸리기 때문에 데이터 세트를 사용
해서 학습했을 때의 훈련 횟수를 1번이라고 센다. 초기설정에서의 훈련 횟수는
3000번이며 20시간 정도 걸린다.

```
# 학습
model = tc.style_transfer.create(styles, content)
```

화풍 변환 모델의 학습에는 turicreate.style_transfer.create()을 사용한다.

> **함수**
> turicreate.style_transfer.create(dataset, max_iterations=0)
> **설명** : 화풍 변환 모델 학습 시작
> **인수** : dataset : SFrame                 훈련 데이터
>          max_iterations : int             최대 훈련 횟수
> **반환값** : out : StyleTransfer           화풍 변환 모델

## 5-6-5 모델 저장

「Turi Create 모델」과 「Core ML 모델」을 저장한다. 화풍 변환에는 평가가 없다.

```
# Turi Create 모델 저장
model.save('./StyleTransfer.model')

# Core ML형식 모델 저장
model.export_coreml('./StyleTransfer.mlmodel')
```

## 5-6-6 예측

「Turi Create」에서 화풍 변환 모델의 이용 예는 다음과 같다.

```
# 화풍 변환
stylize_result = model.stylize(content[0:1])
stylize_result.explore()
```

화풍 변환을 실행할 때는 StyleTransfer의 stylize()을 사용한다.

> **함수**
>
> StyleTransfer.stylize (images, style=None )
>
> **설명** : 화풍 변환
>
> **인수** : images : SFrame        화상 데이터
>
>            style : int            스타일 ID
>
> **반환값** : out : SFrame       화풍 변환 후의 화상 데이터

이번에는 스타일 ID를 지정하지 않으므로 모든 스타일의 화풍 변환이 실행된다.

그림화풍                                   풍속화풍

▲ 그림 5-6-6 화풍 변환 결과

# 5-7 활동 분류

## 5-7-1 활동 분류 샘플 모델의 구성

「활동 분류」는 휴대폰의 센서 정보를 이용하여 사용자가 현재 어떤 활동을 하고 있는지를 예측하는 작업이다.

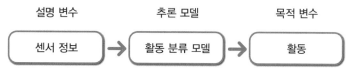

▲ 그림 5-7-1 활동 분류 모델

이번에는 휴대폰을 가진 사용자가 현재 하고 있는 활동을 예측하는 활동 분류 모델을 작성한다. 여기에서 작성한 모델은 2장 「2-6 활동 분류」에서 이용한다.

## 5-7-2 데이터 세트 준비

이번에는 「HAPT experiment」을 사용한다. 이 데이터 세트에는 여러 사용자에 따라 임의의 행동을 실행할 때의 가속도 센서와 자이로스코프 정보가 포함되어 있다. 데이터는 50Hz(1초 사이에 50회)로 샘플링되어 있다.

- Smartphone—Based Recognition of Human Activities and Postural TransitionsData Set

  http://archive.ics.uci.edu/ml/datasets/Smartphone—Based+Recognition+of+Human+Activities+and+Postural+Transitions

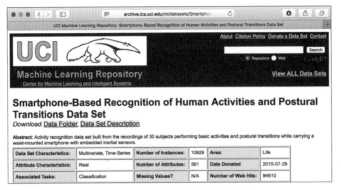

▲ 그림 5-7-2 스마트폰의 행동 데이터 세트 다운로드 페이지

다운로드 후 노트북과 같은 폴더에 「HAPT Data Set」 폴더를 둔다. 폴더 구성은
다음과 같다.

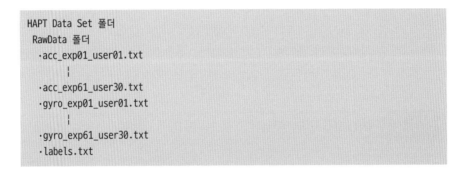

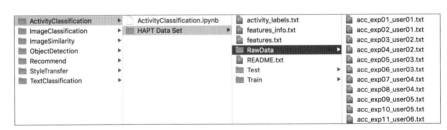

▲ 그림 5-7-3 데이터 세트를 노트북과 같은 폴더에 배치

「HAPT Data Set/RowData」 폴더에는 「labels.txt」, 「acc_exp〈실험 ID〉_user
〈사용자 ID〉.txt」, 「gyro_exp〈실험 ID〉_user〈사용자 ID〉.txt」 세 종류의 데이터
파일이 있다.

## ◎ labels.txt

「labels.txt」에는 활동 정보가 「실험 ID 사용자 ID 활동 번호 시작 종료」의 서식으로 기술되어 있다.

```
1 1 5 250 1232
1 1 7 1233 1392
1 1 4 1393 2194
1 1 8 2195 2359
1 1 5 2360 3374
    ┆
```

「실험 ID」는 실험 단위로 1번의 실험에서 한 사람의 사용자가 복수의 활동을 실행하고 있다. 「사용자 ID」는 실험을 실행하고 있는 사용자를 나타낸다. 「활동 번호」는 1~12로 다음 활동을 나타낸다.

| 활동 번호 | 활동명 | 설명 |
|---|---|---|
| 1 | WALKING | 걷기 |
| 2 | WALKING_UPSTAIRS | 계단 오르기 |
| 3 | WALKING_DOWNSTAIRS | 계단 내려가기 |
| 4 | SITTING | 앉기 |
| 5 | STANDING | 서기 |
| 6 | LAYING | 눕기 |
| 7 | STAND_TO_SIT | 서기 -〉 앉기 |
| 8 | SIT_TO_STAND | 앉기 -〉 서기 |
| 9 | SIT_TO_LIE | 앉기 -〉 눕기 |
| 10 | LIE_TO_SIT | 눕기 -〉 앉기 |
| 11 | STAND_TO_LIE | 서기 -〉 눕기 |
| 12 | LIE_TO_STAND | 눕기 -〉 서기 |

▲ 표 5-7-1 활동 번호와 활동명

「시작」과 「종료」는 가속도 센서와 자이로스코프 데이터의 범위를 행수로 나타낸다.

## ◎ acc_exp〈실험 ID〉_user〈사용자 ID〉.txt

가속도 센서의 XYZ 축 데이터가 스페이스 구분자로 기술되어 있다. 하나의 샘플링이 하나의 행이 된다.

```
0.9180555898766518 -0.1124999994242935 0.5097222514293852
0.9111111304603812 -0.09305556168259389 0.5375000404706096
0.8819444981597608 -0.0861111144222878 0.5138889270791476
~생략~
```

## ◎ gyro_exp⟨실험 ID⟩_user⟨사용자 ID⟩.txt

자이로스코프의 XYZ 축 데이터가 스페이스 구분자로 기술되어 있다. 하나의 샘플링이 하나의 행이 된다.

```
-0.05497787147760391 -0.06963863968849182 -0.03084869496524334
-0.01252273749560118 0.019242255001716137 -0.03848451003432274
-0.02351831272244453 0.2764165103435516 0.006414085160940886
~생략~
```

### 5-7-3 데이터 세트 작성

「Turi Create」의 활동 분류에서 그대로 이용할 수 있는 「CSV 파일」, 「JSON 파일」이 있으면 파일을 불러오는 것만으로 작성할 수 있지만 이번에는 없으므로 설명 변수인 「가속도 센서 XYZ」(acc_x열, acc_y열, acc_z열)과 「자이로스코프 XYZ」(gyro_x열, gyro_y열, gyro_z열), 목적 변수인 「활동 ID」(activity열)을 가진 데이터 세트를 작성한다.

**01 labels.txt 데이터 세트 불러오기**

labels.txt를 데이터 세트로 불러온다. 이 파일에는 컬럼명이 없으므로 rename()로 컬럼명을 지정한다. 초기값(X1 , X2, X3…)이 지정된다.

```
import turicreate as tc
from glob import glob

# labels.txt 데이터 세트 불러오기
labels = tc.SFrame.read_csv('./HAPT Data Set/RawData/labels.txt',
    delimiter=' ', header=False, verb략se=False)
labels = labels.rename({'X1': 'exp_id', 'X2': 'user_id',
    'X3': 'activity_id', 'X4': 'start', 'X5': 'end'})
```

```
# 데이터 세트 확인
labels.explore()
```

데이터 세트를 확인하면 다음과 같다.

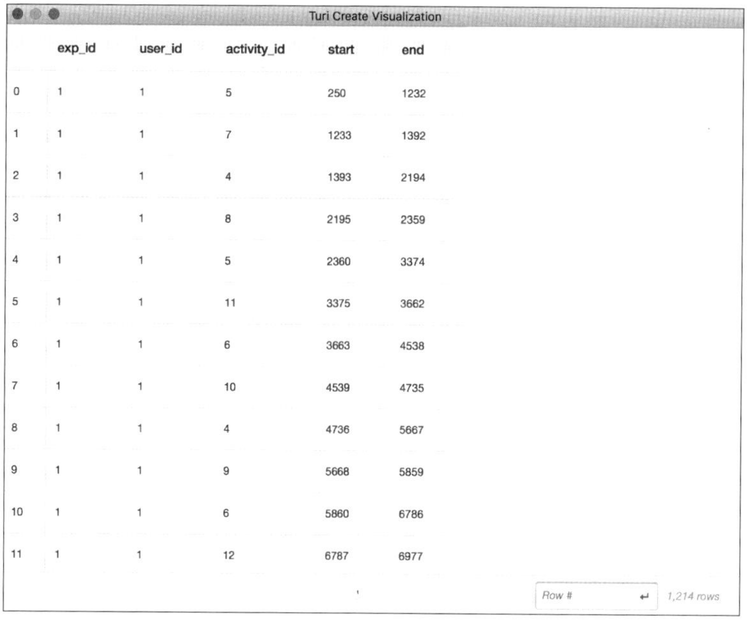

Turi Create Visualization

| | exp_id | user_id | activity_id | start | end |
|---|---|---|---|---|---|
| 0 | 1 | 1 | 5 | 250 | 1232 |
| 1 | 1 | 1 | 7 | 1233 | 1392 |
| 2 | 1 | 1 | 4 | 1393 | 2194 |
| 3 | 1 | 1 | 8 | 2195 | 2359 |
| 4 | 1 | 1 | 5 | 2360 | 3374 |
| 5 | 1 | 1 | 11 | 3375 | 3662 |
| 6 | 1 | 1 | 6 | 3663 | 4538 |
| 7 | 1 | 1 | 10 | 4539 | 4735 |
| 8 | 1 | 1 | 4 | 4736 | 5667 |
| 9 | 1 | 1 | 9 | 5668 | 5859 |
| 10 | 1 | 1 | 6 | 5860 | 6786 |
| 11 | 1 | 1 | 12 | 6787 | 6977 |

Row # ↵ 1,214 rows

▲ 그림 5-7-4 labelstxt를 데이터 세트로 불러오기

### 02 aac_*.txt와 gyro_*.txt 파일 일람 취득

aac_*.txt와 gyro_*.txt 파일 일람 취득을 취득한다.

glob()은 파일 / 디렉터리 조작 시에 와일드카드나 정규 표현을 사용하기 위한 함수이다. 「acc_*.txt」는 「"acc_"로 시작하고 ".txt"로 끝나는 모든 파일」이라는 뜻이 된다. sort()로 정렬한다.

```
# aac_*.txt와 gyro_*.txt 파일 일람 획득
acc_files = sorted(glob('./HAPT Data Set/RawData/acc_*.txt'))
gyro_files = sorted(glob('./HAPT Data Set/RawData/gyro_*.txt'))

# 파일 일람 확인
print(acc_files)
print(gyro_files)
```

파일 일람을 확인하면 다음과 같다.

```
['./HAPT Data Set/RawData/acc_exp01_user01.txt', ...'./HAPT Data Set/RawData/
acc_ exp61_user30.txt']
['./HAPT Data Set/RawData/gyro_exp01_user01.txt', ...'./HAPT Data Set/RawData/
gyro_ exp61_user30.txt']
```

**03** acc_file의 행 번호에서 활동 ID를 취득하는 함수 작성

```
acc_file의 행 번호에서 활동 ID를 취득하는 함수를 작성한다.

# acc_file의 행 번호에서 활동 ID 획득
def find_label_for_containing_interval(intervals, index):

# index가 start 이상 end 이하
containing_interval = intervals[:, 0][(intervals[:, 1] <= index) & (index <=
intervals[:, 2])]
    if len(containing_interval) == 1:
        return containing_interval[0]
```

**04** aac_*.txt와 gyro_*.txt 파일 일람을 이용하여 최종 데이터 세트 작성

aac_*.txt와 gyro_*.txt 파일 일람을 이용하여 최종 데이터 세트를 작성한다.

설명 변수인 「가속도 센서 XYZ」(acc_x 열, acc_y 열 acc_z 열)과 「자이로스코프
XYZ」(gyro_x 열, gyro_y 열, gyro_z 열), 목적 변수인 「활동 ID」(activity 열)을
가진 데이터 세트가 된다.

다음에서 리스트의 상세한 내용을 설명한다.

```
# 마지막 데이터 세트 작성
data = tc.SFrame()
for acc_file, gy   ro_file in zip(acc_files, gyro_files):
    # 실험ID 추출
    exp_id = int(acc_file.split('_')[1][-2:])

    # acc_file 데이터 세트를 작성하고 exp_id열 추가
    sf = tc.SFrame.read_csv(acc_file, delimiter=' ', header=False, verbose=False)
    sf = sf.rename({'X1': 'acc_x', 'X2': 'acc_y', 'X3': 'acc_z'})

    # gyro_file 데이터 세트를 작성하고 acc_file 데이터 세트와 연결
    gyro_sf = tc.SFrame.read_csv(gyro_file, delimiter=' ', header=False,
```

```
verbose=False)
    gyro_sf = gyro_sf.rename({'X1': 'gyro_x', 'X2': 'gyro_y', 'X3': 'gyro_z'})
    sf = sf.add_columns(gyro_sf)

    # 실험 ID를 exp_id열에 추가
    sf['exp_id'] = exp_id

    # 행번호를 id열에 추가
    sf = sf.add_row_number()

    # labels에서 같은 실험 ID인 activity_id, start, end를 획득
    exp_labels = labels[labels['exp_id'] == exp_id][['activity_id', 'start',
                                                    'end']].to_numpy()

    # 활동 ID를 activity_id열에 추가
    sf['activity_id'] = sf['id'].apply(lambda index: find_label_for_containing_
                                        interval(exp_labels, index))

    # id열 삭제
    sf = sf.remove_columns(['id'])

    # acc_file 데이터 세트를 마지막 데이터 세트에 추가
    data = data.append(sf)

# 마지막 데이터 세트 확인
data.explore()
```

### ◎ acc_file의 행 번호에서 활동 ID 취득

acc_file의 행 번호에서 활동 ID를 취득하는 함수를 만든다.

### ◎ 루프 처리

zip()는 복수의 리스트 지표를 모아서 취득하는 명령이다.

for 루프에서는 acc_files와 gyro_les를 선두에서 동시에 취득한 후, 루프 처리를 실행한다. acc_files와 gyro_les는 둘 다 길이가 61이므로 61번 루프 처리를 실행한다.

### ◎ 실험 ID 추출

acc_file의 파일명에서 실험 ID를 추출한다. 파일명 「acc_exp03_user02.txt」의

경우 「3」을 추출한다.

### ◎ acc_file 데이터 세트 작성

acc_file의 데이터 세트를 작성한다. 이 파일에는 컬럼명이 없으므로 rename()으로 컬럼명을 지정한다.

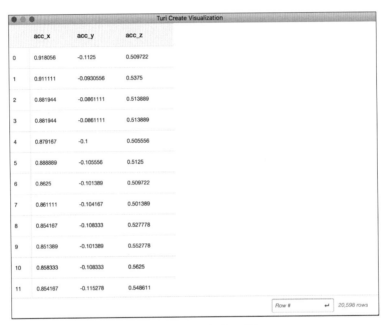

▲ 그림 5-7-5 칼럼명을 붙여 acc_file 데이터 세트 작성

### ◎ gyro_le의 데이터 세트 작성 후 acc_file의 데이터 세트와 연결

gyro_le의 데이터 세트를 작성한다. 이 파일에는 컬럼명이 없으므로 rename()으로 컬럼명을 지정한다. 그리고 add_columns()로 acc_file의 데이터 세트와 연결한다.

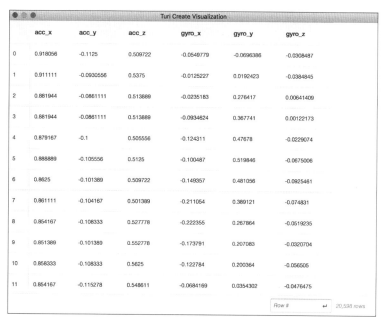

▲ 그림 5-7-6 gyro_file 데이터 세트를 작성하고 acc_file 데이터 세트 연결


◎ 실험 ID를 exp_id열, 행번호를 id열에 추가

데이터 세트를 확인하면 다음과 같다.

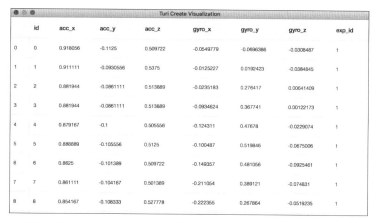

▲ 그림 5-7-7 exp_id열, id열을 추가한 데이터 세트

## ◎ labels에서 같은 실험 ID의 activity_id, start, end 취득

labels에서 같은 실험 ID의 activity_id, start, end를 취득하고 「numpy」(배열)
로 변환한다. 내용을 확인하면 다음과 같다.

```
[[ 5 250 1232]
 [ 7 1233 1392]
 [ 4 1393 2194]
 ~생략~
 [ 2 17298 17970]]
```

## ◎ 활동 ID를 activity_id열에 추가

250 행째~ 1232 행째의 경우 활동 ID는 「5」가 된다.

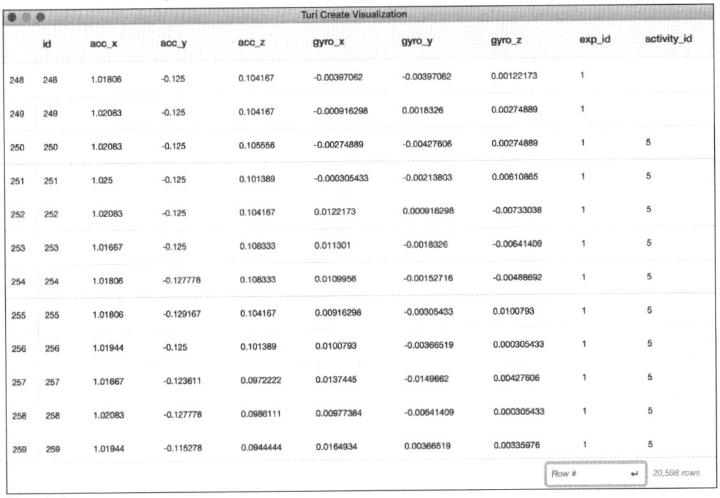

| | id | acc_x | acc_y | acc_z | gyro_x | gyro_y | gyro_z | exp_id | activity_id |
|---|---|---|---|---|---|---|---|---|---|
| 248 | 248 | 1.01806 | -0.125 | 0.104167 | -0.00397062 | -0.00397062 | 0.00122173 | 1 | |
| 249 | 249 | 1.02083 | -0.125 | 0.104167 | -0.000916298 | 0.0018326 | 0.00274889 | 1 | |
| 250 | 250 | 1.02083 | -0.125 | 0.105556 | -0.00274889 | -0.00427606 | 0.00274889 | 1 | 5 |
| 251 | 251 | 1.025 | -0.125 | 0.101389 | -0.000305433 | -0.00213803 | 0.00610865 | 1 | 5 |
| 252 | 252 | 1.02083 | -0.125 | 0.104167 | 0.0122173 | 0.000916298 | -0.00733038 | 1 | 5 |
| 253 | 253 | 1.01657 | -0.125 | 0.108333 | 0.011301 | -0.0018326 | -0.00641409 | 1 | 5 |
| 254 | 254 | 1.01806 | -0.127778 | 0.108333 | 0.0109956 | -0.00152716 | -0.00488692 | 1 | 5 |
| 255 | 255 | 1.01806 | -0.129167 | 0.104167 | 0.00916298 | -0.00305433 | 0.0100793 | 1 | 5 |
| 256 | 256 | 1.01944 | -0.125 | 0.101389 | 0.0100793 | -0.00366519 | 0.000305433 | 1 | 5 |
| 257 | 257 | 1.01667 | -0.123611 | 0.0972222 | 0.0137445 | -0.0149662 | 0.00427606 | 1 | 5 |
| 258 | 258 | 1.02083 | -0.127778 | 0.0986111 | 0.00977364 | -0.00641409 | 0.000305433 | 1 | 5 |
| 259 | 259 | 1.01944 | -0.115278 | 0.0944444 | 0.0164934 | 0.00366519 | 0.00335976 | 1 | 5 |

▲ 그림 5-7-8 activity_id열을 추가한 데이터 세트 작성

## 05 6 종류의 활동 ID로 필터링

6 종류의 활동 ID로 필터링하고 그 이외의 활동 ID의 행을 삭제한다.

```
# 6 종류의 활동 ID로 필터링
target_map = {
    1.: 'walking',
    2.: 'climbing_upstairs',
    3.: 'climbing_downstairs',
```

```
    4.: 'sitting',
    5.: 'standing',
    6.: 'laying'
}
data = data.filter_by(list(target_map.keys()), 'activity_id')
```

## 06 활동 라벨을 activity열에 추가한 후 activity_id 삭제

이것으로 최종 데이터 세트가 완성된다.

```
# 활동 라벨을 activity열에 추가
data['activity'] = data['activity_id'].apply(lambda x: target_map[x])

# activity_id열을 삭제
data = data.remove_column('activity_id')

# 마지막 데이터 세트 확인
data.explore()
```

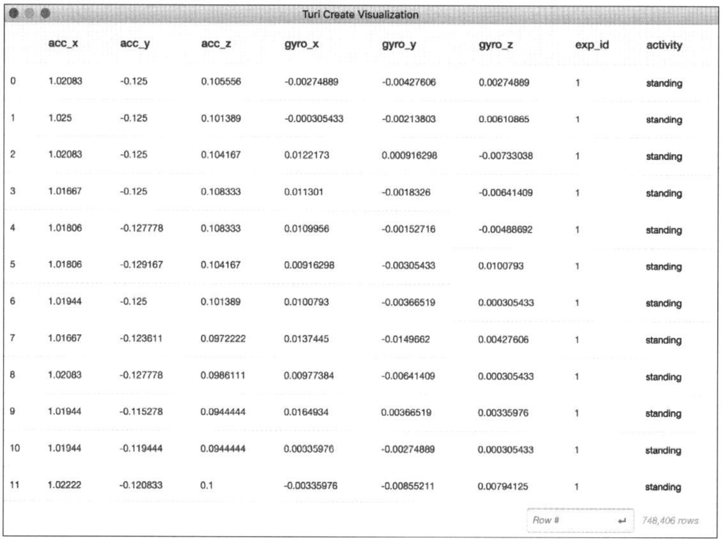

| | acc_x | acc_y | acc_z | gyro_x | gyro_y | gyro_z | exp_id | activity |
|---|---|---|---|---|---|---|---|---|
| 0 | 1.02083 | -0.125 | 0.105556 | -0.00274889 | -0.00427606 | 0.00274889 | 1 | standing |
| 1 | 1.025 | -0.125 | 0.101389 | -0.000305433 | -0.00213803 | 0.00610865 | 1 | standing |
| 2 | 1.02083 | -0.125 | 0.104167 | 0.0122173 | 0.000916298 | -0.00733038 | 1 | standing |
| 3 | 1.01667 | -0.125 | 0.108333 | 0.011301 | -0.0018326 | -0.00641409 | 1 | standing |
| 4 | 1.01806 | -0.127778 | 0.108333 | 0.0109956 | -0.00152716 | -0.00488692 | 1 | standing |
| 5 | 1.01806 | -0.129167 | 0.104167 | 0.00916298 | -0.00305433 | 0.0100793 | 1 | standing |
| 6 | 1.01944 | -0.125 | 0.101389 | 0.0100793 | -0.00366519 | 0.000305433 | 1 | standing |
| 7 | 1.01667 | -0.123611 | 0.0972222 | 0.0137445 | -0.0149662 | 0.00427606 | 1 | standing |
| 8 | 1.02083 | -0.127778 | 0.0986111 | 0.00977384 | -0.00641409 | 0.000305433 | 1 | standing |
| 9 | 1.01944 | -0.115278 | 0.0944444 | 0.0164934 | 0.00366519 | 0.00335976 | 1 | standing |
| 10 | 1.01944 | -0.119444 | 0.0944444 | 0.00335976 | -0.00274889 | 0.000305433 | 1 | standing |
| 11 | 1.02222 | -0.120833 | 0.1 | -0.00335976 | -0.00855211 | 0.00794125 | 1 | standing |

Row #   ↵   748,406 rows

▲ 그림 5-7-9 최종 데이터 세트 완성

## 07 훈련 데이터와 평가 데이터 분할

활동 분류의 데이터를 분할할 때는 turicreate.activity_classier.util.random_split_by_session()을 사용한다. 활동 분류의 데이터는 연속적인 정보이므로 지금까지 사용하던 random_split()는 적당하지 않다.

> **함수**
> turicreate.activity_classifir.util.random_split_by_session (dataset, session_id,
> fraction=0.9, seed=None )
> **설명** : 활동 분류 데이터 세트를 두 개의 SFrame으로 분할
> **인수** : dataset : SFrame              데이터 세트
>         session_id : str          세션 ID 열
>         fraction : oat           분할하는 행의 비율(0.0~1.0)
>         seed : int              난수 시드
> **반환값** : out : tuple(SFrame, SFrame) 두 개의 SFrame

이번에는 실험 ID가 세션 ID가 된다.

```
# 훈련 데이터와 평가 데이터 분할
train_data, test_data = tc.activity_classifier.util.random_split_by_session(
    data, session_id='exp_id', fraction=0.8)
```

여기에서 「세션 수가 100 이상이 아닐 때 분할할 수 없음」이라는 에러가 표시되어
test_data가 None이 된다. 이번 데이터 세트는 세션수가 61로 확실히 부족하므
로 평가 데이터 없이 진행한다.

```
The dataset has less than the minimum of 100 sessions required for train-
validation split. Continuing without validation set
```

## 5-7-4   학습

모델 학습을 시작한다.

```
# 학습
model = tc.activity_classifier.create(
    train_data, session_id='exp_id', target='activity', prediction_window=50)
```

활동 분류 모델의 학습을 시작할 때는 turicreate.activity_classier.create()을
사용한다.

**함수**

turicreate.activity_classifir.create (dataset, session_id, target, features=None,
prediction_window=100, validation_set='auto', max_iterations=10,
batch_size=32, verbose=True )

**설명** : 활동 분류 모델 학습 시작

**인수** : dataset : SFrame            훈련 데이터
　　　 session_id : str            세션 ID의 열명
　　　 target : str            목적 변수「활동」의 열명
　　　 features : list            설명 변수「센서 정보」의 열명
　　　 prediction_window : int    Prediction Window 사이즈
　　　 validation_set : SFrame    검증 데이터 (auto인 경우는 훈련 데이터를 나누어
　　　　　　　　　　　　　　　　　서 검증. None인 경우에는 검증 없음)
　　　 max_iterations : float    최대 훈련 횟수
　　　 batch_size : int            배치 크기
　　　 verbose : bool            진척 표시

**반환값** : out : ActivityClassier    활동 분류 모델

훈련 데이터는 세션마다 시간으로 배열될 필요가 있다. Prediction Window의
크기는 입력 데이터가 100Hz로 샘플링되어 prediction_window가「100」으로 설
정되어 있는 경우 1초마다 예측을 실행한다.

## 5-7-5 평가

모델 평가를 시작한다.

```
# 평가
metrics = model.evaluate(train_data) # test_data이 None이기 때문

# 평가 데이터 정답률
print(metrics['accuracy'])
```

활동 분류 모델의 평가를 시작할 때는 ActivityClassifiler의 evaluate()을 사용
한다.

**함수**

ActivityClassifir.evaluate (dataset, metric='auto' )

**설명** : 활동 분류 모델 평가 시작

인수 : dataset :  SFrame평가 데이터
　　　 metric :  str　　　　　 분류 평가 지표(표 5-3-3 참조)
반환값 : out :  dict　　　　　 평가 결과 사전(키가 평가 기준, 값이 평가 점수)

원래는 「test_data」를 입력해야 하지만 데이터가 부족하므로 「train_data」를 대신에 입력한다. 로그에는 다음과 같이 정답률이 표시된다. 값은 학습때마다 다소 올라가거나 내려간다.

```
0.9293164405416311
```

## 5-7-6  모델 저장

「Turi Create 모델」과 「Core ML 모델」을 저장해 본다.

```
# Turi Create 모델 저장
model.save('./ActivityClassification.model')

# Core ML 형식 모델 저장
model.export_coreml('./ActivityClassification.mlmodel')
```

## 5-8 텍스트 분류

### 5-8-1 텍스트 분류 샘플 모델 구성

「텍스트 분류」는 텍스트 데이터를 이용하여 텍스트가 속해 있는 「클래스」(데이터 종류)를 예측하는 작업이다.

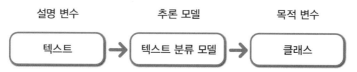

▲ 그림 5-8-1 텍스트 분류 모델

이번에는 입력한 내용에서 「IT」 관련 뉴스인지, 「스포츠」 관련 뉴스인지를 예측하는 텍스트 분류 모델을 만든다. 여기에서 작성한 모델은 2장 「2-7 텍스트 분류」에서 이용한다.

### 5-8-2 데이터 세트 준비

이번에는 데이터 세트로 「국립국어원 언어정보 나눔터의 말뭉치(코퍼스)」를 이용한다. 4장 「4-2 텍스트 분류」와 같은 준비를 한다. 노트북과 같은 폴더에 데이터 세트를 두고 이용한다.

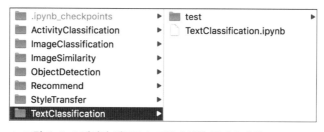

▲ 그림 5-8-2 데이터 세트를 노트북과 같은 폴더에 배치

## 5-8-3 형태소 분석과 MeCab

한국어 텍스트 분류를 실행하기 위한 「형태소 분석」 처리에 대해서 설명한다.

### ◎ 형태소 분석

「Turi Create」의 텍스트 처리에서는 한국어 문장을 「형태소 분석」한 후 처리해야 한다. 「형태소 분석」이란 문장에 있는 단어와 단어의 단락을 나누는 처리의 총칭이다.

「오늘 날씨가 좋네요.」의 문장을 「형태소 분석」하면 다음과 같다.

> 오늘 날씨 가 좋 네요.

참고로 「Turi Create」는 띄어쓰기가 되어 있지 않은 문장에 대해서는 성능이 현저히 떨어지므로 처리 후 사용하도록 한다.

### ◎ MeCab

파이썬에서 「형태소 분석」을 실행할 때는 「MeCab」을 많이 사용하는데 여기서는 한국어 처리를 위해 MeCab-Ko 버전을 사용한다.

설치 순서는 다음과 같다.

**01 MeCab-Ko 다운로드**

다음 링크에서 최신 버전의 mecab-ko를 다운로드하여 설치한다.

- mecab-0.996-ko-0.9.2.tar.gz

  https://bitbucket.org/eunjeon/mecab-ko/downloads/

▲ 그림 5-8-3 한국어 형태소 분석 오픈소스 프로젝트 사이트

## 02 MeCab-Ko 설치

아래의 명령으로 「MeCab-Ko」를 설치한다.

```
tar xzvf mecab-0.996-ko-0.9.2.tar.gz
cd mecab-0.996-ko-0.9.2
./configure
make
sudo make install
```

## 03 MeCab-Ko 사전 설치

다음에는 mecab 사전(mecab-ko-dic)을 설치해준다.

- mecab-ko-dic-2.1.1-20180720.tar.gz

  https://bitbucket.org/eunjeon/mecab-ko-dic/downloads/

```
tar xvfz mecab-ko-dic-2.1.1-20180720.tar.gz
cd mecab-ko-dic-2.1.1-20180720
./configure
make
sudo make install
```

**04** MeCab의 Python 바인딩

MeCab을 파이썬에서 사용할 수 있도록 「mecab-python」을 설치한다.

아래의 코드처럼 git을 통해 소스코드를 내려받아 파이썬 환경에서 혹은 virtualenv같은 가상 환경에서 설치를 해주면 된다.

```
git clone https://bitbucket.org/eunjeon/mecab-python-0.996.git
cd mecab-python-0.996
python setup.py build
python setup.py install
```

**05** 파이썬에서 MeCab 실행

아래의 명령으로 MeCab을 실행할 수 있는지 확인한다. 「오늘 날씨가 좋네요.」까지 입력한다.

```
$ python
>>> import MeCab
>>> m = MeCab.Tagger()
>>> te = m.parse('오늘 날씨가 좋네요.')
>>> print(te)


오늘    MAG,성분부사¦시간부사,T,오늘,*,*,*,*
날씨    NNG,*,F,날씨,*,*,*,*
가  JKS,*,F,가,*,*,*,*
좋  VA,*,T,좋,*,*,*,*
네요  EF,*,F,네요,*,*,*,*
.  SF,*,*,*,*,*,*,*
EOS
```

**5-8-4** 데이터 세트 작성

「Turi Create」의 텍스트 분류에서 그대로 이용할 수 있는 「CSV 파일」 「JSON 파일」이 있으면 파일을 불러오는 것만으로 작성할 수 있지만 이번에는 없으므로 설명 변수인 「텍스트」(text열)과 목적 변수인 「라벨」(label열)을 가진 데이터 세트를 작성한다.

## 01 MeCab 오브젝트 생성

「형태소 분석」을 실행하기 위한 MeCab 오브젝트를 생성한다.

```
import turicreate as tc
import os
import re
import MeCab

# MeCab 오브젝트 생성
tagger = MeCab.Tagger()
```

「os」는 파일액세스 패키지, 「re」는 정규 표현 패키지, 「MeCab」는 MeCab의 패키지이다.

## 02 파일 불러오기 함수 작성

파일을 불러오기 위해 read_le()을 작성한다.

```
# 파일 불러오기
def read_file(path):
    files = os.listdir(path)
    array = []
    for file in files:
        if file.startswith('.'):
            continue
        file = open(path+file)
        text = file.read()
        text = re.sub(r'https?:\/\/[\w\/:%#\$&\?\(\)~\.=\+\-]+',"", text) # URL삭제
        text = re.sub(r'\d{4}-\d{2}-\d{2}T\d{2}:\d{2}:\d{2}[+-]\d{2}\d{2}',"", text)
# 시간 삭제
        text = tagger.parse(text) # 형태소 분석
        array.append(text)
        file.close()
    return tc.SFrame(data=array)
```

os.listdir()로 지정 폴더의 파일명 일람을 획득한다. 그 다음 file.open()로 파일을 열고 file.read()로 파일에서 텍스트를 불러온 후 file.close()로 파일을 닫는다.

그리고 불러온 텍스트에 대해 「URL 삭제」, 「시간 삭제」, 「형태소 분석」 처리를 실행한다. 「URL 삭제」, 「시간 삭제」는 re.sub()에 따라 정규 표현 문자열 치환으로 실행한다. 「형태소 분석」 처리는 tagger.parse()을 사용한다.

마지막으로 치환 후의 텍스트 리스트에서 SFrame으로 변환한다.

### 03 IT와 스포츠 데이터 세트를 불러와서 연결

read_le()로 「IT」 데이터를 불러와서 컬럼명을 「text」로 변경하고 label 열을 값 「0」으로 추가한다. 「스포츠」도 같은 방법으로 데이터 세트를 불러와서 컬럼명을 「text」로 변경하고 label 열을 값 「1」로 추가한다.

마지막으로 SFrame의 append()로 「IT」와 「스포츠」의 데이터 세트를 연결한다.

```
# IT 데이터 세트 불러오기
data = read_file('./text/it/')
data = data.rename({'X1': 'text'})
data['label'] = 0

# 스포츠 데이터 세트 불러오기
work_data = read_file('./text/sports/')
work_data = work_data.rename({'X1': 'text'})
work_data['label'] = 1

# IT와 스포츠 데이터 세트 연결
data = data.append(work_data)

# 데이터 세트 확인
data.explore()
```

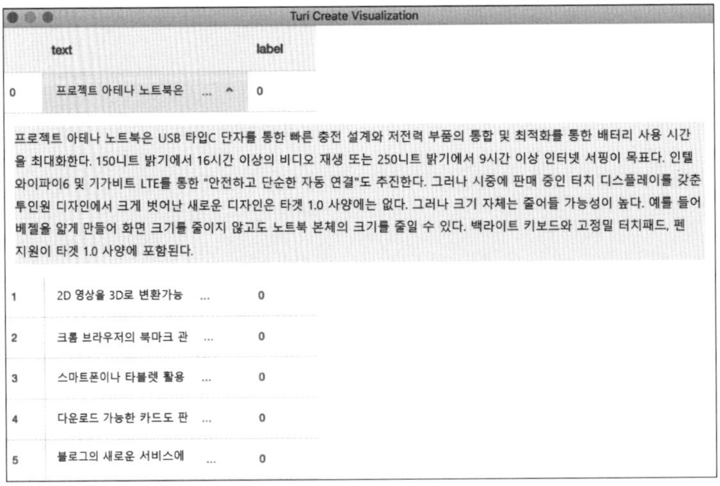

| | text | label |
|---|---|---|
| 0 | 프로젝트 아테나 노트북은 ... ^ | 0 |

프로젝트 아테나 노트북은 USB 타입C 단자를 통한 빠른 충전 설계와 저전력 부품의 통합 및 최적화를 통한 배터리 사용 시간을 최대화한다. 150니트 밝기에서 16시간 이상의 비디오 재생 또는 250니트 밝기에서 9시간 이상 인터넷 서핑이 목표다. 인텔 와이파이6 및 기가비트 LTE를 통한 "안전하고 단순한 자동 연결"도 추진한다. 그러나 시중에 판매 중인 터치 디스플레이를 갖춘 투인원 디자인은 크게 벗어난 새로운 디자인은 타겟 1.0 사양에는 없다. 그러나 크기 자체는 줄어들 가능성이 높다. 예를 들어 베젤을 얇게 만들어 화면 크기를 줄이지 않고도 노트북 본체의 크기를 줄일 수 있다. 백라이트 키보드와 고정밀 터치패드, 펜 지원이 타겟 1.0 사양에 포함된다.

| | text | label |
|---|---|---|
| 1 | 2D 영상을 3D로 변환가능 ... | 0 |
| 2 | 크롬 브라우저의 북마크 관 ... | 0 |
| 3 | 스마트폰이나 타블렛 활용 ... | 0 |
| 4 | 다운로드 가능한 카드도 판 ... | 0 |
| 5 | 블로그의 새로운 서비스에 ... | 0 |

▲ 그림 5-8-4 최종적인 데이터 세트 확인

## 04 훈련 데이터와 평가 데이터 분할

random_split()으로 훈련 데이터와 평가 데이터를 분할한다.

```
# 훈련 데이터와 평가 데이터 분할
train_data, test_data = data.random_split(0.8)
```

### 5-8-5 학습

모델 학습을 시작한다.

```
# 학습
model = tc.sentence_classifier.create(train_data, 'label', features=['text'])
```

텍스트 분류 모델의 학습을 시작할 때는 turicreate.sentence_classier.create()
을 사용한다.

> **함수**
>
> turicreate.text_classifier.create (dataset, target, features=None, drop_stop_
> words=True, word_count_threshold=2, method='auto', validation_set='auto',
> max_iterations=10 )
>
> **설명** : 텍스트 분류 모델의 학습 시작
>
> **인수** : dataset : SFrame          훈련 데이터
>
>        target : str             목적 변수「클래스」의 열명
>
>        features : list           **설명** 변수「텍스트」의 열명
>
>        drop_stop_words : bool      스톱 워드
>
>        word_count_threshold : int    출현 빈도가 높은 단어를 대상외로 한 임계값
>
>        method : str            메소드(표 5-8-1 참조)
>
>        validation_set : SFrame     검증 데이터(auto인 경우는 훈련 데이터를
>                                               나누어서 검증. None인 경우에는 검증 없음)
>
>        max_iterations : int       최대 훈련 횟수
>
> **반환값** : out : SentenceClassier    텍스트 분류 모델

스톱 워드는 자연어 처리를 실행하기 전에 처리 대상외가 되는 단어로「는」,「의」,
「입니다」,「습니다」등을 들 수 있다. 이것들은 출현 빈도가 높은 단어지만 문서
의 특징이 되지 않고 계산량이나 성능에 악영향을 미치므로 대상외로 한다. 문자

로 대상외로 하는 것은 「stop_words」, 출현 빈도로 대상외로 하는 것은 「word_count_threshold」를 사용한다.

| 정수 | 설명 |
|---|---|
| bag-of-words | Bag-of-words |
| bow-logistic | 로지스틱 회귀 |

▲ 표 5-8-1 텍스트 분류 메소드

5-8-6 **평가**

모델의 평가를 시작한다.

```
# 평가
metrics = model.evaluate(test_data)

# 평가 데이터 정답률
print(metrics['accuracy'])
```

텍스트 분류 평가에는 SentenceClassier의 evaluate()을 사용한다.

> **함수**
> SentenceClassifir.evaluate (dataset, metric='auto', **kwargs )
> **설명** : 텍스트 분류 평가 시작
> **인수** : dataset :        SFrame        평가 데이터
>            metric :        str        평가 지표 (표 5-3-3 참조)
> **반환값** : out :        dict        평가 결과 사전(키가 평가 기준, 값이 평가 점수)

로그에는 다음과 같이 정답률이 표시된다. 값은 학습마다 다소 올라가거나 내려간다.

```
0.9946949602122016
```

모델 저장

「Turi Create 모델」과 「Core ML 모델」의 저장을 실행한다.

```
# Turi Create 모델 저장
model.save('./TextClassification.model')

# Core ML 형식 모델 저장
model.export_coreml('./TextClassification.mlmodel')
```

## 5-8-8 모델 이용

「Turi Create」에서 텍스트 분류 모델의 이용 예는 다음과 같다. 이번에는 평가 데이터의 0번째 텍스트를 텍스트 분류한다.

```
#예측
prediction = model.predict(test_data[0])
print(prediction)

# 정답 데이터
print(test_data[0])
```

출력값은 다음과 같다. 예측 결과는 「0」(IT)이고 정답 데이터도 「0」(IT)이므로 정확하게 예측된 것을 알 수 있다. 정답률은 100%가 아니므로 정확하지 않은 경우도 있다.

```
[0]
{'text': 'Firefox의 북마크 관리가 ...이벤트 작성 \n', 'label': 0}
```

# 5-9 추천

## 5-9-1 추천 샘플 모델 구성

「추천」은 온라인숍 등에서 개별 사용자의 기호에 맞는 물건이나 서비스를 추천하는 작업이다.

이용자의 구입이력이나 앙케이트, 기호가 비슷한 다른 이용자의 정보를 이용하여 적절한 상품이나 서비스를 추려서 권유할 수도 있다.

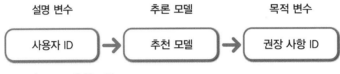

▲ 그림 5-9-1 추천 모델

추천의 이용 예는 다음과 같다.

- 사용자별 추천 상품 소개
- 임의의 상품과 비슷한 상품 소개

이번에는 사용자별로 추천 영화를 소개하는 추천 모델을 작성한다.

## 5-9-2 데이터 세트 준비

데이터 세트로 「MovieLens 100K Dataset」를 사용한다. 이 데이터 세트에는 1,682편의 영화에 대해 943명의 사용자에 따른 100,000건의 평가가 포함되어 있다.

- MovieLens 100K Dataset

  http://www.vision.caltech.edu/Image_Datasets/Caltech101/

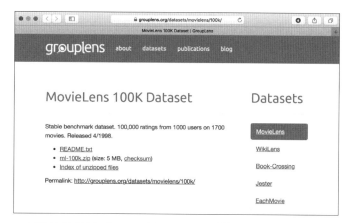

▲ 그림 5-9-2 「MovieLens 100K Dataset」 다운로드 페이지

데이터 세트의 구성은 다음과 같다.

```
ml-100k 폴더
 ·u.data
 ·u.item
```

「ml-100k」 폴더 안의 파일 중에 「u.data」와 「u.item」을 사용한다.

### ◎ u.data

1,682편의 영화에 대해 943명의 사용자에 따른 100,000건의 평가 데이터 세트
이다. 탭을 구분자로 다음의 정보를 유지한다.

```
유저ID ¦ 영화ID ¦ 평가 ¦ 타임스탬프
```

• u.data

```
196 242 3 881250949
186 302 3 891717742
22 377 1 878887116
~생략~
```

### ◎ u.item

아이템(영화)에 대한 데이터 세트이다. 「¦」구분자로 다음의 정보를 유지한다.

```
영화ID │ 영화제목 │ 개봉일 │ 비디오 발매일 │ URL │ 불명 │ 액션 │ 어드벤쳐 │
애니메이션 │ 어린이용 │ 코메디 │ 범죄 │ 다큐멘터리 │ 드라마 │ 판타지 │ 누아르 │
호러 │ 뮤지컬 │ 미스테리 │ 로맨스 │ SF │ 스릴러 │ 전쟁 │ 웨스턴
```

후반부 19개의 필드(「불명」 이후부분)는 장르로 「1」은 그 장르를, 「0」은 그 장르가
아님을 나타낸다.

● u.item

```
1│Toy Story (1995)│01-Jan-1995││http://us.imdb.com/M/title-exact?Toy%20Story%20
(1995)│0│0│0│1│1│1│0│0│0│0│0│0│0│0│0│0│0│0│0
2│GoldenEye (1995)│01-Jan-1995││http://us.imdb.com/M/title-exact?GoldenEye%20 (1
995)│0│1│1│0│0│0│0│0│0│0│0│0│0│0│0│0│1│0│0
3│Four Rooms (1995)│01-Jan-1995││http://us.imdb.com/M/title-exact?Four%20
Rooms%20 (1995)│0│0│0│0│0│0│0│0│0│0│0│0│0│0│0│1│0│0
~생략~
```

노트북과 같은 폴더에 데이터 세트를 배치하여 이용한다.

▲ 그림 5-9-3 데이터 세트를 노트북과 같은 폴더에 배치

### 5-9-3 평가 데이터 세트 불러오기

평가 데이터 세트 「u.data」을 불러와서 「SFrame」을 작성한다. 그리고 리스트의
상세한 내용에 대해 설명한다.

```
import turicreate as tc



# 평가 데이터 세트 불러오기
data = tc.SFrame.read_csv('./ml-100k/u.data',
```

```
    delimiter='\t', header=False, verbose=False)
data = data.rename({
    'X1': 'user_id',
    'X2': 'item_id',
    'X3': 'rating',
    'X4': 'timestamp'})

# 데이터 확인
data.explore()

# 훈련 데이터와 평가데이터 분할
train_data, test_data = tc.recommender.util.random_split_by_user(
    data, 'user_id', 'item_id')
```

## ◎ 평가 데이터 세트 불러오기

탭이 구분자로 read_csv()의 delimiter에 「 \t」를 지정한다. 헤더도 없으므로
rename()로 컬럼명을 지정한다.

## ◎ 평가 데이터 세트 확인

평가 데이터 세트의 확인을 실행하면 다음과 같이 표시된다.

| | user_id | item_id | rating | timestamp |
|---|---|---|---|---|
| 0 | 196 | 242 | 3 | 881250949 |
| 1 | 186 | 302 | 3 | 891717742 |
| 2 | 22 | 377 | 1 | 878887116 |
| 3 | 244 | 51 | 2 | 880606923 |
| 4 | 166 | 346 | 1 | 886397596 |
| 5 | 298 | 474 | 4 | 884182806 |
| 6 | 115 | 265 | 2 | 881171488 |
| 7 | 253 | 465 | 5 | 891628467 |
| 8 | 305 | 451 | 3 | 886324817 |
| 9 | 6 | 86 | 3 | 883603013 |
| 10 | 62 | 257 | 2 | 879372434 |
| 11 | 286 | 1014 | 5 | 879781125 |

*Turi Create Visualization* — Row #  ↵  100,000 rows

▲ 그림 5-9-4 평가 데이터 세트 확인

## ◎ 훈련 데이터와 평가 데이터의 분할

추천의 데이터 세트를 분할할 때는 turicreate.recommender.util.random_split_by_user()를 사용한다. 추천의 데이터는 각 사용자의 정보가 들어 있지 않으면 정확하게 예측할 수 없으므로 지금까지 사용했던 random_split()은 적절하지 않다.

> **함수**
>
> turicreate.recommender.util.random_split_by_user (dataset, user_id='user_id', item_id='item_id', max_num_users=1000, item_test_proportion=0.2, random_seed=0 )
>
> **설명** : 추천 데이터 세트를 두 개의 SFrame으로 분할
>
> **인수** : dataset : SFrame        데이터 세트
>        user_id : str        사용자 ID의 열명
>        item_id : str        아이템 ID의 열명
>        max_num_users : int        최대 사용자 수(None은 모든 사용자)
>        item_test_proportion : float        평가 데이터 비율(0~1)
>        random_seed : int        난수 시드
> **반환값** : out : tuple(SFrame, SFrame)        두 개의 SFrame

## 5-9-4 영화 데이터 세트 불러오기

영화 데이터 세트 「u.item」을 불러와서 「SFrame」을 작성한다. 그 후에 리스트의 자세한 내용에 대해 설명한다.

```
# 영화 데이터 세트 불러오기
item_data = tc.SFrame.read_csv('./ml-100k/u.item',
    delimiter='¦', header=False, verbose=False)
item_data = item_data.rename({
  'X1': 'item_id',
  'X2': 'movie_title',
  'X3': 'release_date',
  'X4': 'video_release_date',
  'X5': 'imdb_URL',
  'X6': 'unknown',
  'X7': 'action',
  'X8': 'adventure',
  'X9': 'animation',
  'X10': 'children',
```

```
    'X11': 'comedy',
    'X12': 'crime',
    'X13': 'documentary',
    'X14': 'drama',
    'X15': 'fantasy',
    'X16': 'film_noir',
    'X17': 'horror',
    'X18': 'musical',
    'X19': 'mystery',
    'X20': 'romance',
    'X21': 'sf',
    'X22': 'thriller',
    'X23': 'war',
    'X24': 'western'})

# 데이터 세트 확인
item_data.explore()
```

### ◎ 영화 데이터 세트 불러오기

「|」가 구분자이므로 read_csv()의 delimiter에 「|」을 지정한다. 헤더도 없으므로 rename()로 컬럼명을 지정한다.

### ◎ 영화 데이터 세트 확인

영화 데이터 세트의 확인을 실행하면 다음과 같이 표시된다.

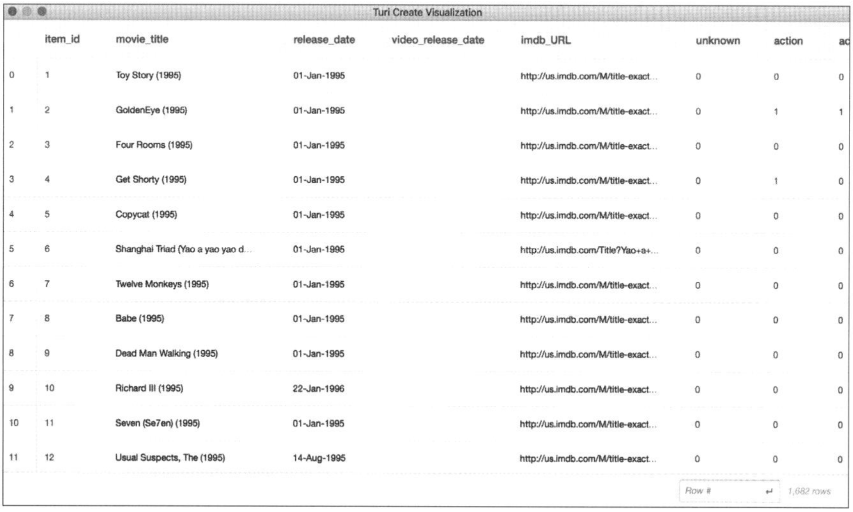

| | item_id | movie_title | release_date | video_release_date | imdb_URL | unknown | action | ac |
|---|---|---|---|---|---|---|---|---|
| 0 | 1 | Toy Story (1995) | 01-Jan-1995 | | http://us.imdb.com/M/title-exact... | 0 | 0 | 0 |
| 1 | 2 | GoldenEye (1995) | 01-Jan-1995 | | http://us.imdb.com/M/title-exact... | 0 | 1 | 1 |
| 2 | 3 | Four Rooms (1995) | 01-Jan-1995 | | http://us.imdb.com/M/title-exact... | 0 | 0 | 0 |
| 3 | 4 | Get Shorty (1995) | 01-Jan-1995 | | http://us.imdb.com/M/title-exact... | 0 | 1 | 0 |
| 4 | 5 | Copycat (1995) | 01-Jan-1995 | | http://us.imdb.com/M/title-exact... | 0 | 0 | 0 |
| 5 | 6 | Shanghai Triad (Yao a yao yao d... | 01-Jan-1995 | | http://us.imdb.com/Title?Yao+a+... | 0 | 0 | 0 |
| 6 | 7 | Twelve Monkeys (1995) | 01-Jan-1995 | | http://us.imdb.com/M/title-exact... | 0 | 0 | 0 |
| 7 | 8 | Babe (1995) | 01-Jan-1995 | | http://us.imdb.com/M/title-exact... | 0 | 0 | 0 |
| 8 | 9 | Dead Man Walking (1995) | 01-Jan-1995 | | http://us.imdb.com/M/title-exact... | 0 | 0 | 0 |
| 9 | 10 | Richard III (1995) | 22-Jan-1996 | | http://us.imdb.com/M/title-exact... | 0 | 0 | 0 |
| 10 | 11 | Seven (Se7en) (1995) | 01-Jan-1995 | | http://us.imdb.com/M/title-exact... | 0 | 0 | 0 |
| 11 | 12 | Usual Suspects, The (1995) | 14-Aug-1995 | | http://us.imdb.com/M/title-exact... | 0 | 0 | 0 |

Row #    ↵    1,682 rows

▲ 그림 5-9-5 영화 데이터 세트 확인

모델 학습을 시작한다.

```
# 학습
model = tc.recommender.create(train_data,
    user_id='user_id', item_id='item_id', target='rating')
```

추천 모델의 학습을 시작할 때는 turicreate.recommender.create()을 사용한다.

**함수**

turicreate.recommender.create (observation_data, user_id='user_id', item_id='item_id', target=None, user_data=None, item_data=None, ranking=True, verbose=True )

**설명** : 추천 모델의 학습 시작

**인수** : observation_data : SFrame      훈련 데이터

     user_id : str      사용자 ID의 열명

     item_id : str      아이템 ID의 열명

     target : str      목표 변수 「사용자 평가」의 열명

     user_data : SFrame      사용자의 사이드 정보

     item_data : SFrame      아이템의 사이드 정보

     ranking : bool      아이템을 순위를 매기는 것이 목표인지 아닌지

     verbose : bool      진척 표시

**반환값** : out : XXXRecommender      추천 모델

「Turi Create」는 5 종류의 추천 모델을 지원하고 있다.

| 클래스 | 설명 |
| --- | --- |
| ItemSimilarityRecommender | 아이템의 유사성에 따라 아이템을 추천하는 모델 |
| ItemContentRecommender | 아이템의 콘텐츠에 따라 아이템을 추천하는 모델 |
| FactorizationRecommender | 각 사용자 및 아이템의 잠재적인 요소를 학습해서 평가를 예측하는 모델 |
| RankingFactorizationRecommender | 각 사용자 및 아이템의 잠재적인 요소를 학습해서 아이템의 순위를 정하는 모델 |
| PopularityRecommender | 전체적인 인기에 따라 아이템의 순위를 정하는 모델 |

▲ 표 5-9-1 「Turi Create」 추천 모델

turicreate.recommender.create()을 사용하면 데이터에 대해 자동적으로 적절한 추천 모델이 생성된다.

특정 추천 모델을 작성하고 싶을 때는 각 모델용의 create()를 사용한다. 모델 특유의 인수도 지정할 수 있다. 자세한 내용은 API 레퍼런스를 참조한다.

- recommender – Turi Create API 5.1 documentation
  https://apple.github.io/turicreate/docs/api/turicreate.toolkits.recommender.html

| 클래스 | create() |
|--------|----------|
| ItemSimilarityRecommender | turicreate.recommender.item_similarity_recommender.create() |
| ItemContentRecommender | turicreate.recommender.item_content_recommender.create() |
| FactorizationRecommender | turicreate.recommender.factorization_recommender.create() |
| RankingFactorizationRecommender | turicreate.recommender.ranking_factorization_recommender.create() |
| PopularityRecommender | turicreate.recommender.popularity_recommender.create() |

▲ 표 5-9-2 특정 추천 모델의 create()

이 책에서는 추천 모델을 정리해서 「XXXRecommender」라고 기술하고 모든 모델에서 공통의 기능을 소개한다.

## 5-9-6 평가

모델 평가를 시작한다.

```
# 평가
metrics = model.evaluate(test_data)

# 평가 데이터 RMSE 표시
print(metrics['rmse_by_user'])
print(metrics['rmse_by_item'])
```

평가시에는 다음 XXXRecommender의 evaluate()을 사용한다.

「metric」은 target을 지정할 때는 「rmse」, 지정하지 않을 때는 「precision_
recall」을 지정한다.

「exclude_known_for_precision_recall」은 테스트 데이터를 평가할 때 True, 훈
련 데이터의 정밀도를 평가할 때는 False로 한다.

| 정수 | 설명 |
|---|---|
| rmse | RMSE(Root Mean Squared Error). 제곱 평균 제곱근 오차 |
| precision_recall | Precision(적합률)의 Recall(재현율) |

▲ 표 5-9-3 추천 평가 지표

로그에는 다음과 같이 사용자와 아이템의 「RMSE」가 표시된다. 해당 값은 학습때
마다 다소 올라가거나 내려간다.

「RMSE」(Root Mean Squared Error)는 수치 예측 문제에 대한 정밀도 평가 지
표이다. 예측 정밀도의 나쁨을 나타내는데 「0」에 가까울수록 뛰어남을 나타낸다.

```
+---------+--------------------+-------+
| user_id |        rmse        | count |
+---------+--------------------+-------+
|   232   | 1.0564412181417462 |  17   |
|   363   | 1.3426600626749832 |  63   |
|   431   | 1.168998426371229  |   5   |
|   738   | 0.7188712610026017 |  36   |
|   732   | 1.9536161088059183 |   3   |
```

```
| 187     | 1.366375391037789  | 8     |
| 764     | 1.061317070648575  | 26    |
| 926     | 0.8906827056566623 | 3     |
| 614     | 1.64198310597387 94| 11    |
| 786     | 0.6983816392750974 | 25    |
+---------+--------------------+-------+
[942 rows x 3 columns]
```

```
+---------+--------------------+-------+
| item_id |        rmse        | count |
+---------+--------------------+-------+
| 232     | 0.7382778642727937 | 18    |
| 363     | 0.9332862422008849 | 8     |
| 431     | 0.9483038078992966 | 25    |
| 738     | 1.1512054042292177 | 8     |
| 732     | 0.8189104501243879 | 34    |
| 187     | 0.9332863665839427 | 36    |
| 1368    | 2.4832788695127936 | 2     |
| 764     | 1.3760128479802827 | 9     |
| 926     | 0.8798517439233153 | 21    |
| 1180    | 1.185148380569609  | 1     |
+---------+--------------------+-------+
[1419 rows x 3 columns]
```

## 5-9-7 모델 저장

「Turi Create 모델」을 저장한다. FactorizationRecommender는 「Core ML 모델」은 저장할 수 없다.

```
# Turi Create 모델 저장
model.save('./Recommend.model')
```

## 5-9-8 모델 이용

「Turi Create」의 추천 모델에 대한 이용 예는 다음과 같다.

## ◎ 개별 사용자에의 추천 영화 획득

개별 사용자에의 추천 영화 정보를 획득한다.

```
# 개별 유저에 대한 권장 영화 획득
recommend = model.recommend(users=['1'], k=10)

# 영화 제목을 movie_title열에 추가
recommend['movie_title'] = recommend['item_id'].apply(
    lambda x: item_data[item_data['item_id'] == x]['movie_title'][0])

# 결과 확인
recommend.explore()
```

개별 사용자에 대한 추천 영화를 획득할 때는 XXXRecommender의 recommend()을 사용한다. users를 지정하지 않으면 모든 사용자, 지정하면 특정 사용자가 된다.

존재하지 않는 사용자의 경우에는 초기설정에서 인기 있는 아이템을 권장한다. 이번에는 사용자 ID 「1」인 사용자에의 추천 영화를 10편 획득한다.

**함수**
XXXRecommender.recommend (users=None, k=10, exclude=None, items=None, new_observation_data=None, new_user_data=None, new_item_data=None, exclude_known=True, diversity=0, random_seed=None, verbose=True )
**설명** : 사용자마다의 k 개의 최고 득점 아이템 추천
**인수** : users : SArray or SFrame or list     추천하는 사용자
    k : int     각 사용자에 대해 생성하는 추천 아이템 수
    items : SArray or SFrame or list     추천 사항이 작성되는 항목을 제한
    new_user_data : SFrame     추가 사용자 데이터
    new_item_data : SFrame     추가 아이템 데이터
    exclude : SFrame
        권장 아이템에서 제외하는 사용자와 아이템의 한쌍을 지정
    exclude_known : bool     제공 후 아이템 제외
    diversity : oat     다양성. 권장값은 1~3
    random_seed : int     난수 시드
    verbose : bool     진척 표시
**반환값** : out : SFrame     추천 결과

## ◎ 유사 영화 검색

유사 영화 검색을 한다.

```
# 유사 영화 검색
similar_items = model.get_similar_items([1], k=10)

# 검색하는 영화 제목 표시
print(item_data[item_data['item_id']==1]['movie_title'])

# 검색 결과로 얻은 영화 제목을 movie_title 열에 추가
similar_items['movie_title'] = similar_items['similar'].apply(
    lambda x: item_data[item_data['item_id'] == x]['movie_title'][0])

# 결과 확인
similar_items.explore()
```

**함수**

XXXRecommender.get_similar_items (items=None, k=10, verbose=False )

**설명** : 각 아이템과 가장 유사한 k 개 아이템 취득

**인수** : items : SArray or list        유사 아이템을 취득하기 위한 아이템 ID 리스트

　　　k : int        　　　　　　각 아이템의 유사 아이템 수

　　　verbose : bool        　　진척 표시

**반환값** : out : SFrame        　　각 아이템과 가장 유사한 k 개 아이템

# CHAPTER 6

# Turi Create -
# 알고리즘 기반

# 6-1 분류

## 6-1-1 분류 샘플 모델 구성

「분류」는 여러 개의 특징 데이터를 기본으로 「클래스」(데이터 속성 또는 종류)를 예측하는 작업이다.

▲ 그림 6-1-1 분류 모델

이번에는 버섯의 특징 데이터를 이용하여 독버섯 여부를 예측하는 분류 모델을 만든다.

## 6-1-2 데이터 세트 준비

이번에는 데이터 세트로 「Mushroom Data Set」를 준비한다. 4장 「4-3 분류」와 같이 준비한다.

노트북과 같은 폴더에 데이터 세트를 배치하여 이용한다.

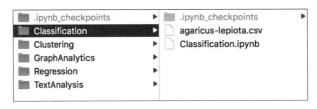

▲ 그림 6-1-2 데이터 세트를 노트북과 같은 폴더에 배치

## 6-1-3 데이터 세트 불러오기

CSV 파일 「agaricus-lepiota.csv」을 불러와서 데이터 테이블을 생성한다. 그리고 훈련 데이터와 평가 데이터를 「8 : 2」로 분할한다.

```python
import turicreate as tc

# 데이터 세트 불러오기
data = tc.SFrame('./agaricus-lepiota.csv')

# 데이터 세트 확인
data.explore()

# 훈련 데이터와 평가데이터 분할
train_data, test_data = data.random_split(0.8)
```

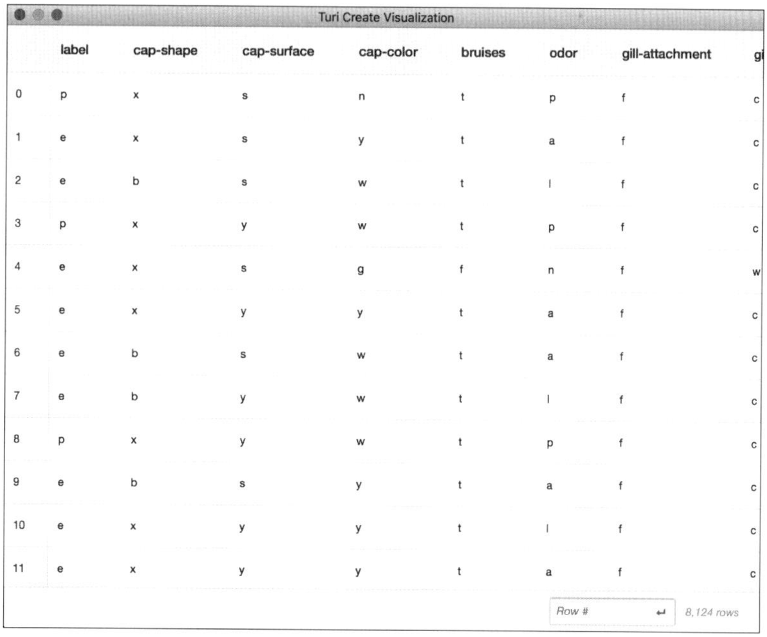

| | label | cap-shape | cap-surface | cap-color | bruises | odor | gill-attachment | gi |
|---|---|---|---|---|---|---|---|---|
| 0 | p | x | s | n | t | p | f | c |
| 1 | e | x | s | y | t | a | f | c |
| 2 | e | b | s | w | t | l | f | c |
| 3 | p | x | y | w | t | p | f | c |
| 4 | e | x | s | g | f | n | f | w |
| 5 | e | x | y | y | t | a | f | c |
| 6 | e | b | s | w | t | a | f | c |
| 7 | e | b | y | w | t | l | f | c |
| 8 | p | x | y | w | t | p | f | c |
| 9 | e | b | s | y | t | a | f | c |
| 10 | e | x | y | y | t | l | f | c |
| 11 | e | x | y | y | t | a | f | c |

Turi Create Visualization

Row #  ↵  8,124 rows

▲ 그림 6-1-3 explore()로 데이터 세트 확인

**학습**

모델 학습을 시작한다.

```
# 학습
model = tc.classifier.create(train_data, target='label')
```

분류 모델 학습시에는 turicreate.classier.create()을 사용한다.

> **함수**
>
> turicreate.classifir.create (dataset, target, features=None, validation_set='auto', verbose=True )
>
> **설명** : 분류 모델 학습 시작
>
> **인수** : dataset : SFrame      훈련 데이터
>        target : str      목적 변수의 열명
>        features : list      설명 변수의 열명(None은 목적 변수 열 이외 모두 )
>        validation_set : SFrame      검증 데이터(auto인 경우에는 훈련 데이터를 나누어서 검증, None인 경우에는 검증 없음)
>        verbose : bool      진척 표시
> **반환값** : out : XXXClassier      분류 모델

「Turi Create」는 6 종류의 분류 모델을 지원하고 있다.

| 클래스 | 이름 |
|---|---|
| LogisticClassifier | 로지스틱 회귀 |
| NearestNeighborClassifier | 근접 분류 |
| SVMClassifier | 지원 벡터 머신 |
| DecisionTreeClassifier | 결정 나무 |
| RandomForestClassifier | 무작위 숲 |
| BoostedTreesClassifier | GBRT(Gradient Boosted Regression Trees) |

▲ 표 6-1-1 「Turi Create」가 지원하는 6종류의 분류 모델

turicreate.classier.create()를 사용하면 데이터에 대해 자동적으로 적절한 분류 모델이 생성된다.

특정 분류 모델을 생성하고 싶은 경우에는 각 모델용 create()를 사용한다. 이것에 따라 모델 특유의 인수도 지정할 수 있게 된다. 상세한 내용은 API 레퍼런스

를 참조한다.

- classier – Turi Create API 5.1 documentation
  https://apple.github.io/turicreate/docs/api/turicreate.toolkits.classifir.html

| 클래스 | create() |
|---|---|
| LogisticClassifier | turicreate.logistic_classifier.create() |
| NearestNeighborClassifier | turicreate.nearest_neighbor_classifier.create() |
| SVMClassifier | turicreate.svm_classifier.create() |
| DecisionTreeClassifier | turicreate.decision_tree_classifier.create() |
| RandomForestClassifier | turicreate.random_forest_classifier.create() |
| BoostedTreesClassifier | turicreate.boosted_trees_classifier.create() |

▲ 표 6-1-2 특정 분류 모델 create()

이 책에서는 분류 모델을 정리해서 「XXXClassier」라고 기술하고 모든 모델에서
공통 기능으로 소개한다.

## 6-1-5 평가

모델 평가를 시작한다.

```
# 평가
metrics = model.evaluate(test_data)

# 해당 평가의 정확성
print(metrics['accuracy'])
```

분류 모델 평가시에는 「XXXClassier」의 evaluate()를 사용한다.

**함수**
XXXClassifir.evaluate (dataset, metric='auto', missing_value_action='auto' )
**설명** : 분류 모델 평가 시작
**인수** : dataset : SFrame       평가 데이터
      metric : str       분류의 평가 지표(표 5-3-1 참조)
      missing_value_action : str       결손값 발생시 실행하는 조작欠(표 6-1-3참조)
**반환값** : out : dict 평가 결과 사전(키가 평가 기준, 값이 평가 점수)

| 액션 | 설명 |
|---|---|
| auto(default) | 초기 설정은 「impute」 |
| impute | 손실 값에 데이터의 평균을 입력하고 처리 진행 |
| error | 에러를 표시하고 종료 |

▲ 표 6-1-3 결손값 발생시 실행하는 조작

로그에는 다음과 같이 「정답률」이 표시된다. 값은 학습 때마다 다소 올라가거나 내려간다.

```
0.9993706733794839
```

## 6-1-6 모델 저장

「Turi Create 모델」과 「Core ML 모델」을 저장한다.

```
# Turi Create 모델 저장
model.save('./Classification.model')

# Core ML형식 모델 저장
model.export_coreml('./Classification.mlmodel')
```

## 6-1-7 모델 이용

「Turi Create」에서 분류 모델 이용 예는 다음과 같다. 평가 데이터 첫 번째를 기본으로 예측한다.

```
# 예측
prediction = model.predict(test_data[0:1])
print(prediction)

# 정답률
print(test_data[0:1]['quality'])
```

분류 모델 예측을 실행할 때는 「XXXClassier」의 predict()를 사용한다.

> **함수**
> XXXClassifir.predict (dataset, output_type='class', missing_value_action='auto' )
> **설명** : 예측 실행
> **인수** : dataset : SFrame                      예측 데이터
> output_type : str                예측의 출력 형식( 표 6-1-4 참조)
> missing_value_action : str       결손값 발생시 실행하는 조작 ( 표 6-1-3참조)
> **반환값** : out : SArray 예측한 클래스 · 수치

| 예측 출력 형식 | 설명 |
| --- | --- |
| probability | True와 관련시킨 클래스 확률(많은 클래스 분류에는 적용하지 않음) |
| margin | 예측에 관련된 수익(많은 클래스 분류에는 적용하지 않음 |
| probability_vector | 클래스마다의 확률. 클래스명의 영숫자순 |
| class | 클래스명. 많은 클래스 분류의 경우 최대 확률을 가진 클래스를 반환 |

▲ 표 6-1-4 예측의 출력 형식

출력은 다음과 같다. 예측 결과는 「e」로, 정답 데이터는 「e」이므로 정확하게 예측
된 것을 알 수 있다. 정답률은 100%가 아니므로 정확하지 않은 경우도 있다.

```
['e']
['e']
```

## 6-2 회귀

### 6-2-1 회귀 샘플모델 구성

「회귀」는 여러 개의 특징 데이터를 기본으로 연속값 등의 「수치」를 예측하는 작업이다.

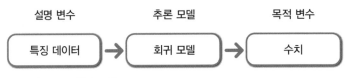

▲ 그림 6-2-1 회귀 모델

이번에는 레드와인의 특징 데이터를 이용하여 레드와인의 품질 점수(0 ~10)를 예측하는 회귀 모델을 작성한다.

### 6-2-2 데이터 세트 준비

이번에는 데이터 세트로 「Wine Quality Data Set」를 준비한다. 4장 「4-4 회귀」와 같이 준비한다. 노트북과 같은 폴더에 데이터 세트를 배치하여 이용한다.

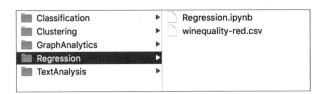

▲ 그림 6-2-2 데이터 세트를 노트북과 같은 폴더에 배치

### 6-2-3 데이터 세트 불러오기

CSV 파일 「winequality-red.csv」을 불러와서 데이터 테이블을 생성한다. 그리고 훈련 데이터와 평가 데이터를 「8 : 2」로 분할한다.

```python
import turicreate as tc

# 데이터 세트
data = tc.SFrame('./winequality-red.csv')

# 데이터 세트 확인
data.explore()

# 훈련 데이터와 평가 데이터로 분할
train_data, test_data = data.random_split(0.8)
```

Turi Create Visualization

| | fixed acidity | volatile acidity | citric acid | residual sugar | chlorides | free sulfur dioxide |
|---|---|---|---|---|---|---|
| 0 | 7.4 | 0.7 | 0 | 1.9 | 0.076 | 11 |
| 1 | 7.8 | 0.88 | 0 | 2.6 | 0.098 | 25 |
| 2 | 7.8 | 0.76 | 0.04 | 2.3 | 0.092 | 15 |
| 3 | 11.2 | 0.28 | 0.56 | 1.9 | 0.075 | 17 |
| 4 | 7.4 | 0.7 | 0 | 1.9 | 0.076 | 11 |
| 5 | 7.4 | 0.66 | 0 | 1.8 | 0.075 | 13 |
| 6 | 7.9 | 0.6 | 0.06 | 1.6 | 0.069 | 15 |
| 7 | 7.3 | 0.65 | 0 | 1.2 | 0.065 | 15 |
| 8 | 7.8 | 0.58 | 0.02 | 2 | 0.073 | 9 |
| 9 | 7.5 | 0.5 | 0.36 | 6.1 | 0.071 | 17 |
| 10 | 6.7 | 0.58 | 0.08 | 1.8 | 0.097 | 15 |
| 11 | 7.5 | 0.5 | 0.36 | 6.1 | 0.071 | 17 |

Row # ↵ 1,599 rows

▲ 그림 6-2-3 explore()로 데이터 세트 확인

## 6-2-4 학습

모델 학습을 시작한다.

```python
# 학습
model = tc.regression.create(train_data, target='quality')
```

회귀 모델 학습시에는 turicreate.regression.create()을 사용한다.

> **함수**
>
> turicreate.regression.create (dataset, target, features=None,
> validation_set='auto', verbose=True )
>
> **설명** : 회귀 모델 학습 시작
>
> **인수** : dataset : SFrame      훈련 데이터
>      target : str      목적 변수의 열명
>      features : list      설명 변수의 열명(None은 목적 변수열 이외 모두)
>      validation_set : SFrame      검증 데이터(auto인 경우에는 훈련 데이터를 나누어 검증, None인 경우에는 검증 없음)
>      verbose : bool      진척 표시
>
> **반환값** : out : XXXRegression      회귀 모델

「Turi Create」는 4 종류의 회귀 모델을 지원하고 있다.

| 클래스 | 이름 |
| --- | --- |
| LinearRegression | 선형 회귀 |
| DecisionTreeRegression | 결정 나무 |
| RandomForestRegression | 무작위 숲 |
| BoostedTreesRegression | GBRT(Gradient Boosted Regression Trees) |

▲ 표 6-2-1 「Turi Create」가 지원하는 6종류의 회귀 모델

turicreate.regression.create()를 사용하면 데이터에 대해 자동적으로 적절한 회귀 모델이 생성된다. 특정 회귀 모델을 생성하고 싶은 경우에는 각 모델용 create()를 사용한다. 이것에 따라 모델 특유의 인수도 지정할 수 있게 된다. 상세한 내용은 API 레퍼런스를 참조한다.

- regression - Turi Create API 5.1 documentation

  https://apple.github.io/turicreate/docs/api/turicreate.toolkits.regression.html

| 클래스 | create |
| --- | --- |
| LinearRegression | turicreate.linear_regression.create() |
| DecisionTreeRegression | turicreate.decision_tree_regression.create() |
| RandomForestRegression | turicreate.random_forest_regression.create() |
| BoostedTreesRegression | turicreate.boosted_trees_regression.create() |

▲ 표 6-2-2 특정 회귀 모델 create()

이 책에서는 회귀 모델을 정리해서 「XXXRegression」라고 기술하고 모든 모델에서 공통 기능으로 소개한다.

## 6-2-5 평가

모델 평가를 시작한다.

```
# 평가
metrics = model.evaluate(test_data)

# 평가 데이터 RMSE
print(metrics['rmse'])
```

회귀 모델 평가시에는 「XXXRegression」의 evaluate()를 사용한다.

> **함수**
> XXXRegression.evaluate (dataset, metric='auto', missing_value_action='auto' )
> **설명** : 회귀 모델 평가 시작
> **인수** : dataset : SFrame          평가 데이터
>        metric : str               회귀의 평가 지표(표 6-2-3 참조)
>        missing_value_action : str     결손값 발생시 실행하는 조작(표 6-1-3참조)
> **반환값** : out : dict 평가 결과 사전(키가 평가 기준, 값이 평가 점수)

| 정수 | 설명 |
| --- | --- |
| auto | 양방 |
| rmse | RMSE(Root Mean Squared Error). 정답과 예측의 제곱 평균 평방근 오차 |
| max_error | 정답과 예측의 최대 절대 편차 |

▲ 표 6-2-3 회귀의 평가 지표

로그에는 다음과 같이 「RMSE」가 표시된다. 값은 학습 때마다 다소 올라가거나 내려간다.

```
0.600367963399406
```

**모델 저장**

「Turi Create 모델」과 「Core ML 모델」을 저장한다.

```
# TuriCreate 모델 저장
model.save('./Regression.model')

# Core ML 형식 모델 저장
model.export_coreml('./Regression.mlmodel')
```

**모델 이용**

「Turi Create」에서 회귀 모델 이용 예는 다음과 같다. 평가 데이터 첫 번째를 기본으로 예측한다.

```
# 예측
prediction = model.predict(test_data[0:1])
print(prediction)

# 정답 데이터
print(test_data[0:1]['quality'])
```

회귀 모델 예측을 실행할 때는 「XXXRegression」의 predict()를 사용한다.

> **함수**
> XXXRegression.predict (dataset, missing_value_action='auto' )
> **설명** : 예측 실행
> **인수** : dataset : SFrame          예측 데이터
>            missing_value_action : str    결손값 발생시 실행하는 조작(표 6-1-3참조)
> **반환값** : out : SArray         예측한 클래스 · 수치

출력값은 다음과 같다. 예측 값은 「5.199929248265737」이고 정답 데이터는 「5」이므로 거의 정확하게 예측된 것을 알 수 있다. 정답률은 100%가 아니므로 정확하지 않은 경우도 있다.

```
[5.199929248265737]
[5]
```

## 6-3 클러스터링 모델

### 6-3-1 클러스터링 모델 샘플 모델 구성

「클러스터링」은 특징 데이터의 패턴을 찾아내서 비슷한 패턴을 가진 성질에 가까운 데이터 끼리 그룹(클러스터)을 나누는 방법이다.

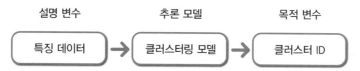

설명 변수　　　　　　추론 모델　　　　　　목적 변수

특징 데이터　→　클러스터링 모델　→　클러스터 ID

▲ 그림 6-3-1 클러스터링 모델

「클러스터링」의 이용 예는 다음과 같다.

- 온라인 쇼핑의 유사 구매자 그룹화
- 사용자별로 추천 상품 소개
- 임의의 상품과 비슷한 상품 소개

「Turi Create」에서는 다음의 클러스터링 모델이 지원된다. 계속해서 이 두 가지 모델의 이용 방법에 대해 설명한다.

- k 평균법
- DBSCAN

### 6-3-2 「k 평균법」이란

「k 평균법」(k-means 법)은 먼저 데이터를 무작위 그룹으로 나눈 후, 비슷한 패턴을 가진 성질의 데이터끼리 같은 그룹(클러스터)이 되도록 조정해 가는 방법이다. 「k」는 몇 개의 그룹(클러스터)으로 나눌지의 수로 사전에 결정해야 한다.

「k 평균법」의 순서는 다음과 같다.

### ◎ ① 초기 상태

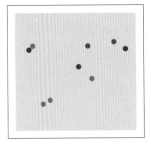

초기 상태에서는 각 점에 무작위로 색을 할당한다. 여기서 색이 「클러스터」를 나타낸다.

이번에는 「클러스터」에 3을 지정했기 때문에 세 가지 색이 된다.

▲ 그림 6-3-2 k 평균법 순서 ①

### ◎ ② 중심 계산

「클러스터」마다 중심(좌표의 평균값)을 계산한다. ★표시가 중심이다.

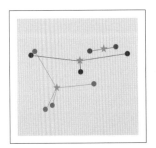

▲ 그림 6-3-3 k 평균법 순서 ②

### ◎ ③ 가장 가까운 중심의 색 변경

점 색을 가장 가까운 중심의 색으로 변경한다.

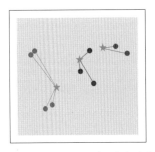

▲ 그림 6-3-4 k 평균법 순서 ③

## ◎ ④ 다시 한번 중심 계산

새로운 클러스터로 중심의 위치를 찾는다. 중심의 위치나 클러스터에 변화가 있을 때는 ②로 돌아간다. 변화가 없을 때는 종료한다.

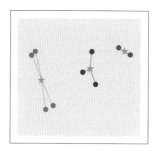

▲ 그림 6-3-5 k 평균법 순서 ④

## 6-3-3 데이터 세트 준비(k 평균법)

이번에는 「주류광고비 연간 지출」 데이터 세트를 이용한다. 이 데이터 세트에는 연도별 주류광고비의 연간 지출이 포함되어 있다.

- 주류광고비 연간 지출

  https://www.khealth.or.kr/acs/acsStat/result?menuld=MENU00691&tableGubun=DATA070201

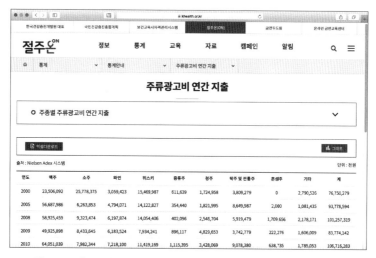

▲ 그림 6-3-6 「주류광고비 연간 지출」 다운로드 페이지

「엑셀다운로드」라는 링크에서 엑셀 파일을 다운로드할 수 있다.

다운로드 후 엑셀에서 「alcohol.csv」라는 이름으로 변환한다.

● alcohol.csv

```
연도, 맥주, 소주, 와인, 위스키, 증류주, 청주, 탁주 및 전통주, 혼성주, 기타, 계
2000,23506092,25778375,3059423,15469987,611639,1724958,3809279,0,2790526,76750279
2005,56687986,6263853,4794071,14122827,354440,1821995,8649987,2000,1081435,93778594
2008,58925459,9323474,6197874,14054406,402096,2546704,5919479,1709656,2178171,10
1257319
~생략~
```

노트북과 같은 폴더에 데이터 세트를 배치하여 이용한다.

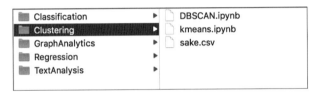

| 📁 Classification | ▶ | 📄 DBSCAN.ipynb |
| 📁 Clustering | ▶ | 📄 kmeans.ipynb |
| 📁 GraphAnalytics | ▶ | 📄 sake.csv |
| 📁 Regression | ▶ | |
| 📁 TextAnalysis | ▶ | |

▲ 그림 6-3-7 데이터 세트를 노트북과 같은 폴더에 배치

## 6-3-4 데이터 세트 불러오기(k 평균법)

데이터 세트를 불러와서 「SFrame」을 작성한다.

```python
import turicreate as tc

# 데이터 세트 불러오기
data = tc.SFrame('./alcohol.csv')

# 지출을 종류별 비율로 변환
column_names = data.column_names()
for x in range(1, 11):
    data[column_names[x]] /= data['계']

#「계」삭제
del data['계']

# 데이터 세트 확인
data.explore()
```

이번에는 연도별 지출이 아닌 주종별 비율로 그룹을 나누기 위해 연도별 지출을
주종별 비율로 변환한다. 그리고 「계」열은 불필요하므로 삭제한다.

## 6-3-5 학습(k 평균법)

모델 학습을 시작한다.

```
# k 평균법 학습
kmeans_model = tc.kmeans.create(data, num_clusters=4, label='연도별')
```

k 평균법 모델 학습시에는 turicreate.kmeans.create()을 사용한다.

> **함수**
> turicreate.kmeans.create (dataset, num_clusters=None, features=None,
> label=None, initial_centers=None, max_iterations=10, batch_size=None,
> verbose=True )
>
> **설명** : k 평균법 학습 시작
> **인수** : dataset : SFrame        훈련 데이터
>           num_clusters : int        클러스터 수
>           features : list        설명 변수의 열명(None은 목적 변수의 열 이외 모두)
>           label : str        목적 변수의 열명
>           initial_centers : SFrame        k 평균법을 시작할 때 사용하는 초기 중심
>           max_iterations : int        최대 훈련 횟수
>           batch_size : int        각 반복으로 사용하는 무작위로 선택된 데이터 포인트 수
>           verbose : bool        진척 표시
> **반환값** : out : KmeansMode        k 평균법 모델

## 6-3-6 모델 이용(k 평균법)

데이터별로 클러스터 ID를 표시할 때는 「KmeansModel」의 「cluster_id」를 사용
한다.

```
# 데이터별 클러스터 ID 표시
cluster_id = kmeans_model.cluster_id
cluster_id = cluster_id.sort('cluster_id') # 정렬
```

```
# 데이터 세트 확인
cluster_id.explore()
```

데이터별로 배정된 「클러스터 ID」와 「중심까지의 거리」가 표시된다.

▲ 그림 6-3-8 k 평균법 데이터별 클러스터 ID 표시

클러스터 정보는 「KmeansModel」의 「cluster_info」에서 취득한다.

```
# 클러스터별 정보 표시
kmeans_model.cluster_info.explore()
```

클러스터별 각 설명 변수의 평균값과 「클러스터 ID」, 「데이터 수」, 「중심까지 거리의 제곱합」이 표시된다.

예를 들어, ID「2」는 「와인」 그룹으로 나누어져 있음을 알 수 있다.

| 열 이름 | 설명 |
| --- | --- |
| cluster_id | 클러스터 ID |
| size | 클러스터가 할당된 데이터 수 |
| sum_squared_distance | 중심까지의 거리 제곱 합 |

▲ 표 6-3-1 클러스터 정보

| | 맥주 | 소주 | 와인 | 위스키 | 증류주 | 청주 | 혼성주 |
|---|---|---|---|---|---|---|---|
| 0 | 0.604495 | 0.0917193 | 0.00553918 | 0.0296312 | 0.00241774 | 0.10269 | 0.024795 |
| 1 | 0.65174 | 0.0391837 | 0.0050306 | 0.0212437 | 0.00168846 | 0.0922483 | 0.0289667 |
| 2 | 0.59265 | 0.215927 | 0.00301942 | 0.0173678 | 0.000945843 | 0.107067 | 0.0138117 |
| 3 | 0.583657 | 0.0690537 | 0.00783881 | 0.0391828 | 0.00252492 | 0.0782238 | 0.0213691 |

▲ 그림 6-3-9 클러스터별 정보 표시

## 6-3-7 「DBSCAN」이란

「DBSCAN」(Density-based spatial clustering of applications with noise)는 밀도가 높은 인접 데이터를 접속하는 것으로 비슷한 패턴을 가진 성질에 가까운 데이터마다 그룹(클러스터)을 나누는 방법이다. 「DBSCAN」에서는 데이터를 다음 세 종류로 분류하는 것으로 구현한다.

| 데이터 종류 | 설명 |
|---|---|
| Core Point | 가까이에 다수의 다른 데이터가 존재하는 데이터. 파라미터 「min_core_neighbors」로 몇 개 이상을 다수라고 판단할지, 파라미터 「radius」로 거리가 어느 정도 이상일 때 가깝다고 판단할지를 지정함 |
| Boundary Point | 「Core Point」의 가까이에 있지만 Core Point라고 간주될 때는 가까운 쪽의 데이터가 부족한 데이터 |
| Noise Point | 그외의 데이터. 「Core Point」라고 간주될 때는 가까운 쪽의 데이터가 적고 가까이에 Core Point도 없음 |

▲ 표 6-3-2 DBSCAN 데이터 종류

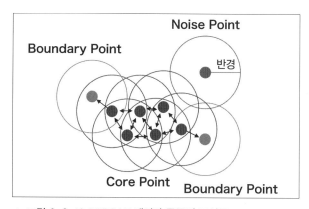

▲ 그림 6-3-10 DBSCAN 데이터 종류의 모식도

「클러스터」는 인접한 「Core Point」끼리 접속한 후 「Boundary Point」를 가장 가까운 「Core Point」의 클러스터에 배정하는 것에 따라 형성된다. 「NoisePoint」는 미배정 상태 그대로이다.

「DBSCAN」는 「k 평균법」보다 처리는 느리지만 다음과 같은 이점이 있다.

- 클러스터 수를 사전에 결정할 필요가 없다.
- 구형태의 클러스터만 찾을 수 있는 「k 평균법」과 비교해서 훨씬 유연한 클러스터 형태를 검출할 수 있다.
- 주변값을 찾아서 라벨을 붙이므로 이상값과 이상 검출에 최적화된 툴이다.
- 거리 함수를 선택할 수 있다.

## 6-3-8 데이터 세트 준비(DBSCAN)

이번에는 데이터 세트로 고도의 과학 계산을 실행하기 위한 라이브러리 「scipy」에 부속하는 make_moons()를 사용한다. make_moons()라는 함수에 따라 두 개의 초승달 모양을 나타내는 많은 XY 좌표 리스트를 생성할 수 있다.

「DBSCAN」는 「k 평균법」과 비교해서 보다 복잡한 클러스터 형태를 추출할 수 있음을 나타내기 위해 초승달의 XY 좌표 리스트를 사용한다.

「scipy」가 설치되어 있지 않은 경우에는 다음과 같이 설치한다.

```
$ pip install scipy
```

## 6-3-9 데이터 세트 불러오기(DBSCAN)

데이터 세트를 불러와 「SFrame」을 작성한다.

```
import turicreate as tc
import matplotlib.pyplot as plt
from sklearn.datasets import make_moons

# 데이터 세트 불러오기
data = make_moons(n_samples=200, shuffle=True, noise=0.1, random_statc=19)
data = tc.SFrame(data[0]).unpack('X1')
```

```
# 데이터 세트 확인
data.explore()
```

make_moon() 함수의 서식은 다음과 같다.

> **함수**
> sklearn.datasets.make_moons (n_samples=100, shuffle=True, noise=None,
> random_state=None )
> **설명** : 2 개의 초승달 모양을 나타내는 많은 XY 좌표 리스트 생성
> **인수** : n_samples : int                          생성하는 점 수
>         shufe : bool                            셔플여부 판단
>         noise : double                          가우스 소음의 표준 편차
>         random_state : int                      난수 시드
> **반환값** : x : array of shape [n_samples, 2]     생성하는 점
>         y : array of shape [n_samples]         클래스(0 또는 1)

unpack()은 SFrame의 열이 「list」, 「array」, 「dict」인 경우, 한 개의 열을 복수의
열로 전개하는 명령이 된다.

데이터 세트를 확인하면 다음과 같이 초승달 모양의 XY 좌표 리스트를 나타내는
테이블(X 좌표가 X1.0, Y 좌표가 X1.1)이 된다.

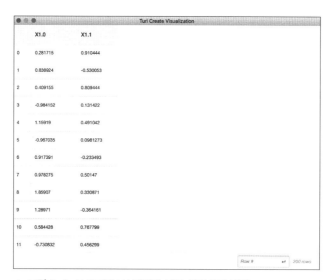

▲ 그림 6-3-11 DBSCAN 데이터 세트 불러오기 결과

**6-3-10** 학습(DBSCAN)

모델 학습을 시작한다.

```
# DBSCAN 모델 학습
dbscan_model = tc.dbscan.create(data, radius=0.25)
```

DBSCAN 모델 학습시에는 turicreate.dbscan.create()을 사용한다.

> **함수**
> turicreate.dbscan.create (dataset, features=None, distance=None, radius=1.0, min_core_neighbors=10, verbose=True )
> **설명** : DBSCAN 학습 시작
> **인수** : dataset : SFrame       훈련 데이터
>         features : list         설명 변수의 열명(None은 목적 변수 열 이외의 모두)
>         distance : str or list    입력 데이터 사이의 거리를 예측하는 함수,
>                                  두 가지의 지정 방법이 있음.(표 6-3-3 참조)
>         radius : int or float    반지름
>         min_core_neighbors : int    Core Point에 필요한 반지름 내의 인접 노드 수
>         verbose : bool         진척 표시
> **반환값** : out : DBSCANModel      DBSCAN 모델

| 지정 방법 | 설명 |
|---|---|
| String | 표준 거리의 함수 이름. 다음중 하나를 str로 지정<br>• euclidean              • weighted_jaccard<br>• squared_euclidean   • cosine<br>• manhattan          • dot_product(deprecated)<br>• levenshtein        • transformed_dot_product<br>• jaccard |
| Composite distance | 설명 변수에 적용된 표준 거리 함수의 가중치 합을 list로 지정하며 다음 3가지 요소를 포함<br>• 특징명의 list 또는(str)<br>• 표준 거리명(str)<br>• 배율(int or float) |

▲ 표 6-3-3 거리를 측정한 함수

## 6-3-11 모델 이용(DBSCAN)

데이터별로 클러스터 ID를 표시할 때는 「DBSCANModel」의 「cluster_id」를 사용한다.

```
# 데이터별 클러스터 ID 표시
cluster_id = dbscan_model.cluster_id
cluster_id = cluster_id.sort('cluster_id') # 정렬

# 데이터 세트 확인
cluster_id.explore()
```

「행 ID」와 데이터마다 배정된 「클러스터 ID」와 「종류별」(core, boundary, noise)이 표시된다. 「Noise Point」는 클러스터에 배정되지 않는다.

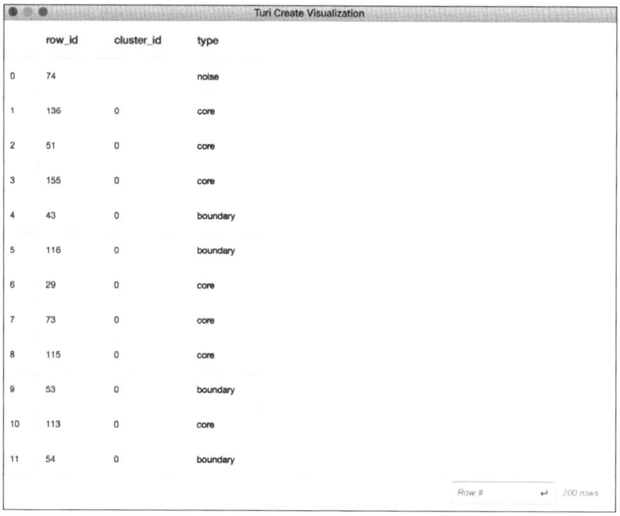


| | row_id | cluster_id | type |
|---|---|---|---|
| 0 | 74 | | noise |
| 1 | 136 | 0 | core |
| 2 | 51 | 0 | core |
| 3 | 155 | 0 | core |
| 4 | 43 | 0 | boundary |
| 5 | 116 | 0 | boundary |
| 6 | 29 | 0 | core |
| 7 | 73 | 0 | core |
| 8 | 115 | 0 | core |
| 9 | 53 | 0 | boundary |
| 10 | 113 | 0 | core |
| 11 | 54 | 0 | boundary |



▲ 그림 6-3-12 DBSCAN 데이터마다 클러스터 ID 표시

「행 ID」만 있으면 알기 어려우므로 data에 cluster_id를 연결한다.

```
# data에 cluster_id 연결
data = data.add_row_number('row_id')
data = data.join(dbscan_model.cluster_id, on='row_id', how='left')

# 데이터 세트 확인
data.explore()
```

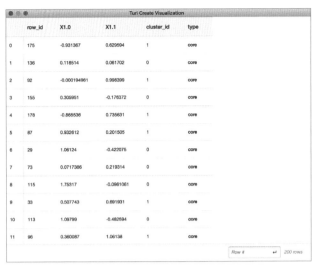

| | row_id | X1.0 | X1.1 | cluster_id | type |
|---|---|---|---|---|---|
| 0 | 175 | -0.931367 | 0.629594 | 1 | core |
| 1 | 136 | 0.118514 | 0.061702 | 0 | core |
| 2 | 92 | -0.000194961 | 0.998399 | 1 | core |
| 3 | 155 | 0.305951 | -0.176372 | 0 | core |
| 4 | 178 | -0.865536 | 0.735631 | 1 | core |
| 5 | 87 | 0.932612 | 0.201505 | 0 | core |
| 6 | 29 | 1.06124 | -0.422075 | 0 | core |
| 7 | 73 | 0.0717386 | 0.219314 | 0 | core |
| 8 | 115 | 1.75317 | -0.0961061 | 0 | core |
| 9 | 33 | 0.507743 | 0.691931 | 1 | core |
| 10 | 113 | 1.09799 | -0.482594 | 0 | core |
| 11 | 96 | 0.360087 | 1.06138 | 1 | core |

▲ 그림 6-3-13 data에 cluster_id 연결

그리고 그래프로 플롯한다.

```
# 플롯 스타일 지정
plt.style.use('ggplot')

# Core Point, Boundary Point Noise, Point 배열 생성
core_mask = data['type'] == 'core'
boundary_mask = data['type'] == 'boundary'
noise_mask = data['type'] == 'noise'

# 플롯 개시
fig, ax = plt.subplots()

# 산포도 그리기
ax.scatter(data['X1.0'][core_mask], data['X1.1'][core_mask], s=80,
    alpha=0.9, c=data['cluster_id'][core_mask], cmap=plt.cm.Set1)
ax.scatter(data['X1.0'][boundary_mask], data['X1.1'][boundary_mask], s=40,
    alpha=0.7, c=data['cluster_id'][boundary_mask], cmap=plt.cm.Set1)
ax.scatter(data['X1.0'][noise_mask], data['X1.1'][noise_mask], s=40,
    alpha=0.7, c='black')

# 플롯 표시
fig.show()
```

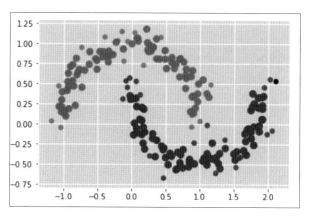

▲ 그림 6-3-14 DBSCAN에서의 그래프 플롯

6-3-12 **make_moons를 k 평균법으로 클러스터 분석**

앞의 「DBSCAN」에서의 클러스터 분석과 앞에서 기술한 「k 평균법」에서의 클러스터 분석을 비교한다. make_moons을 k 평균법에서 클러스터 분석할 때는 다음과 같이 기술한다.

```
# k평균법 학습
kmeans_model = tc.kmeans.create(data, features=['X1.0', 'X1.1'], num_clusters=2)

# kmeans_id열 추가
data['kmeans_id'] = kmeans_model.cluster_id['cluster_id']

# 플롯
fig, ax = plt.subplots()
ax.scatter(data['X1.0'], data['X1.1'], s=80, alpha=0.9, c=data['kmeans_id'],
    cmap=plt.cm.Set1)
fig.show()
```

그림 6-3-14과 다음의 그림 6-3-15를 비교하면 「k 평균법」에서 복잡한 클러스터 형태는 익숙하지 못한 것을 알 수 있다.

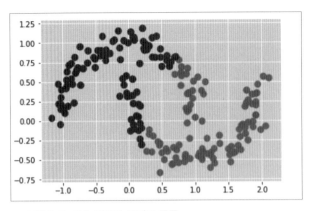

▲ 그림 6-3-15 k 평균법 그래프 플롯

## 6-4 그래프 분석

### 6-4-1 그래프 분석 샘플 모델 개요

「그래프 분석」은 「그래프」의 특징 데이터를 기본으로 통계 정보를 분석하는 작업이다.

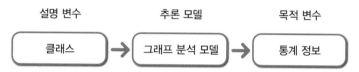

설명 변수 → 추론 모델 → 목적 변수

클래스 → 그래프 분석 모델 → 통계 정보

▲ 그림 6-4-1 그래프 분석 모델

「Turi Create」에서는 다음의 그래프 분석 모델이 지원된다. 계속해서 각 분석 모델의 이용법을 설명한다.

* 연결 성분
* 페이지 순위
* 최단 경로
* 그래프 채색
* K-Core 분해
* 트라이앵글 카운트

### 6-4-2 그래프의 개요

「그래프 분석」에서 다루는 「그래프」는 「꼭짓점」(vertex)과 꼭짓점 사이를 잇는 「변」(edge)으로 이루어지는 데이터 구조이다.

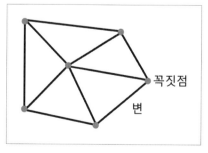

꼭짓점

변

▲ 그림 6-4-2 꼭짓점과 변

그래프는 요소가 복잡하게 얽혀있는 데이터 구조를 표현하는 데 적합하다.

- 교통망(꼭짓점 : 도시나 역, 변 : 도로나 노선)
- Web 페이지(꼭짓점 : 페이지, 변 : 링크)
- 전자 메일(꼭짓점 : 메일 클라이언트, 변 : 메일 송수신)
- 의존 관계(꼭짓점 : 현상, 변 : 원인과 결과의 관계)

## ◎ 차수(degree)

꼭짓점을 접속하는 변의 수를 꼭짓점의 「차수」라고 한다. 아래의 꼭짓점의 차수는 「5」가 된다.

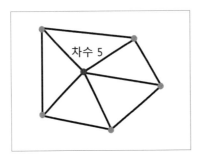

▲ 그림 6-4-3 차수

## ◎ 경로(path)

「꼭짓점 – 변 – 꼭짓점 – 변 – 꼭짓점 – … – 꼭짓점」으로 같은 꼭짓점을 지나지 않는 것을 「경로」라고 한다. 「경로」는 「변의 열」 또는 「꼭짓점의 열」로 나타낸다.

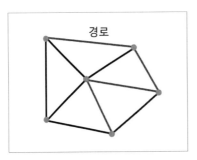

▲ 그림 6-4-4 경로

## ◎ 닫힌 경로(cycle)

「꼭짓점−변−꼭짓점−변−꼭짓점−⋯−꼭짓점」으로 시작과 끝이 같은 꼭짓점 이외, 같은 꼭짓점을 지나지 않는 것을 「닫힌 경로」라고 한다.

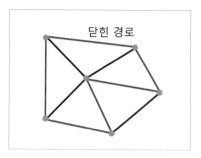

▲ 그림 6-4-5 닫힌 경로

## ◎ 연결 그래프(connected graph)와 비연결 그래프(disconnected graph)와 연결 성분(connected component)

「경로」에 따라 꼭짓점이 모두 연결되어 있는 그래프를 「연결 그래프」, 연결되어 있지 않은 그래프를 「비연결 그래프」라고 한다.

「비연결 그래프」를 구성하는 각 「연결 그래프」를 「연결 성분」이라고 한다.

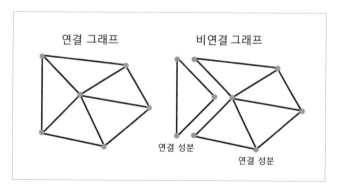

▲ 그림 6-4-6 연결 그래프와 비연결 그래프, 연결 성분

## ◎ 방향 그래프(directed graph)

변에 방향이 주어진 그래프를 「방향 그래프」라고 한다.

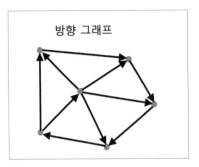

▲ 그림 6-4-7 방향 그래프

데이터 세트 준비

이번에는 데이터 세트로 아래의 그래프를 CSV로 나타낸 것을 이용한다. 실제로는 웹 페이지나 전자 메일 등 조사 대상의 그래프 데이터를 사용하지만 그래프의 계산을 알기 쉽게 단순한 것을 사용한다.

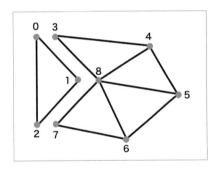

▲ 그림 6-4-8 샘플 데이터 세트 그래프

CSV의 첫 번째 열이 꼭짓점의 시작점, 두 번째 열이 꼭짓점의 종점이 된다.

• graph.csv

```
2,0
1,0
2,1
3,4
4,5
5,6
6,7
```

```
7,8
8,3
8,4
8,5
8,6
```

이 데이터에 「graph.csv」라고 이름을 붙여 노트북과 같은 폴더에 데이터 세트를 배치하여 이용한다.

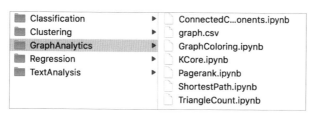

▲ 그림 6-4-9 데이터 세트를 노트북과 같은 폴더에 배치

### 6-4-4 데이터 세트 불러오기(연결 성분)

그래프 내의 「연결 성분」을 계산하는 작업를 실행한다. 웹 사이트(꼭짓점 : 페이지, 변 : 링크)의 미연결 페이지 발견 등에 이용할 수 있다. 데이터 세트를 불러와서 「SGraph」를 작성한다.

```python
import turicreate as tc

# 데이터 세트 불러오기
graph = tc.load_sgraph('./graph.csv', format='snap')
print(graph)
```

「SGraph」로 불러올 때는 turicreate.load_sgraph()를 사용한다.

**함수**
turicreate.load_sgraph (fiename, format='binary', delimiter='auto' )
**설명** : SGraph 불러오기
**인수** : lename : str                     파일명
       format : str                    파일 포맷(표 6-4-1 참조)
       delimiter : str                단락 문자
**반환값** : out : SGraph                   SGraph 오브젝트

| 파일 포맷 | 설명 |
|---|---|
| binary | SGraph.save()로 저장한 바이너리 |
| snap | 탭 또는 스페이스로 단락을 나누는 주석 첨부 리스트. 「snap」은, Stanford Network Analysis Platform의 약어 |
| csv | 헤더나 주석이 없는 콤마 구분자 리스트 |
| tsv | 헤더나 주석이 없는 탭 구분자 리스트 |

▲ 표 6-4-1 파일 포맷

## 6-4-5 학습(연결 성분)

모델 학습을 시작한다.

```
# 학습
model = tc.connected_components.create(graph)
```

연결 성분 모델 학습시에는 turicreate.connected_components.create()을 사용한다.

**함수**

turicreate.connected_components.create (graph, verbose=True )

**설명** : 연결 성분 모델 학습 시작

**인수** : graph : SGraph          SGraph 오브젝트

        verbose : bool          진척 표시

**반환값** : out : ConnectedComponentsModel 연결 성분 모델

각종 정보를 취득하기 위한 ConnectedComponentsModel의 속성은 다음과 같다.

| 속성 | 설명 |
|---|---|
| component_size | 연결 성분마다의 꼭짓점 수 |
| component_id | 꼭짓점마다의 연결 성분 ID |
| graph | 꼭짓점마다의 연결 성분 ID 속성을 가진 그래프 |
| training_time | 모델의 학습 시간 |

▲ 표 6-4-2 ConnectedComponentsModel 속성

## ◎ 연결 성분마다의 꼭짓점 수

연결 성분마다의 꼭짓점 수를 취득할 때는 ConnectedComponentsModel의
component_size를 사용한다.

```
# 연결 성분별 꼭짓점 수
model.component_size.sort('component_id').explore()
```

▲ 그림 6-4-10 연결 성분마다의 꼭짓점 수

## ◎ 꼭짓점별 연결 성분 ID

꼭짓점별 연결 성분 ID를 취득할 때는 ConnectedComponentsModel의
component_id를 사용한다.

```
# 꼭짓점별 연결 성분 ID
model.component_id.sort('__id').explore()
```

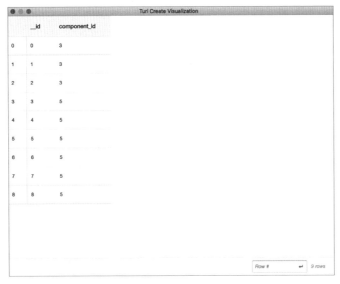

▲ 그림 6-4-11 꼭짓점별 연결 성분 ID

◎ 꼭짓점별 연결 성분 ID 속성을 가진 그래프

꼭짓점별 연결 성분 ID 속성을 가진 그래프를 취득할 때는 Connected ComponentsModel의 graph를 사용한다. SGraph의 vertices에 연결 성분 ID (component_id 열)이 포함되어 있다.

출력 결과는 「꼭짓점별 연결 성분 ID」와 같다.

```
# 꼭짓점별 연결성분ID 프로퍼티를 가지는 그래프
model.graph.vertices.sort('__id').explore()
```

SGraph의 속성은 다음과 같다.

| 속성 | 설명 |
| --- | --- |
| edges | 변의 SFrame |
| vertices | 꼭짓점의 SFrame |

▲ 표 6-4-3 SGraph 속성

# 데이터 세트 불러오기(그래프 채색)

그래프 내의 「그래프 채색」을 계산하는 작업을 실행한다. 「그래프 채색」은 인접하는 꼭짓점과 같은 색을 가지지 않도록 각 꼭짓점에 색을 배정하는 처리가 된다. 최소한의 색수를 보증하는 것이 아니므로 실행마다 다른 결과를 돌려줄 가능성이 있다.

지도를 나라마다 채색하는 문제가 기원인 퍼즐 「스도쿠」도 그래프 채색 문제의 변형이다.

그래프 채색 데이터 불러오기는 앞의 「6-4-4 데이터 세트 불러오기(연결 성분)」과 같다.

# 학습(그래프 채색)

모델 학습을 시작한다.

```
# 학습
model = tc.graph_coloring.create(graph)
```

그래프 채색 모델 학습시에는 turicreate.graph_coloring.create()을 사용한다.

**함수**
turicreate.graph_coloring.create (graph, verbose=True )
**설명** : 그래프 채색 모델 학습 시작
**인수** : graph : SGraph          SGraph 오브젝트
        verbose : bool          진척 표시
**반환값** : out : GraphColoringMode          그래프 채색 모델

각종 정보를 취득하기 위한 GraphColoringModel의 속성은 다음과 같다.

| 속성 | 설명 |
|------|------|
| num_colors | 그래프 채색의 색수 |
| graph | 꼭짓점마다 그래프 채색 ID 속성을 가진 그래프 |
| training_time | 모델의 학습 시간 |

▲ 표 6-4-4 GraphColoringModel 속성

## ◎ 그래프 채색의 색수

그래프 채색의 색수를 취득할 때는 GraphColoringModel의 num_colos를 사용한다.

```
# 그래프 채색 색수
print(model.num_colors)
```

출력은 「3」이 된다.

```
3
```

## ◎ 꼭짓점별 그래프 채색 ID 속성을 가진 그래프

꼭짓점별 그래프 채색 ID 속성을 가진 그래프를 취득할 때는 GraphColoringModel의 graph를 사용한다. SGraph의 vertices에 그래프 채색 ID(color_id 열)가 포함되어 있다.

```
# 꼭짓점별 그래프 채색 ID 프로퍼티를 가지는 그래프
model.graph.vertices.sort('__id').explore()
```

▲ 그림 6-4-12 꼭짓점별 연결 성분 ID 속성을 가진 그래프

color_id의 「0」을 파란색, 「1」을 빨간색, 「2」를 초록색으로 채색하면 다음과 같다.

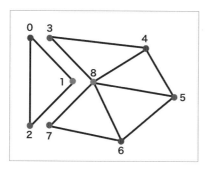

▲ 그림 6-4-13 그래프 채색 결과

## 6-4-8 학습(페이지 순위)

웹 페이지의 중요도를 계산하는 작업이다. Google 검색 엔진의 검색 결과에도 사용되고 있는 알고리즘이다.

모델 학습을 시작한다.

```
# 학습
model = tc.pagerank.create(graph, max_iterations=10)
```

페이지 순위 모델 학습시에는 turicreate.pagerank.create()을 사용한다.

**함수**

turicreate.pagerank.create (graph, reset_probability=0.15, threshold=0.01, max_iterations=20, _single_precision=False, _distributed='auto', verbose=True )

**설명** : 페이지 순위 모델 학습 시작

| **인수** : graph : SGraph | SGraph 오브젝트 |
|---|---|
| reset_probability : float | 그래프 내 임의의 노드에 무작위로 점프하는 확률 |
| threshold : float | 꼭짓점별 페이지 순위 delta의 L1 법칙(절대값 합계)으로 측정된 임계값 |
| max_iterations : int | 최대 훈련 횟수 |
| verbose : bool | 진척 표시 |
| **반환값** : out : PagerankModel | 페이지 순위 모델 |

각종 정보를 취득하기 위한 PagerankModel의 속성은 다음과 같다.

| 속성 | 설명 |
|---|---|
| pagerank | 꼭짓점마다의 페이지 순위 |
| graph | 꼭짓점마다의 페이지 순위 속성을 가진 그래프 |
| delta | L1 법칙의 최종 훈련에 대한 페이지 순위 변화 |
| threshold | 꼭짓점마다의 페이지 순위 delta의 L1 법칙으로 측정된 결과의 역치 |
| reset_probability | 그래프 내 임의의 노드에 무작위로 점프하는 확률 |
| max_iterations | 최대 훈련 회수 |
| num_iterations | 훈련 회수 |
| training_time | 모델의 학습 시간 |

▲ 표 6-4-5 PagerankModel 속성

## ◎ 꼭짓점별 페이지 순위

꼭짓점별 페이지 순위를 취득할 때는 PagerankModel의 pagerank를 사용한다.

```
# 꼭짓점별 페이지 순위
model.pagerank.sort('__id').explore()
```

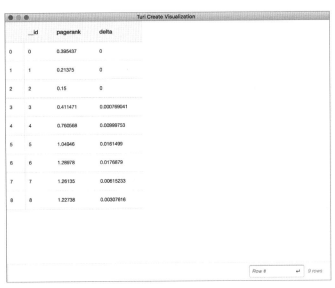

▲ 그림 6-4-14 꼭짓점별 페이지 순위

## ◎ 꼭짓점별 페이지 순위 속성을 가진 그래프

꼭짓점별 페이지 순위 속성을 가진 그래프를 획득할 때는 PageranklModel의 graph를 사용한다. SGraph의 vertices에 페이지 순위(pagerank열)가 포함되어 있다.

출력 결과는 「꼭짓점별 페이지 순위」와 같다.

```
# 꼭짓점별 페이지 순위 프로퍼티를 가지는 그래프
model.graph.vertices.sort('__id').explore()
```

## 6-4-9 학습(K-Core 분해)

「K-Core」는 각 꼭짓점의 차수가 k 이상이 될 것 같은 부분 그래프로 「K-Core 분해」는 K-Core에 분해하는 작업이다. 그래프의 꼭짓점별 코어 ID와 코어 ID를 가진 모델 오브젝트를 돌려준다.

모델 학습을 시작한다.

```
#학습
model = tc.pagerank.create(graph, max_iterations=10)
```

K-Core 분해 모델 학습시에는 turicreate.kcore.create()을 사용한다.

> **함수**
> turicreate.kcore.create (graph, kmin=0, kmax=10, verbose=True )
> **설명** : K-Core 분해 모델 학습 시작
> **인수** : graph : SGraph               SGraph 오브젝트
>         kmin : int                 최소 Core ID
>         kmax : int                최대 Core ID
>         verbose : bool           진척표시
> **반환값** : out : KcoreModel      K-Core 분해 모델

각종 정보를 취득하기 위한 KcoreModel의 속성은 다음과 같다.

| 속성 | 설명 |
|---|---|
| core_id | 꼭짓점마다의 Core ID |
| graph | 꼭짓점마다의 Core ID 속성을 가진 그래프 |
| kmax | 최대 Core ID |
| kmin | 최소 Core ID |
| training_time | 모델의 학습 시간 |

▲ 표 6-4-6 KcoreModel 속성

## ◎ 꼭짓점별 Core ID

꼭짓점별 Core ID를 취득할 때는 KcoreModel의 core_id를 사용한다.

```
# 꼭짓점별 Core ID
model.core_id.sort('__id').explore()
```

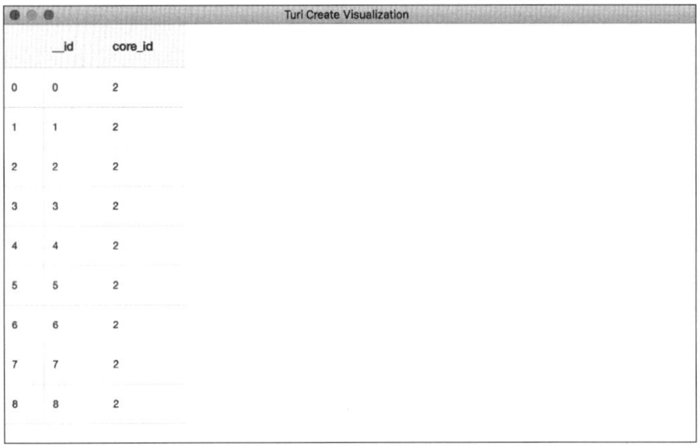


| | __id | core_id |
|---|---|---|
| 0 | 0 | 2 |
| 1 | 1 | 2 |
| 2 | 2 | 2 |
| 3 | 3 | 2 |
| 4 | 4 | 2 |
| 5 | 5 | 2 |
| 6 | 6 | 2 |
| 7 | 7 | 2 |
| 8 | 8 | 2 |

▲ 그림 6-4-15 꼭짓점별 Core ID

## ◎ 꼭짓점별 Core ID 속성을 가진 그래프

꼭짓점별 Core ID 속성을 가진 그래프를 취득할 때는 KcoreModel의 graph를 사용한다. SGraph의 vertices에 Core ID(core_id열)이 포함되어 있다. 출력 결과는 「꼭짓점별 Core ID」와 같다.

```
# 꼭짓점별 Core ID 프로퍼티를 가지는 그래프
model.graph.vertices.sort('__id').explore()
```

학습(최단 경로)

꼭짓점에서 그래프 내의 모든 꼭짓점까지의 「최단 경로」를 계산하는 작업이다. 임의의 웹 페이지 사이의 최단 경로 계산 등에 이용할 수 있다.

최단 경로의 분포가 가장 작은 꼭짓점은 그래프의 가장 중앙 노드를 생각할 수 있다. 또한 「Turi Create」의 그래프는 방향 그래프(그림 6-4-1 참조 )를 위한 꼭 짓점에의 최단 방향 경로도 검출할 수 있다.

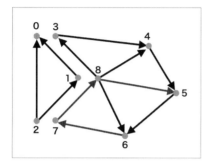

▲ 그림 6-4-16 최단 거리란

모델 학습을 시작한다. 이번에는 소스(시작 지점)의 꼭짓점을 「6」으로 한다.

```
# 학습
model = tc.shortest_path.create(graph, source_vid=6)
```

최단 경로 모델 학습시에는 turicreate.shortest_path.create()을 사용한다.

> **함수**
> turicreate.shortest_path.create (graph, source_vid, weight_field=", max_distance=1e+30, verbose=True )
> **설명** : 최단 경로 모델 학습 시작
> **인수** : graph : SGraph                   SGraph 오브젝트
>          source_vid : int               소스 꼭짓점 ID
>          weight_eld : str              주변의 무게를 나타내는 필드
>          verbose : bool                진척 표시
> **반환값** : out : ShortestPathModel      최단 경로 모델

각종 정보를 취득하기 위한 ShortestPathModel의 속성은 다음과 같다.

| 속성 | 설명 |
|------|------|
| distance | 꼭짓점마다의 소스 꼭짓점까지의 거리 |
| graph | 꼭짓점마다의 소스 꼭짓점까지의 거리 속성을 가진 그래프 |
| max_distance | 임의의 꼭짓점 사이의 최대 거리 |
| weight_field | 변의 무게를 나타내는 필드 |
| source_vid | 소스 꼭짓점의 ID |
| training_time | 모델의 학습 시간 |

▲ 표 6-4-7 ShortestPathModel 프로퍼티

◎ 최단 경로 획득

최단 경로를 획득할 때는 ShortestPathModel의 get_path()을 사용한다.

```
# 최단 경로 획득
model.get_path(vid=5)
```

get_path()의 서식은 다음과 같다.

**함수**
ShortestPathModel.get_path (vid, highlight=None )
**설명** : 최단 경로 취득
**인수** : vid : int        도착 지점 꼭짓점 ID
       highlight : list        경로가 플롯될 경우, 다른 색으로 플롯해서 하이라이트를 표시하는 꼭짓점
**반환값** : path : list        튜플(꼭짓점 ID, 거리) 리스트

출력값은 다음과 같다.

```
[(6, 0.0), (7, 1.0), (8, 2.0), (5, 3.0)]
```

◎ 소스 꼭짓점에서 각 꼭짓점까지의 거리

소스 꼭짓점에서 각 꼭짓점까지의 거리를 취득할 때는 ShortestPathModel의
distance를 사용한다.

```
# 소스 꼭짓점에서 각 꼭짓점까지의 거리
model.distance.sort('__id').explore()
```

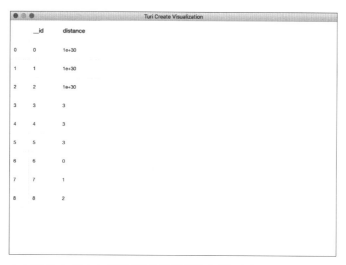

▲ 그림 6-4-17 소스 꼭짓점에서 각 꼭짓점까지의 거리

### ◎ 소스 꼭짓점에서 각 꼭짓점까지의 거리 속성을 가진 그래프

소스 꼭짓점에서 각 꼭짓점까지의 거리 속성을 가진 그래프를 취득할 때는 ShortestPathModel의 graph를 사용한다. SGraph의 vertices에 거리(distance 열)가 표함되어 있다.

출력 결과는 「소스 꼭짓점에서 각 꼭짓점 까지의 거리」와 같다.

```
# 소스 꼭짓점에서 각 꼭짓점까지의 거리
model.graph.vertices.sort('__id').explore()
```

### ◎ 임의의 꼭짓점 사이 최대 거리

임의의 꼭짓점 사이 최대 거리를 취득할 때는 ShortestPathModel의 max_distance를 사용한다.

```
# 임의의 꼭짓점간 최대거리
print(model.max_distance)
```

이번에는 경로가 없는 꼭짓점도 있으므로 「1e+30」이 된다.

```
1e+30
```

**학습(트라이앵글 카운트)**

꼭짓점에 인접하는 삼각형의 수「트라이앵글 카운트」를 계산하는 작업이다. 꼭짓점 근방의「밀도」의 척도로서 이용할 수 있다. 그림의 왼쪽 그래프에서 빨간색 꼭짓점의 인접 꼭짓점은 다른 인접 꼭짓점과 접속되지 않아서「밀도가 적다」, 오른쪽 그래프에서 다른 모든 인접 꼭짓점과 접속되어 있어서「밀도가 높다」는 것을 나타낸다.

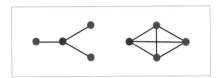

▲ 그림 6-4-18 트라이앵글 카운트와 밀도

모델 학습을 시작한다.

```
# 학습
model = tc.triangle_counting.create(graph)
```

트라이앵글 카운트 모델 학습시에는 turicreate.shortest_path. create()를 사용한다.

**함수**

turicreate.triangle_counting.create (graph, verbose=True )

**설명** : 트라이앵글 카운트 모델 학습 시작

**인수** : graph : SGraph           SGraph 오브젝트

         verbose : bool           진척 표시

**반환값** : out : TriangleCountingModel      트라이앵글 카운트 모델

각종 정보를 취득하기 위한 TriangleCountingModel의 속성은 다음과 같다.

| 속성 | 설명 |
|---|---|
| triangle_count | 꼭짓점마다의 삼각형 수 |
| graph | 꼭짓점마다의 삼각형 수 속성을 가진 그래프 |
| num_triangles | 그래프 내 삼각형의 총 수 |
| training_time | 모델의 학습 시간 |

▲ 표 6-4-8 TriangleCountingModel 속성

## ◎ 꼭짓점별 삼각형 수

꼭짓점별 삼각형 수를 취득할 때는 TriangleCountingModel의 triangle_count
를 사용한다.

```
# 꼭짓점별 삼각형 수
model.triangle_count.sort('__id').explore()
```

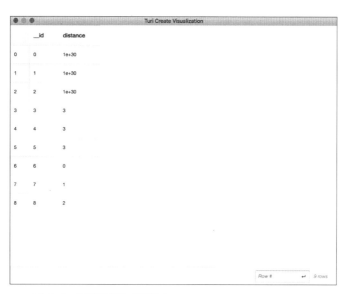

▲ 그림 6-4-19 꼭짓점별 삼각형 수

## ◎ 꼭짓점별 삼각형 수 속성을 가진 그래프

꼭짓점별 삼각형 수 속성을 가진 그래프를 취득할 때는 ShortestPathModel의
graph를 사용한다. SGraph의 vertices에 거리(distance열)가 포함되어 있다.

출력 결과는 「꼭짓점별 삼각형 수」와 같다.

```
# 꼭짓점별 삼각형 수 프로퍼티를 가지는 그래프
model.graph.vertices.sort('__id').explore()
```

## ◎ 그래프 내 삼각형 총수

그래프 내 삼각형 총수를 취득할 때는 ShortestPathModel의 num_triangles를

사용한다.

```
# 그래프내 삼각형 총 개수
print(model.num_triangles)
```

출력은 「3」이 된다.

```
3
```

## 6-5 텍스트 분석

### 6-5-1 텍스트 분석 샘플 모델 구성

「텍스트 분석」은 텍스트 데이터를 기본으로 통계 정보를 분석하는 작업이다.

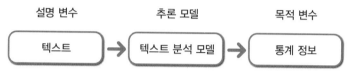

▲ 그림 6-5-1 그래프 분석 모델

「Turi Create」에서는 다음의 텍스트 분석 모델이 지원된다.

• 토픽 모델

### 6-5-2 데이터 세트 준비

이번에도 「국립국어원 언어정보 나눔터」의 말뭉치(코퍼스)를 이용한다. 5장 「5-8 텍스트 분류」와 같이 준비한다. 노트북과 같은 폴더에 데이터 세트를 배치하여 이용한다.

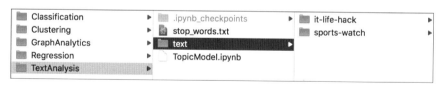

▲ 그림 6-5-2 데이터 세트를 노트북과 같은 폴더에 배치

### 6-5-3 띄어쓰기와 MeCab

「Turi Create」의 텍스트 처리에서는 문장을 「띄어쓰기」한 후 처리할 필요가 있다. 파이썬에서 「띄어쓰기」로 변환할 때는 「MeCab」을 사용한다. 5장 「5-5 텍스트 분류」와 같이 준비한다.

**토픽 모델이란**

「토픽 모델」은 각 문장이 복수의 토픽으로 구성되어 있다고 가정하고 부여된 「토픽」에 대해 단어가 출현하는 가능성을 예측하는 작업이다.

「이 기사는 60%는 스포츠, 30%는 IT…」라는 문장의 구성을 예측할 수 있다. 이것에 따라 문장의 특징을 파악하고 문장 간의 차이 등을 정량적으로 파악할 수 있게 된다.

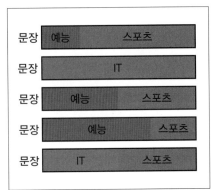 

▲ 그림 6-5-3 문장과 토픽 (그림 수정 필요)　　▲ 그림 6-5-4 토픽과 단어

몇 개의 카테고리에 어떻게 분류할 지는 모델에 달려있다. 사람이 세지 않고 데이터 특징을 시스템 스스로 발견하기 위한 「자율 학습」의 하나이다.

「토픽 모델」의 이용 예는 다음과 같다.

- 비슷한 투고를 하는 사용자(흥미가 비슷한 사용자) 추천
- 문의사항의 문장에서 과거 비슷한 내용의 문의사항 표시

**6-5-5** **데이터 세트 작성(토픽 모델)**

5장 「5-8 텍스트 분류」와 같이 작성한다.

**6-5-6** **Bag-of-words로의 변환(토픽 모델)**

문장을 「Bag-of-words」로 변환한다. 「Bag-of-words」의 의미에 대해서는 2장

「2-7 텍스트 분류」에서도 설명하고 있다.

```
# Bag-of-words로의 변환
bow = tc.text_analytics.count_words(docs['X1'])

# Bag-of-words 확인
bow.explore()
```

문장을 「Bag-of-words」로 변환할 때는 turicreate.text_analytics.count_words()을 사용한다.

**함수**

turicreate.text_analytics.count_words (text, to_lower=True, delimiters=[' \r', ' \x0b', ' \n', ' \x0c', ' \t', ' ', '!', '#', '$', '%', '&', '"', "'", ' (', ' )', '*', '+', ',', '-', '.', '/', ':', ';', ' <', '=', ' >', '?', ' @', '[', ' \ \', ']', '^', '_', '`', ' {', '|', ' }', '~'] )

**설명** : Bag-of-words로의 변환

**인수** : text : SArray                          문장

   to_lower : bool                       카운트하기 전 문자 변환

   delimiters : list                         문장을 토큰화하기 위한 단락 문자

**반환값** : out : SArray[dict]                  Bag-of-words

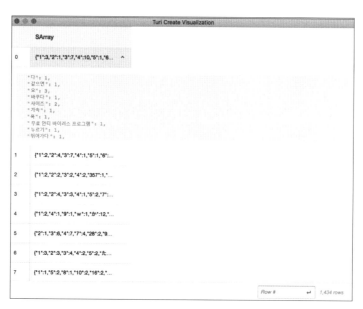

▲ 그림 6-5-5 Bag-of-words 확인

## 6-5-7 스톱 워드 삭제(토픽 모델)

다음과 같이 「스톱 워드」를 삭제한다.

```
# 스톱워드 불러오기
stop_words = tc.SArray('./stop_words.txt')

# 스톱워드 삭제
bow = bow.dict_trim_by_keys(stop_words, exclude=True)

# Bag-of-words 확인
bow.explore()
```

「스톱 워드」는 자연어 처리를 실행하기 전에 처리 대상외가 되는 단어로 「는」, 「의」, 「입니다」, 「습니다」 등을 말한다. 이것들은 출현 빈도가 높은 단어이지만 문장의 특징이 되지 않고 계산량이나 성능에 악영향을 미치기 때문에 대상외로 한다.

「스톱 워드」를 취득하는 메소드로 turicreate.text_analytics.stop_words()가 준비되어 있다.

**함수**
turicreate.text_analytics.stop_words (lang='en')
**설명** : 스톱 워드 취득
**인수** : lang : str　　　　　　　　　언어. 현재는 「en」(영어)만
**반환값** : out : set　　　　　　　　스톱 워드

하지만 현재는 영어만 대응하고 있으므로 각자 「스톱 워드」를 준비한다. 「stop_words.txt」를 작성하고 노트북과 같은 폴더에 배치하여 SArray로 불러온다.

• stop_words.txt

```
아
휴
아이구
아이쿠
아이고
어
~생략~
```

「스톱 워드」 삭제는 SArray.dict_trim_by_keys()을 사용한다.

**함수**

SArray.dict_trim_by_keys (keys, exclude=True )

**설명** : 지정한 키로 사전형 SArray를 필터링

**인수** : keys : list            키 리스트

        exclude : bool       True인 경우에는 키에 포함되어 있는 단어를 삭제. False 인 경우에는 키에 포함되어 있는 단어 이외를 삭제

**반환값** : out : SArray        필터링한 SArray

## 6-5-8 학습(토픽 모델)

모델 학습을 시작한다.

```
# 모델 생성
model = tc.topic_model.create(bow)
```

토픽 모델 학습시에는 turicreate.topic_model.create()을 사용한다. num_topics에서 학습하는 토픽 수를 지정한다. 이번에는 10개의 토픽을 학습한다.

**함수**

turicreate.topic_model.create (dataset, num_topics=10, initial_topics=None, alpha=None, beta=0.1, num_iterations=10, num_burnin=5, associations=None, verbose=False, print_interval=10, validation_set=None, method='auto' )

**설명** : 토픽 모델 학습 시작

**인수** : dataset : SArray or SFrame     Bag-of-words

        num_topics : int                학습하는 토픽 수

        initial_topics : SFrame       알고리즘의 초기화 데이터

        alpha : float                   값이 작을수록 문장당 토픽 수가 적어진다.

        beta : float                    값이 작을수록 문장당 단어 수가 적어진다.

        num_iterations : int          훈련 횟수

        num_burnin : int             문장의 토픽을 추론하는 반복 횟수

        verbose : bool                토픽마다 가장 출현 가능성이 높은 단어를 출력

        print_interval : int            출력 간격

        associations : SFrame        word열과 topic열을 가진 SFrame

        validation_set : SArray or SFrame    검증 데이터(auto인 경우는 훈련 데이터를 나누어 검증, None인 경우에는 검증 없음)

        method : str                  학습에 사용되는 알고리즘(표 6-5-1 참조)

**반환값** : out : TopicModel        토픽 모델

| 속성 | 설명 |
|---|---|
| cgs | Collapsed Gibbs sampling |
| alias | AliasLDA method |

▲ 표 6-5-1 학습에 사용된 알고리즘

## ◎ 각 토픽에서 발생 횟수가 많은 단어와 점수 취득

각 토픽에서 발생 횟수가 많은 단어와 점수의 취득을 실행한다.

```
# 각 주제로 발생횟수가 많은 단어와 점수 획득
topics = model.get_topics()

# 결과 확인
topics.explore()
```

각 토픽에서 발생 횟수가 많은 단어와 점수의 취득을 실행할 때는 TopicModel. get_topics()을 사용한다.

**함수**
TopicModel.get_topics (topic_ids=None, num_words=5, cdf_cutoff=1.0, output_type='topic_probabilities' )
**설명** : 각 토픽에서 발생 횟수가 많은 단어와 점수 취득
**인수** : topic_ids : list of int      토픽 ID
       num_words : int      표시하는 단어 수
       cdf_cutoff : oat      누적 확률이 cdf_cutoff보다 낮을 가능성이 가장 높은 단어 표시
       output_type : str      토픽 출력 종별(표 6-5-2 참조)
**반환값** : out : SFrame or SArray      각 토픽에서 발생 횟수가 많은 단어와 점수

| 정수 | 설명 |
|---|---|
| topic_probabilities | 토픽마다의 점수 열과 순위를 매긴 단어의 열을 포함한 SFrame |
| topic_words | 토픽마다 가장 주요한 단어를 포함한 SArray |

▲ 표 6-5-2 토픽 출력 종별

출력 결과는 다음과 같이 10개의 토픽에 분할되어 있다. 어떤 기준으로 분할 되는지는 사람이 추측할 필요가 있다. 토픽 「0」은 「iPhone」, 「pc」와 IT계 기사, 토픽

「1」은 「방송」, 「sports」와 스포츠계 기사로 분류된 것을 알 수 있다.

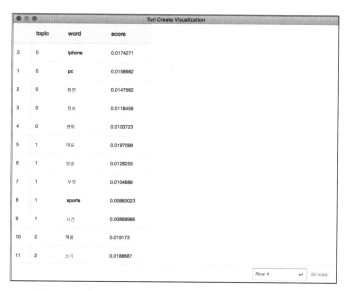

▲ 그림 6-5-6 각 토픽에서 발생 횟수가 많은 단어와 점수 취득

토픽별 단어 리스트만 표시하고 싶을 때는 output_type에 「topic_words」을 지정한다.

```
# 주제별 단어 리스트 표시
topics_word = model.get_topics(output_type='topic_words')

# 결과 확인
topics_word.explore()
```

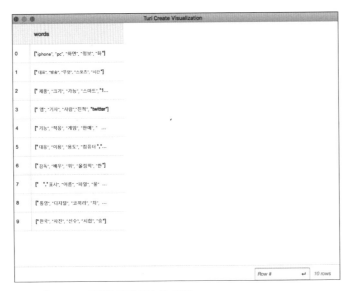

▲ 그림 6-5-7 토픽별 단어 리스트 표시

**문장에서 토픽 예측(토픽 모델)**

문장에서 가장 관련 깊은 토픽을 예측한다. test_data의 0번째 데이터를 사용한다.

```
# Bag-of-words로 변환
test_bow = tc.text_analytics.count_words(test_data['text'])

# 스톱워드 삭제
test_bow = test_bow.dict_trim_by_keys(stop_words, exclude=True)

# 예측
pred = model.predict(test_bow[0:1])
print(pred)

# 정답 데이터
print(test_data[0:1]['text'])
```

문장에서 토픽을 예측할 때는 predict()을 사용한다.

**함수**

TopicModel.predict (dataset, output_type='assignment', num_burnin=None )

**설명** : 문장에서 토픽 예측

**인수** : dataset : SArray or SFrame      예측하는 문장

       output_type : str           예측의 출력 종별(표 6-5-3 참조)

       num_burnin : int            문장의 토픽을 추론하는 반복 횟수

**반환값** : out : SArray              예측 결과

| 정수 | 설명 |
|---|---|
| assignment | 토픽 ID |
| probability | 토픽 ID와 확률 |

▲ 표 6-5-3 예측 출력 종별

출력은 다음과 같다. 토픽 「0」으로 IT계와 관련 깊다고 판정된다. 정답률은 100%가 아니므로 정확하지 않은 경우도 있다.

```
[0]
["또 이런 유형의 쓰레기우편을 차단하는 프로그램을 개발해 배포하고, 윈도의
메신저 기능 삭제를 통해 쓰레기우편을 차단하는 방법을 알리기로 했다. …]
```

# CHAPTER 7

# ML Kit

# 7-1 ML Kit 준비

## 7-1-1 ML Kit 준비 순서

「ML Kit」에서 앱을 작성할 때는 Google의 모바일 앱용 클라우드 서비스 「Firebase」에 앱을 등록할 필요가 있다. 여기에서는 「ML Kit」의 앱 개발에서 필수인 아래의 항목에 대해서 설명한다.

- Firebase 프로젝트 작성
- iOS 앱 등록
- Android 앱 등록
- 요금 플랜 변경
- 클라우드 API 유효화

## 7-1-2 Firebase 프로젝트 작성

Firebase 프로젝트 작성 순서는 다음과 같다.

**01** Firebase 콘솔을 열고 Google 계정으로 로그인

- Firebase 콘솔 : https://console.firebase.google.com/

▲ 그림 7-1-1 Firebase 프로젝트 추가 화면 1

**02** 「프로젝트 추가」클릭

**03** 아래 설정을 실행하고 「프로젝트 만들기」버튼을 누름

| 설정항목 | 설명 |
|---|---|
| 프로젝트명 | (예) MLKitSample |
| 애널리틱스와 과금 지역 | 한국 |
| Firebase용 Google 애널리틱스의 데이터 공유에 초기 설정을 사용함 | 체크 |
| 측정 관리자간의 데이터 보호에 동의함 | 체크 |

▲ 표 7-1-1 프로젝트 설정 항목

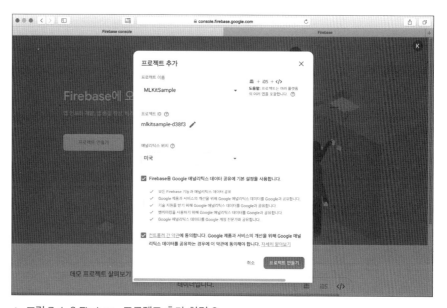

▲ 그림 7-1-2 Firebase 프로젝트 추가 화면 2

**04** 「프로젝트 만들기」버튼을 누름

## 7-1-3 iOS 앱 등록

Firebase 프로젝트에서 iOS 앱 등록 순서는 다음과 같다.

**01** Project Overview 화면의 플랫폼 선택에서 「iOS」 선택

▲ 그림 7-1-3 iOS 앱 등록 1

▲ 그림 7-1-4 iOS 앱 등록 2

**02** iOS 핸들 ID에 앱 패키지명을 입력하고 「앱 등록」 버튼을 누름

앱마다 다른 패키지명을 지정한다.

| 설정 항목 | 설명 |
|---|---|
| iOS 핸들 ID | (예) net.npaka.ImageClassificationEx |

▲ 표 7-1-2 iOS 앱의 핸들 ID

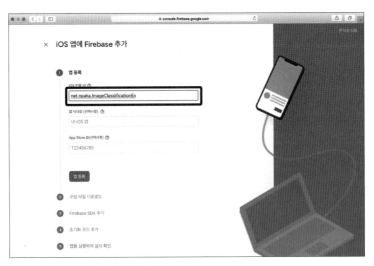

▲ 그림 7-1-5 iOS 앱 등록 3

**03** 「GoogleService-Info.plist를 다운로드」를 클릭하고 설정 파일을 다운로드한 후 다음
버튼을 누름

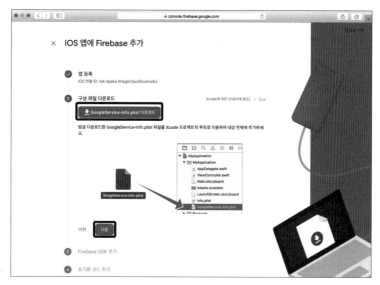

▲ 그림 7-1-6 iOS 앱 등록 4

**04** Xcode에서 프로젝트를 신규 작성하고 프로젝트 루트에 「GoogleServiceInfo.plist」를
드래그앤드롭

프로젝트 루트는 ImageClassicationEx 프로젝트의 경우에는 제일 위의
ImageClassicationEx 폴더가 된다.

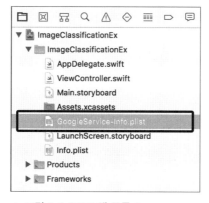

▲ 그림 7-1-7 iOS 앱 등록 5

**05** 터미널을 열고 신규 작성한 프로젝트 루트로 이동

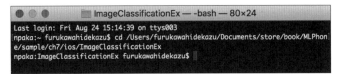

▲ 그림 7-1-8 iOS 앱 등록 6

**06** 라이브러리 관리 툴 「CocoaPad」설치

라이브러리 관리 툴 「CocoaPad」를 아래 명령으로 설치한다. Xcode 프로젝트에서 「ML Kit」라이브러리 추가에 이용한다. Mac에 설치가 끝난 경우에는 이 작업은 필요하지 않다.

```
$ sudo gem install cocoapods
 Password: <Mac 암호 입력>
$ pod setup
```

중간에 패스워드를 입력해야 한다. 「Setup completed」라고 표시되면 설치가 완료된다.

**07** 「CocoaPad」설정 파일 「Profile」의 작성

「CocoaPad」설정 파일 「Profile」를 아래 명령으로 작성한다. 「Profile」에는 Xcode 프로젝트에 추가하는 라이브러리 이름을 지정한다. 이미 「Profile」가 존재하는 경우 이 작업은 필요하지 않다.

```
$ pod init
```

**08** 「Profile」을 열고 추가하는 라이브러리의 이름을 아래의 서식으로 추가

「화상 분류」의 경우에는 「Firebase/Core」, 「Firebase/MLVision」 그리고 「Firebase/MLVisionLabelModel」세 가지의 라이브러리를 추가한다.

• Profile

```
# Uncomment the next line to define a global platform for your project
# platform :ios, '9.0'
```

```
target 'ImageClassificationEx' do
# Comment the next line if you're not using Swift and don't want to use dynamic
frameworks
  use_frameworks!

  # Pods for ImageClassificationEx
pod 'Firebase/Core'  ← 추가
pod 'Firebase/MLVision'  ← 추가
pod 'Firebase/MLVisionLabelModel'  #온디바이스(on-device)API 이용시 ← 추가
end
```

**09** Xcode 프로젝트에 Profile에 기술한 라이브러리 추가

Xcode 프로젝트에 Profile에 기술한 라이브러리 추가는 아래의 명령으로 실행한다.

```
$ pod install
```

이것으로 「〈프로젝트명〉.xcworkspace」가 작성되었다. 이후 프로젝트를 열 때는 「〈프로젝트명〉.xcodeproj」 파일이 아니라 「〈프로젝트명〉.xcworkspace」 파일을 열도록 한다.

**10** Firebase 콘솔에서 다음 버튼 누름

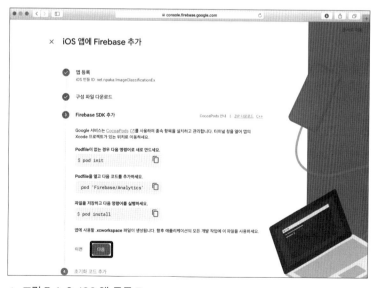

▲ 그림 7-1-9  iOS 앱 등록 7

**11** 앱을 기동할 때는 Firebase를 접속하는 코드를 AppDelegate에 추가하고 다음 버튼을 누름

```swift
import UIKit
import Firebase   ←추가

//AppDelegate
@UIApplicationMain
class AppDelegate: UIResponder, UIApplicationDelegate {
    var window: UIWindow?

    //앱 기동시에 호출
    func application(_ application: UIApplication,
        didFinishLaunchingWithOptions launchOptions:
        [UIApplication.LaunchOptionsKey: Any]?) -> Bool {
        //Firebaseの설정
        FirebaseApp.configure()   ←추가
        return true
    }
}
```

▲ 그림 7-1-10  iOS 앱 등록 8

**12** 앱을 기동하고 Firebase에 앱이 등록되었는지 확인

▲ 그림 7-1-11  iOS 앱 등록 9

▲ 그림 7-1-12  iOS 앱 등록 10

### 7-1-4 　안드로이드 앱 등록

Firebase 프로젝트로의 안드로이드 앱 등록 순서는 다음과 같다.

**01** Project Overview 화면에서 「+앱 추가」를 클릭한 후 플랫폼 선택에서 「Android」 선택

▲ 그림 7-1-13 안드로이드 앱 등록 1

▲ 그림 7-1-14 안드로이드 앱 등록 2

**02** Android 패키지명에 패키지명을 입력하고「앱 등록」버튼을 누름

앱마다 다른 패키지명을 지정한다.

| 설정 항목 | 설명 |
|---|---|
| 안드로이드 패키지명 | (예)net.npaka.imageclassificationex |

▲ 표 7-1-3 Android 패키지명

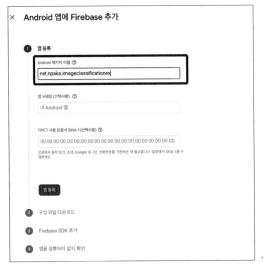

◀ 그림 7-1-15 안드로이드 앱 등록 3

**03**「google-services.json 다운로드」버튼을 누르고 설정 파일을 다운로드한 후 다음 버튼을 누른다.

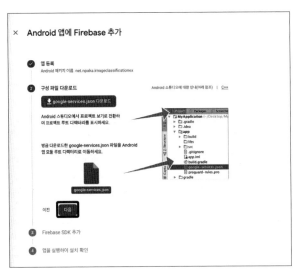

◀ 그림 7-1-16 안드로이드 앱 등록 4

**04** Android Studio에서 프로젝트를 신규 작성하고 「Project」 표시를 바꾼 후 app
폴더에 「google-services.json」를 드래그앤드롭

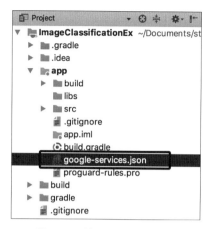

▲ 그림 7-1-17 안드로이드 앱 등록 5


**05** 프로젝트 폴더의 「build.gradle」과 app 폴더의 「build.gradle」에 다음 설정 추가

• 〈project〉/build.gradle

```
buildscript {
    dependencies {
        ~생략~
        classpath 'com.google.gms:google-services:4.0.1'  ←Google 서비스
    }
}
```

• 〈project〉/〈app-module〉/build.gradle

```
dependencies {
    ~생략~
    implementation 'com.google.firebase:firebase-core:16.0.1'  ←Firebase
}
apply plugin: 'com.google.gms.google-services'  ←Google 서비스(파일 마지막)
```

**06** Android Studio에 표시된 바 「Sync now」를 클릭

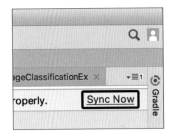

▲ 그림 7-1-18 안드로이드 앱 등록 6

**07** Firebase 콘솔로 돌아가서 다음 버튼을 누른다

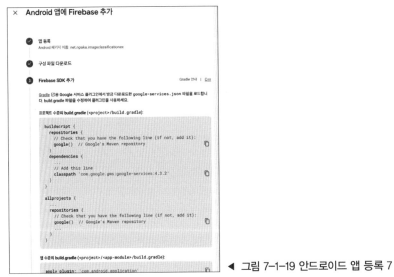

◀ 그림 7-1-19 안드로이드 앱 등록 7

**08** 앱을 실행하고 Firebase에 앱이 등록되었는지 확인

▲ 그림 7-1-20 안드로이드 앱 등록 8

▲ 그림 7-1-21 안드로이드 앱 등록 9

요금 플랜 변경

「ML Kit」의 「글라우드 API」를 이용할 때는 Firebase의 요금 플랜을 종량제인 「Blaze 플랜」으로 변경해야 한다.

월 1,000 액세스까지 무료이지만 그 이후는 유료이다. 자세한 내용은 아래의 사이트를 참조한다.

- 요금 – Firebase – Google

https://fiebase.google.com/pricing/

| 플랜 | 비용 |
|------|------|
| Spark플랜 | 무료 |
| Flame플랜 | $25/월 |
| Blaze플랜 | 종량제 |

▲ 표 7-1-4 Firebase의 요금 플랜

요금 플랜 변경 순서는 다음과 같다.

**01** Firebase 콘솔에서 Firebase 프로젝트를 열고 현재 선택되어 있는 「Spark 플랜」 오른쪽에 있는 「업그레이드」 버튼을 클릭

▲ 그림 7-1-22 요금 플랜 변경 순서 1

**02** 「Blaze 플랜」을 선택하고 Firebase 콘솔의 지시에 따라 구입

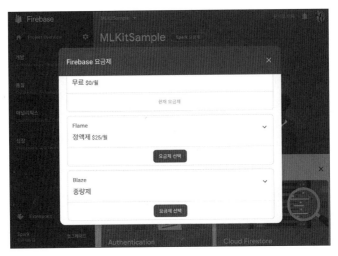

▲ 그림 7-1-23 요금 플랜 변경 순서 2

**클라우드 API 유효화**

「ML Kit」의 「클라우드 API」를 이용할 때는 「Google Cloud Platform」에서
「Cloud Vision API」를 유효화해야 한다.

**01** 「Google Cloud Platform」의 「API 대시보드」 열기

• API 대시보드 : https://console.cloud.google.com/apis/

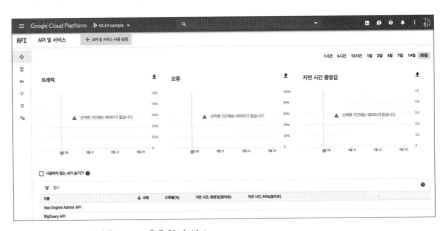

▲ 그림 7-1-24 클라우드 API 유효화 순서 1

**02** 상부의 프로젝트명을 클릭하고 Firebase에서 ML Kikt용으로 작성한 프로젝트명을 선택

▲ 그림 7-1-25 클라우드 API의 유효화 순서 2

▲ 그림 7-1-26 클라우드 API의 유효화 순서 3

**03** 「API 및 서비스 사용 설정」 클릭

▲ 그림 7-1-27 클라우드 API의 유효화 순서 4

**04** 「Cloud Vision API」를 검색해서 클릭

▲ 그림 7-1-28 클라우드 API의 유효화 순서 5

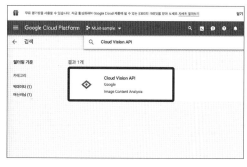

▲ 그림 7-1-29 클라우드 API의 유효화 순서 6

**05** 「사용 설정」 클릭

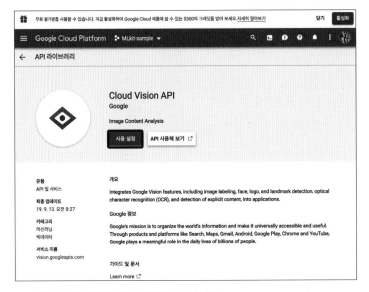

▲ 그림 7-1-30 클라우드 API의 유효화 순서 7

# 7-2 화상 분류(사진)

## 7-2-1 화상 분류(사진) 샘플 프로그램의 구성

「화상 분류」(사진)는 사진 데이터를 이용하여 사진이 속해 있는 「클래스」(데이터 종류)를 예측하는 작업이다.

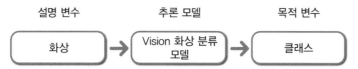

설명 변수 → 추론 모델 → 목적 변수

화상 → Vision 화상 분류 모델 → 클래스

▲ 그림 7-2-1 화상 분류 모델

「화상 분류」에는 「온디바이스 API」와 「클라우드 API」가 있다. 「온디바이스 API」가 빠르지만 「클라우드 API」가 검출 가능한 라벨 수가 더 많다.

| 항목 | 온디바이스 API | 클라우드 API |
|---|---|---|
| 가격 | 무료 | 월 1,000회까지 무료로 이용 가능. 그 이상은 요금 설정 참조 |
| 라벨 종류 수 | 400이상 | 10,000이상 |

▲ 표 7-2-1 온디바이스 API와 클라우드 API의 차이

이번에는 「카메라」나 「사진 라이브러리」에서 사진을 가지고 찍혀 있는 내용(인물, 사물, 장소, 활동 등)의 「라벨」과 「신뢰도」를 표시하는 앱을 만든다.

◀ 그림 7-2-2
작성하는 샘플 프로그램
(iOS／온디바이스)

▶ 그림 7-2-3
작성하는 샘플 프로그램
(iOS／클라우드)

◀ 그림 7-2-4
작성하는 샘플 프로그램
(Android／온디바이스)

▶ 그림 7-2-5
작성하는 샘플 프로그램
(Android／클라우드)

## 7-2-2  사전 준비(iOS)

앞의 「7-1 개발 환경 준비」의 순서를 참고하여 「Firebase 프로젝트에 앱 등록」을
한다. 「클라우드 API」를 사용할 때는 「요금 플랜 변경」과 「클라우드 API 유효화」
도 한다.

「화상 분류」를 위한 「Profile」의 라이브러리 추가 설정은 다음과 같다. 「pod init」

에서 작성한 「Profile」에 설정하고 「pod install」을 실행한다.

- Profile

```
pod 'Firebase/Core'
pod 'Firebase/MLVision'
pod 'Firebase/MLVisionLabelModel' #온디바이스 API이용시
```

7-2-3 ## Firebase와의 연계를 위한 소스 코드(iOS)

프로그램의 본체인 「ViewController.swift」에 대해 설명한다.

### ▣ Firebase 프레임워크 Import

Firebase 프레임워크를 불러온다. Firebase의 기능을 사용하기 위한 프레임워크다.

```
import Firebase
```

### ▣ Firebase의 설정

앱을 기동할 때는 FirebaseApp.congure()를 호출하여 앱이나 Firebase와 연계할 수 있다. 「ML Kit」 앱에서는 필수 처리이다.

```
func application(_ application: UIApplication,
    didFinishLaunchingWithOptions launchOptions:
    [UIApplication.LaunchOptionsKey: Any]?) -> Bool {
    //Firebase설정
    FirebaseApp.configure()
    return true
}
```

### ◎ 온디바이스 API의 소스 코드(iOS)

### ▣ FirebaseMLVision 프레임워크 불러오기

FirebaseMLVision 프레임워크를 불러온다. ML Kit의 「Vision」을 사용하기 위

한 프레임워크이다.

```
import FirebaseMLVision
```

### 4 VisionImage의 생성

「UIImage」를 모델의 설명 변수로 전하는 화상 형식 「VisionImage」으로 변환한다.

```
let visionImage = VisionImage(image: image)
```

「VisionImage」의 생성자는 다음과 같다.

> **VisionImage**
> init(image: Any!)
> **설명** : VisionImage     오브젝트의 생성
> **인수** : image         UIImage 오브젝트

「VisionImage」에서는 화상 방향도 지정한다. 「VisionImageMetadata」을 생성하고 「VisionImageMetadata」의 orientation에 화상의 방향을 지정한 후, 「VisionImage」의 metadata에 대입한다.

```
let imageMetadata = VisionImageMetadata()
imageMetadata.orientation = self.image2orientation(image)
visionImage.metadata = imageMetadata
```

화상 방향은 UIImage의 imageOrientation에서 획득하고 UIImage.Orientation 형에서 VisionDetectorImageOrientation형으로 변환한 후 지정한다.

```
func image2orientation(_ image: UIImage) -> VisionDetectorImageOrientation {
    switch image.imageOrientation {
    case .up:
        return .topLeft
    case .down:
        return .bottomRight
    case .left:
        return .leftBottom
    case .right:
```

```
        return .rightTop
    case .upMirrored:
        return .topRight
    case .downMirrored:
        return .bottomLeft
    case .leftMirrored:
        return .leftTop
    case .rightMirrored:
        return .rightBottom
    }
}
```

## 5 화상 분류 옵션 생성

화상 분류 옵션 「VisionLabelDetectorOptions」을 생성한다.

```
let options = VisionLabelDetectorOptions(
    confidenceThreshold: 0.75)
```

「VisionLabelDetectorOptions」의 생성자는 다음과 같다.

> **VisionLabelDetectorOptions**
> init(confienceThreshold: Float)
> **설명** : VisionLabelDetectorOptions의 생성
> **인수** : condenceThreshold                    신뢰도 역치 (0.0~1.0)

화상 분류를 실행할 때는 신뢰도가 신뢰도 역치 이상의 라벨만 반환한다. 이번에 는 「0.75」를 지정한다.

## 6 화상 분류 검출기 생성

화상 분류의 검출기(검출을 실행하는 오브젝트) 「VisionLabelDetector」를 생성한다.

```
let labelDetector = Vision.vision().labelDetector(options: options)
```

「Vision」의 labelDetector()을 사용하여 생성한다.

**Vision**

func labelDetector(options: VisionLabelDetectorOptions) -> VisionLabel
Detector

설명 : VisionLabelDetector 오브젝트 생성
인수 : options　　　　　　　화상 분류 옵션
반환값 : VisionLabelDetector　　　오브젝트

## ☑ 화상 분류 실행

화상 분류의 실행은「VisionLabelDetector」의 detect()로 실행한다.

```
labelDetector.detect(in: visionImage) {
    labels, error in
    //에러 처리
    if error != nil {
        self.showAlert(error!.localizedDescription)
        return
    }

    // 검출 결과 획득
    var text = "\n"
    for label in labels! {
        text += String(format:"%@ : %d%%\n",
            label.label!,
            Int(100*label.confidence!.floatValue))
    }

    //UI 갱신
    DispatchQueue.main.async {
        self.lblText.text = text
    }
}
```

detect()의 서식은 다음과 같다.

---

**VisionLabelDetector**

func detect(in image: VisionImage, completion: @escaping VisionLabelDetection
Callback)

**설명** : 화상 분류 실행

**인수** : image            VisionImage 오브젝트

　　　 completion        콜백

---

VisionLabelDetectionCallback의 서식은 다음과 같다.

---

**VisionLabelDetectionCallback**

typealias VisionLabelDetectionCallback = ([VisionLabel]?, Error?) -> Void

**설명** : 화상 분류의 콜백

**인수** : labels      화상 분류의 검출 결과(에러인 경우 nil)

　　　 error      에러(에러가 아닌 경우 nil)

---

화상 분류의 검출 결과는 [VisionLabel]에서 획득한다. 이번에는 라벨과 신뢰도
를 화면에 표시한다. 「VisionLabel」의 정보를 획득하기 위한 속성은 다음과 같다.

| 속성 | 설명 |
| --- | --- |
| var entityId: String? | 엔티티 ID |
| var label: String? | 라벨 |
| var confidence: NSNumber? | 신뢰도(0.0 ~ 1.0) |

▲ 표 7-2-2 VisionLabel의 속성

---

**COLUMN**

**〈Knowledge Graph와 엔티티 ID〉**

VisionLabel의 「엔티티 ID」는 찍혀 있는 내용(인물, 사물, 장소, 활동 등)을 고유하게 식별
하는 ID이다. 라벨의 텍스트는 언어나 서식 설정에 따라 변하므로 찍혀 있는 내용이 같은
지 아닌지를 식별할 때 이 ID를 사용한다. 「Google Knowledge Graph Search API」에서
도 이 ID를 사용하고 있다.

- Google Knowledge Graph Search API
  https://developers.google.com/knowledge-graph/

「Knowledge Graph」는 Google의 검색 알고리즘 구조의 하나로 검색 키워드를 포함한 정
보를 검색 결과에 표시하는 것이 아니라 인물이나 사물, 장소 등의 모든 것에 대해 각각의
관계성이나 속성을 파악한 후에 검색 결과를 표시하는 기능이다.

---

## ◎ 클라우드 API의 소스 코드(iOS)

### 8 화상 분류 옵션 생성

화상 분류의 옵션 「VisionCloudDetectorOptions」을 생성한다.

```
let options = VisionCloudDetectorOptions()
options.modelType = .latest
options.maxResults = 20
```

「VisionCloudDetectorOptions」의 속성은 다음과 같다.

| 속성 | 설명 |
|---|---|
| var modelType: VisionCloudModelType | 모델 종류. 초기 설정은 .stable(표 7-2-4 참조) |
| var maxResults: UInt | 검출 결과의 최대 수, 초기 설정은 10, VisualCloudTextDetector/ VisionCloudDocumentTextDetector에는 적용되지 않음 |

▲ 표 7-2-3 VisionCloudDetectorOptions의 속성

| 정수 | 설명 |
|---|---|
| stable | 안정 모델 |
| latest | 최신 모델 |

▲ 표 7-2-4 VisionCloudModelType의 정수

### 9 화상 분류 검출기 생성

화상 분류의 검출기 「VisionCloudLabelDetector」을 생성한다.

```
let labelDetector = Vision.vision().cloudLabelDetector(options: options)
```

「Vision」의 cloudLabelDetector()를 사용해서 생성한다.

**Vision**
func cloudLabelDetector(options: VisionCloudDetectorOptions) -> VisionCloud
LabelDetector
**설명** : VisionCloudLabelDetector          오브젝트 생성
**인수** : options                          화상 분류 옵션
**반환값** : VisionCloudLabelDetector        오브젝트

## 🔟 화상 분류의 실행

화상 분류의 실행은 「VisioCloudLabelDetector」의 detect()로 실행한다.

```
labelDetector.detect(in: visionImage) {
   labels, error in
   //에러 처리
   if error != nil {
      self.showAlert(error!.localizedDescription)
      return
   }

   // 검색 결과 획득
   var text = "\n"
   for label in labels! {
      text += String(format:"%@ : %d%%\n",
         label.label!,
         Int(100*label.confidence!.floatValue))
   }

   //UI 갱신
   DispatchQueue.main.async {
      self.lblText.text = text
   }
}
```

detect()의 서식은 다음과 같다.

> **VisionCloudLabelDetector**
> func detect(in image: VisionImage, completion: @escaping VisionCloudLabel
> DetectionCallback)
> **설명** : 화상 분류의 실행
> **인수** : image               VisionImage 오브젝트
>        completion       콜백

VisionCloudLabelDetectionCallback의 서식은 다음과 같다.

> **VisionCloudLabelDetectionCallback**
> typealias VisionCloudLabelDetectionCallback = ([VisionLabel]?, Error?) -> Void
> **설명** : 화상 분류의 콜백
> **인수** : labels            화상 분류의 검출 결과 ( 에러인 경우 nil)
>        error            에러 ( 에러가 아닌 경우 nil)

화상 분류의 검출 결과는 [VisionCloudLabel]에서 획득한다. 이번에는 라벨과 신뢰도를 화면에 표시한다.

「VisionCloudLabel」의 정보를 획득하기 위한 속성은 다음과 같다.

| 속성 | 설명 |
| --- | --- |
| var entityId: String? | 엔티티 ID |
| var label: String? | 라벨 |
| var confidence: NSNumber? | 신뢰도(0.0 ~ 1.0) |

▲ 표 7-2-5 VisionCloudLabel의 속성

### 7-2-4 사전 준비(안드로이드)

「7-1 개발 환경 준비」를 참고하여 「Firebase 프로젝트로의 앱 등록」을 실행한다. 「클라우드 API」를 사용할 때는 「요금 플랜 변경」과 「클라우드 API의 유효화」도 실행한다.

「화상 분류」를 위한 라이브러리 추가 설정을 「build.gradle」에 다음과 같이 실행한다.

• 〈project〉/〈app—module〉/build.gradle

```
dependencies {
    ~생략~
    implementation 'com.google.firebase:firebase-core:16.0.1'
    implementation 'com.google.firebase:firebase-ml-vision:17.0.0'  ←Vision
    implementation 'com.google.firebase:firebase-ml-vision-image-label-
    model:15.0.0'
        ←화상 분류
}
apply plugin: 'com.google.gms.google-services'
```

「온디바이스 API」를 이용할 때 「AndroidManifest.xml」에서 다음의 설정을 실행하면 Play 스토어에서 앱을 설치할 때 모델의 다운로드가 시작된다. 이 설정을 실행하지 않으면 처음 검출할 때 다운로드를 시작한다.

● AndroidManifest.xml

```
<application ...>
  ~생략~
  <meta-data
    android:name="com.google.firebase.ml.vision.DEPENDENCIES"
    android:value="label" />  ←화상 분류모델 다운로드
</application>
```

### 7-2-5 Firebase와의 제휴를 위한 소스 코드(안드로이드)

프로그램의 본체인 「ViewController.java」에 대해 설명한다.

### ◎ 온디바이스 API의 소스 코드(안드로이드)

#### ▮ FirebaseVisionImage의 생성

「Bitmap」을 모델의 설명 변수로 넘기는 화상 형식 「FirebaseVisionImage」으로 변환한다.

```
FirebaseVisionImage visionImage = FirebaseVisionImage.fromBitmap(image);
```

「FirebaseVisionImage」의 fromBitmap()에 관한 서식은 다음과 같다.

> **FirebaseVisionImage**
> static FirebaseVisionImage fromBitmap (Bitmap bitmap)
> **설명** : FirebaseVisionImage 오브젝트의 생성
> **인수** : bitmap          Bitmap 오브젝트
> **반환값** : FirebaseVisionImage     오브젝트

화상의 방향은 화상을 획득할 때 Exif(촬영 조건의 정보)로 획득하여 Bitmap에 적용한다.

```
// 화상방향 적용
public static Bitmap modifyOrientation(Bitmap bitmap, InputStream in) {
  try {
    ExifInterface ei = new ExifInterface(in);
    int orientation = ei.getAttributeInt(ExifInterface.TAG_ORIENTATION,
```

```
        ExifInterface.ORIENTATION_NORMAL);
    if (orientation == ExifInterface.ORIENTATION_ROTATE_90) {
        return rotate(bitmap, 90);
    } else if (orientation == ExifInterface.ORIENTATION_ROTATE_180) {
        return rotate(bitmap, 180);
    } else if (orientation == ExifInterface.ORIENTATION_ROTATE_270) {
        return rotate(bitmap, 270);
    } else if (orientation == ExifInterface.ORIENTATION_FLIP_HORIZONTAL) {
        return flip(bitmap, true, false);
    } else if (orientation == ExifInterface.ORIENTATION_FLIP_VERTICAL) {
        return flip(bitmap, false, true);
    }
    } catch (IOException e) {
        e.printStackTrace();
    }
    return bitmap;
}


// 화상 회전
public static Bitmap rotate(Bitmap bitmap, float degrees) {
    Matrix matrix = new Matrix();
    matrix.postRotate(degrees);
    return Bitmap.createBitmap(bitmap, 0, 0,
        bitmap.getWidth(), bitmap.getHeight(), matrix, true);
}


// 화상 반전
public static Bitmap flip(Bitmap bitmap, boolean horizontal, boolean vertical) {
    Matrix matrix = new Matrix();
    matrix.preScale(horizontal ? -1 : 1, vertical ? -1 : 1);
    return Bitmap.createBitmap(bitmap, 0, 0,
        bitmap.getWidth(), bitmap.getHeight(), matrix, true);
}
```

## ② 화상 분류의 옵션 생성

화상 분류의 옵션 「FirebaseVisionLabelDetectorOptions」을 생성한다.

```
FirebaseVisionLabelDetectorOptions options =
    new FirebaseVisionLabelDetectorOptions.Builder()
    .setConfidenceThreshold(0.75f)
    .build();
```

「VisionLabelDetectorOptions」의 setCondenceThreshold()의 서식은 다음과 같다.

> **VisionLabelDetectorOptions**
>
> FirebaseVisionLabelDetectorOptions.Builder setConfidenceThreshold (float confienceThreshold)
> **설명** : 신뢰도 역치의 설정
> **인수** :  condenceThreshold                     신뢰도 역치(0.0~1.0)
> **반환값** :  FirebaseVisionLabelDetectorOptions.Builder         오브젝트

화상 분류를 실행할 때에 신뢰도가 신뢰도 역치 이상의 라벨만 반환한다. 이번에는 「0.75」를 지정한다.

## 3 화상 분류 검출기 생성

화상 분류 검출기(검출을 실행하는 오브젝트)「FirebaseVisionLabelDetector」를 생성한다.

```
FirebaseVisionLabelDetector labelDetector = FirebaseVision.getInstance()
    .getVisionLabelDetector(options);
```

「FirebaseVision」의 getVisionLabelDetector()를 사용해서 생성한다.

> **FirebaseVision**
>
> FirebaseVisionLabelDetector getVisionLabelDetector (FirebaseVisionLabelDetectorOptions options)
> **설명** :  FirebaseVisionLabelDetector        오브젝트 생성
> **인수** :  options                              화상 분류의 옵션
> **반환값** :  FirebaseVisionLabelDetector        오브젝트

## 4 화상 분류 실행

화상 분류 실행은 「FirebaseVisionLabelDetector」의 detectInImage()로 실행한다.

```
labelDetector.detectInImage(visionImage)
  .addOnSuccessListener(new OnSuccessListener<List<FirebaseVisionLabel>>() {
    // 성공시에 호출됨
```

```
@Override
public void onSuccess(List<FirebaseVisionLabel> labels) {
    // 검증 결과 획득
    String text = "\n";
    for (FirebaseVisionLabel label: labels) {
        text += label.getLabel()+" : "+
            (int)(label.getConfidence()*100)+"%\n";
    }
    final String str = text;

    //UI 갱신
    post(new Runnable() {
        @Override
        public void run() {
            lblText.setText(str);
            lblText.setVisibility(
                str.length() == 0 ? View.GONE : View.VISIBLE);
        }
    });
}
})
.addOnFailureListener(new OnFailureListener() {
    //에러시에 호출됨
    @Override
    public void onFailure(@NonNull Exception e) {
        showAlert(e.getMessage());
    }
});
```

detectInImage()의 서식은 다음과 같다.

**FirebaseVisionLabelDetector**
Task<List<FirebaseVisionLabel>> detectInImage (FirebaseVisionImage image)
**설명** : 화상 분류의 실행
**인수** : image        FirebaseVisionImage 오브젝트
**반환값** : 작업

검출 결과를 통지하는 콜백은 Task의 addOnSuccessListener()과
addOnFailureListener()로 지정한다.

**Task**
Task<TResult> addOnSuccessListener(OnSuccessListener<? super TResult>

listener)
**설명** : 성공할 때의 콜백 지정
**인수** :  listener     리스너
**반환값** : 작업

**Task**
Task<TResult> addOnFailureListener(OnFailureListener listener)
**설명** : 실패할 때의 콜백 지정
**인수** :  listener     리스너
**반환값** : 작업

OnSuccessListener는 다음 메소드를 가진다.

**OnSuccessListener**
void onSuccess(TResult result)
**설명** : 성공할 때 호출됨
**인수** :  result     결과

OnFailureListener는 다음 메소드를 가진다.

**OnFailureListener**
void onFailure(Exception e)
**설명** : 실패할 때 호출됨
**인수** :  e     예외

화상 분류의 검출 결과는 「List〈FirebaseVisionLabel〉」에서 획득한다. 이번에는 라벨과 신뢰도를 화면에 표시한다.

「FirebaseVisionLabel」의 정보를 획득하기 위한 메소드는 다음과 같다.

| 메소드 | 설명 |
| --- | --- |
| String getEntityId() | 엔티티 ID |
| String getLabel() | 라벨 |
| float getConfidence() | 신뢰도(0.0 ~ 1.0) |

▲ 표 7-2-6 FirebaseVisionLabel의 메소드

## ◎ 클라우드 API의 소스 코드(안드로이드)

### **5** 화상 분류의 옵션 생성

화상 분류의 옵션 「FirebaseVisionCloudDetectorOptions」을 생성한다.

```
FirebaseVisionCloudDetectorOptions options =
    new FirebaseVisionCloudDetectorOptions.Builder()
        .setModelType(FirebaseVisionCloudDetectorOptions.LATEST_MODEL)
        .setMaxResults(20)
        .build();
```

「FirebaseVisionCloudDetectorOptions」의 메소드는 다음과 같다.

| 메소드 | 설명 |
|---|---|
| FirebaseVisionCloudDetectorOptions. Builder setMaxResults(int maxResults) | 모델 종류. 초기 설정은 STABLE_MODEL(표 7-2-8 참조) |
| FirebaseVisionCloudDetectorOptions. Builder setModelType(int model) | 검색 결과의 최대 수, 초기 설정은 10, VisualCloudTextDetector/VisionCloudDocument TextDetector에는 적용되지 않음 |

▲ 표 7-2-7 FirebaseVisionCloudDetectorOptionsBuilder의 메소드

| 정수 | 설명 |
|---|---|
| STABLE_MODEL | 안정 모델 |
| LATEST_MODEL | 최신 모델 |

▲ 표 7-2-8 FirebaseVisionCloudDetectorOptions의 정수

### **6** 화상 분류의 검출기 생성

화상 분류 검출기 「FirebaseVisionCloudLabelDetector」를 생성한다.

```
FirebaseVisionCloudLabelDetector labelDetector = FirebaseVision.getInstance()
    .getVisionCloudLabelDetector(options);
```

「FirebaseVision」의 getVisionCloudLabelDetector()을 사용해서 생성한다.

> **FirebaseVision**
> FirebaseVisionCloudLabelDetector getVisionCloudLabelDetector (FirebaseVision

CloudDetectorOptions options)

**설명** : FirebaseVisionCloudLabelDetector 오브젝트의 생성

**인수** : options　화상 분류 옵션

**반환값** : FirebaseVisionCloudLabelDetector 오브젝트

### 7 화상 분류의 실행

화상 분류의 실행은 「FirebaseVisioCloudLabelDetector」의 detectInImage()로
실행한다.

```
labelDetector.detectInImage(visionImage)
  .addOnSuccessListener(new OnSuccessListener<List<FirebaseVisionCloudLabel>>()
{
    // 성공시에 호출됨
    @Override
    public void onSuccess(List<FirebaseVisionCloudLabel> labels) {
      // 검증 결과 획득
      String text = "\n";
      for (FirebaseVisionCloudLabel label: labels) {
        text += label.getLabel()+" : "+
          (int)(label.getConfidence()*100)+"%\n";
      }
      final String str = text;

      //UI 갱신
      post(new Runnable() {
        @Override
        public void run() {
          lblText.setText(str);
          lblText.setVisibility(
            str.length() == 0 ? View.GONE : View.VISIBLE);
        }
      });
    }
  })
  .addOnFailureListener(new OnFailureListener() {
    //에러시에 호출됨
    @Override
    public void onFailure(@NonNull Exception e) {
      showAlert(e.getMessage());
    }
  });
```

detectInImage()의 서식은 다음과 같다.

> **FirebaseVisionCloudLabelDetector**
> Task<List<FirebaseVisionCloudLabel>> detectInImage
> (FirebaseVisionImage image)
> **설명** : 화상 분류의 실행
> **인수** : image          FirebaseVisionImage 오브젝트
> **반환값** : 작업

화상 분류의 검출 결과는 「List〈FirebaseVisionCloudLabel〉」에서 획득한다. 이번에는 라벨과 신뢰도를 화면에 표시한다.

「FirebaseVisionCloudLabel」의 정보를 획득하기 위한 메소드는 다음과 같다.

| 메소드 | 설명 |
|---|---|
| String getEntityId() | 엔티티 ID |
| String getLabel () | 라벨 |
| float getConfidence() | 신뢰도(0.0 ~ 1.0) |

▲ 표 7-2-9 FirebaseVisionCloudLabel의 메소드

## 8 안드로이드 사용자의 이용 허가 확인

안드로이드에서 카메라나 사진 라이브러리를 이용할 때는 사용자의 이용 허가를 확인할 필요가 있다.

이번 앱에서는 사용자의 이용 허가를 확인하는 checkPermissions()을 만든다. 이용 허가를 받았을 때는 permissionGranted에 true를 대입한다.

```
private final static int REQUEST_PERMISSONS = 0;
private final static String[] PERMISSIONS = {
   Manifest.permission.WRITE_EXTERNAL_STORAGE,
   Manifest.permission.READ_EXTERNAL_STORAGE};
private boolean permissionGranted = false;
```

```
//유저 이용 허가 확인
private void checkPermissions() {
   //허가
   if (isGranted()) {
      permissionGranted = true;
```

```
    }
    //미허가
    else {
        // 허가 다이얼로그 표시
        ActivityCompat.requestPermissions(this, PERMISSIONS,
            REQUEST_PERMISSONS);
    }
}

//유저 이용 허가 여부 획득
private boolean isGranted() {
    for (int i = 0; i < PERMISSIONS.length; i++) {
        if (PermissionChecker.checkSelfPermission(
            AppDelegate.this, PERMISSIONS[i]) !=
            PackageManager.PERMISSION_GRANTED) {
            return false;
        }
    }
    return true;
}

// 허가 다이얼로그 선택시에 호출됨
@Override
public void onRequestPermissionsResult(int requestCode,
    String permissions[], int[] results) {
    if (requestCode == REQUEST_PERMISSONS) {
        permissionGranted = true;
    } else {
        super.onRequestPermissionsResult(
            requestCode, permissions, results);
    }
}
```

## ⑨ 안드로이드의 이미지 피커 이용

안드로이드에서 카메라나 사진 라이브러리의 화상을 획득하는 openPicker()를
만든다. 인수 「0」으로 카메라, 인수 「1」로 사진 라이브러리로부터 획득한다.

```
private final static int REQUEST_PICKER = 0;
private Uri cameraUri;
private ICompletion openPickerCompletion;
public interface ICompletion {
    void onCompletion(Bitmap image);
}
```

```java
//이미지 피커 오픈
public void openPicker(int sourceType, ICompletion completion) {
    openPickerCompletion = completion;

    //퍼미션 여부 체크
    if (!permissionGranted) return;

    //카메라
    if (sourceType == 0) {
        String photoName = DateFormat.format("yyyyMMddkkmmss",
            System.currentTimeMillis()).toString() + ".jpg";
        ContentValues contentValues = new ContentValues();
        contentValues.put(MediaStore.Images.Media.TITLE, photoName);
        contentValues.put(MediaStore.Images.Media.MIME_TYPE, "image/jpeg");
        this.cameraUri = getContentResolver().insert(
            MediaStore.Images.Media.EXTERNAL_CONTENT_URI, contentValues);
        Intent intentCamera = new Intent(MediaStore.ACTION_IMAGE_CAPTURE);
        intentCamera.putExtra(MediaStore.EXTRA_OUTPUT, this.cameraUri);
        startActivityForResult(intentCamera, REQUEST_PICKER);
    }
    //갤러리
    else if (sourceType == 1) {
        this.cameraUri = null;
        Intent intent = new Intent(Intent.ACTION_OPEN_DOCUMENT);
        intent.addCategory(Intent.CATEGORY_OPENABLE);
        intent.setType("image/jpeg");
        startActivityForResult(intent, REQUEST_PICKER);
    }
}

//이미지 피커 결과 획득시에 호출됨
@Override
public void onActivityResult(int requestCode, int resultCode, Intent resultData)
{
    if (requestCode == REQUEST_PICKER) {
        if (resultCode != Activity.RESULT_OK) {
            openPickerCompletion.onCompletion(null);
        }
        Bitmap image = null;
        InputStream in = null;

        //카메라에서 화상 획득
        if (this.cameraUri != null) {
            final List<String> paths = cameraUri.getPathSegments();
            String strId = paths.get(3);
```

```java
                Cursor crsCursor = getContentResolver().query(
                    MediaStore.Images.Media.EXTERNAL_CONTENT_URI,
                    new String[]{MediaStore.MediaColumns.DATA},
                    "_id=?",
                    new String[]{strId},
                    null
                );
                crsCursor.moveToFirst();
                String filePath = crsCursor.getString(0);
                try {
                    in = new FileInputStream(filePath);
                    image = BitmapFactory.decodeFile(filePath);
                    image = modifyOrientation(image, in);
                    in.close();
                } catch (Exception e) {
                    try {
                        if (in != null) in.close();
                    } catch (Exception e2) {
                    }
                }
            }
            //사진 라이브러리에서 화상획득
            else if (resultData != null) {
                try {
                    in = getContentResolver().openInputStream(resultData.getData());
                    image = BitmapFactory.decodeStream(in);
                    in.close();
                    in = getContentResolver().openInputStream(resultData.getData());
                    image = modifyOrientation(image, in);
                    in.close();
                } catch (Exception e) {
                    try {
                        if (in != null) in.close();
                    } catch (Exception e2) {
                    }
                }
            }

            openPickerCompletion.onCompletion(image);
        }
    }
```

# 7-3 화상 분류(카메라 영상)

## 7-3-1 화상 분류(카메라 영상) 샘플 프로그램 구성

「화상 분류」(카메라 영상)는 카메라 영상을 이용하여 영상이 속해 있는 「클래스」 (데이터 종류)를 예측하는 작업이다.

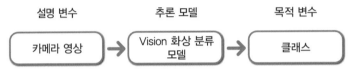

▲ 그림 7-3-1 화상 분류 모델

「화상 분류(영상)」와 같은 모델을 이용한다. 다른 점은 「이미지 피커」가 아니라 「카메라 캡처」를 이용하는 점이다. 반복되는 화상 분류를 실행하므로 「온디바이스 API」만 이용한다.

이번에는 샘플로 실시간 카메라 영상을 이용하여 찍혀 있는 대상(인물, 사물, 장소, 활동 등)의 「라벨」과 「신뢰도」를 표시하는 앱을 만든다.

◀ 그림 7-3-2
작성하는 샘플 프로그램
(iOS/온디바이스)

▲ 그림 7-3-3
작성하는 샘플 프로그램
(안드로이드/온디바이스)

## 7-3-2  사전 준비(iOS)

이전 「7-2 화상 분류(사진)」와 같은 방법으로 준비한다.

## 7-3-3  온디바이스 API의 소스 코드 설명(iOS)

프로그램의 본체인 「ViewController.swift」에 대해 설명한다.

### ■1 카메라 캡처 시작

2장 「2-2 화상 분류(카메라 영상)」의 해설을 참조한다.

### ■2 VisionImage 생성

카메라 영상에서는 「UIImage」가 아니라 「CMSampleBuffer」에서 「VisionImage」
으로 변환한다. 다른 화상 분류의 처리는 앞 절 「7-2 화상 분류 (사진)」과 같다.

```
let visionImage = VisionImage(buffer: sampleBuffer)
```

「VisionImage」의 생성자는 다음과 같다.

**VisionImage**
init(buffer sampleBuffer: CMSampleBuffer)
**설명** : VisionImage 오브젝트 생성
**인수** : image        CMSampleBuffer 오브젝트

## 7-3-4  사전 준비(안드로이드)

이전 「7-2 화상 분류 (사진)」와 같은 방법으로 준비한다.

## 7-3-5  온디바이스 API의 소스 코드(안드로이드)

프로그램의 본체인 「ViewController.java」에 대해 설명한다.

## ■1 카메라 캡처의 초기화

카메라 캡처의 초기화를 실행하는 initCapture()를 만든다. 「핸들러의 생성」에서는 카메라의 각종 처리에서 이용하는 UI 스레드가 아닌 핸들러를 생성한다. 「카메라 매니저」의 획득에서는 카메라 관리를 실행하는 카메라 매니저를 획득한다.

「텍스처 뷰의 리스너 지정」에서는 카메라 영상을 표시하는 텍스처 뷰에 리스너을 지정한다. 텍스처를 유효화할 때 startCamera(), 텍스처를 파기할 때 stopCamera()를 호출한다. 리스너를 지정할 때 이미 텍스처를 유효화한 경우에도 startCamera()를 불러온다.

```java
public void initCapture() {
    //핸들러 생성
    HandlerThread thread = new HandlerThread("work");
    thread.start();
    this.workHandler = new Handler(thread.getLooper());

    //카메라 매니저 획득
    this.manager = (CameraManager)activity
        .getSystemService(Context.CAMERA_SERVICE);

    //텍스처 뷰의 리스너 지정
    this.textureView.setSurfaceTextureListener(
        new TextureView.SurfaceTextureListener() {

        //텍스처 유효화시에  호출됨
        @Override
        public void onSurfaceTextureAvailable(
            SurfaceTexture surface, int width, int height) {
            startCamera();
        }

        //텍스처 크기 변경시에 호출됨
        @Override
        public void onSurfaceTextureSizeChanged(SurfaceTexture surface,
            int width, int height) {
        }

        //텍스처 갱신시에 호출됨
        @Override
        public void onSurfaceTextureUpdated(SurfaceTexture surface) {
        }
```

```
    //텍스처 파괴시에 호출됨
    @Override
    public boolean onSurfaceTextureDestroyed(SurfaceTexture surface) {
        stopCamera();
        return true;
    }
});

//카메라 시작
if (this.textureView.isAvailable()) startCamera();
}
```

## 2 카메라 시작

카메라의 시작 처리를 실행하는 startCamera()를 만든다.

「카메라 정보의 획득」에서는 카메라 ID를 획득한 후, 카메라 ID에서 정보를 획득하고 카메라 정보에서 미리보기 크기를 획득한다.

「텍스처 뷰의 크기」에서는 텍스처 뷰에 미리보기 크기를 지정한 후 화면에 AspectFit하도록 확대한다.

「카메라 오픈」에서는 카메라 매니저의 openCamera()를 불러와서 카메라를 시작한다. 카메라 시작 성공시에는 initPreview()와 startPreview()를 호출하고, 연결이 끊어지거나 실패할 경우에는 stopCamera()를 호출한다

```
public void startCamera() {
    try {
        //카메라 정보 획득
        this.cameraId = getCameraId();
        this.cameraInfo = manager.getCameraCharacteristics(this.cameraId);
        this.previewSize = getPreviewSize(this.cameraInfo);

        //텍스처뷰 크기
        int sw = Math.min(previewSize.getWidth(), previewSize.getHeight());
        int sh = Math.max(previewSize.getWidth(), previewSize.getHeight());
        float scale =
            ((float)getWidth()/(float)sw > (float)getHeight()/(float)sh) ?
            (float)getWidth()/(float)sw : (float)getHeight()/(float)sh;
        RelativeLayout.LayoutParams params = new RelativeLayout.LayoutParams(sw, sh);
        params.addRule(RelativeLayout.CENTER_IN_PARENT);
```

```
            textureView.setLayoutParams(params);
            textureView.setScaleX(scale);
            textureView.setScaleY(scale);

            //카메라 오픈
            this.manager.openCamera(this.cameraId, new CameraDevice.StateCallback() {
                // 접속시에 호출됨
                @Override
                public void onOpened(CameraDevice camera) {
                    ViewController.this.camera = camera;
                    initPreview();
                    startPreview();
                }

                // 접속이 끊어질때 호출됨
                @Override
                public void onDisconnected(CameraDevice camera) {
                    stopCamera();
                }

                // 에러시에 호출됨
                @Override
                public void onError(CameraDevice camera, int error) {
                    stopCamera();
                }
            }, null);
        } catch (SecurityException e) {
            e.printStackTrace();
        } catch (Exception e) {
            e.printStackTrace();
        }
    }
```

## 3 카메라 정지

카메라의 정지를 실행하는 startCamera()를 만든다. CameraDevice의 close()
를 호출하여 카메라를 정지한다.

```
public void stopCamera() {
    if (this.camera == null) return;
    this.camera.close();
    this.camera = null;
}
```

## 4 카메라 ID 획득

카메라 ID를 획득하는 getCameraId()를 만든다. 단말기 내의 후방 카메라를 검색해서 그 카메라 ID를 반환한다.

```java
private String getCameraId() {
    try {
        for (String cameraId : manager.getCameraIdList()) {
            CameraCharacteristics cameraInfo =
                manager.getCameraCharacteristics(cameraId);
            // 후면 카메라
            if (cameraInfo.get(CameraCharacteristics.LENS_FACING) ==
                CameraCharacteristics.LENS_FACING_BACK) {
                return cameraId;
            }
        }
    } catch (Exception e) {
        e.printStackTrace();
    }
    return null;
}
```

## 5 미리보기 크기 획득

미리보기 크기를 획득하는 getPreviewSize()를 만든다. 단말기 내의 미리보기 크기에서 1000 × 1000 이하에서 가장 큰 것을 검색해서 그 크기만큼 반환한다.

```java
private Size getPreviewSize(CameraCharacteristics characteristics) {
    StreamConfigurationMap map = characteristics.get(
        CameraCharacteristics.SCALER_STREAM_CONFIGURATION_MAP);
    Size[] sizes = map.getOutputSizes(SurfaceTexture.class);
    for (int i = 0; i < sizes.length; i++) {

        //크기 1000x1000 이하
        if (sizes[i].getWidth() < 1000 && sizes[i].getHeight() < 1000) {
            return sizes[i];
        }
    }
    return sizes[0];
}
```

## 6 미리보기의 초기화

미리보기의 초기화를 실행하는 initPreview()를 만든다.

「출력처가 되는 서피스 생성」에서는 텍스처 뷰에서 서피스 텍스처를 획득하고 미리보기 크기를 지정한 후, 서피스를 생성한다. 이것을 출력처로 등록하는 것으로 카메라 영상이 텍스처 뷰에 표시된다. 「출력처가 되는 이미지 리더 생성」에서는 미리보기 크기를 지정한 이미지 리더를 생성한다. 이것을 출력처로 등록하며 카메라 영상이 media.Image형으로 리스너에게 통지된다.

「미리보기 빌더의 생성」에서는 카메라 매니저의 createCaptureRequest()로 미리보기 빌더를 작성하고 「서피스」와 「이미지 리더」를 출력처로 추가한다. 이때 「CaptureRequest.JPEG_ORIENTATION」에서 이미지 리더에 출력할 화상의 방향을 지정한다.

```java
private void initPreview() {
    if (this.camera == null) return;

    // 출력장소인 서피스 생성
    SurfaceTexture texture = this.textureView.getSurfaceTexture();
    if (texture == null) return;
    texture.setDefaultBufferSize(this.previewSize.getWidth(), this.previewSize.
    getHeight());
    this.surface = new Surface(texture);

    // 출력장소인 이미지리더 생성
    this.imageReader = ImageReader.newInstance(
        this.previewSize.getWidth(), this.previewSize.getHeight(),
        ImageFormat.JPEG, 10);
        this.imageReader.setOnImageAvailableListener(new ImageReader.
        OnImageAvailableListener() {
        @Override
        public void onImageAvailable(ImageReader reader) {
            try {
                //예측
                Image image = reader.acquireLatestImage();
                detectLabels(image);
                image.close();
            } catch (Exception e) {
                //처리없음
            }
        }
```

```
  }, workHandler);

//프리뷰 빌더 생성
try {
  this.previewBuilder = this.camera
    .createCaptureRequest(CameraDevice.TEMPLATE_PREVIEW);
  this.previewBuilder.addTarget(surface);
  this.previewBuilder.addTarget(imageReader.getSurface());
  this.previewBuilder.set(CaptureRequest.JPEG_ORIENTATION, getOrientation());
  this.previewBuilder.set(CaptureRequest.CONTROL_AF_MODE,
    CaptureRequest.CONTROL_AF_MODE_CONTINUOUS_PICTURE);
  this.previewBuilder.set(CaptureRequest.CONTROL_AE_MODE,
    CaptureRequest.CONTROL_AE_MODE_ON);
} catch (CameraAccessException e) {
  e.printStackTrace();
}
```

## 7 회전 획득

출력하는 JPEG 화상의 회전값을 계산하는 getOrientation()을 작성한다. 카메라 영상의 방향은 카메라에서 촬영한 데이터 그대로이기 때문에 앱에서 이용할 때는 사진의 방향을 계산해서 조절할 필요가 있다. 「화면 방향」을 획득할 때는 Activity의 getWindowManager()로 WindowManager 오브젝트를 획득하고 WindowManager의 getDefaultDisplay() 메소드로 Display 오브젝트를 획득한다. 「카메라 렌즈 방향」은 인수 「CameraCharacteristics.SENSOR_ORIENTATION」로 CameraCharacteristics 클래스의 get()을 불러온다. 반환값은 0~360이다.

「화면 방향」, 「카메라 렌즈 방향」과 세로 고정이므로 「270」을 더해서 360으로 나눈 나머지가 회전값이 된다.

```
private int getOrientation() {
  try {
    //디스플레이 방향
    int deviceRotation = activity.getWindowManager().getDefaultDisplay().
    getRotation();
    int rotation = ORIENTATIONS.get(deviceRotation);

    //렌즈 방향
    CameraManager cameraManager =
```

```
         (CameraManager)activity.getSystemService(Activity.CAMERA_SERVICE);
      int sensorOrientation = cameraManager
        .getCameraCharacteristics(this.cameraId)
        .get(CameraCharacteristics.SENSOR_ORIENTATION);

      //회전
      return (rotation + sensorOrientation + 270) % 360;
   } catch (Exception e) {
      e.printStackTrace();

      return 0;
   }
}
```

## 8 미리보기 시작

미리보기를 시작하는 startPreview()를 만든다. 미리보기를 시작할 때
는 카메라 매니저의 createCaptureSession()을 불러온다. 성공할 때에는
CameraCaptureSession의 setRepeatingRequest()를 불러와서 반복하여 카메
라 영상을 갱신한다.

```
private void startPreview() {
   if (this.camera == null) return;
   try {
      //미리보기 시작
      this.camera.createCaptureSession(Arrays.asList(surface, imageReader.
      getSurface()),
         new CameraCaptureSession.StateCallback() {
            // 성공시에 호출됨
            @Override
            public void onConfigured(CameraCaptureSession session) {
               if (ViewController.this.camera == null) return;

               //카메라 영상을 텍스처에 표시
               try {
                  session.setRepeatingRequest(
                     ViewController.this.previewBuilder.build(),
                     null,
                     ViewController.this.workHandler);
               } catch (CameraAccessException e) {
                  e.printStackTrace();
               }
```

```
        }

        // 실패시에 호출됨
        @Override
        public void onConfigureFailed(CameraCaptureSession session) {
        }
    }, this.workHandler);
} catch (CameraAccessException e) {
    e.printStackTrace();
}
}
```

## 9 검출 중에 다음 검출을 실행하지 않음

검출 중에 다음의 검출을 실행하면 앱이 꺼져 실행되지 않도록 제한한다.

```
if (this.predictFlag) return;
this.predictFlag = true;
```

## 10 FirebaseVisionImage 생성

카메라 영상에서는 「Bitmap」이 아니라 「media.Image」에서 「Firebase VisionImage」로 변환한다. 화상의 방향은 카메라측에서 보정하므로 회전 없이 (FirebaseVision ImageMetadata.ROTATION_0)로 한다. 다른 화상 분류의 처리는 앞 절의 「7-2 화상 분류(사진)」과 같다.

```
FirebaseVisionImage visionImage = FirebaseVisionImage.fromMediaImage(
    image, FirebaseVisionImageMetadata.ROTATION_0);
```

「FirebaseVisionImage」의 fromMediaImage() 서식은 다음과 같다.

**FirebaseVisionImage**

static FirebaseVisionImage fromMediaImage (media.Image image, int rotation)

**설명** : FirebaseVisionImage 오브젝트 생성

**인수** : image                      media.Image 오브젝트

        rotation                화상 방향

**반환값** : FirebaseVisionImage      오브젝트

## 7-4 얼굴 검출

### 7-4-1 얼굴 검출 샘플 프로그램 구성

「얼굴 검출」은 사진 또는 카메라 영상을 이용하여 얼굴 영역을 검출하는 작업이다. 얼굴 영역을 검출하는 것 외에도 눈, 귀, 볼, 코, 입 등과 같이 얼굴의 랜드마크 위치를 검출하는 것도 가능하다. 사람이 웃고 있는지, 눈을 감고 있는지 등의 표정도 검출할 수 있다.

얼굴 검출은 「온디바이스 API」만 가능하다.

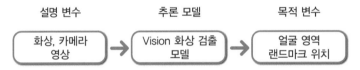

▲ 그림 7-4-1 얼굴 검출 모델

이번에는 샘플로 실시간 카메라 영상을 이용하여 얼굴의 위치를 나타내는 직사각형과 얼굴 랜드마크의 위치를 나타내는 앱을 만든다.

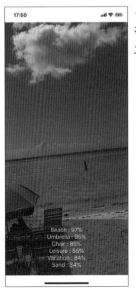

◀ 그림 7-4-2
작성하는 샘플 프로
그램(iOS)

▲ 그림 7-4-3
작성하는 샘플 프로그램
(안드로이드)

## 7-4-2 사전 준비(iOS)

앞의 「7-1 개발 환경의 준비」의 방법을 참고하여 「Firebase 프로젝트로의 앱 등록」을 실행한다.

「얼굴 검출」을 위한 「Profile」의 라이브러리 추가 설정은 다음과 같다. 「pod init」에서 작성한 「Profile」에 설정하고 「pod install」을 실행한다.

● Profile

```
pod 'Firebase/Core'
pod 'Firebase/MLVision'
pod 'Firebase/MLVisionFaceModel'
```

## 7-4-3 온디바이스 API 의 소스 코드(iOS)

프로그램의 본체인 「ViewController.swift」에 대해 설명한다.

### ■ 화면 크기 지정

CMSampleBuffer로 화면 크기를 획득하고 DrawView의 setImageSize()에 지정한다.

CMSampleBufferGetImageBuffer()로 CMSampleBufferRef에서 CVImageBufferRef를 획득하고 CVPixelBufferGetWidth()와 CVPixelBufferGetHeight()로 화면의 폭과 높이를 획득한다.

```
let imageBuffer = CMSampleBufferGetImageBuffer(sampleBuffer)
self.drawView.setImageSize(CGSize(
    width: CGFloat(CVPixelBufferGetWidth(imageBuffer!)),
    height: CGFloat(CVPixelBufferGetHeight(imageBuffer!))))
```

### ② 얼굴 검출 옵션 생성

얼굴 검출의 옵션 「VisionFaceDetectorOptions」을 생성한다.

```
let options = VisionFaceDetectorOptions()
options.landmarkType = .all
options.classificationType = .all
options.modeType = .accurate
```

「VisionFaceDetectorOptions」의 속성은 다음과 같다.

| 속성 | 설명 |
|---|---|
| var classificationType : VisionFaceDetectorClassification | 얼굴 등의 속성을 특징 짓기 위한 추가 분류를 실행할지 아닌지 (표 7-4-2 참조). 초기 설정은 none |
| var modeType : VisionFaceDetectorMode | 정밀도 대 속도의 트레이드오프 우선도(표 7-4-3 참조) 초기 설정은 fast |
| var landmarkType : VisionFaceDetectorLandmark | 얼굴 랜드마크를 검출할지 아닌지(표 7-4-4 참조). 초기 설정은 none |
| var minFaceSize : CGFloat | 얼굴의 최소 사이즈. 사이즈는 화상폭에 대한 얼굴 폭 비율로 지정. 초기 설정은 0.1(VisionFaceDetectionMinSize) |
| var isTrackingEnabled : Bool | 얼굴 추적 기능을 유효화할지 아닐지. 초기 설정은 false |

▲ 표 7-4-1 VisionFaceDetectorOptions의 속성

| 정수 | 설명 |
|---|---|
| none | 없음 |
| all | 모두 |

▲ 표 7-4-2 VisionFaceDetectorClassification의 정수

| 정수 | 설명 |
|---|---|
| fast | 속도 우선 |
| accurate | 정밀도 우선 |

▲ 표 7-4-3 VisionFaceDetectorMode의 정수

| 정수 | 설명 |
|---|---|
| none | 없음 |
| all | 모두 |

▲ 표 7-4-4 VisionFaceDetectorLandmark의 정수

### ❸ 얼굴 검출의 검출기 생성

얼굴 검출의 검출기 「VisionFaceDetector」를 생성한다.

```
let faceDetector = Vision.vision().faceDetector(options: options)
```

「Vision」의 faceDetector()를 사용해서 생성한다.

> **Vision**
> func faceDetector(options: VisionFaceDetectorOptions) -> VisionFaceDetector
> **설명** : VisionFaceDetector 오브젝트 생성
> **인수** : options　　얼굴 검출 옵션
> **반환값** : VisionFaceDetector 오브젝트

## 4 얼굴 검출 실행

얼굴 검출은「VisionFaceDetector」의 detect()로 실행한다.

```
faceDetector.detect(in: visionImage) {
   faces, error in
   //에러 처리
   if error != nil {
      self.showAlert(error!.localizedDescription)
      return
   }

   DispatchQueue.main.async {
      // 검출 결과 획득
      self.drawView.faces = faces

      //UI갱신
      self.drawView.setNeedsDisplay()
   }
}
```

detect()의 서식은 다음과 같다.

> **VisionLabelDetector**
> func detect(in image: VisionImage, completion: @escaping VisionFaceDetection
> Callback)
> **설명** : 얼굴 검출 실행
> **인수** : image　　　　　　　　VisionImage 오브젝트
> 　　　　 completion　　　　　콜백

VisionFaceDetectionCallback의 서식은 다음과 같다.

**VisionFaceDetectionCallback**

typealias VisionFaceDetectionCallback = ([VisionFace]?, Error?) -> Void

**설명** : 얼굴 검출 실행의 콜백

**인수** : faces      얼굴 검출 실행 결과(에러인 경우 nil)

       error      에러(에러가 아닌 경우 nil)

얼굴 검출의 결과는 [VisionFace]로 획득한다. DrawView로 넘겨주고 검출 결과 그리기를 실행한다.

### 5 검출 결과 그리기

검출 결과 그리기를 실행하는 DrawView를 작성한다.

```swift
// 검출 결과 그리기
override func draw(_ rect: CGRect) {
    if self.faces == nil {return}

    // 그래픽스 컨텍스트 생성
    let context = UIGraphicsGetCurrentContext()!

    // 얼굴 검출 그리기
    for face in self.faces {
        // 영역 그리기
        let rect = convertRect(face.frame)
        context.setStrokeColor(COLOR_BLUE.cgColor)
        context.setLineWidth(2)
        context.stroke(rect)

        //랜드마크 그리기
        context.setFillColor(COLOR_WHITE.cgColor)
        drawLandmark(context, face: face, type: .leftEye)
        drawLandmark(context, face: face, type: .rightEye)
        drawLandmark(context, face: face, type: .mouthLeft)
        drawLandmark(context, face: face, type: .mouthRight)
        drawLandmark(context, face: face, type: .mouthBottom)

        // 웃는얼굴 확률 표시
        if face.hasSmilingProbability {
            let text = String(format:"%d%%",Int(face.smilingProbability*100))
            drawText(context, text: text, rect: rect)
        }
    }
}
```

```swift
//랜드마크 그리기
func drawLandmark(_ context: CGContext, face: VisionFace, type:
FaceLandmarkType) {
    if let landmark = face.landmark(ofType: type) {
        let point = convertPoint(CGPoint(
            x: landmark.position.x.intValue,
            y: landmark.position.y.intValue))
        context.fillEllipse(in: CGRect(
            x: point.x-3,
            y: point.y-3,
            width: 6, height: 6))
    }
}

//텍스트 그리기
func drawText(_ context: CGContext, text: String, rect: CGRect) {
    //배경
    let textRect = CGRect(x: rect.minX, y: rect.minY-16,
        width: rect.width, height: 16)
    context.setFillColor(COLOR_BLUE.cgColor)
    context.fill(textRect)

    //텍스트
    let paragraphStyle = NSMutableParagraphStyle()
    paragraphStyle.alignment = .center
    let attributes = [
        NSAttributedString.Key.paragraphStyle: paragraphStyle,
        NSAttributedString.Key.font: UIFont.systemFont(ofSize: 16), NSAttributedStr
        ing.Key.foregroundColor: UIColor.white
    ]
    let attributedString = NSAttributedString(
        string: text, attributes: attributes)
    attributedString.draw(in: textRect)
}

// 검출 결과 좌표계를 화면 좌표계로 변환
func convertRect(_ rect: CGRect) -> CGRect {
    return CGRect(

        x: Int(imageRect.minX+rect.minX*imageScale),
        y: Int(imageRect.minY+rect.minY*imageScale),
        width: Int(rect.width*imageScale),
        height: Int(rect.height*imageScale))
}

// 검출 결과 좌표계를 화면 좌표계로 변환
```

```
func convertPoint(_ point: CGPoint) -> CGPoint {
    return CGPoint(
        x: Int(imageRect.minX+point.x*imageScale),
        y: Int(imageRect.minY+point.y*imageScale))
}
```

이번에는 검출 결과의 「영역」을 파란색 사각형, 「얼굴의 랜드마크」를 흰색 동그라미, 「웃는 얼굴 확률」을 영역상에 표시한다. 「영역」은 VisionFace의 frame, 「얼굴의 랜드마크」는 getLandmark(), 「웃는 얼굴 확률」은 smilingProbability로 획득한다.

「VisionFace」의 정보를 획득하기 위한 속성은 다음과 같다.

| 속성 | 설명 |
|------|------|
| var frame : CGRect | 영역 |
| var hasTrackingID : Bool | 트래킹 ID가 있는지 없는지 |
| var trackingID : Int | 트래킹 ID |
| var hasHeadEulerAngleY : Bool | 화상 수직축의 얼굴 회전을 검출했는지 |
| var headEulerAngleY : CGFloat | 화상 수직축의 얼굴 회전. 정의 오일러각은 오른쪽 회전 |
| var hasHeadEulerAngleZ : Bool | 화상을 가리키는 축 주변의 얼굴 회전을 검출했는지 |
| var headEulerAngleZ : CGFloat | 화상 수직축의 얼굴 회전. 정의 오일러각은 반시계 방향 |
| var hasSmilingProbability : Bool | 웃는 얼굴의 확률을 검출했는지 |
| var smilingProbability : CGFloat | 웃는 얼굴의 확률 |
| var hasLeftEyeOpenProbability : Bool | 왼쪽 눈을 뜨고 있는 확률을 검출했는지 |
| var leftEyeOpenProbability : CGFloat | 왼쪽 눈을 뜨고 있는 확률 |
| var hasRightEyeOpenProbability : Bool | 오른쪽 눈을 뜨고 있는 확률을 검출했는지 |
| var rightEyeOpenProbability : CGFloat | 오른쪽 눈을 뜨고 있는 확률 |

▲ 표 7-4-5 VisionFace의 속성

landmark()의 서식은 다음과 같다.

**VisionFace**
func landmark(ofType type: FaceLandmarkType) -> VisionFaceLandmark?
**설명** : 얼굴의 랜드마크 정보 획득
**인수** : landmarkType 얼굴 랜드마크의 종류
**반환값** : 얼굴 랜드마크

얼굴 랜드마크의 종류에는 다음 정수를 지정한다.

| 정수 | 설명 |
|---|---|
| bottomMouth | 입 아래쪽 |
| leftCheek | 왼쪽 뺨 |
| leftEar | 왼쪽 귀 |
| leftEye | 왼쪽 눈 |
| leftMouth | 입의 왼쪽 |
| noseBase | 코 |
| rightCheek | 오른쪽 뺨 |
| rightEar | 오른쪽 귀 |
| rightEye | 오른쪽 눈 |
| rightMouth | 입의 오른쪽 |

▲ 표 7-4-6 FaceLandmarkType의 정수

얼굴 랜드마크의 각 위치는 VisionFaceLandmark의 position으로 획득한다. 「VisionFaceLandmark」의 정보를 획득하기 위한 속성은 다음과 같다.

| 속성 | 설명 |
|---|---|
| var type: FaceLandmarkType | 얼굴 랜드마크 종류 |
| var position: VisionPoint | 얼굴 랜드마크 위치 |

▲ 표 7-4-7 VisionFaceLandmark 속성

## 7-4-4 사전 준비(안드로이드)

앞에서 다루었던 「7-1 개발 환경의 준비」의 방법을 참고하여 「Firebase 프로젝트로의 앱 등록」을 실행한다.

「얼굴 검출」을 위한 라이브러리 추가 설정을 「build.gradle」에 다음과 같이 실행한다.

• 〈project〉/〈app-module〉/build.gradle

```
dependencies {
    ~생략~
    implementation 'com.google.firebase:firebase-core:16.0.1'
```

```
    implementation 'com.google.firebase:firebase-ml-vision:17.0.0'  ←Vision
}
apply plugin: 'com.google.gms.google-services'
```

「온디바이스 API」를 이용할 때 「AndroidManifest.xml」로 다음의 설정을 실행하면 Play 스토어에서 앱을 설치할 때 모델의 다운로드가 시작된다. 이 설정을 실행하지 않으면 처음 검출할 때 다운로드를 시작한다.

● AndroidManifest.xml

```
<application ...>
  ~생략~
  <meta-data
    android:name="com.google.firebase.ml.vision.DEPENDENCIES"
    android:value="face" />  ←얼굴 검출 모델 다운로드
</application>
```

## 7-4-5 온디바이스 API 소스 코드(안드로이드)

프로그램 「ViewController.java」에 대해 설명한다.

### 1 화면 크기 지정

media.Image의 getWidth()과 getHeight()에서 화면 크기를 획득하고 DrawView의 setImageSize()에 지정한다.

getWidth()와 getHeight()는 카메라 촬영을 할 때 폭과 높이를 위해 세로 화면 방향으로 짧은 쪽을 폭, 긴 쪽을 높이로 판단한다.

```
int sw = Math.min(image.getWidth(), image.getHeight());
int sh = Math.max(image.getWidth(), image.getHeight());
drawView.setImageSize(sw, sh);
```

### 2 얼굴 검출의 옵션 생성

얼굴 검출의 옵션 「FirebaseVisionFaceDetectorOptions」을 생성한다.

```
FirebaseVisionFaceDetectorOptions options =
    new FirebaseVisionFaceDetectorOptions.Builder()
        .setModeType(FirebaseVisionFaceDetectorOptions.ACCURATE_MODE)
        .sctLandmarkType(FirebaseVisionFaceDetectorOptions.ALL_LANDMARKS)
        .setClassificationType(FirebaseVisionFaceDetectorOptions.ALL_
        CLASSIFICATIONS)
        .build();
```

「FirebaseVisionFaceDetectorOptions」의 메소드는 다음과 같다.

| 메소드 | 설명 |
|---|---|
| FirebaseVisionFaceDetectorOptions.Builder setClassificationType (int classificationType) | 웃는 얼굴 등의 속성을 특징 짓기 위한 추가 분류를 실행할지 아닌지(표 7-4-9 참조). 초기 설정은 NO_CLASSIFICATIONS |
| FirebaseVisionFaceDetectorOptions.Builder setModeType (int modeType) | 정밀도 대 속도의 트레이드오프 신뢰도(표 7-4-10 참조) 초기 설정은 FAST_MODE |
| FirebaseVisionFaceDetectorOptions.Builder setLandmarkType (int landmarkType) | 얼굴 랜드마크를 검출할지 아닐지(표 7-4-11 참조). 초기 설정은 NO_LANDMARKS |
| FirebaseVisionFaceDetectorOptions.Builder setMinFaceSize (float minFaceSize) | 얼굴의 최소 사이즈. 사이즈는 화상폭에 대한 얼굴 폭 비율로 지정. 초기 설정은 0.1 |
| FirebaseVisionFaceDetectorOptions.Builder setTrackingEnabled (boolean trackingEnabled) | 얼굴 추적 기능을 유효화할지 아닐지. 초기 설정은 false |

▲ 표 7-4-8 FirebaseVisionFaceDetectorOptionsBuilder의 메소드

| 정수 | 설명 |
|---|---|
| NO_CLASSIFICATIONS | 없음 |
| ALL_CLASSIFICATIONS | 모두 |

▲ 표 7-4-9 FirebaseVisionFaceDetectorOptions의 Classification 정수

| 정수 | 설명 |
|---|---|
| FAST_MODE | 속도 우선 |
| ACCURATE_MODE | 정밀도 우선 |

▲ 표 7-4-10 FirebaseVisionFaceDetectorOptions의 Mode 정수

| 정수 | 설명 |
|---|---|
| ALL_LANDMARKS | 모두 |
| NO_LANDMARKS | 없음 |

▲ 표 7-4-11 FirebaseVisionFaceDetectorOptions의 Landmark 정수

## 3 얼굴 검출기 생성

얼굴 검출기 「VisionFaceDetector」를 생성한다.

```
FirebaseVisionFaceDetector faceDetector = FirebaseVision.getInstance()
    .getVisionFaceDetector(options);
```

「FirebaseVision」의 getVisionFaceDetector()를 사용해서 생성한다.

> **FirebaseVision**
>
> FirebaseVisionFaceDetector getVisionFaceDetector
> (FirebaseVisionFaceDetector Options options)
> **설명** : FirebaseVisionFaceDetector 오브젝트 생성
> **인수** : options 얼굴 검출 옵션
> **반환값** : FirebaseVisionFaceDetector 오브젝트

## 4 얼굴 검출 실행

얼굴 검출 실행은 「FirebaseVisionFaceDetector」의 detectInImage()로 실행한다.

```
faceDetector.detectInImage(visionImage)
    .addOnSuccessListener(new OnSuccessListener<List<FirebaseVisionFace>>() {
        @Override
        public void onSuccess(final List<FirebaseVisionFace> faces) {
            post(new Runnable() {
                @Override
                public void run() {
                    // 검출 결과 획득
                    drawView.faces = faces;

                    //UI 갱신
                    drawView.postInvalidate();
                    predictFlag = false;
                }
            });
        }
    })
    .addOnFailureListener(new OnFailureListener() {
        //에러시에 호출됨
        @Override
        public void onFailure(@NonNull Exception e) {
            showAlert(e.getMessage());
```

```
        }
    });
```

detectInImage()의 서식은 다음과 같다.

> **FirebaseVisionFaceDetector**
> Task<List<FirebaseVisionFace>> detectInImage (FirebaseVisionImage image)
> **설명** : 얼굴 검출 실행
> **인수** : image        FirebaseVisionImage 오브젝트
> **반환값** : 작업

얼굴 검출 결과는 「List〈FirebaseVisionFace〉」로 획득하여 DrawView에 넘겨주고 검출 결과 그리기를 실행한다.

## 5 검출 결과 그리기

검출 결과 그리기를 실행하는 DrawView를 작성한다.

```java
// 검출 결과 그리기
@Override
protected void onDraw(Canvas canvas) {
    if (this.faces == null) return;

    // 얼굴 검출 그리기
    for (FirebaseVisionFace face : this.faces) {
        // 영역 그리기
        Rect rect = convertRect(face.getBoundingBox());
        paint.setColor(COLOR_BLUE);
        paint.setStrokeWidth(2*density);
        paint.setStyle(Paint.Style.STROKE);
        canvas.drawRect(rect, paint);

        // 얼굴 랜드마크 그리기
        paint.setColor(COLOR_WHITE);
        drawLandmark(canvas, face, FirebaseVisionFaceLandmark.LEFT_EYE);
        drawLandmark(canvas, face, FirebaseVisionFaceLandmark.RIGHT_EYE);
        drawLandmark(canvas, face, FirebaseVisionFaceLandmark.LEFT_MOUTH);
        drawLandmark(canvas, face, FirebaseVisionFaceLandmark.RIGHT_MOUTH);
        drawLandmark(canvas, face, FirebaseVisionFaceLandmark.BOTTOM_MOUTH);

        // 웃는 얼굴 확률 표시
        if (face.getSmilingProbability() != FirebaseVisionFace.UNCOMPUTED_
```

```
PROBABILITY) {
        String text = String.format("%d%%", (int)(face.
        getSmilingProbability()*100));
        drawText(canvas, text, rect);
    }
  }
}

// 얼굴 랜드마크 그리기
private void drawLandmark(Canvas canvas, FirebaseVisionFace face, int type) {
  FirebaseVisionFaceLandmark landmark = face.getLandmark(type);
  if (landmark != null) {
    Point point = convertPoint(new Point(
      landmark.getPosition().getX().intValue(),
      landmark.getPosition().getY().intValue()));
    paint.setColor(COLOR_WHITE);
    paint.setStyle(Paint.Style.FILL);
    canvas.drawCircle(point.x, point.y, 3 * density, paint);
  }
}

//텍스트 그리기
private void drawText(Canvas canvas, String text, Rect rect) {
  if (text == null) return;

  //배경
  Rect textRect = new Rect(rect.left, (int)(rect.top-16*density),
    rect.left+rect.width(), rect.top);
  paint.setColor(COLOR_BLUE);
  paint.setStyle(Paint.Style.FILL);
  canvas.drawRect(textRect, paint);

  //텍스트
  paint.setColor(COLOR_WHITE);
  paint.setTextSize(16*density);
  Paint.FontMetrics metrics = paint.getFontMetrics();
  canvas.save();
  canvas.clipRect(textRect);
  canvas.drawText(text,
    (int)(textRect.left+(textRect.width()-paint.measureText(text))/2),
    textRect.top-metrics.ascent, paint);
  canvas.restore();
}

// 검출 결과 좌표계를 화면 좌표계로 변환
```

```java
private Rect convertRect(Rect rect) {
    return new Rect(
        (int)(imageRect.left+rect.left*imageScale),
        (int)(imageRect.top+rect.top*imageScale),
        (int)(imageRect.left+rect.left*imageScale+rect.width()*imageScale),
        (int)(imageRect.top+rect.top*imageScale+rect.height()*imageScale));
}

// 검출 결과 좌표계를 화면 좌표계로 변환
private Point convertPoint(Point point) {
    return new Point(
        (int)(imageRect.left+point.x*imageScale),
        (int)(imageRect.top+point.y*imageScale));
}
```

이번에는 검출 결과의 「영역」을 파란색 사각형, 「얼굴의 랜드마크」를 흰색 동그라미, 「웃는 얼굴 확률」을 영역상에 표시한다. 「영역」은 FirebaseVisionFace의 getBoundingBox(), 「얼굴의 랜드마크」는 getLandmark(), 「웃는 얼굴 확률」은 getSmilingProbability()로 획득한다.

「FirebaseVisionFace」의 정보를 획득하기 위한 메소드는 다음과 같다.

| 메소드 | 설명 |
| --- | --- |
| FirebaseVisionFaceLandmark getLandmark(int landmarkType) | 얼굴 랜드마크의 부분 |
| Rect getBoundingBox() | 영역 |
| int getTrackingId() | 트래킹 ID. 무효일 때는 INVALID_ID |
| float getHeadEulerAngleY() | 화상 수직축의 얼굴 회전. 정의 오일러각은 오른쪽 회전 |
| float getHeadEulerAngleZ() | 화상 수직축의 얼굴 회전. 정의 오일러각은 반시계 방향 |
| float getSmilingProbability () | 웃는 얼굴의 확률. 계산 불가일 때는 UNCOMPUTED_PROBABILITY |
| float getLeftEyeOpenProbability() | 왼쪽 눈을 뜨고 있는 확률. 계산 불가일 때는 UNCOMPUTED_PROBABILITY |
| float getRightEyeOpenProbability() | 오른쪽 눈을 뜨고 있는 확률. 계산 불가일 때는 UNCOMPUTED_PROBABILITY |

▲ 표 7-4-12 FirebaseVisionFace의 메소드

getLandmark()의 서식은 다음과 같다.

**FirebaseVisionFace**

FirebaseVisionFaceLandmark getLandmark(int landmarkType)

**설명** : 얼굴 랜드마크의 정보 획득

**인수** : landmarkType     얼굴 랜드마크의 종류

**반환값** : 얼굴 랜드마크

얼굴 랜드마크의 종류에는 다음의 정수를 지정한다.

| 정수 | 설명 |
| --- | --- |
| BOTTOM_MOUTH | 입 아래쪽 |
| LEFT_CHEEK | 왼쪽 뺨 |
| LEFT_EAR | 왼쪽 귀 |
| LEFT_EYE | 왼쪽 눈 |
| LEFT_MOUTH | 입의 왼쪽 |
| NOSE_BASE | 코 |
| RIGHT_CHEEK | 오른쪽 뺨 |
| RIGHT_EAR | 오른쪽 귀 |
| RIGHT_EYE | 오른쪽 눈 |
| RIGHT_MOUTH | 입의 오른쪽 |

▲ 표 7-4-13 FirebaseVisionFaceLandmark의 정수

얼굴 랜드마크 정보의 위치는 FirebaseVisionFaceLandmark의 getPosition으로 획득한다. 「FirebaseVisionFaceLandmark」의 정보를 획득하기 위한 메소드는 다음과 같다.

| 메소드 | 설명 |
| --- | --- |
| int getFaceLandmarkType() | 얼굴 랜드마크 종류 |
| FirebaseVisionPoint getPosition() | 얼굴 랜드마크 위치 |

▲ 표 7-4-14 FirebaseVisionFaceLandmark의 메소드

# 7-5 바코드 검출

## 7-5-1 바코드 검출 샘플 프로그램의 구성

「바코드 검출」은 사진 또는 카메라 영상을 이용하여 영역과 바코드의 부가 정보를 검출하는 작업이다. 「바코드 검출」은 「온디바이스 API」만 된다.

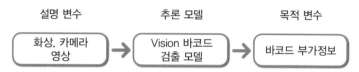

설명 변수
추론 모델
목적 변수
화상, 카메라 영상
Vision 바코드 검출 모델
바코드 부가정보

▲ 그림 7-5-1 바코드 검출 모델

이번에는 실시간 카메라 영상을 이용하여 「QR 코드」의 위치와 정보를 나타내는 앱을 만든다.

15:25

◀ 그림 7-5-2 작성하는 샘플 프로그램 (iOS)

7:00

▲ 그림 7-5-3 작성하는 샘플 프로그램 (안드로이드)

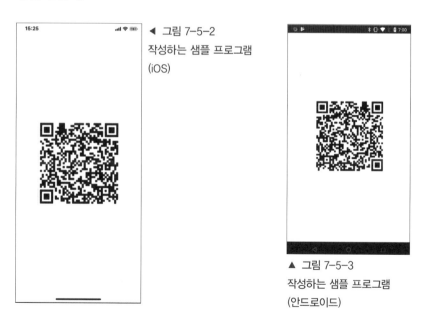

## 사전 준비(iOS)

앞의 「7-1 개발 환경의 준비」의 순서로 「Firebase 프로젝트로의 앱 등록」을 실행한다.

「바코드 검출」을 위한 「Profile」의 라이브러리 추가 설정은 다음과 같다. 「pod init」에서 작성한 「Profile」에 설정하고 「pod install」을 실행한다.

● Profile

```
pod 'Firebase/Core'
pod 'Firebase/MLVision'
pod 'Firebase/MLVisionBarcodeModel'
```

## 온디바이스 API 소스 코드(iOS)

프로그램 파일 「ViewController.swift」에 대해 설명한다.

### ■ 바코드 검출 옵션 생성

바코드 검출 옵션 「VisionBarcodeDetectorOptions」을 생성한다.

```
let options = VisionBarcodeDetectorOptions(formats: .all)
```

생성자 서식은 다음과 같다.

**VisionBarcodeDetectorOptions**
init(formats: VisionBarcodeFormat)
**설명** : VisionBarcodeDetectorOptions 오브젝트 생성
**인수** : format     검출하는 바코드 형식

정수는 다음과 같다.

| 정수 | 설명 | 정수 | 설명 |
|---|---|---|---|
| all | 모두 | EAN8 | EAN-8 |
| code128 | Code-128 | ITF | ITF |
| code39 | Code-39 | qrCode | QR 코드 |
| code93 | Code-93 | UPCA | UPC-A |
| codaBar | Codabar | UPCE | UPC-E |
| dataMatrix | Data Matrix | PDF417 | PDF-417 |
| EAN13 | EAN-13 | aztec | Aztec |

▲ 표 7-5-1 VisionBarcodeFormat의 정수


## 2 바코드 검출기 생성

바코드 검출기 「VisionFaceDetector」를 생성한다.

```
let barcodeDetector = Vision.vision().barcodeDetector(options: options)
```

「Vision」의 barcodeDetector()을 사용해서 생성한다.

> **Vision**
> func barcodeDetector(options: VisionBarcodeDetectorOptions) -> VisionBarcode Detector
> **설명** : VisionBarcodeDetector      오브젝트 생성
> **인수** : options                  바코드 검출 옵션
> **반환값** : VisionBarcodeDetector   오브젝트

## 3 바코드 검출 실행

바코드 검출 실행은 「VisionBarcodeDetector」의 detect()로 실행한다.

```
barcodeDetector.detect(in: visionImage) {
    barcodes, error in
    //에러 처리
    if error != nil {
        self.showAlert(error!.localizedDescription)
        return
    }

    DispatchQueue.main.async {
```

```
        // 검출 결과 획득
        self.drawView.barcodes = barcodes

        //UI 갱신
        self.drawView.setNeedsDisplay()
    }
}
```

detect()의 서식은 다음과 같다.

**VisionBarcodeDetector**

func detect(in image: VisionImage, completion: @escaping VisionBarcode
DetectionCallback)

**설명** : 바코드 검출 실행

**인수** : image           VisionImage 오브젝트

        completion       콜백

VisionBarcodeDetectionCallback의 서식은 다음과 같다.

**VisionBarcodeDetectionCallback**

typealias VisionBarcodeDetectionCallback = ([VisionBarcode]?, Error?) -> Void

**설명** : 바코드 검출의 콜백

**인수** : barcodes        바코드 검출 결과(에러인 경우 nil)

        error          에러(에러가 아닌 경우 nil)

바코드 검출 결과는 [VisionBarcode] 로 획득하여 DrawView에 넘기고 검출 결
과 그리기를 실행한다.

### ◢ 검출 결과 그리기

검출 결과 그리기를 실행하는 DrawView를 작성한다.

```
// 검출 결과 그리기
override func draw(_ rect: CGRect) {
    if self.barcodes == nil {return}

    //그래픽스 컨텍스트 생성
    let context = UIGraphicsGetCurrentContext()!

    //바코드 검출 그리기
    for barcode in self.barcodes {
```

```swift
      // 영역 그리기
      let rect = convertRect(barcode.frame)
      context.setFillColor(COLOR_BLUE.cgColor)
      context.fill(rect)

      //바코드 부가정보 그리기
      if barcode.rawValue != nil {
        drawText(context, text: barcode.rawValue!,
          fontSize: 12, rect: rect)
      }
    }
  }
}

//텍스트 그리기
func drawText(_ context: CGContext, text: String!, fontSize: CGFloat, rect:
CGRect)
 {
  if text == nil {return}
  let paragraphStyle = NSMutableParagraphStyle()
  paragraphStyle.alignment = .center
  let attributes = [
    NSAttributedString.Key.paragraphStyle: paragraphStyle,
    NSAttributedString.Key.font: UIFont.systemFont(ofSize: fontSize),
    NSAttributedString.Key.foregroundColor: COLOR_WHITE
  ]
  let attributedString = NSAttributedString(string: text, attributes:
  attributes)
  attributedString.draw(in: rect)
}

// 검출 결과 좌표계를 화면 좌표계로 변환
func convertRect(_ rect:CGRect) -> CGRect {
  return CGRect(
    x: Int(imageRect.minX+rect.minX*imageScale),
    y: Int(imageRect.minY+rect.minY*imageScale),
    width: Int(rect.width*imageScale),
    height: Int(rect.height*imageScale))
}
```

이번에는 검출 결과의 「영역」을 파란색 사각형, 「바코드 부가 정보」를 영역 내에
표시한다. 「영역」은 VisionBarcode의 frame, 「바코드의 부가 정보」는 rawValue
로 획득한다.

「VisionBarcode」의 정보를 획득하기 위한 속성은 다음과 같다.

| 속성 | 설명 |
|---|---|
| var frame : CGRect | 영역 |
| var rawValue : String? | 바코드에 코드화된 바코드 값. 구조화된 값은 해석할 수 없음. (예) 'MEBKM:TITLE:Google;URL:https://www.google.com;;' |
| var displayValue : String? | 사용자에게 친절한 형식의 바코드 값. (예) 'https://www.google.com' |
| var format : VisionBarcodeFormat | 바코드 형식 |
| var cornerPoints : [NSValue]? | 네 모서리의 점 |
| var valueType : VisionBarcodeValueType | 바코드 값의 종류. (예) TEXT, PRODUCT, URL 등 |
| var email : VisionBarcodeEmail? | 「MAILTO : 」 또는 유사 QR 코드 타입에서의 전자 메일 메시지. valueType이 .email인 경우만 설정됨 |
| var phone : VisionBarcodePhone? | 「TEL : 」 또는 유사 QR 코드 타입에서의 전화번호. valueType이 .phone인 경우만 설정됨 |
| var sms : VisionBarcodeSMS? | 「SMS : 」 또는 유사 QR 코드 타입에서의 SMS 메시지. valueType이 .sms인 경우만 설정됨 |
| var url : VisionBarcodeURLBookmark? | 「MEBKM : 」 또는 유사 QR 코드 타입에서의 URL과 타이틀. valueType이 .url인 경우만 설정됨 |
| var wifi : VisionBarcodeWifi? | 「WIFI : 」 또는 유사 QR 코드 타입에서의 와이파이 네트워크 파라미터. valueType이 .wifi인 경우만 설정됨 |
| var geoPoint : VisionBarcodeGeoPoint? | 「GEO : 」 또는 유사 QR 코드 타입에서의 좌표. valueType이 .geo인 경우만 설정됨 |
| var contactInfo : VisionBarcodeContactInfo? | 사람 또는 조직의 명함. VCARD 예를 들어 valueType이 contactInfo인 경우만 설정됨 |
| var calendarEvent : VisionBarcodeCalendarEvent? | QR 코드에서 추출된 달력 캘린더 이벤트. valueType이 calendarEvent인 경우만 설정됨 |
| var driverLicense : VisionBarcodeDriverLicense? | 운전면허증 또는 ID 카드. valueType이 driverLicense인 경우만 설정됨 |

▲ 표 7-5-2 VisionBarcode의 속성

## 7-5-4  사전 준비(안드로이드)

앞서 「7-1 개발 환경의 준비」에서 언급한 순서를 참고하여 「Firebase 프로젝트로의 앱 등록」을 실행한다.

「바코드 검출」을 위한 라이브러리 추가 설정을 「build.gradle」에서 다음과 같이 실행한다.

• ⟨project⟩/⟨app-module⟩/build.gradle

```
dependencies {
  ~생략~
  implementation 'com.google.firebase:firebase-core:16.0.1'
  implementation 'com.google.firebase:firebase-ml-vision:17.0.0'  ←Vision
}
apply plugin: 'com.google.gms.google-services'
```

「온디바이스 API」를 이용할 때「AndroidManifest.xml」로 다음의 설정을 실행하면 Play 스토어에서 앱을 설치할 때 모델의 다운로드가 시작된다. 이 설정을 실행하지 않으면 처음 검출할 때 다운로드를 시작한다.

• AndroidManifest.xml

```
<application ...>
  ~생략~
  <meta-data
    android:name="com.google.firebase.ml.vision.DEPENDENCIES"
    android:value="barcode" />  ← 바코드 검출 모델 다운로드
</application>
```

## 7-5-5 온디바이스 API 소스 코드(안드로이드)

프로그램의 본체인「ViewController.java」에 대해 설명한다.

### 1 바코드 검출 옵션 생성

바코드 검출의 옵션「FirebaseVisionBarcodeDetectorOptions」을 생성한다.

```
FirebaseVisionBarcodeDetectorOptions options =
  new FirebaseVisionBarcodeDetectorOptions.Builder()
    .setBarcodeFormats(FirebaseVisionBarcode.FORMAT_ALL_FORMATS)
    .build();
```

「FirebaseVisionBarcodeDetectorOptions」의 메소드는 다음과 같다.

| 메소드 | 설명 |
| --- | --- |
| FirebaseVisionBarcodeDetectorOptions.Builder setBarcodeFormats(int format, int... moreFormats) | 추출하는 바코드 형식 |

▲ 표 7-5-3 FirebaseVisionBarcodeDetectorOptionsBuilder 메소드

정수는 다음과 같다.

| 정수 | 설명 |
| --- | --- |
| FORMAT_ALL_FORMATS | 모두 |
| FORMAT_AZTEC | AZTEC |
| FORMAT_CODABAR | Codabar |
| FORMAT_CODE_128 | Code 128 |
| FORMAT_CODE_39 | Code 39 |
| FORMAT_CODE_93 | Code 93 |
| FORMAT_DATA_MATRIX | Data Matrix |
| FORMAT_EAN_13 | EAN-13 |
| FORMAT_EAN_8 | EAN-8 |
| FORMAT_ITF | ITF(Interleaved Two-of-Five) |
| FORMAT_PDF417 | PDF-417 |
| FORMAT_QR_CODE | QR 코드 |
| FORMAT_UNKNOWN | 불명 |
| FORMAT_UPC_A | UPC-A |
| FORMAT_UPC_E | UPC-E |

▲ 표 7-5-4 FirebaseVisionBarcode 정수

## 2 바코드 검출기 생성

바코드 검출기 「FirebaseVisionBarcodeDetector」를 생성한다.

```
FirebaseVisionBarcodeDetector barcodeDetector = FirebaseVision.getInstance()
    .getVisionBarcodeDetector(options);
```

「FirebaseVision」의 getVisionBarcodeDetector()를 사용해서 생성한다.

FirebaseVisionBarcodeDetector getVisionBarcodeDetector (FircbaseVisionBarco
deDetectorOptions options)

**설명** : FirebaseVisionBarcodeDetector　오브젝트 생성

**인수** : options　　　　　　　　　　　바코드 검출의 옵션

**반환값** : FirebaseVisionBarcodeDetector　오브젝트

## 3 바코드 검출 실행

바코드 검출의 실행은 「FirebaseVisionBarcodeDetector」의 detectInImage()로
실행한다.

```
barcodeDetector.detectInImage(visionImage)
    .addOnSuccessListener(new OnSuccessListener<List<FirebaseVisionBarcode>>() {
        @Override
        public void onSuccess(final List<FirebaseVisionBarcode> barcodes) {
            post(new Runnable() {
                @Override
                public void run() {
                    // 검출 결과 획득
                    drawView.barcodes = barcodes;

                    //UI 갱신
                    drawView.postInvalidate();
                    predictFlag = false;
                }
            });
        }
    })
    .addOnFailureListener(new OnFailureListener() {
        //에러 시에 호출됨
        @Override
        public void onFailure(@NonNull Exception e) {
            showAlert(e.getMessage());
        }
    });
```

detectInImage()의 서식은 다음과 같다.

**FirebaseVisionBarcodeDetector**

Task<List<FirebaseVisionBarcode>> detectInImage (FirebaseVisionImage
image)

**설명** : 바코드 검출의 실행

**인수** : image　　　　FirebaseVisionImage 오브젝트

**반환값** : 작업

바코드 검출 결과는 「List〈FirebaseVisionBarcode〉」로 획득한다. DrawView에 넘겨주고 검출 결과 그리기를 실행한다.

## 4 검출 결과 그리기

검출 결과 그리기를 실행하는 DrawView를 작성한다.

```
// 검출 결과 그리기
@Override
protected void onDraw(Canvas canvas) {
    if (this.barcodes == null) return;

    //바코드 검출 그리기
    for (FirebaseVisionBarcode barcode : this.barcodes) {
        // 영역 그리기
        Rect rect = convertRect(barcode.getBoundingBox());
        paint.setColor(COLOR_BLUE);
        paint.setStyle(Paint.Style.FILL);
        canvas.drawRect(rect, paint);

        //바코드 부가정보 그리기
        if (barcode.getRawValue() != null) {
            drawText(canvas, barcode.getRawValue(), 12, rect);
        }
    }
}

//텍스트 그리기
private void drawText(Canvas canvas, String text, float fontSize, Rect rect) {
    if (text == null) return;
    paint.setColor(COLOR_WHITE);
    paint.setTextSize(fontSize*density);
    Paint.FontMetrics metrics = paint.getFontMetrics();
    canvas.save();
    canvas.clipRect(rect);
    float sw = paint.measureText(text);
    if (rect.width() > sw) {
        canvas.drawText(text, rect.left+(rect.width()-sw)/2, rect.top-metrics.
            ascent, paint);
    } else {
```

```
      canvas.drawText(text, rect.left, rect.top-metrics.ascent, paint);
   }
   canvas.restore();
}

// 검출 결과 좌표계를 화면 좌표계로 변환
private Rect convertRect(Rect rect) {
   return new Rect(
      (int)(imageRect.left+rect.left*imageScale),
      (int)(imageRect.top+rect.top*imageScale),
      (int)(imageRect.left+rect.left*imageScale+rect.width()*imageScale),
      (int)(imageRect.top+rect.top*imageScale+rect.height()*imageScale));
}
```

이번에는 검출 결과의 「영역」을 파란색 사각형, 「바코드의 부가 정보」를 영역 내에 표시한다. 「영역」은 FirebaseVisionBarcode의 getBoundingBox(), 「바코드의 부가 정보」는 getRawValue()로 획득한다.

「FirebaseVisionBarcode」의 정보를 획득하기 위한 메소드는 다음과 같다.

| 메소드 | 설명 |
|---|---|
| Rect getBoundingBox() | 영역 |
| String getRawValue() | 바코드에 코드화된 바코드 값. 구조화된 값은 해석할 수 없음.<br>(예)'MEBKM:TITLE:Google:URL:https://www.google.com;;' |
| String getDisplayValue() | 사용자에게 친절한 형식의 바코드 값.<br>(예)'https://www.google.com' |
| int getFormat() | 바코드 형식 |
| Point[] getCornerPoints() | 네 모서리의 점 |
| int getValueType() | 바코드 값의 종류. 【예】TEXT, PRODUCT, URL 등 |
| FirebaseVisionBarcode.Email getEmail() | 「MAILTO : 」 또는 유사 QR 코드 타입에서의 전자 메일 메시지. valueType이 TYPE_EMAIL인 경우만 설정됨 |
| FirebaseVisionBarcode.Phone getPhone() | 「TEL : 」 또는 유사 QR 코드 타입에서의 전화번호. valueType이 TYPE_PHONE인 경우만 설정됨 |
| FirebaseVisionBarcode.Sms getSms() | 「SMS : 」 또는 유사 QR 코드 타입에서의 SMS 메시지. valueType이 TYPE_SMS인 경우만 설정됨 |
| FirebaseVisionBarcode.UrlBookmark getUrl() | 「MEBKM : 」 또는 유사 QR 코드 타입에서의 URL과 타이틀. valueType이 TYPE_URL인 경우만 설정됨 |
| FirebaseVisionBarcode.WiFi getWifi() | 「WIFI : 」 또는 유사 QR 코드 타입에서의 와이파이 네트워크 파라미터. valueType이 TYPE_WIFI인 경우만 설정됨 |

| | |
|---|---|
| FirebaseVisionBarcode.GeoPoint getGeoPoint() | 「GEO : 」또는 유사 QR 코드 타입에서의 좌표. valueType이 TYPE_GEO인 경우만 설정됨 |
| FirebaseVisionBarcode.ContactInfo getContactInfo() | 사람 또는 조직의 명함. 예를 들어 VCARD. valueType이 TYPE_CONTACT_INFO인 경우만 설정됨 |
| FirebaseVisionBarcode. CalendarEvent getCalendarEvent() | QR 코드에서 추출된 달력 캘린더 이벤트. valueType이 TYPE_CALENDAR_EVENT인 경우만 설정됨 |
| FirebaseVisionBarcode.DriverLicense getDriverLicense() | 운전면허증 또는 ID 카드. valueType이 TYPE_DRIVER_LICENSE인 경우만 설정됨 |

▲ 표 7-5-5 FirebaseVisionBarcode 메소드

# 7-6 랜드마크 인식

## 7-6-1 랜드마크 인식 샘플 프로그램 구성

「랜드마크 인식」은 사진을 이용하여 랜드마크(탑, 기념비 등 지역의 특징을 나타내는 표시)를 인식하는 작업이다. 랜드마크의 이름과 지리 좌표와 영역을 획득할 수 있다.

「랜드마크 인식」에는 「클라우드 API」가 필수이다.

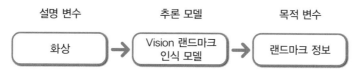

```
설명 변수              추론 모델           목적 변수
  화상    →    Vision 랜드마크    →    랜드마크 정보
               인식 모델
```

▲ 그림 7-6-1 랜드마크 인식 모델

이번에는 「카메라」나 「사진 라이브러리」에서 사진을 획득하여 랜드 마크의 이름을 표시하는 앱을 만든다.

▶ 그림 7-6-2
작성하는 샘플 프로그램(iOS/클라우드 API)

▲ 그림 7-6-3
작성하는 샘플 프로그램
(안드로이드/클라우드 API)

**사전 준비(iOS)**

앞서 「7-1 개발 환경의 준비」에서 다뤘던 순서를 참고로 「Firebase 프로젝트로의 앱 등록」을 실행한다. 「클라우드 API」를 사용하므로 「요금 플랜 변경」과 「클라우드 API의 유효화」도 실행한다.

「랜드마크 인식」을 위한 「Profile」의 라이브러리 추가 설정은 다음과 같다. 「pod init」에서 작성한 「Profile」에 설정하고 「pod install」을 실행한다.

● Profile

```
pod 'Firebase/Core'
pod 'Firebase/MLVision'
```

**7-6-3** **클라우드 API 소스 코드(iOS)**

프로그램 파일 「ViewController.swift」에 대해 설명한다.

### 1 랜드마크 인식의 옵션 생성

「7-2 화상 분류(사진)」에 동일한 내용이 기술되어 있다.

```
let options = VisionCloudDetectorOptions()
options.modelType = .latest
options.maxResults = 20
```

### 2 랜드마크 인식 검출기 생성

랜드마크 인식 검출기 「VisionCloudLandmarkDetector」를 생성한다.

```
let landmarkDetector = Vision.vision().cloudLandmarkDetector(options: options)
```

「Vision」의 cloudLandmarkDetector()를 사용해서 생성한다.

> **Vision**
> func cloudLandmarkDetector(options: VisionCloudDetectorOptions) -> Vision
> CloudLandmarkDetector

| **설명** : | VisionCloudLandmarkDetector | 오브젝트 생성 |
| **인수** : | options | 랜드마크 인식 옵션 |
| **반환값** : | VisionCloudLandmarkDetector | 오브젝트 |

### 3 랜드마크 인식 실행

랜드마크 인식 실행은 「VisionCloudLandmarkDetector」의 detect()로 실행한다.

```
landmarkDetector.detect(in: visionImage) {
    landmarks, error in
    //에러 처리
    if error != nil {
        self.showAlert(error!.localizedDescription)
        return
    }

    // 검출 결과 획득
    var text = "\n"
    for landmark in landmarks! {
        text += String(format:"%@ : %d%%\n",
            landmark.landmark!, Int(100*landmark.confidence!.floatValue))
    }

    //UI 갱신
    DispatchQueue.main.async {
        self.lblText.text = text
    }
}
```

detect()의 서식은 다음과 같다.

**VisionCloudLandmarkDetector**

func detect(in image: VisionImage, completion: @escaping VisionLandmarkDetectionCallback)

**설명** : 랜드마크 인식의 실행

**인수** : image VisionImage 옵션

completion 콜백

VisionLandmarkDetectionCallback의 서식은 다음과 같다.

typealias VisionLandmarkDetectionCallback = ([VisionLandmark]?, Error?) -> Void

**설명** : 랜드마크 인식 실행의 콜백

**인수** : landmarks 랜드마크 인식의 검출 결과(에러인 경우 nil)

error 에러(에러가 아닌 경우 nil)

랜드마크 인식의 검출 결과는 [VisionLandmark]로 획득한다. 이번에는 랜드마크와 신뢰도를 화면에 표시한다.

「VisionLandmark」의 정보를 획득하기 위한 속성은 다음과 같다.

| 속성 | 설명 |
|------|------|
| var entityId: String | 엔티티 ID |
| var landmark: String? | 랜드마크 |
| var confidence: NSNumber? | 신뢰도(0.0 ~ 1.0) |
| var frame: CGRect | 영역 |
| var locations: [VisionLatitudeLongtitude]? | 위치 정보 |

▲ 표 7-6-1 VisionLandmark의 속성

### 7-6-4 사전 준비(안드로이드)

앞서 다뤘던 「7-1 개발 환경의 준비」의 순서를 참고하여 「Firebase 프로젝트로의 앱 등록」을 실행한다. 「클라우드 API」를 사용하므로 「요금 플랜 변경」과 「클라우드 API의 유효화」도 실행한다.

「랜드마크 인식」을 위한 「Profile」의 라이브러리 추가 설정을 「build.gradle」에 다음과 같이 실행한다.

• ⟨project⟩/⟨app-module⟩/build.gradle

```
dependencies {
    ~생략~
    implementation 'com.google.firebase:firebase-core:16.0.1'
    implementation 'com.google.firebase:firebase-ml-vision:17.0.0'  ←Vision
}
apply plugin: 'com.google.gms.google-services'
```

**클라우드 API의 소스 코드(안드로이드)**

프로그램 파일 「ViewController.java」에 대해 설명한다.

### 1 랜드마크 인식 옵션 생성

「7-2 화상 분류(사진)」에 동일한 내용이 기술되어 있다.

```
FirebaseVisionCloudDetectorOptions options =
  new FirebaseVisionCloudDetectorOptions.Builder()
    .setModelType(FirebaseVisionCloudDetectorOptions.LATEST_MODEL)
    .setMaxResults(20)
    .build();
```

### 2 랜드마크 인식 검출기 생성

랜드마크 인식 검출기 「FirebaseVisionCloudLandmarkDetector」를 생성한다.

```
FirebaseVisionCloudLandmarkDetector landmarkDetector =
FirebaseVision.getInstance()
  .getVisionCloudLandmarkDetector(options);
```

「FirebaseVision」의 getVisionCloudLandmarkDetector()를 사용해서 생성한다.

> **FirebaseVision**
>
> FirebaseVisionCloudLandmarkDetector getVisionCloudLandmarkDetector (FirebaseVisionCloudDetectorOptions options)
>
> **설명** : FirebaseVisionCloudLandmarkDetector     오브젝트 생성
> **인수** : options     랜드마크 인식의 옵션
> **반환값** : FirebaseVisionCloudLandmarkDetector     오브젝트

### 3 랜드마크 인식 실행

랜드마크 인식 실행은 「FirebaseVisionCloudLandmarkDetector」의 detectInImage()로 실행한다.

```
landmarkDetector.detectInImage(visionImage)
    .addOnSuccessListener(new OnSuccessListener<List<FirebaseVisionCloudLandma rk>>()
    {
    // 성공시에  호출됨
    @Override
    public void onSuccess(List<FirebaseVisionCloudLandmark> landmarks) {
        // 검증 결과 획득
        String text = "\n";
        for (FirebaseVisionCloudLandmark landmark: landmarks) {
            text += landmark.getLandmark()+" : "+
                (int)(landmark.getConfidence()*100)+"%\n";
        }
        final String str = text;

        //UI갱신
        post(new Runnable() {
            @Override
            public void run() {
                lblText.setText(str);
                lblText.setVisibility(
                    str.length() == 0 ? View.GONE : View.VISIBLE);
            }
        });
    }
})
.addOnFailureListener(new OnFailureListener() {
    //에러시에 호출됨
    @Override
    public void onFailure(@NonNull Exception e) {
    showAlert(e.getMessage());
    }
});
```

detectInImage()의 서식은 다음과 같다.

### FirebaseVisionCloudLandmarkDetector

Task<List<FirebaseVisionCloudLandmark>> detectInImage (FirebaseVision
Image image)

**설명** : 랜드마크 인식의 실행

**인수** : image        FirebaseVisionImage 오브젝트

**반환값** : 작업

랜드마크 인식 검출 결과는 「List〈FirebaseVisionCloudLandmark〉」로 획득한다. 이번에는 랜드마크와 신뢰도를 화면에 표시한다.

「FirebaseVisionCloudLandmark」의 정보를 획득하기 위한 메소드는 다음과 같다.

| 메소드 | 설명 |
| --- | --- |
| String getEntityId() | 엔티티 ID |
| String getLandmark() | 랜드마크 |
| float getConfidence() | 신뢰도(0.0 ~ 1.0) |
| Rect getBoundingBox() | 영역 |
| List getLocations() | 위치 정보 |

▲ 표 7-6-2 FirebaseVisionCloudLandmark 메소드

## 7-7  텍스트 인식

### 7-7-1  텍스트 인식 샘플 프로그램 구성

「텍스트 인식」은 사진 또는 카메라 영상을 이용하여 텍스트의 영역을 검출하는 작업이다.

설명 변수 → 추론 모델 → 목적 변수

사진, 카메라 영상 → Vision 텍스트 인식 모델 → 텍스트 영역, 텍스트 내용

▲ 그림 7-7-1 텍스트 인식 모델

「텍스트 인식」에는 「온디바이스 API」와 「클라우드 API」가 있다. 「온디바이스 API」가 빠르지만 「클라우드 API」는 인식 가능한 언어가 늘어난다. 한국어를 인식하는 경우에도 「클라우드 API」가 필요하다.

| 항목 | 온디바이스 API | 클라우드 API |
|------|---------------|-------------|
| 가격 | 무료 | 월 1,000회까지 무료로 이용 가능, 그 이상은 요금 설정 참조 |
| 사용 예 | 실시간 처리 | 고정밀한 텍스트 인식 |
| 언어 지원 | 로마자 | 폭넓은 언어와 특수 문자 |

▲ 표 7-7-1 「텍스트 인식 모델」의 온디바이스 API와 클라우드 API의 차이

이번에는 샘플로 「카메라」나 「사진 라이브러리」에서 사진을 획득한 후, 텍스트의 위치와 문자 위치를 표시하는 앱을 만든다. 텍스트의 영역은 파란색 직사각형, 텍스트의 내용은 흰색 문자로 표시한다.

▲ 그림 7-7-2 작성하는 샘플
프로그램(iOS／온디바이스)

▲ 그림 7-7-3 작성하는 샘플
프로그램(iOS／클라우드)

▲ 그림 7-7-4 작성하는 샘플
프로그램(안드로이드／온디바이스)

▲ 그림 7-7-5 작성하는 샘플
프로그램(안드로이드／클라우드)

## 7-7-2 사전 준비(iOS)

앞서 「7-1 개발 환경의 준비」에서도 언급했던 순서를 참고하여 「Firebase 프로젝트로의 앱 등록」을 실행한다. 「클라우드 API」를 사용하므로 「요금 플랜 변경」과 「클라우드 API의 유효화」도 실행한다.

「텍스트 인식」을 위한 「Profile」의 라이브러리 추가 설정은 다음과 같다. 「pod init」에서 작성한 「Profile」에 설정하고 「pod install」을 실행한다.

• Profile

```
pod 'Firebase/Core'
pod 'Firebase/MLVision'
pod 'Firebase/MLVisionTextModel' #온디바이스 API 이용시
```

## 7-7-3 온디바이스 API의 소스 코드(iOS)

프로그램 파일 「ViewController.swift」에 대해 설명한다.

### 1 텍스트 인식 검출기 생성

텍스트 인식 검출기 「VisionTextRecognizer」를 생성한다.

```
let textRecognizer = Vision.vision().onDeviceTextRecognizer()
```

「Vision」의 onDeviceTextRecognizer()를 사용해서 생성한다.

> **Vision**
> func onDeviceTextRecognizer() -> VisionTextRecognizer
> **설명**: VisionTextRecognizer 오브젝트 생성
> **반환값**: VisionTextRecognizer 오브젝트

### 2 텍스트 인식 실행

텍스트 인식 실행은 「VisionTextRecognizer」의 process()로 실행한다.

```
textRecognizer.process(visionImage) {
    texts, error in
    //에러 처리
    if error != nil {
        self.showAlert(error!.localizedDescription)
        return
    }

    DispatchQueue.main.async {
```

```
        // 검색 결과 획득
        self.drawView.texts = texts

        //UI 갱신
        self.drawView.setNeedsDisplay()
    }
}
```

process()의 서식은 다음과 같다.

**VisionTextRecognizer**
func process( _ image: VisionImage, completion: @escaping VisionText
RecognitionCallback)
**설명** : 텍스트 인식의 실행
**인수** : image                        VisionImage 오브젝트
        completion                콜백

VisionTextRecognitionCallback의 서식은 다음과 같다.

**VisionTextRecognitionCallback**
typealias VisionTextRecognitionCallback = (VisionText?, Error?) -> Void
**설명** : 텍스트 인식의 콜백
**인수** : text                 텍스트 인식의 검출 결과(에러인 경우 nil)
      error              에러(에러가 아닌 경우 nil)

텍스트 인식의 검출 결과는 「VisionText」로 획득하여 DrawView에 넘겨 검출 결과 그리기를 실행한다.

### ③ 검출 결과 그리기

검출 결과 그리기를 실행하는 DrawView를 작성한다.

```
override func draw(_ rect: CGRect) {
    if texts == nil {return}

    //그래픽스 컨텍스트 생성
    let context = UIGraphicsGetCurrentContext()!

    //텍스트 검출 그리기
    for block in self.texts.blocks {
```

```
        for line in block.lines {
            for element in line.elements {
                // 영역 그리기
                let rect = convertRect(element.frame)
                context.setFillColor(COLOR_BLUE.cgColor)
                context.fill(rect)

                //텍스트 그리기
                drawText(context, text: element.text,
                    fontSize: 12, rect: rect)
            }
        }
    }
}

//텍스트 그리기
func drawText(_ context: CGContext, text: String!, fontSize: CGFloat, rect:
CGRect) {
    if text == nil {return}
    let paragraphStyle = NSMutableParagraphStyle()
    paragraphStyle.alignment = .center
        let attributes = [
        NSAttributedString.Key.paragraphStyle: paragraphStyle,
        NSAttributedString.Key.font: UIFont.systemFont(ofSize: fontSize),
        NSAttributedString.Key.foregroundColor: COLOR_WHITE
        ]
    let attributedString = NSAttributedString(string: text, attributes:
    attributes)
    attributedString.draw(in: rect)
}

// 검출 결과 좌표계를 화면 좌표계로 변환
func convertRect(_ rect:CGRect) -> CGRect {
    return CGRect(
        x: Int(imageRect.minX+rect.minX*imageScale),
        y: Int(imageRect.minY+rect.minY*imageScale),
        width: Int(rect.width*imageScale),
        height: Int(rect.height*imageScale))
}
```

이번에는 검출 결과의 텍스트 요소인 「영역」을 파란색 사각형, 「텍스트」를 영역 내에 표시한다. VisionCloudText은 다음과 같은 계층의 트리 구조를 가진다.

- VisionCloudText 텍스트전체
- VisionCloudBlock 텍스트 블록
- VisionCloudLine 텍스트행
- VisionCloudElement 텍스트 요소

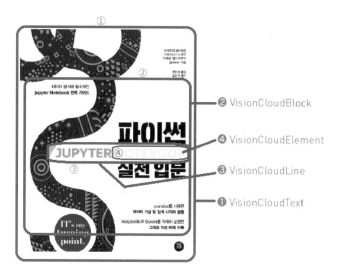

▲ 그림 7-7-6 VisionCloudText 구조

VisionCloudText의 blocks으로 텍스트 블록의 리스트, VisionCloudBlock의 lines으로 텍스트 행의 리스트, VisionCloudLine의 elements로 텍스트 요소의 리스트를 획득한다.

| 속성 | 설명 |
| --- | --- |
| var text : String | 인식한 텍스트 |
| var blocks : [VisionTextBlock] | 텍스트 단락 리스트 |

▲ 표 7-7-2 VisionCloudText의 속성

| 속성 | 설명 |
| --- | --- |
| var text : String | 인식한 텍스트 |
| var lines : [VisionTextLine] | 텍스트 행 리스트 |
| var frame : CGRect | 영역 |
| var cornerPoints : [NSValue] | 네 모서리의 점 |

| 속성 | 설명 |
|---|---|
| var recognizedLanguages : [VisionTextRecognizedLanguage] | 인식한 텍스트의 언어 배열 |
| var confidence : NSNumber? | 신뢰도 |

▲ 표 7-7-3 VisionCloudBlock의 속성

| 속성 | 설명 |
|---|---|
| var text : String | 인식한 텍스트 |
| var lines : [VisionTextElement] | 텍스트 요소 리스트 |
| var frame : CGRect | 영역 |
| var cornerPoints : [NSValue] | 네 모서리의 점 |
| var recognizedLanguages : [VisionTextRecognizedLanguage] | 인식한 텍스트의 언어 배열 |
| var confidence : NSNumber? | 신뢰도 |

▲ 표 7-7-4 VisionCloudLine의 속성

텍스트의 「영역」은 VisionCloudElement의 frame, 「텍스트」는 text로 획득한다. 「VisionCloudElement」의 정보를 획득하기 위한 속성은 다음과 같다.

| 속성 | 설명 |
|---|---|
| var text : String | 인식한 텍스트 |
| var frame : CGRect | 영역 |
| var cornerPoints : [NSValue] | 네 모서리의 점 |
| var recognizedLanguages : [VisionTextRecognizedLanguage] | 인식한 텍스트의 언어 배열 |
| var confidence : NSNumber? | 신뢰도 |

▲ 표 7-7-5 VisionCloudElement의 속성

## 7-7-4 클라우드 API 소스 코드(iOS)

프로그램 파일 「ViewController.swift」에 대해 설명한다.

### 4 텍스트 인식 검출기 생성

텍스트 인식 검출기 「VisionTextRecognizer」를 생성한다.

```
let textRecognizer = Vision.vision().cloudTextRecognizer()
```

「Vision」의 cloudTextRecognizer()를 사용해서 생성한다.

> **Vision**
> func cloudTextRecognizer() -> VisionTextRecognizer
> **설명** : VisionTextRecognizer 오브젝트 생성
> **반환값** : VisionTextRecognizer 오브젝트

### 5 텍스트 인식 실행

앞에서 다뤘던 「온디바이스 API (iOS)」의 내용과 같다.

## 7-7-5  사전 준비(안드로이드)

앞서 「7-1 개발 환경의 준비」에서 다뤘던 순서를 참고하여 「Firebase 프로젝트로
의 앱 등록」을 실행한다. 「클라우드 API」를 사용하므로 「요금 플랜 변경」과 「클라
우드 API의 유효화」도 실행한다.

「텍스트 인식」을 위한 라이브러리 추가 설정을 「build.gradle」에 다음과 같이 실
행한다.

• 〈project〉/〈app-module〉/build.gradle

```
dependencies {
    ~생략~
    implementation 'com.google.firebase:firebase-core:16.0.1'
    implementation 'com.google.firebase:firebase-ml-vision:17.0.0'  ←Vision
}
apply plugin: 'com.google.gms.google-services'
```

「온디바이스 API」를 이용할 「AndroidManifest.xml」로 다음의 설정을 실행하면
Play 스토어에서 앱을 설치할 때 모델의 다운로드를 시작한다. 이 설정을 실행하
지 않으면 처음 검출할 때 다운로드를 시작한다.

• AndroidManifest.xml

```
<application ...>
    ~생략~
```

```
<meta-data
    android:name="com.google.firebase.ml.vision.DEPENDENCIES"
    android:value="ocr" />  ←텍스트 인식모델 다운로드
</application>
```

## 7-7-6 온디바이스 API의 소스 코드(안드로이드)

프로그램의 본체인 「ViewController.java」에 대해 설명한다.

### ■1 텍스트 인식 검출기 생성

텍스트 인식 검출기 「FirebaseVisionTextRecognizer」를 생성한다.

```
FirebaseVisionTextRecognizer textRecognizer = FirebaseVision.getInstance()
    .getOnDeviceTextRecognizer();
```

「FirebaseVision」의 getOnDeviceTextRecognizer()를 사용해서 생성한다.

> **FirebaseVision**
> FirebaseVisionTextRecognizer getOnDeviceTextRecognizer ()
> **설명** : FirebaseVisionTextRecognizer 오브젝트 생성
> **반환값** : FirebaseVisionTextRecognizer 오브젝트

### ■2 텍스트 인식 실행

텍스트 인식의 실행은 「FirebaseVisionTextRecognizer」의 processImage()로
실행한다.

```
textRecognizer.processImage(visionImage)
    .addOnSuccessListener(new OnSuccessListener<FirebaseVisionText>() {
        // 성공시에 호출됨
        @Override
        public void onSuccess(final FirebaseVisionText texts) {
            post(new Runnable() {
                @Override
                public void run() {
                    // 검출 결과 획득
                    drawView.texts = texts;
```

```
            //UI갱신
            drawView.postInvalidate();
            predictFlag = false;
        }
    });
    }
})
.addOnFailureListener(new OnFailureListener() {
    //에러시에  호출됨
    @Override
    public void onFailure(@NonNull Exception e) {
        showAlert(e.getMessage());
        predictFlag = false;
    }
});
```

processImage()의 서식은 다음과 같다.

> **FirebaseVisionTextRecognizer**
> Task<FirebaseVisionText> processImage(FirebaseVisionImage image)
> **설명** : 텍스트 인식의 실행
> **인수** :  image FirebaseVisionImage 오브젝트
> **반환값** : 작업

텍스트 인식의 검출 결과는 「FirebaseVisionText」로 획득한다. DrawView에 넘겨서 검출 결과 그리기를 실행한다.

### ❸ 검출 결과 그리기

검출 결과 그리기를 실행하는 DrawView를 작성한다.

```
@Override
protected void onDraw(Canvas canvas) {
    if (texts == null) return;

    //텍스트 검출 그리기
    for (FirebaseVisionText.TextBlock block : texts.getTextBlocks()) {
        for (FirebaseVisionText.Line line : block.getLines()) {
            for (FirebaseVisionText.Element element : line.getElements()) {
                // 영역 그리기
                Rect rect = convertRect(element.getBoundingBox());
```

```
        paint.setColor(COLOR_BLUE);
        paint.setStyle(Paint.Style.FILL);
        canvas.drawRect(rect, paint);

        //텍스트 그리기
        drawText(canvas, element.getText(), 12, rect);
      }
    }
  }
}

//텍스트 그리기
private void drawText(Canvas canvas, String text, float fontSize, Rect rect) {
  if (text == null) return;
  paint.setColor(COLOR_WHITE);
  paint.setTextSize(fontSize*density);
  Paint.FontMetrics metrics = paint.getFontMetrics();
  canvas.save();
  canvas.clipRect(rect);
  float sw = paint.measureText(text);
  if (rect.width() > sw) {
    canvas.drawText(text, rect.left+(rect.width()-sw)/2, rect.top-metrics.
    ascent, paint);
  } else {
    canvas.drawText(text, rect.left, rect.top-metrics.ascent, paint);
  }
  canvas.restore();
}

// 검출 결과 좌표계를 화면 좌표계로 변환
private Rect convertRect(Rect rect) {
  return new Rect(
    (int)(imageRect.left+rect.left*imageScale),
    (int)(imageRect.top+rect.top*imageScale),
    (int)(imageRect.left+rect.left*imageScale+rect.width()*imageScale),
    (int)(imageRect.top+rect.top*imageScale+rect.height()*imageScale));
}
```

이번에는 검출 결과의 텍스트 요소인 「영역」을 파란색 사각형, 「텍스트」를 영역 내에 표시한다. FirebaseVisionCloudText는 다음과 같은 계층의 트리 구조를 가진다.

- FirebaseVisionCloudText 텍스트 전체
  - FirebaseVisionCloudBlock 텍스트 블록
    - FirebaseVisionCloudLine 텍스트 행
      - FirebaseVisionCloudElement 텍스트 요소

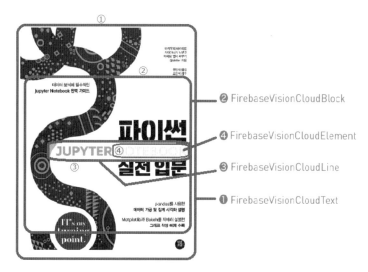

▲ 그림 7-7-7 FirebaseVisionCloudText의 구조

FirebaseVisionCloudText의 getTextBlocks()으로 텍스트 블록의 리스트, FirebaseVisionCloudBlock의 getLines()으로 텍스트 행의 리스트, Firebase VisionCloudLine의 getElements()로 텍스트 요소의 리스트를 획득한다.

| 메소드 | 설명 |
| --- | --- |
| String getText() | 인식한 텍스트 |
| List〈FirebaseVisionText.TextBlock〉 getTextBlocks() | 텍스트 단락 리스트 |

▲ 표 7-7-6 FirebaseVisionCloudText의 메소드

| 메소드 | 설명 |
| --- | --- |
| String getText() | 인식한 텍스트 |
| List〈FirebaseVisionText.Line〉 getLines() | 텍스트 행 리스트 |
| Rect getBoundingBox() | 영역 |
| Point[] getCornerPoints() | 네 모서리의 점 |

| | |
|---|---|
| List⟨RecognizedLanguage⟩ getRecognizedLanguages() | 인식한 텍스트의 언어 배열 |
| Float getConfidence() | 신뢰도 |

▲ 표 7-7-7 FirebaseVisionCloudBlock의 메소드

| 메소드 | 설명 |
|---|---|
| String getText() | 인식한 텍스트 |
| List⟨FirebaseVisionText.Element⟩ getElements() | 텍스트 요소 리스트 |
| Rect getBoundingBox() | 영역 |
| Point[] getCornerPoints() | 네 모서리의 점 |
| List⟨RecognizedLanguage⟩ getRecognizedLanguages() | 인식한 텍스트의 언어 배열 |
| Float getConfidence() | 신뢰도 |

▲ 표 7-7-8 FirebaseVisionCloudLine의 메소드

텍스트의 「영역」은 FirebaseVisionCloudElement의 getBoundingBox(), 「텍스트」는 getText()로 획득한다. 「FirebaseVisionCloudElement」의 정보를 획득하기 위한 메소드는 다음과 같다.

| 메소드 | 설명 |
|---|---|
| String getText() | 인식한 텍스트 |
| Rect getBoundingBox() | 영역 |
| Point[] getCornerPoints() | 네 모서리의 점 |
| List⟨RecognizedLanguage⟩ getRecognizedLanguages() | 인식한 텍스트의 언어 배열 |
| Float getConfidence() | 신뢰도 |

▲ 표 7-7-9 FirebaseVisionCloudElement의 메소드

## 7-7-7 클라우드 API 소스 코드(안드로이드)

프로그램 파일 「ViewController.java」에 대해 설명한다.

### 4 텍스트 인식 검출기 생성

텍스트 인식 검출기 「FirebaseVisionTextRecognizer」를 생성한다.

```
FirebaseVisionTextRecognizer textRecognizer = FirebaseVision.getInstance()
  .getCloudTextRecognizer();
```

「FirebaseVision」의 getCloudTextRecognizer()를 사용해서 생성한다.

**FirebaseVision**

FirebaseVisionTextRecognizer getCloudTextRecognizer ()

| | | |
|---|---|---|
| **설명** : | FirebaseVisionTextRecognizer | 오브젝트 생성 |
| **인수** : | options | 텍스트 인식 옵션 |
| **반환값** : | FirebaseVisionTextRecognizer | 오브젝트 |

### 5 텍스트 인식 실행

앞서 언급했던 「온디바이스 API(안드로이드)」의 내용을 참고한다.

# 7-8 커스텀 모델

## 7-8-1 커스텀 모델 샘플 프로그램 구성

「ML Kit」의 「Vision」에서 요구를 채우지 못할 경우, 독자의 「커스텀 모델」을 이용할 수 있다. 「ML Kit」에서는 커스텀 모델로 「TensorFlow Lite 모델」(*.tite)을 이용한다. 이용 방법은 다음 세 가지이다.

- Firebase에 호스트하여 이용
- 앱에 번들(실행 파일 내에 포함)해서 이용
- 양쪽

Firebase에 호스트하면 앱에서 이용하는 모델의 자동 갱신이 가능해진다. 양쪽을 설정하면 클라우드 모델을 이용할 수 있는 경우에는 그것을 이용하고 이용할수 없는 경우에는 로컬 모델을 이용한다. 「커스텀 모델」은 「온디바이스 API」만 가능하다. 이번에는 「카메라」나 「사진 라이브러리」의 이미지 중 동물, 음식, 탈것, 사람 등 1001 종류의 카테고리 세트에서 무엇이, 어느 것이 찍혀 있는지를 화상 분류하는 앱을 만든다.

◀ 그림 7-8-2
작성하는 샘플 프로그램
(안드로이드)

◀ 그림 7-8-1 작성하는 샘플
프로그램(iOS)

〈모델 보안〉

「TensorFlow Lite 모델」은 ML Kit에서의 이용 방법(호스트 혹은 번들)에 관계없이 모델을
표준 serialize 형식(protobuf 형식)으로 로컬에 저장한다. 이것은 이론상 누구든지 모델을
카피할 수 있음을 의미한다.

다만, 실제로 많은 모델은 앱 고유의 최적화에 따라 난독화되어 있다. 이 때문에 리스크는
경쟁회사가 코드를 역어셈블해서 재이용하는 경우와 비슷하다 볼 수 있다.

앱에서 커스텀 모델을 이용하기 전에 해당 리스크는 확인해 두는 것이 좋다.

## 7-8-2 　모델 준비

「TensorFlow Lite 모델」을 준비한다. 이번에는 TensorFlow Lite의 공식 사이트
에서 제공하고 있는 「MobileNet 모델」(mobilenet_quant_v1_224.tflite)을 이용
한다. 동물, 음식, 탈것, 사람 등 1000 종류의 카테고리 세트에서 무엇이, 어느
것이 찍혀 있는지를 예측하는 화상 분류 모델이다.

다음 URL에서 다운로드한다.

- MobileNet 모델(mobilenet_quant_v1_224.tflite)

  https://storage.googleapis.com/download.tensorflow.org/models/tflte/

  mobilenet_v1_224_android_quant_2017_11_08.zip

다음 두 개의 파일이 포함되어 있다.

- mobilenet_quant_v1_224.tflite
- labels.txt

「labels.txt」에는 검출 결과의 라벨이 개행 단락으로 기술되어 있다.

- labels.txt

```
background
tench
goldfish
great white shark
tiger shark
~생략~
```

### 7-8-3 모델 확인

모델 내용을 확인할 때는 「Netron」을 이용한다. 「Netron」은 머신 러닝 모델의 뷰어이다. Mac, 리눅스, 윈도우, 브라우저에서 실행할 수 있다. 「TensorFlow」뿐만 아니라 앞 장에서 작성한 「CoreML」 모델의 내용을 확인하는 것도 가능하다.

아래의 파일 형식을 지원하고 있다.

- ONNX(확장자 : .onnx, .pb, .pbtxt)
- CoreML(확장자 : .mlmodel)
- TensorFlow Lite(확장자 : .tite)
- Keras(확장자 : .h5, .keras)
- Caffe2(확장자 : .pb, .pbtxt)
- MXNet(확장자 : .model, .json)

또한, 다음 파일 형식을 실험적으로 지원하고 있다.

- Caffe(확장자 : .caffemodel, .prototxt)
- PyTorch(확장자 : .pth)
- CNTK(확장자 : .model)
- scikit-learn(확장자 : .pkl)
- TensorFlow.js(확장자 : .json, .pb)
- TensorFlow(확장자 : .pb, .meta, .pbtxt)

다음 사이트에서 Netron의 실행 파일을 다운로드하고 실행한다.

- Netron : https://github.com/lutzroeder/netron

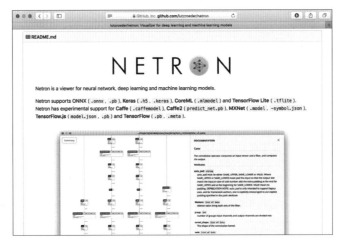

▲ 그림 7-8-3 「Netron」 다운로드 페이지

「Netron」에서 「mobilenet_quant_v1_224.tflite」을 열면 다음과 같이 표시된다.

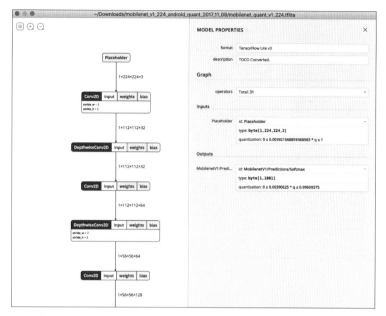

▲ 그림 7-8-4 mobilenet_quant_v1_224tflite을 Netron으로 표시

「Inputs」에는 「byte[1, 224, 224, 3]」의 다차원배열이 하나 존재한다. 한 번의 예측으로 처리하는 화상은 한 장, 화상의 폭과 높이는 224 × 224, 색은 RGB(각 값은 0~255)를 입력하는 것을 알 수 있다.

「Outputs」에는 「byte[1, 1001]」의 다차원배열이 하나 존재한다. 한 번의 예측으로 처리하는 화상은 한 장, 1001 종류의 카테고리 세트의 정답률(0~255)을 출력하는 것을 알 수 있다.

이러한 정보들은 모델의 입력형식과 출력형식을 지정할 때 이용한다.

### 7-8-4 모델을 Firebase에 호스트

「TensorFlow Lite 모델」을 Firebase에 호스트하는 순서는 다음과 같다.

**01** 「Firebase 콘솔」의 Project Overview 화면에서 메뉴 「ML Kit」을 선택하고 커스텀 탭을 선택한 후, 「맞춤 모델 추가를」)를 클릭

▲ 그림 7-8-5 모델을 Firebase에 호스트하기 1

## 02 모델의 「이름」을 지정하고 계속을 누름

이번에는 이름에 「mobilenet」을 지정한다.

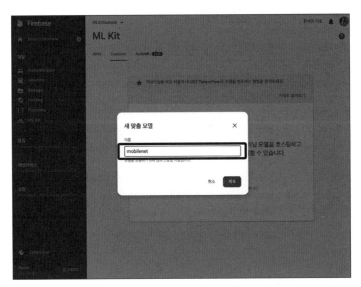

▲ 그림 7-8-6 모델을 Firebase에 호스트하기 2

## 03 .tflite 파일을 선택하고 업로드

이번에는 「mobilenet_quant_v1_224.tflite」을 지정한다.

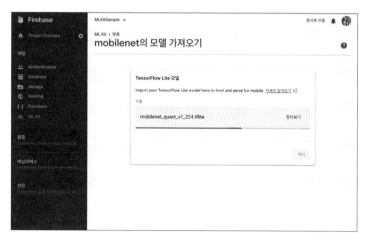

▲ 그림 7-8-7 모델을 Firebase에 호스트하기 3


## 04 게시 버튼을 누름

▲ 그림 7-8-8 모델을 Firebase에 호스트하기 4


「TensorFlow Lite 모델」을 호스트한 후, 지정한 이름을 사용해서 앱 내의 모델을 이용할 수 있다. 모델은 언제든지 업로드할 수 있고 앱을 기동할 때 자동 갱신된다.

사전 준비(iOS)

앞에서 「7-1 개발 환경의 준비」에서 다루었던 순서를 참고하여 「Firebase 프로젝트로의 앱 등록」을 한다.

「커스텀 모델」을 위한 「Profile」의 라이브러리 추가 설정은 다음과 같다. 「pod init」에서 작성한 「Profile」에 설정하고 「pod install」을 실행한다.

• Profile

```
pod 'Firebase/Core'
pod 'Firebase/MLModelInterpreter'
```

## ◎ 로컬 모델과 라벨 추가

「로컬 모델」과 「라벨」을 Xcode 프로젝트에 추가한다.

- mobilenet_quant_v1_224.tite
- labels.txt

▲ 그림 7-8-9 「로컬 모델」과 「라벨」을 Xcode 프로젝트에 추가

이때, 「Copy items if needs」과 「Add to targets」을 체크한다.

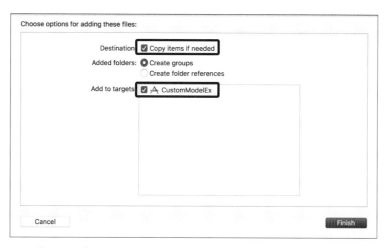

Choose options for adding these files:

Destination ☑ Copy items if needed

Added folders: ⦿ Create groups
◯ Create folder references

Add to targets ☑ 🅰 CustomModelEx

Cancel                                    Finish

▲ 그림 7-8-10 「Copy items if needs」과 「Add to targets」 체크

<br/>

**7-8-6** 소스 코드(iOS)

프로그램 파일 「ViewController.swift」에 대해 설명한다.

### ① 라벨 불러오기

라벨 「labels.txt」을 불러와 String 배열 「labels」에 저장한다. 검출 결과를 표시
할 때 이용한다.

```
let filePath = Bundle.main.path(forResource: "labels", ofType: "txt")!
let text = try? String(contentsOfFile: filePath, encoding: String.Encoding.utf8)
labels = text?.components(separatedBy: "\n")
```

### ② 클라우드 모델의 자동 갱신 조건 생성

클라우드 모델의 자동 갱신 조건을 생성한다.

```
let conditions = ModelDownloadConditions(
    isWiFiRequired: true,
    canDownloadInBackground: true)
```

클라우드 모델의 자동 갱신 조건을 생성할 때는 「ModelDownloadConditions」을

사용한다. 「ModelDownloadConditions」의 생성자는 다음과 같다.

---

**ModelDownloadConditions**

init(isWiFiRequired: Bool, canDownloadInBackground: Bool)

**설명** :  ModelDownloadConditions의 생성

**인수** : isWiFiRequired           모델의 자동 갱신에 Wi-Fi 접속 필요

        canDownloadInBackground   모델의 자동 갱신을 앱이 백그라운드일 때도 허가

---

### 3 클라우드 모델 소스 등록

클라우드 모델 소스의 등록을 실행한다. 클라우드 모델 소스는 이용하는 클라우드 모델의 모델명이나 자동 갱신 조건 등의 정보가 된다.

```
let cloudModelSource = CloudModelSource(
    modelName: "mobilenet",
    enableModelUpdates: true,
    initialConditions: conditions,
    updateConditions: conditions
)
if !ModelManager.modelManager()
    .register(cloudModelSource) {return}
```

클라우드 모델 소스를 생성할 때는 「CloudModelSource」를 사용한다.

CloudModelSource의 생성자는 다음과 같다. 「모델명」은 Firebase에 호스트했을 때 입력한 모델명을 지정한다.

---

**CloudModelSource**

init(modelName: String, enableModelUpdates: Bool, initialConditions: Model
DownloadConditions, updateConditions: ModelDownloadConditions?)

**설명** :  CloudModelSource의 생성

**인수** : modelName 앱 내에서 이용하는 모델명

        enableModelUpdates           모델의 자동 갱신 유효

        initialConditions            초기 모델의 자동 획득 조건

        updateConditions            갱신 모델의 자동 갱신 조건

---

클라우드 모델 소스를 등록할 때는 「ModelManager」의 register()를 사용한다. register()의 서식은 다음과 같다.

> **ModelManager**
>
> func register(_ cloudModelSource: CloudModelSource) -> Bool
>
> **설명** : 클라우드 모델 소스의 등록
>
> **인수** : cloudModelSource 클라우드 모델 소스
>
> **반환값** : 성공여부

## 4 로컬 모델 소스 등록

로컬 모델 소스의 등록을 실행한다. 로컬 모델의 소스는 이용하는 로컬 모델의 패스 등의 정보가 된다.

```swift
let modelPath = Bundle.main.path(
    forResource: "mobilenet_quant_v1_224",
    ofType: "tflite")
let localModelSource = LocalModelSource(
    modelName: "local_mobilenet",
    path: modelPath!)
if !ModelManager.modelManager()
    .register(localModelSource) {return}
```

로컬 모델의 소스를 생성할 때는 「LocalModelSource」를 생성한다. LocalModel Source의 생성자는 다음과 같다.

> **LocalModelSource**
>
> init(modelName: String, path: String)
>
> **설명** : LocalModelSource의 생성
>
> **인수** : modelName      앱 내에서 이용하는 모델명
>
>        path          커스텀 모델의 파일 패스

로컬 모델 소스를 등록할 때는 「LocalModelSource」의 register()를 사용한다. register()의 서식은 다음과 같다.

> **ModelManager**
>
> func register(_ localModelSource: LocalModelSource) -> Bool
>
> **설명** : 로컬 모델 소스의 등록
>
> **인수** : localModelSource 로컬 모델 소스
>
> **반환값** : 성공여부

## 5 커스텀 모델 검출기 생성

커스텀 모델로 예측을 실행하는 검출기 「ModelInterpreter」를 생성한다. 「클라우드 모델명」과 「로컬 모델명」을 유지하는 「ModelOptions」를 생성한 후, 그것을 이용하여 「ModelInterpreter」를 생성한다.

「클라우드 모델」과 「로컬 모델」의 한쪽을 이용하는 경우에는 이용하지 않는 쪽에 「nil」을 지정한다.

```
let options = ModelOptions(
    cloudModelName: "mobilenet",
    localModelName: "local_mobilenet"
)
self.interpreter = ModelInterpreter.modelInterpreter(options: options)
```

「ModelOptions」의 생성자 서식은 다음과 같다.

**ModelOptions**
init(cloudModelName: String?, localModelName: String?)
**설명** : ModelOptions　　　　　오브젝트 생성
**인수** : cloudModelName　　　　클라우드 모델명
　　　　　localModelName　　　　로컬 모델명

「ModelInterpreter」를 생성할 때는 「ModelInterpreter」의 modelInterpreter() 을 사용한다. modelInterpreter()의 서식은 다음과 같다.

**ModelInterpreter**
class func modelInterpreter(options: ModelOptions) -> Self
**설명** : ModelInterpreter　　　오브젝트 생성
**인수** : options　　　　　　　커스텀 모델의 옵션
**반환값** : ModelInterpreter　　오브젝트

## 6 모델의 입력형식과 출력형식 지정

모델의 입력형식과 출력형식을 지정한다. 「TensorFlow Lite 모델」은 하나 이상의 다차원배열을 입력으로 받아들여, 하나 이상의 다차원배열을 출력으로 되돌려준다.

「Netron」에서 모델을 확인하면 「Inputs」에는 「byte[1, 224, 224, 3]」의 다차원배열이 하나, 「Outputs」에는 「byte[1, 1001]」의 다차원배열이 하나 존재하는 것을 알 수 있다.

프로그램에서 모델의 입력형식과 출력형식을 기술하면 다음과 같다.

```
let ioOptions = ModelInputOutputOptions()
do {
   try ioOptions.setInputFormat(index: 0, type: .uInt8, dimensions: [1, 224, 224, 3])
   try ioOptions.setOutputFormat(index: 0, type: .uInt8, dimensions: [1, 1001])
} catch let error as NSError {
   print(error.localizedDescription)
   return
}
```

「ModelInputOutputOptions」을 생성한 후 setInputFormat()으로 입력형식, setOutputFormat()으로 출력형식을 지정한다. setInputFormat()의 서식은 다음과 같다.

**ModelInputOutputOptions**
func setInputFormat(index: UInt, type: ModelElementType, dimensions: [NSNumber])
**설명** : 모델의 입력형식 지정
**인수** : index          입력 Index
　　　　 type           데이터형
　　　　 dimensions     다차원배열형

setOutputFormat()의 서식은 다음과 같다.

**ModelInputOutputOptions**
func setOutputFormat(index: UInt, type: ModelElementType, dimensions: [NS Number])
**설명** : 모델의 출력형식 지정
**인수** : index 출력     Index
　　　　 type           데이터형
　　　　 dimensions     다차원배열형

데이터형의 정수는 다음과 같다.

| 정수 | 설명 |
|---|---|
| unknown | 미지/미정의 |
| float32 | 32비트 단일 정밀도 부동 소수점 |
| int32 | 32비트 부호가 있는 정수 |
| uInt8 | 8비트 부호가 없는 정수 |
| int64 | 64비트 부호가 있는 정수 |

▲ 표 7-8-1 ModelElementType의 정수

## 7 모델 입력 데이터 생성

모델의 입력형식은 「byte[1, 224, 224, 3]」의 다차원배열이 하나이다. 다차원배열은 화상의 RGB(각 값은 0~255)를 유지하는 길이 「1*224*224*3」의 「Data」로 표현한다.

```
let data: Data = self.image2inputData(image,
    size: CGSize(width:224, height:224))!
let input = ModelInputs()
do {
    try input.addInput(data)
} catch let error as NSError {
    print(error.localizedDescription)
    return
}
```

image2inputData()로, UIImage를 다차원배열을 나타내는 「Data」로 변환한다. 그 후, 「ModelInputs」로 입력 데이터를 생성하고 addInput()으로 「Data」를 추가한다.

addInput()의 서식은 다음과 같다.

**ModelInputs**
func addInput(_ input: Any)
**설명** : 모델의 입력 데이터가 되는 다차원배열 추가
**인수** :   input     모델의 입력 데이터가 되는 다차원배열

모델의 입력 데이터가 되는 다차원배열은 「Data」 또는 「NSNumber」(oat, int, char, long)의 다차원배열이다.

## 🎱 UIImage를 다차원배열로 변환

UIImage를 다차원배열을 나타내는 Data로 변환하는 image2inputData()를 작성한다.

UIImage에서 CGImage를 획득한 후, CGImage의 리사이즈와 RGBA의 Data로의 변환을 실행하고 마지막으로 RGBA의 Data를 RGB의 Data로 변환한다.

```
//UIImage을 다차원 배열로 변환
func image2inputData(_ image: UIImage, size: CGSize) -> Data? {
    //UIImage에서 CGImage 획득
    let cgImage = image.cgImage!

    //CGImage 리사이즈와 RGBA Data로의 변환
    let rgbaData = self.cgImage2rgbaData(cgImage, size: size)!

    //RGBA Data를 RGB Data로 변환
    let count = Int(size.width)*Int(size.height)*3*1
    var rgbData = [UInt8](repeating: 0, count: count)
    var pixelIndex = 0
    for pixel in rgbaData.enumerated() {
        if (pixel.offset % 4) == 3 {continue}
        rgbData[pixelIndex] = pixel.element

        pixelIndex += 1
    }
    let inputData = Data(bytes: rgbData)
    return inputData
}

//CGImage 리사이즈와 RGBA Data로의 변환
func cgImage2rgbaData(_ image: CGImage, size: CGSize) -> Data? {
    let bitmapInfo = CGBitmapInfo(rawValue:
        CGBitmapInfo.byteOrder32Big.rawValue | //32bit big endian
        CGImageAlphaInfo.premultipliedLast.rawValue //A가 최하위 bit
    )
    let context = CGContext(
        data: nil,
        width: Int(size.width),
        height: Int(size.height),
        bitsPerComponent: image.bitsPerComponent,
        bytesPerRow: 4*Int(size.width),
        space: CGColorSpaceCreateDeviceRGB(),
        bitmapInfo: bitmapInfo.rawValue)
    if (context == nil) {return nil}
```

```
context!.draw(image, in: CGRect(x: 0, y: 0,
    width: Int(size.width), height: Int(size.height)))
    return context!.makeImage()?.dataProvider?.data as Data?
}
```

### 9 예측 실행

예측 실행을 할 때는 「ModelInterpreter」의 run()을 사용한다.

```
self.interpreter.run(inputs: input, options: ioOptions) {
    outputs, error in
    //에러 처리
    if error != nil {
    self.showAlert(error!.localizedDescription)
        return
    }
    // 검출 결과 획득
    let outputs = try? outputs?.output(index: 0)
    if (outputs == nil) {return}

    //outputs을 enumerate로 변환
    let inArray = (outputs as! NSArray)[0] as! NSArray
    let count = inArray.count
    var outArray = [UInt8]()
    for r in 0..<count {
        outArray.append(UInt8(truncating: inArray[r] as! NSNumber))
    }
    let enumerate = outArray.enumerated()

    // 신뢰도순으로 정렬
    let sorted = enumerate.sorted(by: {$0.element > $1.element})
    var text: String = "\n"
    for i in 0..<min(3, sorted.count) { //상위 3건
        let index = sorted[i].offset //Index
        let accuracy = Int(Float(sorted[i].element)*100.0/255.0) //신뢰도
        text += String(format:"%@ : %d%%\n", self.labels[index], accuracy)
    }

    //UI 갱신
    DispatchQueue.main.async {
        self.lblText.text = text
    }
}
```

「ModelInterpreter」의 run()의 서식은 다음과 같다.

> **ModelInterpreter**
> func run(inputs: ModelInputs, options: ModelInputOutputOptions, completion: @
> escaping ModelInterpreterRunCallback)
> **설명** : 예측 실행
> **인수** : inputs       모델의 입력 데이터
>        options      모델의 입력형식과 출력형식
>        completion    콜백

ModelInterpreterRunCallback의 서식은 다음과 같다.

> **ModelInterpreterRunCallback**
> typealias ModelInterpreterRunCallback = (ModelOutputs?, Error?) -> Void
> **설명** : 예측 실행의 콜백
> **인수** : outputs     검출 결과의 다차원배열(에러인 경우 nil)
>        error       에러(에러가 아닌 경우 nil)

커스텀 모델의 검출 결과는 「ModelOutputs」로 획득한다. 「ModelOutputs」의 output()을 불러오는 것으로 검출 결과를 획득할 수 있다.

이번 결과는 1001 종류의 카테고리 세트의 정답률(0~255)이다. 상위 3건의 라벨과 정답률을 표시한다. 라벨은 「Index」에서 「labels.txt」의 텍스트, 정답률은 「0~255」에서 「0~100%」로 변환해서 표시한다.

## 7-8-7 사전 준비(안드로이드)

앞서 「7-1 개발 환경의 준비」에 언급했던 순서를 참고하여 「Firebase 프로젝트로의 앱 등록」을 실행한다.

「커스텀 모델」을 위한 라이브러리 추가 설정은 다음과 같다. app 폴더 내에 있는 「build.gradle」에 다음과 행을 추가한다.

• ⟨project⟩/⟨app-module⟩/build.gradle

```
dependencies {
    ~생략~
    implementation 'com.google.firebase:firebase-core:16.0.1'
    implementation 'com.google.firebase:firebase-ml-vision:17.0.0'
}
```

```
    implementation 'com.google.firebase:firebase-ml-model-interpreter:16.2.0'
}
apply plugin: 'com.google.gms.google-services'
```

### ◎ 로컬 모델과 라벨 추가

「로컬 모델」과 「라벨」을 Android Studio 프로젝트의 「assets 폴더」에 추가한다.

- mobilenet_quant_v1_224.tite
- labels.txt

▲ 그림 7-8-11 「로컬 모델」과 「라벨」을 「assets 폴더」 추가

「assets 폴더」를 작성할 때는 「app 폴더」를 마우스 오른쪽 버튼으로 클릭하고 「New→Folder→AssetsFolder」를 선택한 후 Finish 버튼을 누른다.

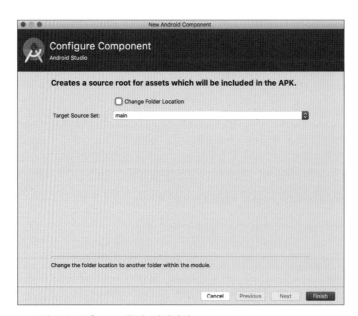

▲ 그림 7-8-12 「assets 폴더」 작성방법

또한, 고속화를 위해 「tflite」을 압축하지 않고 저장하는 옵션을 추가한다. app 폴더 내에 있는 「build.gradle」에 다음의 행을 추가한다.

• ⟨project⟩/⟨app—module⟩/build.gradle

```
android {
    ~생략~
    aaptOptions {  ←추가
        noCompress "tflite"  ←추가
    }  ←추가
}
```

프로그램 파일 「ViewController.java」에 대해 설명한다.

### ■ 라벨 불러오기

라벨 「labels.txt」를 불러와 String 배열 「labels」로 유지한다. 검출 결과를 표시할 때 이용한다.

```
//라벨 불러오기
String text = readAssetsText("labels.txt");
labels = text.split("\n", 0);

//에셋 텍스트 불러오기
private String readAssetsText(String name) {
    char[] work = new char[1024];
    InputStreamReader in = null;
    try {
        StringBuffer sb = new StringBuffer();
        in = new InputStreamReader(
            getContext().getAssets().open(name));
        while (true) {
            int size = in.read(work);
            if (size <= 0) break;
            sb.append(work, 0, size);
        }
        in.close();
        return sb.toString();
    } catch (Exception e) {
```

```
    try {
        if (in != null) in.close();
    } catch (Exception e2) {
    }
    return null;
    }
}
```

## 2 클라우드 모델의 자동 갱신 조건 생성

클라우드 모델의 자동 갱신 조건을 생성한다.

```
FirebaseModelDownloadConditions.Builder conditionsBuilder =
    new FirebaseModelDow에loadConditions.Builder()
    .requireWifi();
if (Build.VERSION.SDK_INT >= Build.VERSION_CODES.N) {
    conditionsBuilder = conditionsBuilder
        .requireCharging()
        .requireDeviceIdle();
}
FirebaseModelDownloadConditions conditions = conditionsBuilder.build();
```

클라우드 모델의 자동 갱신 조건을 생성할 때는 「FirebaseModelDownloadCond itions」을 사용한다. Android N 이후 전용 설정도 있다.

「FirebaseModelDownloadConditions」의 메소드 서식은 다음과 같다.

| 메소드 | 설명 |
| --- | --- |
| FirebaseModelDownloadConditions. Builder requireCharging() | 모델의 자동 갱신에 충전중 필수 |
| FirebaseModelDownloadConditions. Builder requireDeviceIdle() | 모델의 자동 갱신에 단말기의 idle 상태가 필수. Android N 이후 |
| FirebaseModelDownloadConditions. Builder requireWifi() | 모델의 자동 갱신에 와이파이 접속 필수. Android N 이후 |

▲ 표 7-8-2 FirebaseModelDownloadConditionsBuilder의 메소드

## 3 클라우드 모델 소스 등록

클라우드 모델 소스의 등록을 실행한다. 클라우드 모델 소스는 이용하는 클라우드 모델명이나 자동 갱신 조건 등의 정보가 된다.

```
FirebaseCloudModelSource cloudSource =
   new FirebaseCloudModelSource.Builder("mobilenet")
   .enableModelUpdates(true)
   .setInitialDownloadConditions(conditions)
   .setUpdatesDownloadConditions(conditions)
   .build();
FirebaseModelManager.getInstance().registerCloudModelSource(cloudSource);
```

클라우드 모델 소스를 생성할 때는 「FirebaseCloudModelSource」를 사용한다. FirebaseCloudModelSource.Builder의 생성자는 다음과 같다. 「모델명」은 Firebase에 호스트했을 때 입력한 모델명을 지정한다.

> **FirebaseCloudModelSource.Builder**
> FirebaseCloudModelSource.Builder(String modelName)
> **설명** : FirebaseCloudModelSource.Builder의 생성
> **인수** : modelName    앱 내에서 이용하는 모델명

클라우드 모델의 정보를 설정할 때는 FirebaseCloudModelSource의 각종 메소드를 사용한다. 「FirebaseCloudModelSource」의 메소드 서식은 다음과 같다.

| 메소드 | 설명 |
| --- | --- |
| FirebaseCloudModelSource.Builder enableModelUpdates(boolean enableModelUpdates) | 모델의 자동 갱신 유효 |
| FirebaseCloudModelSource.Builder setInitialDownloadConditions(FirebaseModelDownloadConditions initialConditions) | 초기 모델의 자동 취득 조건 |
| FirebaseCloudModelSource.Builder setUpdatesDownloadConditions(FirebaseModelDownloadConditions updatesConditions) | 갱신 모델의 자동 갱신 조건 |

▲ 표 7-8-3 FirebaseCloudModelSourceBuilder의 메소드

클라우드 모델 소스를 등록할 때는 「FirebaseModelManager」의 registerCloudModelSource()를 사용한다. registerCloudModelSource()의 서식은 다음과 같다.

> **FirebaseModelManager**
> boolean registerCloudModelSource(FirebaseCloudModelSource cloudModelSource)
> **설명** : 클라우드 모델 소스의 등록
> **인수** : cloudModelSource 클라우드 모델 소스
> **반환값** : 성공여부

## 4 로컬 모델 소스 등록

로컬 모델 소스 등록을 실행한다. 로컬 모델의 소스는 이용하는 로컬 모델 패스 등의 정보가 된다.

```
FirebaseLocalModelSource localSource =
    new FirebaseLocalModelSource.Builder("local_mobilenet")
    .setAssetFilePath("mobilenet_quant_v1_224.tflite")
    .build();
FirebaseModelManager.getInstance().registerLocalModelSource(localSource);
```

로컬 모델 소스를 생성할 때는 「FirebaseLocalModelSource」를 사용한다. FirebaseLocalModelSource.Builder의 생성자는 다음과 같다.

> **FirebaseLocalModelSource.Builder**
> FirebaseLocalModelSource.Builder(String modelName)
> **설명** : FirebaseLocalModelSource.Builder의 생성
> **인수** : modelName    앱 내에서 이용하는 모델명

로컬 모델 소스의 정보를 설정할 때는 FirebaseLocalModelSource의 각종 메소드를 사용한다. 「FirebaseLocalModelSource」의 메소드 서식은 다음과 같다.

| 메소드 | 설명 |
|---|---|
| FirebaseLocalModelSource.Builder setAssetFilePath(String assetFilePath) | 주문 모델의 에셋 파일 경로 |
| FirebaseLocalModelSource.Builder setFilePath(String filePath) | 주문 모델의 파일 경로 |

▲ 표 7-8-4 FirebaseLocalModelSourceBuilder의 메소드

로컬 모델 소스를 등록할 때는 「FirebaseLocalModelSource」의 registerLocalModelSource()을 사용한다. registerLocalModelSource()의 서식은 다음과 같다.

> **FirebaseModelManager**
> boolean registerLocalModelSource(FirebaseLocalModelSource localModel Source)
> **설명** : 로컬 모델 소스의 등록
> **인수** : localModelSource 로컬 모델 소스
> **반환값** : 성공여부

## 5 커스텀 모델 검출기 생성

커스텀 모델로 예측을 실행하는 검출기 「FirebaseModelInterpreter」를 생성한
다. 「클라우드 모델명」과 「로컬 모델명」을 유지하는 FirebaseModelOptions을
생성한 후, 그것을 이용하여 「FirebaseModelInterpreter」를 생성한다.

「클라우드 모델」과 「로컬 모델」의 한쪽만 이용하는 경우에는 한쪽만 지정한다.

```
try {
    FirebaseModelOptions options = new FirebaseModelOptions.Builder()
        .setCloudModelName("mobilenet")
        .setLocalModelName("local_mobilenet")
        .build();
    interpreter = FirebaseModelInterpreter.getInstance(options);
} catch (FirebaseMLException e) {
    android.util.Log.d("debug",e.getLocalizedMessage());
}
```

「FirebaseModelOptions」의 메소드 서식은 다음과 같다.

| 메소드 | 설명 |
|---|---|
| FirebaseModelOptions.Builder<br>setCloudModelName(String cloudModelName) | 클라우드 모델명 |
| FirebaseModelOptions.Builder<br>setLocalModelName(String localModelName) | 로컬 모델명 |

▲ 표 7-8-5 FirebaseModelOptionsBuilder 메소드

「FirebaseModelInterpreter」를 생성할 때는 「FirebaseModelInterpreter」의
getInstance()를 사용한다. getInstance()의 서식은 다음과 같다.

> **FirebaseModelInterpreter**
> static synchronized FirebaseModelInterpreter getInstance (FirebaseModel
> Options options)
> **설명** : FirebaseModelInterpreter의 생성
> **인수** : options      FirebaseModelOptions 오브젝트
> **반환값** : FirebaseModelInterpreter 오브젝트

## 6 모델의 입력형식과 출력형식 지정

모델의 입력형식과 출력형식을 지정한다. 「TensorFlow Lite 모델」은 하나 이상의 다차원배열을 입력으로 받아들여 하나 이상의 다차원배열을 출력으로 돌려준다.

「Netron」에서 모델을 확인하면 「Inputs」에는 「byte[1, 224, 224, 3]」의 다차원배열이 하나, 「Outputs」에는 「byte[1, 1001]」의 다차원배열이 하나 존재하는 것을 알 수 있다.

프로그램에서 모델의 입력형식과 출력형식을 기술하면 다음과 같다.

```
FirebaseModelInputOutputOptions inputOutputOptions =
  new FirebaseModelInputOutputOptions.Builder()
    .setInputFormat(0, FirebaseModelDataType.BYTE, new int[]{1, 224, 224, 3})
    .setOutputFormat(0, FirebaseModelDataType.BYTE, new int[]{1, 1001})
    .build();
```

「FirebaseModelInputOutputOptions」을 생성한 후, setInputFormat()으로 입력형식, setOutputFormat()으로 출력형식을 지정한다. setInputFormat()의 서식은 다음과 같다.

**FirebaseModelInputOutputOptions.Builder**

FirebaseModelInputOutputOptions.Builder setInputFormat(int index, int type, int[] dimensions)

**설명** : 모델의 입력형식 지정

**인수** : index · · · · · · · · · · · · · · · · · · · · · · · · · · · 입력 Index

     type · · · · · · · · · · · · · · · · · · · · · · · · · · · 데이터형

     dimensions · · · · · · · · · · · · · · · · · · · 다차원배열형

setOutputFormat()의 서식은 다음과 같다.

**FirebaseModelInputOutputOptions.Builder**

FirebaseModelInputOutputOptions.Builder setOutputFormat(int index, int type, int[] dimensions)

**설명** : 모델의 출력형식 지정

**인수** : index · · · · · · · · · · · · · · · · · · · · · · · · · · · 출력 Index

     type · · · · · · · · · · · · · · · · · · · · · · · · · · · 데이터형

     dimensions · · · · · · · · · · · · · · · · · · · 다차원배열형

데이터형의 정수는 다음과 같다.

| 정수 | 설명 |
|---|---|
| FLOAT32 | 32비트 단일 정밀도 부동 소수점 |
| INT32 | 32비트 부호가 있는 정수 |
| BYTE | 8비트 부호가 없는 정수 |
| LONG | 64비트 부호가 있는 정수 |

▲ 표 7-8-6 FirebaseModelDataType 정수

## 7 모델 입력 데이터 생성

모델 입력형식은 「byte[1, 224, 224, 3]」의 다차원배열이 하나이다. 다차원배열은 화상의 RGB(각 값은 0~255)를 유지하는 「new byte[1][244][244][3]」로 표현한다.

```
byte[ ][ ][ ][ ] input = image2inputData(image, new Point(224, 224));
FirebaseModelInputs inputs = new FirebaseModelInputs.Builder()
   .add(input)
   .build();
```

image2inputData()로 Bitmap을 다차원배열을 나타내는 byte 배열로 변환한다. 그 후, 「FirebaseModelInputs」으로 입력데이터를 생성하고 addInput()으로 byte 배열을 추가한다.

addInput()의 서식은 다음과 같다.

**FirebaseModelInputs.Builder**
FirebaseModelInputs.Builder add(Object input)
**설명** : 모델의 입력 데이터가 되는 다차원배열 추가
**인수** : input    모델의 입력 데이터가 되는 다차원배열
**반환값** : FirebaseModelInputs 오브젝트

모델의 입력 데이터가 되는 다차원배열은 「배열」, 「다차원배열」 또는 int, oat, long, byte를 포함한 프리미엄형 「ByteBuffer」가 된다.

## 8 Bitmap을 다차원배열로 변환

Bitmap을 다차원배열을 나타내는 byte 배열로 변환하는 image2inputData()를 작성한다. Bitmap의 리사이즈와 RGBA의 int 배열로의 변환을 실행하고 마지막으로 RGBA의 int 배열을 RGB의 byte 배열로 변환한다.

```
//Bitmap을 다차원배열로 변환
private byte[ ][ ][ ][ ] image2inputData(Bitmap image, Point size) {
    //Bitmap 리사이즈와 RGBA int 배열로 변환
    int[ ] rgbaData = cgImage2rgbaData(image, size);

    //RGBA int 배열을 RGB byte 배열로 변환
    byte[ ][ ][ ][ ] inputData = new byte[1][size.x][size.y][3];
    for (int i = 0; i < rgbaData.length; i++) {
        inputData[0][i/size.x][i%size.x][0] = (byte)Color.red(rgbaData[i]);
        inputData[0][i/size.x][i%size.x][1] = (byte)Color.green(rgbaData[i]);
        inputData[0][i/size.x][i%size.x][2] = (byte)Color.blue(rgbaData[i]);
    }
    return inputData;
}

//Bitmap를 RGBA int 배열로 변환
private int[ ] cgImage2rgbaData(Bitmap image, Point size) {
    Bitmap resizeImage = Bitmap.createScaledBitmap(
        image, size.x, size.y, true);
    int[ ] pixels = new int[size.x*size.y];
    resizeImage.getPixels(pixels, 0, size.x, 0, 0, size.x, size.y);
    return pixels;
}
```

## 9 예측 실행

예측을 실행할 때는 「FirebaseModelInterpreter」의 run()을 사용한다.

```
interpreter.run(inputs, inputOutputOptions)
    // 성공시에 호출됨
    .addOnSuccessListener(
        new OnSuccessListener<FirebaseModelOutputs>() {
            @Override
            public void onSuccess(FirebaseModelOutputs outputs) {
                // 검출 결과 획득
                byte[][] output = outputs.<byte[][]>getOutput(0);
```

```
            //outputs를 HashMap로 변환
            Map<Integer, Integer> hashMap = new HashMap<>();
            byte[] inArray = output[0];
            for (int i = 0; i < inArray.length; i++) {
                hashMap.put(i, (int)inArray[i]);
            }


            // 신뢰도 순으로 정렬
            List<Map.Entry<Integer,Integer>> entries =
                new ArrayList<>(hashMap.entrySet());
            Collections.sort(entries, new Comparator<Map. Entry<Integer,Integer>>() {
                @Override
                public int compare(Map.Entry<Integer,Integer> entry1,
                    Map.Entry<Integer,Integer> entry2) {
                    return (entry2.getValue()).compareTo(entry1.getValue());
                }
            });
            String text = "\n";
            for (int i = 0; i < Math.min(3, entries.size()); i++) { //상위 3건
                Map.Entry<Integer,Integer> s = entries.get(i);
                int index = s.getKey(); //Index
                int accuracy = (int)((float)s.getValue()*100f/255f); //신뢰도
                text += String.format("%s : %d%%\n", labels[index], accuracy);
            }
            final String str = text;


            //UI 갱신
            post(new Runnable() {
                @Override
                public void run() {
                    lblText.setText(str);
                    lblText.setVisibility(
                        str.length() == 0 ? View.GONE : View.VISIBLE);
                }
            });
        }
    })
//에러 시에 호출됨
.addOnFailureListener(
    new OnFailureListener() {
        @Override
        public void onFailure(@NonNull Exception e) {
        showAlert(e.getMessage());
    }
});
```

「FirebaseModelInterpreter」의 run() 서식은 다음과 같다.

> **FirebaseModelInterpreter**
> Task<FirebaseModelOutputs> run (FirebaseModelInputs inputs, Firebase
> ModelInputOutputOptions options)
> **설명** : 예측 실행
> **인수** : inputs            모델의 입력 데이터
>         options        모델의 입력형식과 출력형식
> **반환값** : 작업

커스텀 모델의 검출 결과는 「FirebaseModelOutputs」로 획득한다. 「FirebaseModelOutputs」의 output()을 불러오는 것으로 검출 결과를 획득할 수 있다.

이번 결과는 1001 종류의 카테고리 세트의 정답률(0~255)이다. 상위 3건의 라벨과 정답률을 표시한다. 라벨은 「Index」에서 「labels.txt」의 텍스트, 정답률은 「0~255」에서 「0~100%」로 변환해서 표시한다.

# CHAPTER 8

# Cloud AutoML

# 8-1 화상 분류(Vision)

## 8-1-1 화상 분류 샘플 모델 작성

「화상 분류」는 화상 데이터를 이용하여 화상이 속해 있는 「클래스」(데이터 종류)를 예측하는 작업이다.

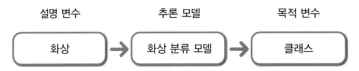

설명 변수 → 추론 모델 → 목적 변수

화상 → 화상 분류 모델 → 클래스

▲ 그림 8-1-1 화상 분류(Vision) 모델

이번에는 「고양이」와 「개」 어느 쪽이 찍혀 있는지를 예측하는 화상 분류 모델을 작성한다.

## 8-1-2 비용

「Vision」 비용은 모델을 작성하는 「학습 비용」과 작성한 모델을 이용하는 「예측 비용」이 있다. 그와 별도로 머신 러닝 데이터를 「Google Cloud Storage」에 보존하기 위한 비용도 발생한다.

### ◎ 학습 비용

모델을 작성할 때는 「학습에 걸린 시간」(한 시간 단위)에 대한 비용이 발생한다. 취소할 경우는 취소하기까지 사용한 시간만 요금이 발생한다. 여기에서 말하는 시간은 클라우드 계산 능력의 사용 시간으로 실제 시간과는 정확하게 일치하지 않는다.

또한, 매월 10개까지 모델마다 최초 한 시간의 학습은 무료이다. 이후에는 한 시간당 「USD $20」의 요금이 발생한다.

| 학습 시간 | 비용 |
|---|---|
| 매월 10개까지 모델마다 최초 1시간 | 무료 |
| 이후 1시간당 | USD $20 |

▲ 표 8-1-1 「Vision」의 학습 비용

## ◎ 예측 비용

작성한 모델을 이용할 때는 「예측한 화상 매수」에 대한 비용이 발생한다. 매월 1,000장까지의 화상은 무료이다. 1,001장 이후는 「$3 / 1,000 장」이다. 5,000,000장 이상은 별도로 문의해야 한다.

| 화상 장수 | 비용 |
|---|---|
| 0~1,000 | 무료 |
| 1,001~5,000,000장 | USD $3/1,000장 |
| 5,000,001장~ | 문의 |

▲ 표 8-1-2 「Vision」의 예측 비용

## ◎ Google Cloud Storage 비용

머신 러닝 데이터를 「Google Cloud Storage」에 보존할 때는 「보존 데이터 크기」에 대한 비용이 발생한다. 초기 설정에서 사용되는 「Regional Storage」(미국 지역만)는 5GB까지 무료이다.

여기에서 소개하는 비용은 2018년 12월 시점의 것이다. 최신 정보는 다음을 참조한다.

- 요금 | Cloud AutoML Vision | Google Cloud
  https://cloud.google.com/vision/automl/pricing

### 8-1-3 데이터 세트 준비

이번에는 데이터 세트로 「Kaggle Cats and Dogs Dataset」를 이용한다. 내용은 4장 「4-1 화상 분류」의 데이터 세트와 같으므로 준비 방법 등을 참조한다.

데이터 세트의 폴더 구성은 다음 왼쪽과 같다. 「Vision」은 「학습에 걸린 시간」에 대한 비용이 발생하므로 다음 오른쪽과 같이 고양이와 개의 화상을 100장씩 줄인다. 이것을 ZIP으로 압축하면 준비 완료이다.

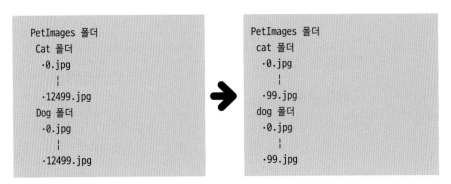

### ◎ 훈련 데이터와 테스트 데이터

「Create ML」에서는 훈련 데이터와 테스트 데이터로 분할했지만 「Cloud AutoML」에서는 분할할 필요가 없다. 내부에서 자동적으로 분할된다.

### ◎ 클래스명 지정

화상을 넣는 폴더명은 「클래스명」으로 사용한다. 이번에는 클래스명을 「cat」과 「dog」으로 했기 때문에 폴더명도 「cat」과 「dog」으로 한다.

### ◎ 화상 파일의 조건

화상 파일의 조건은 다음과 같다.

- 1 라벨당 1,000장의 화상을 사용할 것을 추천
- 1 라벨당 10장의 화상이 필요
- 화상의 최대 파일 크기는 30MB
- 화상 파일명은 무엇이든 괜찮음

### 8-1-4 프로젝트 준비

「Cloud AutoML」을 실행할 때는 「Google Cloud Platform 프로젝트」를 작성 또는 선택해야 한다. 「Google Cloud Platform 프로젝트」의 작성 순서는 다음과 같다.

**01** Google Cloud Platform 콘솔을 열고 Google 계정으로 로그인

- Google Cloud Platform 콘솔의 메인페이지
  https://console.cloud.google.com/

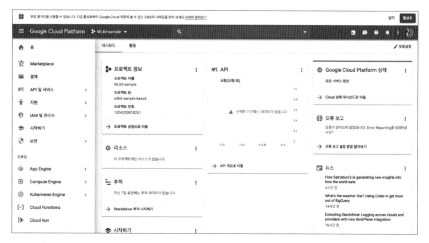

▲ 그림 8-1-2 Google Cloud Platform 콘솔에 로그인

**02** 상부의 프로젝트명을 클릭하고 오른쪽 위의 「새 프로젝트」를 클릭

▲ 그림 8-1-3 프로젝트명 선택

▲ 그림 8-1-4 새 프로젝트 작성

### 03 프로젝트명을 입력하고 작성 버튼 누름

이번에는 프로젝트명을 「AutoMLSample」로 한다. 「프로젝트 ID」도 생성되니 함께 메모한다. (화면에서는 「automlsample-254709」)

▲ 그림 8-1-5 프로젝트명 설정

프로젝트 작성이 완료되면 「Cloud AutoML」 화면으로 이동한다.

### 04 「Google Cloud Platform 콘솔」의 왼쪽 위 버튼에서 메뉴를 열고 가장 아래쪽에 있는 「인공지능」의 「Vision」 선택

텍스트 분류의 경우에는 「Natural Language」, 번역의 경우에는 「Translation」을 선택한다.

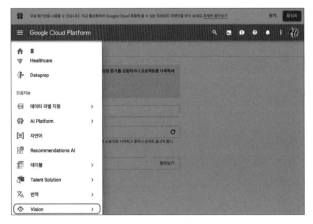

▲ 그림 8-1-6 「인공지능」의 「Vision」 선택

## 05 「시작하기」 클릭

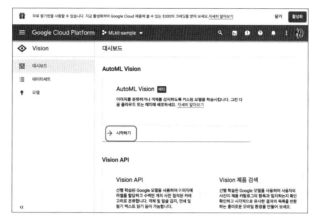

▲ 그림 8-1-7 Cloud AutoML 시작

## 06 앞에서 메모한 「프로젝트 ID」를 입력하고 CONTINUE 버튼을 누름

▲ 그림 8-1-8 프로젝트 ID 입력

**07**「GO TO BILLING」을 클릭하고「Google Cloud Platform」의 과금 설정을 실행

「Cloud AutoML」을 이용할 때는 과금 설정이 되어 있어야 한다.

▲ 그림 8-1-8 Cloud AutoML의 과금 설정

**08**「SET UP NOW」클릭

「Google Cloud Storage」에 머신 러닝 모델 학습에 사용하는 화상을 보존하기 위한 버킷이 자동적으로 작성된다. 그 후,「Cloud AutoML」화면으로 이동한다.

**COLUMN**

**〈Google Cloud Storage 버킷 확인〉**

「Google Cloud Storage」에서 이용하고 있는 버킷의 확인은「Google CloudPlatform 콘솔」의 왼쪽 위 버튼에서 메뉴를 열고「스토리지」의「Storage」를 선택하여 확인할 수 있다.

▲ 그림「Google Cloud Storage의 버킷 확인

데이터 세트 작성

화상 분류를 실행하기 위한 데이터 세트의 작성 순서는 다음과 같다.

**01** 화면 위의 「NEW DATASET」 버튼을 누름

▲ 그림 8-1-10 데이터 세트 작성 준비 시작

**02** 「Dataset name」에 데이터 세트명 입력

이번에는 「PetImages」라고 입력한다.

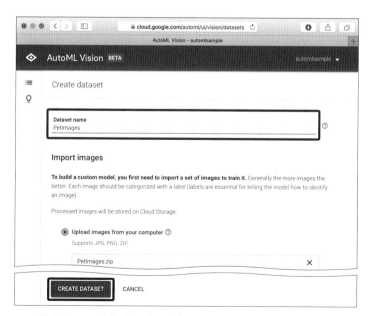

▲ 그림 8-1-11 데이터 세트 이름 입력

**03** 「Upload images from your computer」를 선택한 후 「SELECT FILES」을 클릭하고 「데이터 세트의 준비」에서 준비한 ZIP 파일 지정

데이터 세트를 지정하는 방법은 다음 세 종류가 있다.

## ◎ Upload images from your computer(컴퓨터에서 화상 업로드하기)

JPG와 PNG와 ZIP을 지원하고 있다. ZIP의 경우, 화상 라벨은 새로운 폴더명에 따라 자동적으로 지정된다.

• "cat"과 "dog" 라벨의 예

```
cat 폴더
 ·insert_drive_filesample1.jpg
 ·insert_drive_filesample2.jpg
dog 폴더
 ·insert_drive_filesample3.jpg
```

## ◎ Select a CSV file on Cloud Storage(Cloud Storage 상의 CSV 파일 선택)

CSV의 서식은 다음과 같다.

• CSV의 서식

```
경로[,라벨1] [,라벨N]
```

• "cat"과 "dog" 라벨의 예

```
gs://automlsample-vcm/.../sample1.jpg, cat
gs://automlsample-vcm/.../sample2.jpg, dog
gs://automlsample-vcm/.../sample3.jpg, cat
```

## ◎ Import Images Later(나중에 화상 추가)

데이터 세트 작성을 먼저 하고 화상과 라벨의 추가는 데이터 세트의 편집 화면(「IMAGE」탭)에서 실행한다.

**04** 「Enable multi-label classication」는 체크하지 않음

하나의 화상에 여러 개의 라벨을 지정할 때는 이 설정을 유효화한다.

**05** 「CREATE DATASET」누름

데이터 세트 작성 완료까지 몇 분 정도 걸린다. 완료되면 메일로 통지된다.

**06** 데이터 세트 작성 완료 후, 「IMAGE」탭에서 화상과 라벨 확인

화상과 라벨의 추가나 변경을 실행할 수 있다.

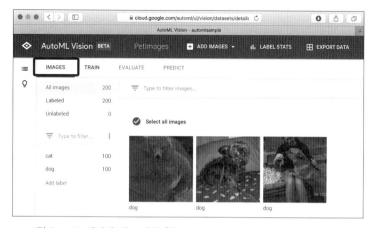

▲ 그림 8-1-12 데이터 세트 작성 완료

## 8-1-6 학습과 평가

데이터 세트가 만들어졌으므로 그것을 이용해서 학습과 평가를 실행한다.

**01** 「TRAIN」탭 선택 후 「START TRAINING」버튼을 누름

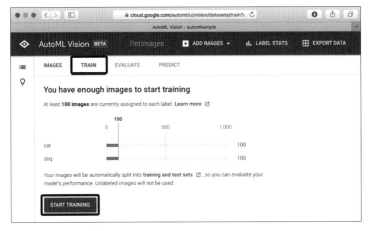

▲ 그림 8-1-13 학습 시작

**02** 「Pricing guide」에서 비용을 확인한 후 「START TRAINING」 버튼을 누르고 학습 시작

학습 완료까지 15분~수시간이 걸린다. 완료되면 메일로 통지된다.

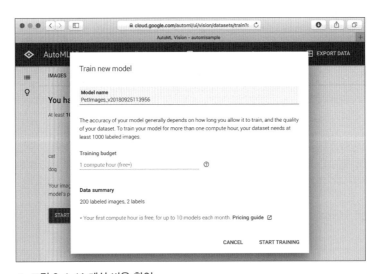

▲ 그림 8-1-14 계산 비용 확인

**03** 학습 완료 후 「EVALUATE」 탭을 선택해서 평가 확인

다음의 화면에서는 평가 데이터의 「정밀도」(Precision)는 「89%」인 것을 알 수 있다.

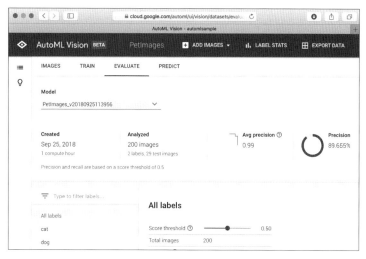

▲ 그림 8-1-15 학습 후 평가 데이터 확인

예측

준비한 데이터 세트로 학습이 끝나고 평가를 확인하면 화상을 업로드해서 정확하게 예측이 이루어졌는지 확인해본다.

**01 「PREDICT」탭 선택 후, 「UPLOAD IMAGES」버튼으로 화상 업로드**

다음의 화면에서는 업로드한 화상이 고양이 「100%」라고 예측된 것을 알 수 있다.

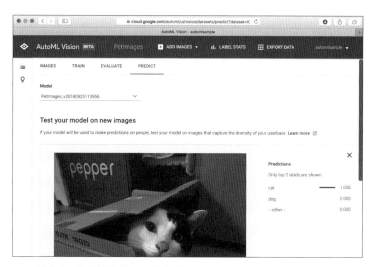

▲ 그림 8-1-16 화상을 업로드해서 예측

「PREDICT」탭 페이지 아래쪽에는 외부에서 REST API 경유로 추론하는 방법이 기술되어 있다. 자세한 내용은 이후의「8-4 AutoML API」에서 설명한다.

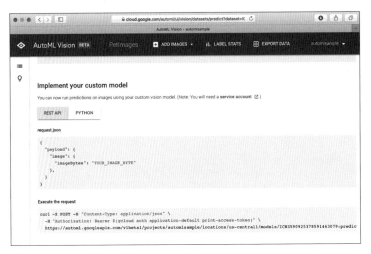

▲ 그림 8-1-17 예측 모델을 REST API와 파이썬에서 이용하기 위한 스크립트

# 8-2 텍스트 분류(Natural Language)

## 8-2-1 텍스트 분류 샘플 모델 작성

「텍스트 분류」는 텍스트 데이터를 이용하여 텍스트가 속해 있는 「클래스」(데이터 종류)를 예측하는 작업이다.

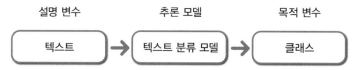

▲ 그림 8-2-1 텍스트 분류(Natural Language) 모델

이번에는 입력한 문서에서 「IT」 관련 뉴스인지, 「스포츠」 관련 뉴스인지를 예측하는 텍스트 분류 모델을 작성한다.

## 8-2-2 비용

「Natural Language」의 비용은 모델을 작성하는 「학습 비용」과 작성한 모델을 이용하는 「예측 비용」이 있다. 그것과 별도로 머신 러닝의 데이터를 Google의 클라우드 스토리지 「Google Cloud Storage」에 보존하기 위한 비용도 발생한다.

### ◎ 학습 비용

모델을 작성할 때는 「학습에 걸린 시간」(한 시간 단위)에 대한 비용이 발생한다. 취소할 경우는 취소하기까지 사용한 시간만 요금이 발생한다. 여기에서 말하는 시간은 클라우드 계산 능력의 사용 시간으로 실제 시간과는 정확하게 일치하지 않는다.

또한, 매월 10개까지 모델마다 최초 한 시간의 학습은 무료이다. 이후에는 한 시간당 「USD $3」의 요금이 발생한다.

| 학습 시간 | 비용 |
|---|---|
| 매월 10개까지 모델마다 최초 1시간 | 무료 |
| 이후 1시간당 | USD $3 |

▲ 표 8-2-1 「Natural Language」의 학습 비용

◎ 예측 비용

작성한 모델을 이용할 때는 「예측한 텍스트 건수」에 대한 비용이 발생한다. 매월 3,000건까지의 텍스트는 무료이다. 3,001건 이후는 「$5 / 1,000 건」이다. 5,000,001건 이상은 별도로 문의해야 한다.

또한, 텍스트 1건에는 Unicode 문자를 최대 1,000 글자까지 포함할 수 있다. 1,000 글자를 넘을 경우에는 1,000 글자마다 1건의 텍스트로 간주된다.

| 텍스트 건수 | 비용 |
|---|---|
| 0~30,000건 | 무료 |
| 30,001~5,000,000건 | USD $5/1,000 |
| 5,000,001건~ | 문의 |

▲ 표 8-2-2 「Natural Language」의 예측 비용

◎ Google Cloud Storage 비용

앞서 언급했던 「8-1 화상 분류 (Vision)」의 내용을 참조한다.

## 8-2-3 데이터 세트 준비

이번에는 데이터 세트로 「뉴스 말뭉치」를 이용한다. 4장 「4-2 텍스트 분류」의 데이터 세트와 같으므로 준비 방법 등을 참조한다.

데이터 세트의 폴더 구성은 다음과 같다. 「Natural Language」는 「학습에 걸린 시간」에 대한 비용이 발생하고 학습 시 기준에 맞도록 다음과 같이 「IT」와 「스포츠」 기사의 수를 50개씩 준비하여 사용한다.

```
text 폴더 it 폴더              sports폴더
·it-sample1.txt              ·sports-sample1.txt
    ¦                            ¦
·it-sample50.txt             ·sports-sample50.txt
```

## ◎ 형태소 분석 처리

「Natural Language」의 텍스트 처리에는 문상을 「형태소 분석」 후 처리해야 한다.

파이썬에서 「형태소 분석」을 실행할 때는 「MeCab」을 사용한다. 「형태소 분석」과 「MeCab」에 대해서는 5장 「5-9 텍스트 분류」에서 설명하였으므로 참조한다.

「./text/it/」과 「./text/sports/」를 「형태소 분석」 처리해서 「./mecab-ko/it/」과 「./mecab-ko/sports/」로 출력하는 파이썬 프로그램은 다음과 같다.

변환이 완료된 「mecab-ko폴더」를 ZIP으로 압축하면 준비 완료이다.

```python
import os
import re
import MeCab

# MeCab 오브젝트 생성 tagger = MeCab.Tagger()

# 파일 불러오기
 def convert(path, out_path):
   names = os.listdir(path)
      for name in names:
         if name.find('.') == 0:
            continue

         # 불러오기
         file = open(path+name)
         text = file.read()
         text = re.sub(r'https?:\/\/[\w\/:%#\$&\?\(\)~\.=\+\-]+','', text) # URL삭제
         text = re.sub(r'\d{4}-\d{2}-\d{2}T\d{2}:\d{2}:\d{2}[+-]\d{2}\d{2}','', text)
               # 시간삭제
         text = tagger.parse(text) # 띄어쓰기
         file.close()

         # 쓰기
         if os.path.isdir(out_path) == False:
```

```
            os.makedirs(out_path)  file = open(out_path+name, mode='w')
        file.write(text)
        file.close()

# 띄어쓰기 변환
convert('./text/it/', './mecab-ko/it/')
convert('./text/sports/', './mecab-ko/sports/')
```

## 8-2-4 프로젝트 준비

앞에서 언급했던 「8-1 화상 분류(Vision)」를 참고하여 프로젝트 준비를 한다.

## 8-2-5 데이터 세트 작성

텍스트 분류를 실행하기 위한 데이터 세트의 작성 순서는 다음과 같다.

**01** 화면 상의 「NEW DATASET」 버튼을 누름

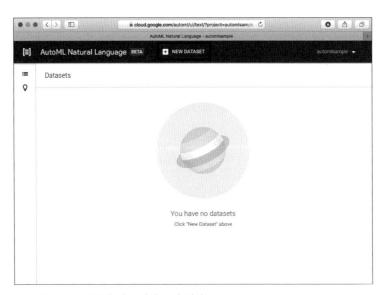

▲ 그림 8-2-2 데이터 세트 작성 준비 시작

## 02 「Dataset name」에 데이터 세트명 입력

이번에는 「News」라고 입력한다.

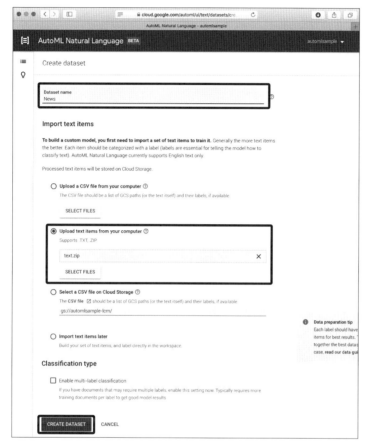

▲ 그림 8-2-3 데이터 세트 이름 입력

## 03 「Upload images from your computer」를 선택한 후 「SELECT FILES」을 클릭하고 「데이터 세트의 준비」에서 준비한 ZIP 파일 지정

데이터 세트를 지정하는 방법은 다음 네 종류가 있다.

## ◎ Upload a CSV file from your computer(컴퓨터에서 CSV를 업로드)

CSV의 서식은 다음과 같다. CSV 파일은 「텍스트」와 그 「라벨」의 리스트이다.

- CSV 서식

```
경로[,라벨1] [,라벨N]
```

- "it"와 "sports-watch" 라벨의 예

```
Lorem ipsum dolor sit..., it
consectetur adipisci..., sports-watch
```

## ◎ Upload text items from your computer(컴퓨터에서 텍스트 파일 업로드)

TXT와 ZIP을 지원하고 있다. ZIP의 경우, 텍스트 라벨은 새로운 폴더명에 따라 자동적으로 지정된다.

- "it"와 "sports-watch" 라벨의 예

```
cat폴더
 ·insert_drive_filesample1.txt
 ·insert_drive_filesample2.txt
dog폴더
 ·insert_drive_filesample3.txt
```

## ◎ Select a CSV file on Cloud Storage(Cloud Storage 상의 CSV 파일 선택)

CSV의 서식은 다음과 같다.

- CSV의 서식

```
경로[,라벨1] [,라벨N]
```

- "it"와 "sports-watch" 라벨의 예

```
gs://automlsample-vcm/.../sample1.txt, it
gs://automlsample-vcm/.../sample2.txt, sports-watch
gs://automlsample-vcm/.../sample3.txt, it
```

◎ **Import Images Later**

데이터 세트의 작성을 먼저 실행하고 텍스트와 라벨의 추가는 데이터 세트의 편집 화면(「TEXTITEMS」탭)에서 실행한다.

**04** 「Enable multi-label classification」은 체크하지 않음

하나의 텍스트에 여러 개의 라벨을 지정할 때는 이 설정을 유효화한다.

**05** 「CREATE DATASET」 누름

데이터 세트 작성 완료까지 몇 분 정도 걸린다. 완료되면 메일로 통지한다.

**06** 데이터 세트 작성 완료 후, 「TEXTITEMS」 탭에서 텍스트와 라벨 확인

텍스트와 라벨의 추가나 변경을 실행할 수 있다.

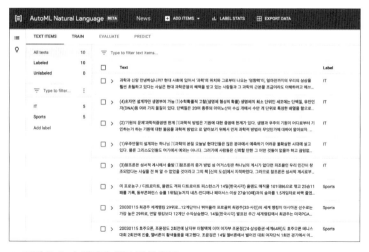

▲ 그림 8-2-4 데이터 세트 작성 완료

**8-2-6** 학습과 평가

데이터 세트가 만들어졌으므로 그것을 이용해서 학습과 평가를 실행한다.

## 01 「TRAIN」 탭 선택 후 「START TRAINING」 버튼을 누름

▲ 그림 8-2-5 학습 시작

## 02 「Pricing guide」에서 비용 확인한 후 「START TRAINING」 버튼을 누르고 학습 시작

학습 완료까지 15분~수시간이 걸린다. 완료되면 메일로 통지한다.

▲ 그림 8-2-6 계산 비용 확인

## 03 학습 완료 후 「EVALUATE」 탭을 선택해서 평가 확인

다음의 화면에서는 평가 데이터의 「정밀도」(Precision)는 「100%」인 것을 알 수 있다.

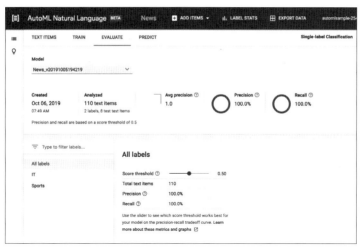

▲ 그림 8-2-7 학습 후 평가 데이터 확인


예측

준비한 데이터 세트로 학습이 끝나고 평가를 확인하면 텍스트를 지정해서 정확하게 예측이 이루어졌는지 확인해본다.

**01 「PREDICT」 탭 선택 후 텍스트 박스에 텍스트 입력하고 「PREDICT」 버튼을 누름**

다음의 화면에서는 업로드한 텍스트가 스포츠 「100%」라고 예측된 것을 알 수 있다.

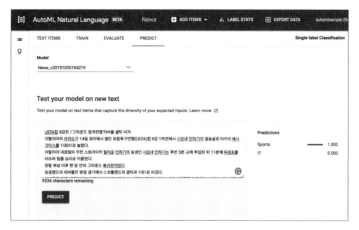

▲ 그림 8-2-8 텍스트를 지정해서 예측

「PREDICT」탭 페이지 아래쪽에는 외부에서 REST API 경유로 추론하는 방법이 기술되어 있다. 자세한 내용은 이후의 「8-4 AutoML API」에서 설명한다.

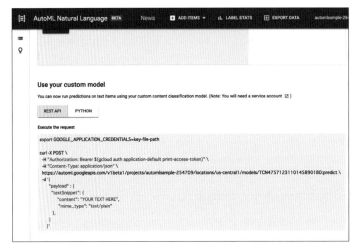

▲ 그림 8-2-9 예측 모델을 REST API와 파이썬에서 이용하기 위한 스크립트

## 8-3 번역 (Translation)

### 8-3-1 번역 샘플 모델 작성

「번역」은 임의의 언어 텍스트 데이터를 이용하여 다른 언어 텍스트 데이터로 번역하는 작업이다. 기존 Google 번역 모델에 독자적인 언어 세트(「영어 → 한국어」등)에 따른 학습을 추가해서 실행하여 특정 분야에 특화된 번역을 실행할 수 있는 「커스텀 모델」을 작성할 수 있다.

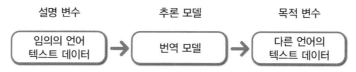

**설명 변수**  →  **추론 모델**  →  **목적 변수**

임의의 언어 텍스트 데이터 → 번역 모델 → 다른 언어의 텍스트 데이터

▲ 그림 8-3-1 번역 (Translation) 모델

커스텀 모델에 대한 언어 지원은 다음 사이트를 참조한다. 2019년 8월 현재, 「영어 → 한국어」, 「한국어 → 영어」 모두 대응하고 있다.

- 커스텀 모델에 대한 언어 지원

  https://cloud.google.com/translate/automl/docs/languages

이번에는 「OpenSubtitles」의 영화 자막 데이터 세트를 이용해서 「영어→한국어」의 커스텀 모델을 작성한다.

### 8-3-2 비용

「Translation」의 비용은 모델을 작성하는 「학습 비용」과 작성한 모델을 이용하는 「예측 비용」이 있다. 그것과 별도로 머신 러닝의 데이터를 Google의 클라우드 스토리지 「Google Cloud Storage」에 보존하기 위한 비용도 발생한다.

#### ◎ 학습 비용

모델을 작성할 때는 「학습에 걸린 시간」(한 시간 단위)에 대한 비용이 발생한다.

취소할 경우는 취소하기까지 사용한 시간만 요금이 발생한다. 여기에서 말하는 시간은 클라우드 계산 능력의 사용 시간으로 실제 시간과는 정확하게 일치하지 않는다.

「Translation」에서는 한 시간당 「USD $76」의 요금이 발생한다.

| 학습 시간 | 비용 |
|---|---|
| 1시간당 | USD $76 |

▲ 표 8-3-1 「Translation」 학습 비용

## ◎ 예측 비용

작성한 모델을 이용할 때는 「예측한 문자 수」에 대한 비용이 발생한다. 매월 500,000 글자까지는 무료이다. 500,001 글자 이후는 「USD $80 / 100,000 건」, 5,000,001 글자 이상은 별도로 문의해야 한다.

| 문자 수 | 비용 |
|---|---|
| 0~500,000 문자 수 | 무료 |
| 500,001~5,000,000 문자 수 | USD $80/10,000 문자 |
| 5,000,001 문자 수 | 문의 |

▲ 표 8-3-2 「Translation」 예측 비용

## ◎ Google Cloud Storage 비용

앞서 기술한 「8-1 화상 분류 (Vision)」의 내용을 참조하자.

## 8-3-3 데이터 세트 준비

이번에는 데이터 세트로 「OpenSubtitles의 자막 데이터」를 이용한다. 「영어 → 한국어」 언어 세트이다.

다음 사이트 「Statistics and TMX/Moses Downloads」 표에서 영어(en)에서 한국어(ko)의 번역 「tmx 파일」(en-ko.tmx.gz)을 다운로드한다.

- OpenSubtitles

  http://opus.nlpl.eu/OpenSubtitles.php

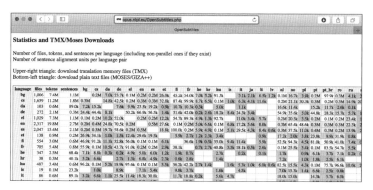

▲ 그림 8-3-2 OpenSubtitles의 다운로드 페이지

「en-ko.tmx」의 내용은 다음과 같다.

- en-ko.tmx

```
<?xml version="1.0" encoding="UTF-8" ?>
<tmx version="1.4">
<header creationdate="Thu Oct 12 19:47:49 2017"
          srclang="en"
          adminlang="en"
          o-tmf="unknown"
          segtype="sentence"
          creationtool="Uplug"
          creationtoolversion="unknown"
          datatype="PlainText" />
  <body>
    <tu>
      <tuv xml:lang="en"><seg>Through the snow and sleet and hail, through the
      blizzard, through the gales, through the wind and through the rain, over
      mountain, over plain, through the blinding lightning flash, and the mighty
      thunder crash,</seg></tuv>
      <tuv xml:lang="ko"><seg>폭설이 내리고 우박, 진눈깨비가 퍼부어도 눈보라가 몰아쳐도
      강풍이 불고 비바람이 휘몰아쳐도</seg></tuv>
    </tu>
    <tu>
      <tuv xml:lang="en"><seg>ever faithful, ever true, nothing stops him, he'll
      get through.</seg></tuv>
      <tuv xml:lang="ko"><seg>우리의 한결같은 심부름꾼 황새 아저씨 가는 길을 그 누가
      막으랴!</seg></tuv>
    </tu>
```

```
<tu>
  <tuv xml:lang="en"><seg>Look out for Mr Stork That persevering chap</
  seg></tuv>
  <tuv xml:lang="ko"><seg>황새 아저씨를 기다리세요</seg></tuv>
</tu>

~생략~
</body>
</tmx>
```

「Translation」은 「학습에 걸린 시간」에 대한 비용이 발생하므로 번역 언어 세트
(〈tu〉 ~ 〈/tu〉)를 100개 정도로 줄인다.

### 8-3-4 프로젝트 준비

앞서 기술한 「8-1 화상 분류 (Vision)」의 내용을 참조하여 프로젝트 준비를 한다.

### 8-3-5 데이터 세트 작성

번역을 실행하기 위한 데이터 세트의 작성 순서는 다음과 같다.

**01** 화면 상의 「NEW DATASET」 버튼을 누름

▲ 그림 8-3-3 데이터 세트 작성 준비 시작

**02** 「Dataset name」에 데이터 세트명을 입력

이번에는 「OpenSubtitles」라고 입력한다.

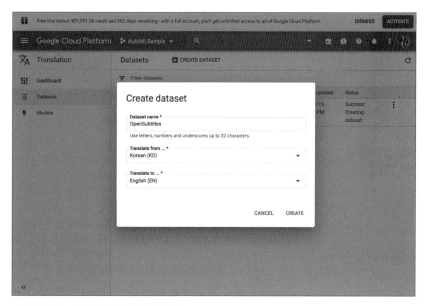

▲ 그림 8-3-4 데이터 세트 이름 입력

**03** 「Translate from...」에서 「English」, 「Translate to...」에서 「Korean」 선택

**04** 「Upload file from your computer」를 선택한 후 「SELECT FILES」를 클릭하고 「데이터 세트 준비」에서 준비한 tmx 파일을 지정

데이터 세트를 지정하는 방법은 다음의 두 종류가 있다.

- Upload files from your computer(컴퓨터에서 파일 업로드)
- Select files on Google Cloud Storage(Cloud Storage 상의 파일 선택)

**05** 「CREATE DATASET」 누름

데이터 세트 작성 완료까지 몇 분 정도 걸린다. 완료되면 메일로 통지된다.

**06** 데이터 세트 작성 완료 후, 「SENTENCES」 탭에서 텍스트 확인

텍스트의 추가나 변경을 할 수 있다.

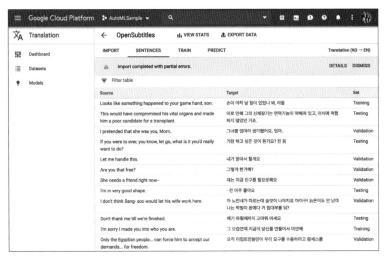

▲ 그림 8-3-5 데이터 세트 작성 완료

**학습**

준비된 데이터 세트를 이용해서 학습을 한다. 「번역」 작업에서 평가는 없다.

**01** 「TRAIN」 탭 선택 후, 「START TRAINING」 버튼을 누름

「번역」에 대한 학습 비용은 다른 것과 비교해서 가격이 높은 편이므로 주의한다.

▲ 그림 8-3-6 학습 시작

**02** 「Pricing guide」에서 비용을 확인한 후 「START TRAINING」 버튼을 누르고 학습 시작

학습 완료까지 15분~수시간 걸린다. 「Translation」은 특히 높은 비용이 발생하므로 주의한다. 완료되면 메일로 통지된다.

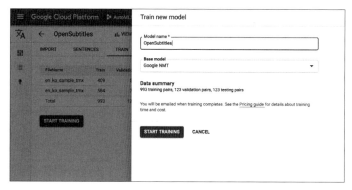

▲ 그림 8-3-7 계산된 비용 확인

### 8-3-7 예측

준비한 데이터 세트로 학습이 끝나고 평가를 확인하면 텍스트를 지정해서 정확하게 번역이 이루어졌는지 확인해본다.

**01** 「PREDICT」 탭 선택 후 텍스트 박스에 텍스트 입력하고 「TRANSLATE」 버튼을 누름

「Korean - Custom model」에는 커스텀 모델의 번역 결과, 「Korean - Google NMT model」에는 기존 번역 모델의 번역 결과가 출력된다. 커스텀 모델의 번역 결과에 추가 학습한 단어가 반영되어 있는 것을 알 수 있다.

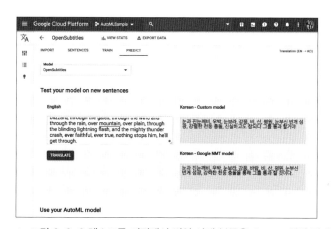

▲ 그림 8-3-8 텍스트를 지정해서 번역 아래 블록은 Google 번역 결과

「PREDICT」 탭 페이지 아래쪽에는 외부에서 REST API 경유로 추론하는 방법이 기술되어 있다. 자세한 내용은 이후의 「8-4 AutoML API」에서 설명한다.

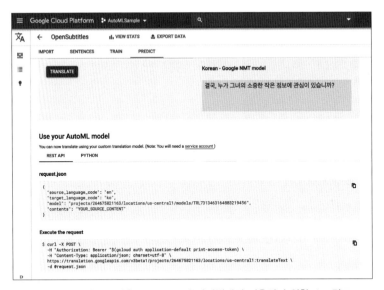

▲ 그림 8-3-9 번역 모델을 REST API와 파이썬에서 이용하기 위한 스크립트

# 8-4 AutoML API

## 8-4-1 AutoML API를 이용하는 샘플 모델 작성

「Cloud AutoML」의 추론을 외부에서 실행해서 결과를 취득할 때는 「AutoML API」를 사용한다. 「REST API」로 직접 통신하는 것 외에 「Python 클라이언트 라이브러리」도 제공되고 있다.

- AutoML API 사용 | Cloud AutoML Vision | Google Cloud
  https://cloud.google.com/vision/automl/docs/using-the-api?hl=KO

「AutoML API」은 추론 이외에서 다음과 같은 조작을 할 수 있다. 이번에는 「AutoML API」 사용 예로 앞서 「8-1 화상 분류」에서 작성한 화상 분류 모델의 추론을 실행한다.

- 데이터 세트 작성
- 데이터 세트 리스트 표시
- 테스트 세트로 화상 불러오기
- 모델 작성(학습)
- 작업 상태 취득
- 모델 평가 리스트 표시
- 모델 관리

## 8-4-2 gcloud 설치

「gcloud」는 「Google Cloud Platform」의 조작을 터미널(Windows에서는 명령 프롬프트)에서 실행하기 위한 도구이다. AutoML API의 인증은 이 「gcloud」와 다음에 설명하는 「서비스 계정」을 이용한다.

Mac에서의 설치 순서는 다음과 같다.

**01** 터미널에서 다음 명령 입력

```
$ curl https://sdk.cloud.google.com | bash
```

**02** 셸 재실행

```
$ exec -l $SHELL
```

**03** 「gcloud init」을 실행하고 gcloud 환경 초기화

```
$ gcloud init
```

다른 OS의 설치 순서는 다음 사이트를 참조한다.

- Cloud SDK 설치 | Cloud SDK 문서 | Google Cloud
  https://cloud.google.com/sdk/downloads?hl=KO

### 8-4-3 서비스 계정 작성

「서비스 계정」은 웹 애플리케이션과 Google의 각종 서비스와의 인증을 지원하는 기능이다.

사용자 계정과 다르게 서비스 계정은 특정 애플리케이션만 속해 있다. 어떤 API를 위해 작성된 서비스 계정은 그 API로의 접근만 허가한다.

「서비스 계정」의 작성 방법은 다음과 같다.

**01** 「Cloud Platform Console」의 「API 및 서비스」 → 「사용자 인증 정보」 선택

▲ 그림 8-4-1 서비스 계정 작성 1

## 02 「사용자 인증 정보 만들기」 → 「서비스 계정 키」 선택

▲ 그림 8-4-2 서비스 계정 작성 2

## 03 「서비스 계정」 메뉴에서 「새 서비스 계정」을 선택하고 서비스 계정 이름에 임의의 이름 (여기에서는「AutoML」), 역할에 「AutoML 예측자」 지정

「서비스 계정 이름」에서 생성된 「서비스 계정 ID」가 「AutoML API」에서 이용하는 ID가 된다. 「키 타입」은 「JSON」 상태로 둔다.

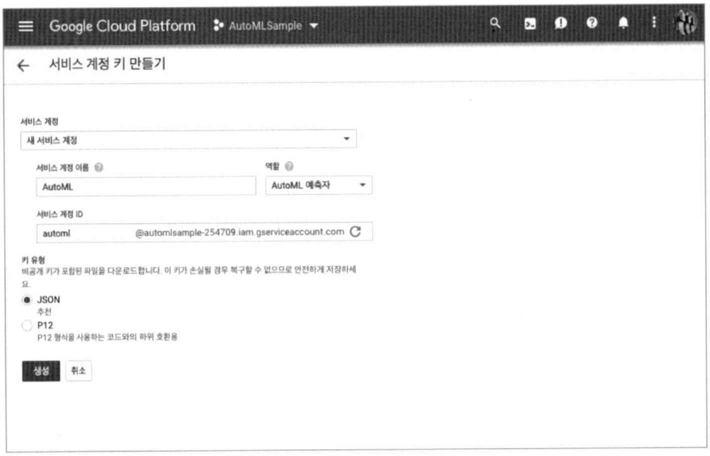

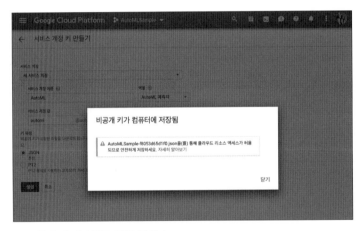

▲ 그림 8-4-3 서비스 계정 작성 3

## 04 「작성」클릭

JSON 키가 JSON 파일로 컴퓨터에 다운로드된다.

▲ 그림 8-4-4 서비스 계정 작성 4

**05** 터미널 (Windows에서는 명령 프롬프트)에서 다음 명령을 입력하고 새로운 서비스 계정에 「AutoML 편집자」 역할에 추가

여기에서는 프로젝트 ID에 「automlsample」, 서비스 계정명에 「automl@ automlsample.iam.gserviceaccount.com」를 지정하고 있다. 환경에 맞추어 변경하고 실행한다.

```
$ gcloud auth login
$ gcloud config set project automlsample
$ gcloud projects add-iam-policy-binding automlsample ₩
  --member=serviceAccount:automl@automlsample.iam.gserviceaccount.com ₩
  --role='roles/automl.editor'
```

**06** 환경 변수 「GOOGLE_APPLICATION_CREDENTIALS」에 다운로드한 JSON 파일
경로를 지정

```
$ export GOOGLE_APPLICATION_CREDENTIALS=<JSON 파일경로>
```

환경 변수의 설정은 「echo $<환경 변수명>」으로 확인할 수 있다.

```
$ echo $GOOGLE_APPLICATION_CREDENTIALS
```

## 8-4-4 REST API에 따른 화상 분류

REST API에 따른 화상 분류를 실행한다.

**01** 「AutoML Vision」에서 「Predict」의 「REST API」에 있는 샘플 소스 「request.json」을
복사해서 작성

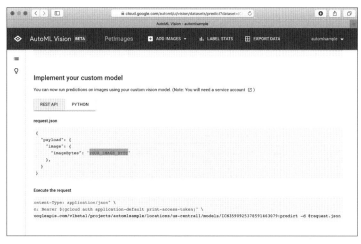

▲ 그림 8-4-5 REST API에 따른 화상 분류

**02** 「YOUR_IMAGE_BYTE」의 부분은 화상을 base64로 변환한 문자열에 바꾸어 놓음

다음의 사이트에서 화상을 BASE64로 변환할 수 있다. 변환 후 선두의 「data:image/jpeg;base64,」(HTML에 끼워 넣을 때의 헤더)는 불필요하므로 삭제한다.

- Base64 인코더 (화상을 간단하게 문자열로 변환)

  https://www.base64converter.com/

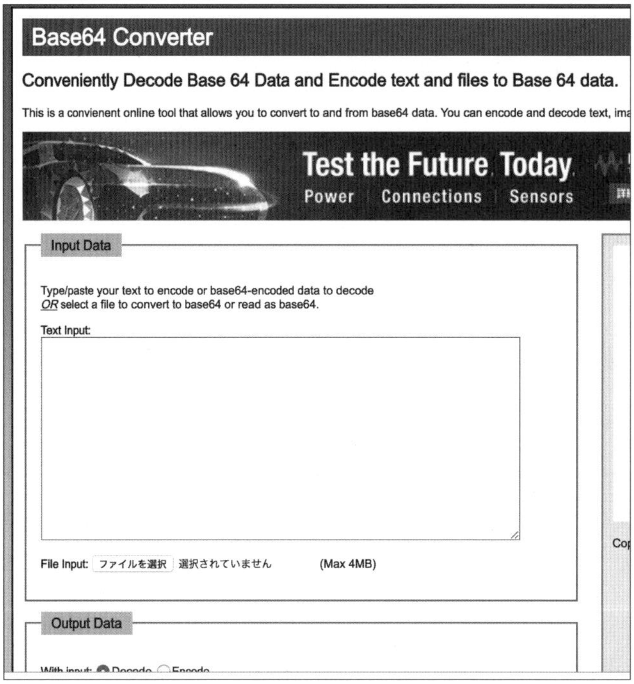

▲ 그림 8-4-6 Base64 인코더에 따라 화상을 문자열로 변환

**03** 「AutoML Vision」에서 「Predict」의 「REST API」에 있는 샘플 명령 「Execute the request」를 복사해서 터미널(윈도우에서는 명령 프롬프트)에서 실행

```
$ curl -X POST -H "Content-Type: application/json" ₩
  -H "Authorization: Bearer $(gcloud auth application-default print-access-
token)" ₩
  https://automl.googleapis.com/v1beta1/projects/automlsample/locations/us-
central1/
 models/ICN3590925378591463079:predict -d @request.json
```

다음과 같이 예측 결과(여기에서는 개 100%)를 반환한다.

```
payload {
        annotation_spec_id: "dog"
        classification {
                score: 1.0
        }
}
```

COLUMN

〈HTTP 요청에도 사용하는 「curl」 명령〉

「curl」은 터미널에서 HTTP 요구를 실행하고 결과를 취득하는 명령이다. HTTP 이외의 다양한 프로토콜에도 대응하며 네트워크를 경유한 데이터 전송을 자동화하는 명령으로 애용되고 있다.

Mac에 설치할 때는 터미널에서 아래의 명령을 입력한다.

```
$ brew install curl --with-nghttp2 --with-openssl
$ brew link curl --force
```

윈도우 10에 설치할 때는 curl의 사이트에서 윈도우용 바이너리를 다운로드해서 압축을 해제한다. 「curl.exe」과 같은 폴더 내에서 명령을 실행할 수 있지만 경로를 통해 어디에서든지 실행할 수 있도록 Path에 설정을 추가해 주는 편이 좋다.

- curl

  https://curl.haxx.se

curl의 주요한 옵션은 다음과 같다.

| 옵션 | 설명 |
|---|---|
| −X 〈method〉 | HTTP 메소드(GET／POST／PUT／DELETE) |
| −H "〈header info〉" | 헤더 정보 |
| −d "〈key−value data〉" | 데이터(Request Body) |
| −o "〈file〉" | 다운로드한 데이터를 파일로 저장 |

▲ curl의 주요한 옵션

# 파이썬 클라이언트 라이브러리 설치

파이썬 클라이언트 라이브러리를 다운로드해서 설치할 때는 다음을 실행한다.

## 01 라이브러리를 다운로드해서 압축 해제

- 파이썬 클라이언트 라이브러리

  https://storage.cloud.google.com/api-client-staging/automl-python-v1alphamay2018.tar.gz

직접 링크이기 때문에 URL의 변경이나 최신판이 제공되지 않을 가능성이 있다. 이 절의 서두에서 소개한 「AutoML API의 사용」 페이지에서 최신판인지 아닌지 확인한다.

## 02 Anaconda에서 「AutoML API」용 가상 환경 작성

다른 파이썬 환경에 영향을 주지 않도록 독자적인 가상 환경을 만들어 각종 조작을 실행한다.

## 03 파이썬 클라이언트 라이브러리 폴더 내에서 다음의 명령 실행

```
$ pip install -e .
```

## 04 automl_sample_code.zip을 다운로드해서 압축 해제

- AutoML API 샘플 코드

  https://storage.cloud.google.com/api-client-staging/automl_sample_code.zip

직접 링크이기 때문에 URL의 변경이나 최신판이 제공되지 않을 가능성이 있다. 이 절의 서두에서 소개한 「AutoML API의 사용」 페이지에서 최신판인지 아닌지 확인한다.

## 05 AutoML API 샘플 코드의 「sample.py」 파일을 편집기로 열어 「project_id」에 프로젝트 ID(여기에서는 「automlsample」), 「location_path」에 「uscentral1」을 지정

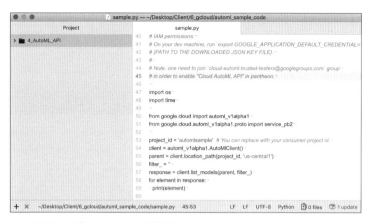

```
                    sample.py — ~/Desktop/Client/6_gcloud/automl_sample_code
        Project                        sample.py
                                  40   # IAM permissions.
>  4_AutoML_API                   41   # On your dev machine, run `export GOOGLE_APPLICATION_DEFAULT_CREDENTIAL=
                                  42   # (PATH TO THE DOWNLOADED JSON KEY FILE).
                                  43   #
                                  44   # Note: one need to join `cloud-automl-trusted-testers@googlegroups.com` group
                                  45   # in order to enable "Cloud AutoML API" in pantheon.
                                  46
                                  47   import os
                                  48   import time
                                  49
                                  50   from google.cloud import automl_v1alpha1
                                  51   from google.cloud.automl_v1alpha1.proto import service_pb2
                                  52
                                  53   project_id = 'automlsample'  # You can replace with your consumer project id.
                                  54   client = automl_v1alpha1.AutoMlClient()
                                  55   parent = client.location_path(project_id, 'us-central1')
                                  56   filter_ = ""
                                  57   response = client.list_models(parent, filter_)
                                  58   for element in response:
                                  59       print(element)
                                  60
+ X    ~/Desktop/Client/6_gcloud/automl_sample_code/sample.py   45:53      LF   LF   UTF-8   Python   0 files   1 update
```

▲ 그림 8-4-7 「samplepy」 수정하기

**06** sample.py를 실행해서 파이썬 클라이언트 라이브러리가 정확하게 설치 되었는지 확인

```
$ python sample.py
```

명령어 실행이 성공하면 모델 리스트가 표시된다.

```
name: "projects/878933630901/locations/us-central1/models/
ICN3590925378591463079" display_name: "PetImages_v20180925113956"
dataset_id: "ICN6200112568601686962"
image_classification_model_spec {
}
create_time {
        seconds: 1537875780
        nanos: 415843000
}
deployment_state: DEPLOYED
~생략~
```

## 8-4-6 파이썬 클라이언트 라이브러리에 따른 화상 분류

파이썬 클라이언트 라이브러리에 따른 화상 분류를 실행한다.

**01** 「AutoML Vision」의 「Predict」의 「PYTHON」에 있는 샘플 소스 「predict.py」를 복사해서 작성

▲ 그림 8-4-8 샘플 소스 「predictpy」 복사

**02** 「predict.py」 실행

「predict.py」의 인수는 「파일명」, 「프로젝트 ID」, 「모델 ID」이다 환경에 맞추어 인수를 지정하고 실행한다.

```
$ python predict.py "./dog.jpg" automlsample ICN3590925378591463079
```

다음과 같이 예측 결과(여기에서는 개 100%)를 되돌려준다.

```
payload {
        annotation_spec_id: "dog"
        classification {
                score: 1.0
        }
}
```

# CHAPTER 9

## TensorFlow

## 9-1 화상 분류

### 9-1-1 화상 분류 샘플 모델 작성

「화상 분류」는 화상 데이터를 이용하여 화상이 속해 있는 「클래스」(데이터 종류)를 예측하는 작업이다.

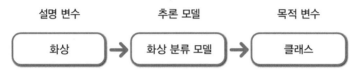

▲ 그림 9-1-1 화상 분류 모델

이번 샘플에서는 「숫자 사진」을 「0~9」의 10개의 클래스로 분류한다.

### 9-1-2 파이썬 개발 환경

「TensorFlow」를 사용할 때는 파이썬의 개발 환경이 필요하다. 파이썬을 이용하는 방법에는 여러 가지가 있는데 이 책에서는 「Anaconda」와 「Jupyter Notebook」을 이용한다. 5장 「5-1 Python의 개발 환경」과 같은 방법으로 개발 환경과 가상 환경을 준비한다.

「Jupyter Notebook」, 「tensorflow」, 「matplotlib」, 「h5py」, 「pyyaml」가 설치되어 있지 않을 경우에는 터미널(Windows에서는 명령 프롬프트)에서 다음의 명령을 입력한다.

```
$ conda install jupyter
$ pip install tensorflow
$ pip install matplotlib
$ pip install h5py
$ pip install pyyaml
```

Anaconda에서는 초기상태에서도 「Jupyter Notebook」을 실행할 수 있는데 설치되어 있지 않으면 스트립트를 실행할 때 「ModuleNotFoundError: No module named 'tensorflow'」이 발생하므로 주의한다.

각 패키지의 해설은 다음과 같다. 「h5py」과 「pyyaml」는 모델의 보존에 이용한다.

| 패키지 | 설명 |
|---|---|
| tensorflow | TensorFlow |
| matplotlib | 그래프 표시 |
| h5py | h5 파일의 조작 |
| pyyaml | yaml 파일의 조작 |

▲ 표 9-1-1 설치하는 패키지의 개요

## 9-1-3 패키지 불러오기

TensorFlow를 사용할 때는 먼저 패키지를 import한다. 다음 프로그램을 Jupyter Notebook의 신규 노트북 셀에 입력하고 실행한다.

```
# 패키지 Import
import tensorflow as tf
from tensorflow import keras
from tensorflow.keras.datasets import mnist
import numpy as np
import matplotlib.pyplot as plt
%matplotlib inline
```

위의 명령으로 불러오는 패키지는 다음과 같다.

| 패키지 | 설명 |
|---|---|
| import tensorflow as tf | TensorFlow의 기본 API 불러오기 |
| from tensorflow import keras | TensorFlow의 Keras의 Keras의 기본 API 불러오기 |
| from tensorflow.keras.datasets import mnist | MNIST 데이터 세트(9-1-4 절 참조) 불러오기 |
| import numpy as np | 수치 계산 API 불러오기 |
| import matplotlib.pyplot as plt | 그래프 표시 API 불러오기 |

▲ 표 9-1-2 설치하는 패키지

「%matplotlib inline」는 「Jupyter Notebook」에 그래프를 표시하기 위한 명령이다.

〈Keras와 TensorFlow〉

「Keras」는 머신 러닝을 보다 간단하게 이용하기 위한 라이브러리이다. 머신 러닝에 대한 전문 지식이 없어도 직감적으로 짧은 코드로 설치할 수 있는 것이 특징이다.

「TensorFlow」의 「tf.keras」 패키지로 TensorFlow와 심리스(seamless)에 통합되어 있다.

## 9-1-4 데이터 세트 준비

이번에는 데이터 세트로 「MNIST」를 이용한다. 이 데이터 세트에는 손으로 쓴 숫자 사진이 7,000건 포함되어 있다. 훈련을 위한 60,000개의 사진과 평가를 위한 10,000개의 사진으로 나누어져 있다. 사진은 그레이스케일 28×28 픽셀이다.

이 데이터 세트를 불러올 때는 keras.datasets.fashion_mnist의 load_data()를 불러온다.

```
(train_images, train_labels), (test_images, test_labels) = mnist.load_data()
```

이렇게 해서 다음 네 종류의 배열이 불려온다.

- train_images : 훈련 사진의 배열
- train_labels : 훈련 라벨의 배열
- test_images : 평가 사진의 배열
- test_labels : 평가 라벨의 배열

「사진」은 픽셀값이 「0(흑)~ 255(백)」이고, 크기가 「28 × 28」 픽셀의 그레이스케일이다. 「라벨」은 「0~9」의 정수 배열이다.

또한, 이 배열은 파이썬 배열형이 아니라 「NumPy」의 배열형 「narray」이다. 「NumPy」는 수치 계산의 고속화를 위한 라이브러리로 배열형 「narray」를 사용하는 것으로 고속의 배열 연산이 가능하다.

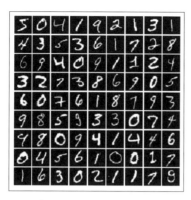

▲ 그림 9-1-2 MNIST의 사진

데이터 세트 확인

학습 전에 데이터 세트를 확인한다.

◎ 훈련 사진 배열

훈련 사진의 배열에는 60,000건의 사진이 있는데 각 사진은 28 × 28 픽셀이다. ndarray의 shape는 각 차원마다의 요소 수를 나타낸다. 60000 × 28 × 28의 3차원 배열인 것을 알 수 있다.

```
train_images.shape
```

```
(60000, 28, 28)
```

◎ 훈련 라벨 배열

훈련 라벨의 배열에는 60,000건의 라벨이 있는데 값은 0~9이다. len()으로 배열의 길이를 취득한다.

```
tprint(len(train_labels), train_labels)
```

```
60000 [5 0 4 ... 5 6 8]
```

### ◎ 평가 사진 배열

평가 사진의 배열에는 10,000건의 사진이 있는데 각 사진은 28 × 28픽셀이다.

```
test_images.shape
```

```
(10000, 28, 28)
```

### ◎ 평가 라벨 배열

평가 라벨의 배열에는 10,000건의 라벨이 있는데 값은 0~9이다.

```
print(len(test_labels), test_labels)
```

```
10000 [7 2 1 ... 4 5 6]
```

## 9-1-6 데이터 전처리

학습 전에 데이터 전처리를 한다.

### ◎ 사진 픽셀값 범위 스케일링

사진의 픽셀값 범위를 「0.0~1.0」으로 스케일링한다. 작은 범위부터 스케일링한 후 학습을 하면 극적으로 정밀도가 올라간다.

앞의 훈련 사진을 matplotlib으로 플롯해서 픽셀값이 0~255의 범위인 것을 확인한다. plt.gure()로 신규 윈도우를 준비, plt.imshow()로 사진을 표시, plt.colorbar()로 컬러바를 표시한다.

```
plt.figure()
plt.imshow(train_images[0])
plt.colorbar()
```

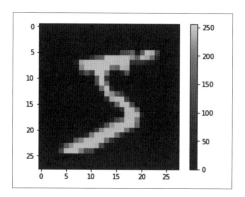

▲ 그림 9-1-3 선두 데이터를 matplotlib으로 플롯해서 확인

훈련 사진과 평가 사진의 양쪽 값 범위를 「0~255」에서 「0~1」으로 스케일링한다.

```
train_images = train_images / 255.0
test_images = test_images / 255.0
```

다시 선두의 훈련 사진을 플롯해서 픽셀값이 「0~1」의 범위인 것을 확인한다.

```
plt.imshow(train_images[0])
plt.colorbar()
```

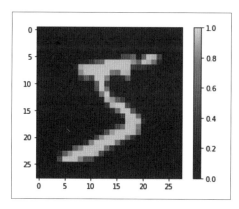

▲ 그림 9-1-4 「0~1」에 스케일링해서 결과 표시

## ◎ 사진 배열 형태를(?, 28, 28, 1)로 변환

Core ML 모델로 사진 입력을 할 때는 배열 형태가 「(배치 크기, 높이, 폭, 컬

러 채널)」의 순서로 필요하므로 배열 형태를 변환한다. 훈련 사진의 배열 형태를
「(60000, 28, 28)」에서 「(60000, 28, 28, 1)」로 변환한다. 컬러 채널이 「1」인 것
은 그레이스케일이기 때문이다. RGB의 경우에는 「3」이다.

```
train_images = np.reshape(train_images, [60000, 28, 28, 1])
train_images.shape
```

```
(60000, 28, 28, 1)
```

평가 이미지의 배열 형태도(10000, 28, 28)에서(10000, 28, 28, 1)로 변환한다.

```
ttest_images = np.reshape(test_images, [10000, 28, 28, 1])
test_images.shape
```

```
((10000, 28, 28, 1)
```

### 9-1-7 모델의 구성 요소

모델 작성을 하기 전에 모델의 구성 요소인 「레이어」와 「노드」에 대해 설명한다.
「레이어」와 「노드」를 나타내면 다음과 같다.

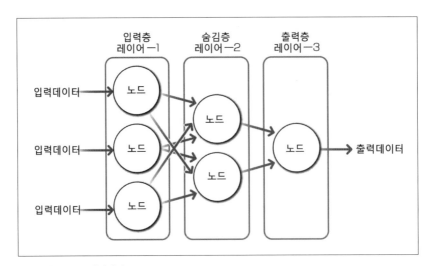

▲ 그림 9-1-5 레이어와 노드

레이어 1, 레이어 2, 레이어 3이 각각 「레이어」이다. 레이어를 구성하고 있는 원이 「노드」이다.

왼쪽 끝의 노드에서 입력 데이터를 입력하고 노드마다 각종 계산을 실행한 후 오른쪽의 노드로 전해지면 오른쪽 끝의 노드에서 출력 데이터가 출력된다.

### 입력층

왼쪽 끝의 레이어를 「입력층」이라고 부른다. 입력 데이트를 입력하는 레이어이다. 28×28의 그레이스케일 사진의 경우 28×28×1=786 개의 노드를 가진 레이어가 된다.

### 출력층

오른쪽 끝의 레이어를 「출력층」이라고 부른다. 출력 데이트를 출력하는 레이어이다. 0~9의 각 값의 확률(0의 확률, 1의 확률....., 9의 확률)을 출력하는 경우, 10 개의 노드를 가진 레이어가 된다.

### 숨은층

끝이 아닌 레이어를 「숨은층」이라고 부른다. 입력층은 입력 데이터의 형태, 출력층은 출력 데이터의 형태에 따라 정해지기 때문에 모델 작성자가 조정할 필요가 있는 것이 「숨은층」이 된다.

### 모델 용량

레이어 수나 레이어당 노드 수의 크기를 「모델 용량」(Capacity)이라고 부른다. 모델 용량을 늘리면 모델은 데이터에 대한 추적능력이 더 올라갈 수도 있지만 훈련 데이터에 너무 최적화되어 미지의 데이터에 대한 정밀도가 내려갈 수도 있다. 「모델 용량」의 조정 방법에 대해서는 계속해서 「9-3 과대적합(Overfitting)과 과소적합(Underfitting)」에서 설명한다.

## 9-1-8 노드별 각종 계산

「모델의 구성 요소」에서 「노드별 각종 계산을 실행…」이라고 설명하였는데 구체적으로는 「활성화 함수」로 계산을 한다. 「활성화 함수」는 노드가 받아들인 「입력 데이터」와 「무게」에서 다음 노드로 넘기는 출력을 계산하는 함수이다.

「활성화 함수」와 「입력 데이터」, 「무게」를 나타내면 다음과 같다.

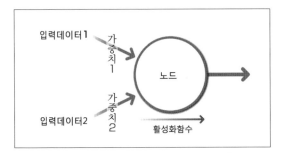

▲ 그림 9-1-6 활성화 함수와 입력 데이터의 무게

「활성화 함수」는 「노드」마다 설정한다.

「무게」는 입력 데이터의 중요성을 수치화한 것이다. 이 값이 클수록 입력 데이터는 학습을 위한 특징에 깊이 관련되어 있는 것을 나타낸다. 「모델의 학습」이란 출력 정답률이 올라가도록 이 「무게」를 최적값으로 갱신해 가는 처리이다.

## 9-1-9  활성화 함수 종류

「숨은층」과 「출력층」에서는 기본적으로 사용하는 활성화 함수가 다르다. 「숨은층」의 활성화 함수는 몇 개의 종류가 있는데 어느 것을 이용하는지에 따라 모델 정밀도가 변한다.

- 램프 함수(relu)
- 하이퍼볼릭탄젠트(tanh)
- 시그모이드 함수(sigmoid)
- 하드 시그모이드(hard_sigmoid)
- 소프트사인(softsign)
- 소프트플러스(softplus)

「출력층」의 활성화 함수는 모델에 요구하는 출력 형태에 좌우된다. 일반적으로 분류 결과를 출력하기 위한 「소프트맥스 함수」, 회귀 결과를 출력하기 위한 「항등 함수」가 사용된다.

- 항등 함수(linear)
- 소프트맥스 함수(softmax)

## 9-1-10 모델 작성

모델을 작성할 때는 레이어를 겹쳐서 모델 구조를 작성한 후 컴파일한다.

### ◎ 모델 구조 작성

모델의 구조는 레이어를 겹쳐서 작성한다.

```
model = keras.Sequential([
    keras.layers.Flatten(input_shape=(28, 28, 1)), # 입력층
    keras.layers.Dense(128, activation=tf.nn.relu), # 숨은층
    keras.layers.Dense(10, activation=tf.nn.softmax) # 출력층
])
```

이번 모델은 세 개의 레이어로 구성되어 있다.

첫 번째 레이어는 「Flatten」이다. 「Flatten」은 입력 이미지에 있는 픽셀의 행을 펼쳐서 일렬로 늘려주는 레이어이다. 사진의 3차원 배열($28 \times 28 \times 1$)에서 「28*28*1=784」 픽셀의 1차원 배열로 변환한다.

두 번째 레이어는 「Dense」이다. 「Dense」는 전결합(다음 레이어의 전체 노드와 결합) 레이어이다. 이 레이어에는 128개의 노드와 활성화 함수 「relu」을 지정한다.

세 번째 레이어도 「Dense」이다. 이 레이어는 10개의 노드와 활성화 함수 「softmax」를 지정한다. 「softmax」를 사용하면 출력값은 합계 1.0의 이동 소수가 되어 이 값은 신뢰도로 사용한다.

주요 「활성화 함수」의 정수는 다음과 같다.

| 정수 | 설명 |
| --- | --- |
| relu | 램프 함수 |
| tanh | 하이퍼볼릭 탄젠트 |
| sigmoid | 시그모이드 함수 |
| hard_sigmoid | 하드 시그모이드 |
| softsign | 소프트 사인 |

| softplus | 소프트 플러스 |
|---|---|
| linear | 항등 함수 |
| softmax | 소프트맥스 함수 |

▲ 표 9-1-3 활성화 함수

## ◎ 모델 컴파일

컴파일할 때는 다음 세 가지의 설정을 실행한다.

### 〈손실 함수(Loss function)〉

손실 함수는 모델의 예측과 정답 데이터의 오차를 계산하는 함수(계산식)이다. 학습은 다음의 「옵티마이저」로 손실 함수의 결과가 「0」에 가깝도록 「무게」를 갱신한다. 「0」에 가까울수록 정밀도가 높은 것을 의미한다. 주요한 손실 함수의 정수는 다음과 같다.

| 정수 | 설명 |
|---|---|
| mse | 평균 2제곱의 오차. 차의 2제곱의 합 |
| mae | 평균 절대 오차. 차의 절댓값의 합 |
| mspa | 평균 절대 오차율. 차를 정답값으로 나눈값 (오차율)의 절대값의 합 |
| msle | 로그 평균 2제곱 오차. 1을 더한 값의 로그 차의 2제곱의 합 |
| hinge | 힌지 손실의 합 |
| squared_hinge | 힌지 손실의 2제곱의 합 |
| binary_crossentropy | 2클래스 분류 시의 교차 엔트로피 |
| categorical_crossentropy | N클래스 분류시의 교차 엔트로피 |
| sparse_categorical_crossentropy | 희소한 N클래스 분류 교차 엔트로피 |
| kld | KL 발산 |
| poisson | 예측 − 정답 * log(예측)의 평균 |
| cosine_proximity | 코사인 유사도를 음으로 한 것 |

▲ 표 9-1-4 손실 함수

### 〈옵티마이저(Optimizer)〉

「옵티마이저」는 손실 함수의 결과가 「0」에 가깝도록 「무게」를 갱신하는 함수(계산식)이다. 「최적화 기법」이라고도 한다. 주요 옵티마이저 정수는 다음과 같다.

| 정수 | 설명 |
|------|------|
| SGD | 확률적 경사 하강법 |
| RMSprop | RMSProp |
| Adagrad | Adagrad |
| Adam | Adam |
| Adamax | Adamax |
| Nadam | Nesterov Adam |
| TFOptimizer | TensorFlow 옵티마이저를 위한 래퍼 클래스 |

▲ 표 9-1-5 옵티마이저

### 〈평가 지표(Metrics)〉

「평가 지표」는 모델의 성능을 예측하기 위해 사용된다. 주요한 평가 지표 정수는 다음과 같다.

| 정수 | 평가지표 | 설명 |
|------|---------|------|
| accuracy | Accuracy(정답률) | 예측 총수(TP+FP+TN+FN)에 대한 정(TP+TN)의 비율 $$Accuracy = \frac{TP+TN}{TP+FP+TN+FN}$$ |
| precision | Precision(적합률) | 정이라고 예측한 것(TP+FP)에 대한 정(TP)의 비율 $$Precision = \frac{TP}{TP+FP}$$ |
| recall | Recall(재현율) | 실제로 정인 것(TP+FN)에 대한 정(TP)의 비율 $$Recall = \frac{TP}{TP+FP}$$ |

▲ 표 9-1-6 평가 지표

「평가 지표」의 계산으로 사용되고 있는 「TP」, 「TN」, 「FP」, 「FN」의 의미는 다음과 같다.

| 이름 | 설명 |
|------|------|
| TP(True Positive) | 정답이 정이고 예측도 정인 데이터 수 |
| TN(True Negative) | 정답이 음이고 예측도 음인 데이터 수 |
| FP(False Positive) | 정답이 음이고 예측은 정인 데이터 수 |
| FN(False Negative) | 정답이 정이고 예측은 음인 데이터 수 |

▲ 표 9-1-7 TP·TN·FP·FN

이번에는 손실 함수에 「sparse_categorical_crossentropy」, 옵티마이저에 「keras.optimizers.Adam」, 평가 지표에 「accuracy」를 지정하고 컴파일한다.

```
model.compile(
    optimizer=keras.optimizers.Adam(),
    loss='sparse_categorical_crossentropy',
    metrics=['accuracy'])
```

model.compile()의 서식은 다음과 같다.

**함수**
model.compile (self, optimizer, loss, metrics=None )
**설명**: 모델 컴파일
**인수**: optimizer :  str or obj     옵티마이저명 또는 옵티마이저 오브젝트
          loss :  str or fn        손실 함수명 또는 손실 함수
          metrics :  list          평가 함수 리스트

### ◎ 모델 개요 표시

작성한 모델은 summary()로 개요를 표시할 수 있다. 레이어의 구성, 노드 수, 학습으로 최적화 된 파라미터의 수를 확인할 수 있다.

```
model.summary()
```

```
_____
Layer (type)                  Output Shape              Param #
================================================================
flatten (Flatten)             (None, 784)               0
_____
dense (Dense)                 (None, 128)               100480
_____
dense_1 (Dense)               (None, 10)                1290
================================================================
Total params: 101,770
Trainable params: 101,770
Non-trainable params: 0
_____
```

학습

모델 학습 순서는 다음과 같다. 훈련 사진과 훈련 라벨의 배열을 모델에 넘겨서 학습을 시작한다.

학습을 시작할 때는 model.t()을 사용한다. epochs는 훈련 횟수이다.

CreateML이나 Turi Creat, AutoML는 몇 번 훈련하면 좋은지 자동석으로 계산되지만 TensorFlow에서는 직접 정해야 한다. 여기에서는 epochs에 「5」를 지정하고 5번의 훈련을 실행한다.

```
model.fit(train_images, train_labels, epochs=5)
```

```
Epoch 1/5
60000/60000 [==============================] - 2s 34us/step - loss: 0.4994 -
acc: 0.8236 Epoch 2/5
60000/60000 [==============================] - 2s 32us/step - loss: 0.3780 -
acc: 0.8648 Epoch 3/5
60000/60000 [==============================] - 2s 33us/step - loss: 0.3377 -
acc: 0.8767 Epoch 4/5
60000/60000 [==============================] - 2s 33us/step - loss: 0.3123 -
acc: 0.8856 Epoch 5/5
60000/60000 [==============================] - 2s 33us/step - loss: 0.2955 -
acc: 0.8910
```

model.t()의 서식은 다음과 같다.

**함수**
model.fit (self, x=None, y=None, epochs=1, batch_size=None, verbose=1, validation_data=None )

**설명** : 모델 학습

**인수** : x :  narray              훈련 데이터
　　　 y :  narray              라벨
　　　 epochs :  int           훈련 횟수
　　　 batch_size :  int       배치 크기
　　　 verbose :  int          진척 표시(0 : 없음, 1 : 진행표시줄 표시, 2 : 행 표시)
　　　 validation_data : tuple   검증 데이터

**반환값** : History              History 오브젝트

「배치 크기」는 메모리가 부족할 때 줄이고 충분할 때 늘리면 좋은 효율로 학습할 수 있다.

학습을 하면 「손실」(loss)과 「정답률」(acc)이 표시된다. 「손실」은 손실 함수의 출력으로 오차값이 작은 것이 좋다. 「정답률」은 평가 지표의 출력으로 정답률의 값이 1에 가까운 것이 좋다. 이 모델의 정답률은 약 89%이다.

## 9-1-12 평가

다음으로 평가 사진과 평가 라벨의 배열을 사용해서 평가를 실행한다.

```
test_loss, test_acc = model.evaluate(test_images, test_labels)
print('Test Accuracy :', test_acc)
```

```
10000/10000 [==============================] - 0s 15us/step
Test Accuracy : 0.8685
```

model.evaluate()의 서식은 다음과 같다.

> **함수**
> model.evaluate (self, x=None, y=None )
> **설명** : 모델 평가
> **인수** : x :  narray          평가 데이터
>            y :  narray          라벨
> **반환값** : float or list      손실값

평가 데이터의 정답률은 훈련 데이터의 정답률 보다 조금 낮다. 정답률이 낮은 경우에는 훈련 횟수를 늘리거나 해서 시행착오를 반복한다. 시행착오에 대해서는 계속해서 「9-3 과대적합(Overfitting)과 과소적합(Underfitting)」에서 설명한다.

## 9-1-13 예측

다음으로 학습이 끝난 모델을 사용해서 예측(추론)을 실행한다. 앞의 평가 사진을 예측할 때는 다음과 같이 기술한다.

```
predictions = model.predict(test_images)
predictions[0]
```

```
array([5.0145616e-07, 4.2166397e-07, 2.9642257e-07, 1.8057570e-07,
       2.4771214e-07, 5.7395110e-03, 6.1282540e-06, 1.1446549e-01,
       1.4121356e-04, 8.7964594e-01], dtype=float32)
```

예측 결과는 10개의 수치 배열이다. 사진이 10 종류의 수치 각각에 대응하는 모델의 「신뢰도」를 나타내고 있다. 가장 높은 신뢰도를 가진 라벨을 np.argmax()로 취득한다. 이것은 배열 값의 최대치 인덱스를 되돌려주는 함수이다. 이번에는 이 사진이 「7」이라고 예측하고 있다. 레이어 구성, 노드 수, 학습으로 최적화된 파라미터 수를 확인할 수 있다.

```
np.argmax(predictions[0])
```

```
7
```

이것이 정확한지 아닌지를 앞의 평가 라벨로 확인할 수 있다.

```
test_labels[0]
```

```
7
```

## 9-1-14 모델 저장

모델을 저장할 때는 model의 save()를 사용한다. h5 파일 「image_classification.h5」가 출력된다.

```
model.save('./image_classification.h5')
```

h5 파일에서 모델을 불러올 때는 keras.models.load_model()을 사용한다.

```
new_model = keras.models.load_model('./image_classification.h5')
```

## 9-2 텍스트 분류

### 9-2-1 텍스트 분류 샘플 모델 작성

「텍스트 분류」는 텍스트 데이터를 이용하여 텍스트가 속해 있는 「클래스」(데이터 종류)를 예측하는 작업이다.

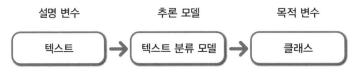

▲ 그림 9-2-1 텍스트 분류 모델

이번에는 「영화 후기」의 텍스트를 「긍정」 또는 「부정」으로 분류한다.

### 9-2-2 패키지 불러오기

텍스트 분류를 실행할 때는 먼저 다음 세 가지의 패키지를 설치한다. 각 패키지의 자세한 설명은 앞에서 언급한 「9-1 화상 분류」의 패키지 설명을 참조한다.

```
import tensorflow as tf
from tensorflow import keras
import numpy as np
```

### 9-2-3 데이터 세트 준비

이번에는 데이터 세트로 「IMDB 데이터 세트」를 이용한다. 이 데이터 세트에는 영화 후기 텍스트가 50,000건 포함되어 있다. 훈련을 위한 25,000건의 후기와 평가를 위한 25,000건의 후기로 나누어져 있다. 긍정 후기와 부정 후기가 비슷하게 쓰여 있다.

이 데이터 세트를 불러올 때는 keras.datasets.imdb의 load_data()를 불러온다.

```
imdb = keras.datasets.imdb
(train_data, train_labels), (test_data, test_labels) =
imdb.load_data(num_words=10000)
```

이렇게 해서 다음 네 종류의 배열을 불러온다.

- train_data : 훈련 데이터의 배열
- train_labels : 훈련 라벨의 배열
- test_data : 평가 데이터의 배열
- test_abels : 평가 라벨의 배열

인수 「num_words=10000」을 지정하는 것에 따라 출현 빈도 순으로 상위 10,000개의 단어만 취득할 수 있다. 출현 빈도가 적은 단어는 분류의 판단 기준으로 삼기 어려우므로 삭제해서 데이터 관리를 쉽게 한다.

### 9-2-4 데이터 세트 확인

학습 전에 데이터 세트를 확인한다.

#### ◎ 훈련 데이터와 훈련 라벨의 배열
훈련 데이터와 훈련 라벨의 배열 길이가 25,000건인 것을 확인한다.

```
print(len(train_data), len(train_labels))
```

```
25000, 25000
```

#### ◎ 평가 데이터와 평가 라벨의 배열
평가 데이터와 평가 라벨의 배열 길이가 25,000건인 것을 확인한다.

```
print(len(test_data), len(test_labels))
```

```
25000, 25000
```

앞의 훈련 데이터를 확인한다. 데이터는 후기 문장의 단어를 나타내는 정수 배열이다. 영화 후기 문장을 단어 사전(키가 단어, 값이 정수 사전)으로 변환한 것이다.

머신 러닝이 용이하도록 데이터 형식을 변환한다.

```
train_data[0]
```

```
[1,
14,
 22,
 16,
 43,
 530,
 973,
~생략~
]
```

◎ 선두 훈련 라벨

선두 훈련 라벨을 확인하다. 라벨은 「0」 또는 「1」의 정수값으로 「0」은 부정, 「1」은 긍정을 나타낸다.

```
train_labels[0]
```

```
1
```

### 9-2-5 정수 배열에서 문장으로 되돌리기

훈련 데이터의 정수 배열은 영화 후기의 문장을 단어사전으로 변환한 것이다. 정수 배열에서 문장으로 되돌리는 함수 「decode_review()」를 만들어 확인한다.

```
# 단어를 정수로 매핑하는 사전 획득
word_index = imdb.get_word_index()
```

```
# 모든 인덱스에 3더하기
word_index = {k:(v+3) for k,v in word_index.items()}

# 예약어 추가
word_index["<PAD>"] = 0 # 패딩
word_index["<START>"] = 1 # 시작
word_index["<UNK>"] = 2 # 알 수 없음
word_index["<UNUSED>"] = 3 # 사용하지 않음

# 정수를 단어로 매핑하는 사전 생성
reverse_word_index = dict([(value, key) for (key, value) in word_index.items()])

# 정수 배열에서 문장으로 변환
def decode_review(text):
    return ' '.join([reverse_word_index.get(i, '?') for i in text])
```

먼저 imdb.get_word_index()로 단어를 정수에 매핑하는 단어 사전「word_index」를 취득한다. word_index()의 내용은 다음과 같다.

```
{'this':11,
 'film':19,
 'was':13
 'just':40
 'brilliant':527
 'casting':970
~생략~
```

word_index()의 모든 값에 3을 더하여, 4개의 예약어(패딩, 시작, 불명, 미사용)를 추가한다.

```
'<START>':1,
'this':14,
'film':22,
'was':16
'just':43
'brilliant':530
'casting':973
~생략~
```

그리고 단어 키와 값을 역전시켜 정수를 단어에 매핑하는 사전「reverse_word_

index」를 작성한 후 정수 배열에서 문장으로 변환하는 함수 decode_review()를 작성한다.

앞의 훈련 데이터(정수 배열)를 문장으로 되돌리면 다음과 같다.

```
# 앞의 훈련 데이터를 문장으로 반환
decode_review(train_data[0])
```

```
"<START> this film was just brilliant casting ~생략~"
```

## 9-2-6 데이터 전처리

훈련 데이터(정수 배열)는 모델에 입력하기 전에 배열의 길이를 정리해야 한다.

### ◎ 배열 길이를 정리하는 방법

배열의 길이를 정리할 때는 다음 2 종류의 방법이 있다.

### 「One Hot encoding」로 배열 길이 정리

「One Hot encoding」이란 머신 러닝의 알고리즘이 학습이 쉽도록 값을 0과 1로 표현하는 처리이다. 이번에는 단어가 존재하는지 여부를 0과 1로 표현한다.

단어의 수는 10,000개이므로 10,000차원의 벡터이다. 「3.5」를 「One Hot encoding」하면 인덱스 3과 5이외의 모든 「0」의 10,000차원 벡터가 된다.

```
[0, 0, 0, 1, 0, 1, 0, 0, ...]
```

### 「패딩」으로 배열 길이 정리

배열이 임의의 크기보다 클 경우에는 잘라내고, 작을 경우에는 「0」(〈PAD〉)으로 채운다. 이번에는 이 방법을 사용한다.

## ◎ 변환 전의 배열 길이 확인

변환 전의 train_data[0]와 train_data[1]의 길이를 확인한다.

```
len(train_data[0]), len(train_data[1])
```

```
(218, 189)
```

## ◎ 배열 길이 256으로 정리

배열을 길이 256으로 정리한다. 배열의 길이를 정리할 때는 keras.prepro cessing.sequence.pad_sequences()를 사용한다. 서식은 다음과 같다.

> **함수**
> keras.preprocessing.sequence.pad_sequences (sequences, maxlen=None, padding='pre', value=0.0 )
> **설명** : 배열을 같은 길이로 정리
> **인수** : sequences: list     배열
>          maxlen: int                배열의 최대 길이
>          padding: str              문자열의 전후 어느 것을 채울지(pre or post)
>          value: float or str      문자열의 전후를 채우는 값
> **반환값** : numpy                 길이를 정리한 배열

```
# 배열 길이 256으로 준비
train_data = keras.preprocessing.sequence.pad_sequences(train_data,
    value=word_index["<PAD>"],
    padding='post',
    maxlen=256)
test_data = keras.preprocessing.sequence.pad_sequences(test_data,
    value=word_index["<PAD>"],
    padding='post',
    maxlen=256)
```

## ◎ 변환 후 배열 길이 확인

변환 후의 train_data[0]와 train_data[1]의 길이를 확인한다.

```
len(train_data[0]), len(train_data[1])
```

```
(256, 256)
```

## ◎ 변환 후 배열 내용 확인

변환 후의 train_data[0]의 내용을 확인한다. 다음과 같이 뒤가 「0」(⟨PAD⟩)으로 채워져 있다.

```
print(train_data[0])
```

```
[   1   14   22   16   43  530  973 1622 1385   65  458 4468   66 3941
~생략~
    4  226   65   16   38 1334   88   12   16  283    5   16 4472  113
  103   15   16 5345   19  178   32    0    0    0    0    0    0
    0    0    0    0    0    0    0    0    0    0    0    0    0    0
    0    0    0    0    0    0    0    0    0    0    0    0    0    0
    0    0    0    0]
```

## 9-2-7 모델 작성

모델을 작성할 때는 레이어를 겹쳐서 모델 구조를 작성한 후 컴파일한다.

## ◎ 모델 구조 작성

모델의 구조는 레이어를 겹쳐서 작성한다.

```
model = keras.Sequential([
    keras.layers.Embedding(10000, 16), # 입력층
    keras.layers.GlobalAveragePooling1D(), # 숨김층
    keras.layers.Dense(16, activation=tf.nn.relu), # 숨김층
    keras.layers.Dense(1, activation=tf.nn.sigmoid) # 출력층
])
```

이번 모델은 네 개의 레이어로 구성되어 있다.

첫 번째 레이어는 「Embedding」이다. 「Embedding」은 양의 정수를 고정 차원의 조밀한 벡터로 변환한다. 인수는 「Embedding(어휘 수, 벡터 차원 수)」처럼 지정한다.

두 번째 레이어는 「GlobalAveragePooling1D」이다. 시퀀스를 평균화하는 것으로 고정 길이 출력 벡터를 되돌려준다. 이것에 따라 모델은 심플란 방법으로 가변 길이의 입력을 처리한다.

세 번째 레이어는 「Dense」이다. 이 레이어는 16개의 노드와 활성화 함수 「relu」을 지정한다.

네 번째 레이어도 「Dense」이다. 이 레이어는 1개의 노드에 활성화 함수 「sigmoid」를 지정한다.

### ◎ 모델 컴파일

이번에는 손실 함수에 「binary_crossentropy」, 옵티마이저에 「keras.optimizers.Adam」, 평가 지표에 「accuracy」를 지정하고 컴파일한다. 2개의 클래스 분류를 실행할 때는 「binary_crossentropy」가 적합하다.

```
model.compile(
    optimizer=keras.optimizers.Adam(),
    loss='sparse_categorical_crossentropy',
    metrics=['accuracy'])
```

### ◎ 모델의 개요 표시

작성한 모델은 summary()로 개요를 표시할 수 있다.

```
model.summary()
```

```
_____
Layer (type).                Output Shape          Param #
=================================================================
embedding (Embedding).       (None, None, 16)      160000
_____
```

```
global_average_pooling1d (Gl)W(None, 16)           0
_____
dense (Dense)                    (None, 16)         272
_____
dense_1 (Dense)                  (None, 1)          17
=================================================================
Total params: 160,289
Trainable params: 160,289
Non-trainable params: 0
_____
```

## 9-2-8 훈련 데이터에서 검증 데이터 분할

학습할 때 모델의 정답률을 검증하기 위한 검증 데이터를 만든다. 훈련 데이터에서 10,000건의 검증 데이터를 분할한다.

```
x_val = train_data[:10000]
partial_x_train = train_data[10000:]
y_val = train_labels[:10000]
partial_y_train = train_labels[10000:]
```

## 9-2-9 학습

모델의 「batch_size」(한 번에 예측하는 문장 수)를 512, 「epochs」(훈련 횟수)를 20으로 학습한다. 「validation_data」로 검증 데이터도 지정해서 학습 중에 모델의 정밀도(val_loss와 val_acc)를 감시한다.

```
history = model.fit(
    partial_x_train,
    partial_y_train,
    epochs=40,
    batch_size=512,
    validation_data=(x_val, y_val),
    verbose=1)
```

```
Train on 15000 samples, validate on 10000 samples
Epoch 1/40
15000/15000 [==============================] - 1s 38us/step - loss: 0.7021 -
acc:
0.5112 - val_loss: 0.6928 - val_acc: 0.5140
~생략~
Epoch 40/40
15000/15000 [==============================] - 0s 19us/step - loss: 0.2001 -
acc:
0.9292 - val_loss: 0.2939 - val_acc: 0.8825
```

### 9-2-10 평가

다음으로 평가 데이터와 평가 라벨의 배열을 사용해서 평가를 한다. 손실(loss)은 「0.30」, 정답률(accuracy)은 「0.87」이다.

```
results = model.evaluate(test_data, test_labels)
print(results)
```

```
25000/25000 [==============================] - 0s 12us/step
[0.3036985104846954, 0.87524]
```

### 9-2-11 예측

학습이 끝난 모델을 사용해서 예측(추론)을 실행한다. 선두의 평가 데이터를 예측할 때는 다음과 같이 기술한다.

「0.09640628」는 「1」보다 「0」에 가까우므로 「0」이라는 예측이 된다.

```
predictions = model.predict(test_data)
predictions[0]
```

```
array([0.09640628], dtype=float32)
```

이것이 정확한지 아닌지를 선두의 평가 라벨로 확인할 수 있다.

```
test_labels[0]
```

```
0
```

## 9-2-12 모델 저장

모델을 저장할 때는 model의 save()를 사용한다. h5 파일 「image_classification.h5」가 출력된다.

```
model.save('./text_classification.h5')
```

# 9-3 과대적합(Overfitting)과 과소적합(Underfitting)

## 9-3-1 과대적합(Overfitting)과 과소적합(Underfitting)이란

레이어 수나 레이어당 노드 수의 크기를 「모델 용량」(Capacity)이라고 부른다.

모델의 용량을 늘리면 모델은 데이터에 대한 정답률이 더 올라갈 수도 있지만 훈련 데이터에 너무 최적화되어 미지의 데이터에 대한 정밀도가 내려갈 수도 있다. 이것을 「과대적합(Overfitting)」이라고 부른다.

모델의 용량을 줄이면 모델의 데이터에 대한 추적능력이 내려가서 학습이 되지 않을 수도 있다. 이것을 「과소적합(Underfitting)」이라고 부른다.

「과대적합(Overfitting)」을 피하는 최선의 방법은 훈련 데이터를 늘리는 것이다. 이것이 되지 않을 경우에는 다음과 같은 모델의 조정을 실행한다.

① 가능한 한 작은 용량의 모델을 작성한다.

② 모델의 용량을 늘려가서 손실(loss)을 줄이고 정답률(accuracy)을 높여간다.

③ 손실(loss)을 줄여가는 단계에서 「과대적합(Overfitting)」이 발생하면 「드롭아웃」이나 「정규화」를 설정해서 「과대적합(Overfitting)」을 해소한다.

이번에는 앞 절 「9-2 텍스트 분류」와 같은 모델을 만들면서 「과대적합 (Overfitting)」과 「과소적합(Underfitting)」을 피하는 방법을 설명한다.

## 9-3-2 패키지 불러오기

먼저 다음 패키지를 import한다.

```
import tensorflow as tf
from tensorflow import keras
import numpy as np
import matplotlib.pyplot as plt
```

## 9-3-3 데이터 세트 준비

이번에는 데이터 세트로 「IMDB 데이터 세트」를 이용한다. 앞 절 「9-2 텍스트 분류」와 같은 것이다.

```
imdb = keras.datasets.imdb
(train_data, train_labels), (test_data, test_labels) = imdb.load_data(num_words=10000)
```

## 9-3-4 데이터 전처리

훈련 데이터(정수 배열)는 모델에 입력하기 전에 배열의 길이를 정리해야 한다.

### ◎ One Hot encoding

이번에는 앞에서 사용하지 않은 「One Hot encoding」으로 배열의 길이를 정리하는 방법을 사용한다. 「3.5」를 「One Hot encoding」하면 인덱스 3과 5이외의 모든 「0」의 10,000차원 벡터가 된다.

```
[0, 0, 0, 1, 0, 1, 0, 0, ...]
```

「One Hot encoding」을 실행하는 multi_hot_sequences()를 작성하고 난 후 훈련 데이터와 평가 데이터에 적용한다.

```
# One Hot encoding
def multi_hot_sequences(sequences, dimension):
    results = np.zeros((len(sequences), dimension))
    for i, word_indices in enumerate(sequences):
        results[i, word_indices] = 1.0
    return results

# 훈련데이터와 평가데이터를 One Hot encoding
train_data = multi_hot_sequences(train_data, dimension=10000)
test_data = multi_hot_sequences(test_data, dimension=10000)
```

### ◎ 훈련 데이터 내용 확인

선두의 훈련 데이터의 내용을 확인한다. 「One Hot encoding」이 되어 있지 않은 것 같지만 10,000차원이므로 기준 출력에서는 생략되어 있다.

```
train_data[0]
```

```
array([0., 1., 1., ..., 0., 0., 0.])
```

그래서 plt.plot()으로 그래프로 플롯한다. 「1.0」의 부분이 파란선으로 되어 있다.

```
plt.plot(train_data[0])
```

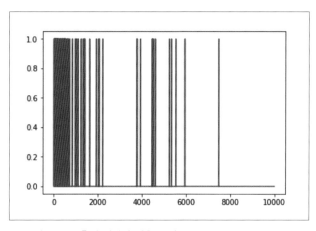

▲ 그림 9-3-1 훈련 데이터 내용 그래프

### 9-3-5 ▶ 모델 용량 조정

「IMDB 데이터 세트」의 텍스트 분류 모델로 모델의 용량 조정을 시험해 본다.

### ◎ 보통 용량의 모델 작성

용량이 보통인 모델을 작성한다. 레이어의 노드 수는 「16×16×1」이다.

```
# 보통 용량인 모델 구조 작성
baseline_model = keras.Sequential([
    keras.layers.Dense(16, activation=tf.nn.relu, input_shape=(10000,)),
    keras.layers.Dense(16, activation=tf.nn.relu),
    keras.layers.Dense(1, activation=tf.nn.sigmoid)
])

# 모델 컴파일
baseline_model.compile(
    optimizer='adam',
    loss='binary_crossentropy',
    metrics=['accuracy', 'binary_crossentropy'])

# 모델 개요 표시
baseline_model.summary()

# 학습
baseline_history =
    baseline_model.fit(train_data,
    train_labels,
    epochs=20,
    batch_size=512,
    validation_data=(test_data, test_labels),
    verbose=2)
```

## ◎ 작은 용량 모델 작성

용량이 작은 모델을 작성한다. 레이어의 노드 수는 「$4 \times 4 \times 1$」이다.

```
# 저장 용량이 작은 모델 구조 작성
smaller_model = keras.Sequential([
    keras.layers.Dense(4, activation=tf.nn.relu, input_shape=(10000,)),
    keras.layers.Dense(4, activation=tf.nn.relu),
    keras.layers.Dense(1, activation=tf.nn.sigmoid)
])

# 모델 컴파일
smaller_model.compile(optimizer='adam',
    loss='binary_crossentropy',
    metrics=['accuracy', 'binary_crossentropy'])

# 모델 개요 표시
smaller_model.summary()
```

```
# 학습
smaller_history = smaller_model.fit(
    train_data,
    train_labels,
    epochs=20,
    batch_size=512,
    validation_data=(test_data, test_labels),
    verbose=2)
```

## ◎ 많은 용량 모델 작성

용량이 많은 모델을 작성한다. 레이어의 노드 수는 「512×512×1」이다.

```
# 용량이 큰 모델 구조 작성
bigger_model = keras.models.Sequential([
    keras.layers.Dense(512, activation=tf.nn.relu, input_shape=(10000,)),
    keras.layers.Dense(512, activation=tf.nn.relu),
    keras.layers.Dense(1, activation=tf.nn.sigmoid)
])

# 모델 컴파일
bigger_model.compile(optimizer='adam',
    loss='binary_crossentropy',
    metrics=['accuracy','binary_crossentropy'])

# 모델 개요 표시
bigger_model.summary()

# 학습
bigger_history = bigger_model.fit(
    train_data, train_labels,

    epochs=20,
    batch_size=512,
    validation_data=(test_data, test_labels),
    verbose=2)
```

## ◎ 손실 그래프 표시

훈련 데이터의 손실과 검증 데이터의 손실을 그래프로 표시한다. 이것의 정보는
fit()의 반환값 「history」에서 취득할 수 있다.

```
# 그래프 표시
def plot_history(histories, key='binary_crossentropy'):
    plt.figure(figsize=(16,10))
    for name, history in histories:
        val = plt.plot(history.epoch, history.history['val_'+key],
            '--', label=name.title()+' Val')
        plt.plot(history.epoch, history.history[key], color=val[0].get_color(),
            label=name.title()+' Train')
    plt.xlabel('Epochs')
    plt.ylabel(key.replace('_',' ').title())
    plt.legend()
    plt.xlim([0,max(history.epoch)])

# 그래프 표시 실행
plot_history([
    ('bigger', bigger_history),
    ('baseline', baseline_history),
    ('smaller', smaller_history)])
```

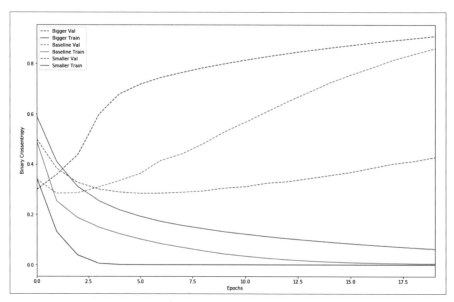

▲ 그림 9-3-2 모델 용량별 손실 그래프 표시

「세로축」이 「손실」(0에 가까운 쪽이 정밀도가 높다), 「가로축」이 「에폭」(훈련 횟수)

이다. 「실선」은 「훈련 데이터의 손실」, 「파선」은 「검증 데이터의 손실」을 나타낸다.

「파랑」이 「용량이 큰 모델」, 「주황」이 「용량이 보통인 모델」, 「녹색」이 「용량이 작은 모델」이다. 이 그래프를 보면 모델의 용량이 크면 클수록 훈련 데이터에 너무 최적화되어 「과대적합(Overfitting)」이 되기 쉬운 것을 알 수 있다.

## 9-3-6 정규화

「정규화」(Regularization)는 모델을 복잡하게 하는 「무게」에 그 양에 대한 패널티를 부여해서 모델이 복잡해지지 않게 하는 방법이다. 「정규화」에는 다음 두 가지의 하나가 또는 결합해서 사용된다.

- L1 정규화 : 극단의 「무게」를 0으로 함
- L2 정규화 : 극단의 「무게」를 0에 가까이함

정규화 방법을 선택하고 그 계수(패널티 비율)의 값을 어떻게 할지 등을 선택한다. 정규화가 너무 강하면 학습이 진행되지 않으므로 일괄적으로 모든 레이어의 노드에 강한 정규화를 적용하는 것이 좋은 것만은 아니다.

이번에는 첫 번째 레이어와 두 번째 레이어에 「L2 정규화」를 추가한다. keras.regularizers.l2()의 인수는 패널티 비율(0.0~1.0)이다.

```
# 정규화 모델 구조 작성
l2_model = keras.models.Sequential([
    keras.layers.Dense(16,
        kernel_regularizer=keras.regularizers.l2(0.001),   ← L2 정규화 추가
        activation=tf.nn.relu, input_shape=(10000,)),
    keras.layers.Dense(16,
        kernel_regularizer=keras.regularizers.l2(0.001),   ← L2 정규화 추가
        activation=tf.nn.relu),
    keras.layers.Dense(1, activation=tf.nn.sigmoid)
])

# 모델 컴파일
l2_model.compile(optimizer='adam',
    loss='binary_crossentropy',
    metrics=['accuracy', 'binary_crossentropy'])

# 학습
l2_model_history = l2_model.fit(
    train_data, train_labels,
    epochs=20,
    batch_size=512,
```

```
        validation_data=(test_data, test_labels),
        verbose=2)

# 그래프 표시
plot_history([
    ('baseline', baseline_history),
    ('l2', l2_model_history)])
```

정규화를 추가한 모델(주황)이 용량이 보통인 모델(파랑)과 비교해서 개선되어 있는(검사 데이터의 loss가 0에 가깝다) 것을 알 수 있다.

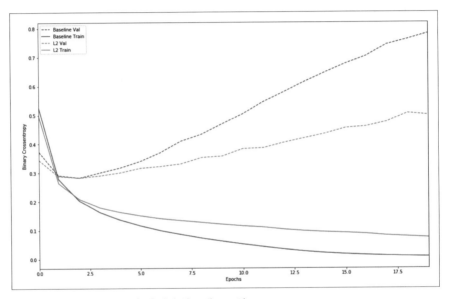

▲ 그림 9-3-3 정규화 있음/없음의 손실 그래프 표시


### 9-3-7 드롭아웃

「드롭아웃」(Dropout)은 모델을 학습할 때 일정 비율의 노드를 비활성화시켜 「무게」를 갱신해 가는 것으로 과대적합(Overfitting)을 막는 방법이다. 어떤 레이어에 드롭아웃을 설치하고 어느 정도의 비율로 노드를 비활성화할지 지정한다.

드롭아웃을 시킨 레이어의 비율이 너무 높으면 학습이 정상적으로 진행되지 않으므로 모든 레이어에 높은 비율로 적용하는 것이 좋은 것만은 아니다.

이번에는 첫 번째 레이어의 직후와 두 번째 레이어 직후에 「드롭아웃」을 추가한다. keras.layers.Dropout()의 인수는 비활성화하는 비율(0.0~1.0)이다. 「드롭아웃」은 직전의 레이어 출력에 적용된다.

```python
# 드롭아웃 모델 구조 작성
dpt_model = keras.models.Sequential([
    keras.layers.Dense(16, activation=tf.nn.relu, input_shape=(10000,)),
    keras.layers.Dropout(0.5),    ← 드롭아웃 추가
    keras.layers.Dense(16, activation=tf.nn.relu),
    keras.layers.Dropout(0.5),    ← 드롭아웃 추가
    keras.layers.Dense(1, activation=tf.nn.sigmoid)

])

# 모델 컴파일
dpt_model.compile(optimizer='adam',
    loss='binary_crossentropy',
    metrics=['accuracy','binary_crossentropy'])

# 학습
dpt_model_history = dpt_model.fit(
    train_data, train_labels,
    epochs=20,
    batch_size=512,
    validation_data=(test_data, test_labels),
    verbose=2)

# 그래프 표시
plot_history([
    ('baseline', baseline_history),
    ('dropout', dpt_model_history)])
```

드롭아웃을 추가한 모델(주황)이 용량이 보통인 모델(파랑)과 비교해서 개선되어 있는(검사 데이터의 loss가 0에 가깝다) 것을 알 수 있다.

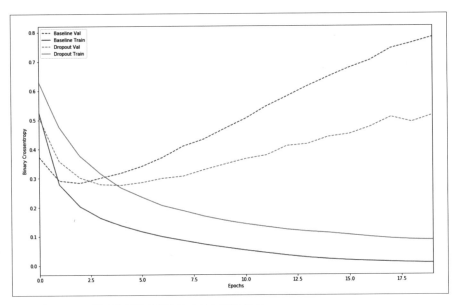

▲ 그림 9-3-4 드롭아웃 있음 / 없음의 손실 그래프 표시

# 9-4 FrozenGraphDef로 변환하기

## 9-4-1 모델 저장 파일 형식

지금까지는 TensorFlow의 모델을 「h5 파일」(*.h5)로 저장해 왔지만 다음 표처럼 다양한 저장 파일 형식이 있다.

| 보존 형식 | 설명 |
|---|---|
| h5 파일(*.h5) | Keras를 위한 보존 형식. 모델 구조와 용량 포함 |
| GraphDef(*.pb, *.pbtxt) | 모델 구조만 포함한 보존 형식 |
| CheckPoint(*.ckpt) | 용량만 포함한 보존 형식. 훈련 도중 경과로 보존 |
| FrozenGraphDef(*.pb) | GraphDef+CheckPoint 보존 형식. H5 파일 또는 GraphDef와 CheckPoint에서 생성 |
| SavedModel(*.pb, *.pbtxt) | 입출력 인터페이스+GraphDef+CheckPoint 보존 형식. TensorFlow Serving에서 변환 |
| tflite 파일(*.tflite) | TensorFlow Lite를 위한 보존 형식. 모델 구성과 용량 포함. FrozenGraphDef에서 변환 |
| mlmodel 파일(*.mlmodel) | Core ML를 위한 보존 형식. 입출력 인터페이스와 모델 구성과 용량, 클래스 라벨 포함. FrozenGraphDef에서 변환 |

▲ 표 9-4-1 TensorFlow에서의 모델 저장 파일 형식

저장 파일에 저장하는 데이터에는 「모델 구조」(Graph)와 「무게」(Weight)가 있다. 「모델 구조」에는 그래프 구조와 그 오퍼레이터와 변수 정의가 포함되어 있다.

「GraphDef」(*.pb, *.pbtxt)에서는 모델의 구조만, 「CheckPoint」(*.ckpt)에서는 무게만 유지한다. 「GraphDef」와 「CheckPoint」를 합해서 「FrozenGraphDef」(*.pb)을 생성한 후, 「coreml 파일」(*.coreml)이나 「tite 파일」(*.tite)로 변환한다.

## 9-4-2 h5 파일을 FrozenGraphDef로 변환

「h5 파일」(*.h5)을 「FrozenGraphDef」(*.pb)로 변환할 때는 「keras_to_tensorflow」를 사용한다. 다음의 웹 사이트에서 다운로드해서 「keras_to_ tensorflow.py」을 이용한다.

- keras_to_tensorflow

  https://github.com/amir-abdi/keras_to_tensorflow

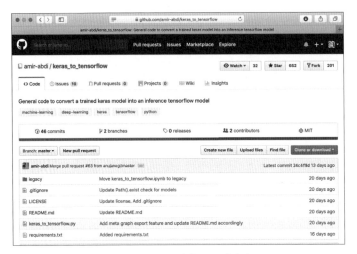

▲ 그림 9-4-1 keras_to_tensorflow 다운로드 페이지

명령 서식은 다음과 같다.

```
python keras_to_tensorflow.py -input_model_file <h5파일>
```

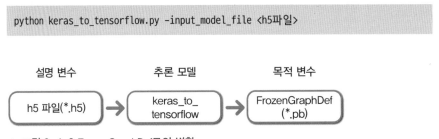

▲ 그림 9-4-2 FrozenGraphDef로의 변환

앞에서 「9-1 화상 분류」에 언급한 h5 파일 「image_classication.h5」를 변환하는 명령은 다음과 같다. 터미널에서 다음의 명령을 실행하는 것으로 FrozenGraphDef「image_classication.h5.pb」이 생성된다.

```
$ python keras_to_tensorflow.py -input_model_file image_classification.h5
```

그 외의 패키지는 다음과 같다.

| 파라미터 | 설명 |
|---|---|
| num_output | 복수의 출력을 가진 모델의 경우 출력 수를 지정 |
| quantize | True인 경우 TensorFlow의 quantize 기능 사용. 초기 설정은 False |
| use_theano | Teano의 이용. 초기 설정은 False |
| input_fld | Keras 모델을 유지하는 디렉터리. 초기 설정은 「.」 |
| output_fld | TensorFlow 모델을 출력하는 디렉터리. 초기 설정은 「.」 |
| input_model_file | Keras 모델의 파일명. 초기 설정은 「model.h5」 |
| output_model_file | TensorFlow 모델의 파일명. 초기 설정은 〈Keras모델의 파일명〉.pb」 |
| graph_def | True인 경우 그래프 정의를 ASCII 파일로 써 넣기. 초기 설정은 False |
| output_graphdef_file | graph_def가 True인 경우 그래프 정의의 파일명을 지정. 초기 설정은 「model.ascii」 |
| output_node_prefix | 출력 노드에 사용하는 접두어 지정. 초기 설정은 output_node |

▲ 표 9-4-2 keras_to_tensorflow의 파라미터

「--help」에서 도움을 참조할 수 있다.

```
$ python keras_to_tensorflow.py --help
```

### 9-4-3 GraphDef와 CheckPoint를 FrozenGraphDef로 변환하기

「GraphDef」(*.pb, *.pbtxt)와 「CheckPoint」(*.chpt)를 「FrozenGraphDef」 (*.pb)로 변환할 때는 TensorFlow에 부속해 있는 「freeze_graph.py」를 사용한다.

- freeze_graph.py

    https://github.com/tensorflow/tensorflow/blob/master/tensorflow/python/tools/freeze_graph.py

변환 연습으로 아래 「MobileNet_v1_1.0_224」의 「GraphDef」와 「CheckPoint」를 사용한다.

- models/mobilenet_v1.md at master · tensorflow/models

    https://github.com/tensorflow/models/blob/master/research/slim/nets/mobilenet_v1.md

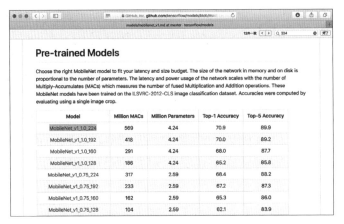

▲ 그림 9-4-3 변환 연습용 모델 다운로드

「MobileNet_v1_1.0_224」을 클릭해서 다운로드하고 다음의 파일을 사용한다. 「XXX.pbtxt」는 「GraphDef」의 텍스트 형식이다. 「XXX.ckpt.meta」, 「XXX. ckpt.index」, 「XXX.ckpt.data-XXXXX-of-XXXXX」은 「CheckPoint」의 파일 군으로 명령 등으로 「CheckPoint」을 지정할 때 「XXX.chkpt」처럼 접두어로 지정한다.

```
·mobilenet_v1_1.0_224_eval.pbtxt
·mobilenet_v1_1.0_224.ckpt.meta
·mobilenet_v1_1.0_224.ckpt.index
·mobilenet_v1_1.0_224.ckpt.data-00000-of-00001
```

명령 서식은 다음과 같다.

```
freeze_graph --input_graph=<변환하는 GraphDef 경로> \
--input_checkpoint=<변환하는 CheckPoint 접두사 경로> \
--input_binary=<GraphDef이 바이너리인지 여부 > \
--output_graph=<출력하는 FrozenGraphDef 경로> \
--output_node_names=< 출력배열 이름 >
```

「MobileNet_v1_1.0_224」의 「GraphDef」와 「CheckPoint」를 변환하는 명령은 다음과 같다. FrozenGraphDef「mobilenet_v1_1.0_224_frozen.pb」가 생성된다.

```
$ freeze_graph --input_graph=mobilenet_v1_1.0_224_eval.pbtxt \
 --input_checkpoint=mobilenet_v1_1.0_224.ckpt \
```

```
--input_binary=false \
--output_graph=mobilenet_v1_1.0_224_frozen.pb \
--output_node_names=MobilenetV1/Predictions/Reshape_1
```

「출력 배열의 이름」은 「Netron」에서 확인할 수 있다. 「Netron」에 대해서는 7장
「7-8 주문 모델」에서 설명하였으므로 참조한다.

▲ 그림 9-4-4 「Netron」에서 출력 노드 표시

freeze_graph의 다른 파라미터는 다음과 같다.

| 파라미터 | 설명 |
|---|---|
| input_graph_def | 변환하는 GraphDef의 경로 |
| input_saver_def | 변환하는 SavedModel의 경로 |
| input_binary | GraphDef가 바이너리인지. True의 경우 「.pb」, False의 경우 「.pbtxt」를 불러오기 |
| input_checkpoint | 변환하는 CheckPoint의 접두어 |
| output_node_names | 출력하는 배열의 이름(콤마 구분자) |
| output_graph | 출력하는 FrozenGraphDef의 경로 |
| clear_devices | 디바이스 수단을 삭제하는지 아닌지 |
| initializer_nodes | 브리즈 전에 실행하는 초기화 노드 |
| variable_names_whitelist | 변환하는 변수명의 세트(optional) |
| variable_names_blacklist | 정수로의 변환을 생략하는 변수명의 세트(optional) |
| input_meta_graph_def | MetaGraphDef의 경로(optional) |
| input_saved_model_dir | SavedModel을 포함한 폴더로의 경로(optional) |

| saved_model_tags | MetaGraphDef의 태그(콤마 구분자)(optional) |
|---|---|
| checkpoint_version | CheckPoint의 버전(saver_pb2.SaverDef.V1, 또는saver_pb2. SaverDef.V2) |

▲ 표 9-4-3 freeze_graph의 파라미터

## 9-5 mlmodel 파일로 변환하기

### 9-5-1 mlmodel 파일로의 변환 순서

「FrozenGraphDef」(*.pb)을 「mlmodel 파일」(*.mlmodel)로 변환할 때는 파이썬의 패키지 「tf-coreml」을 사용한다.

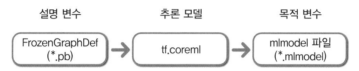

설명 변수 → 추론 모델 → 목적 변수

FrozenGraphDef (*.pb) → tf.coreml → mlmodel 파일 (*.mlmodel)

▲ 그림 9-5-1 mlmodel 파일로의 변환

- tf-coreml

  https://github.com/tf-coreml/tf-coreml

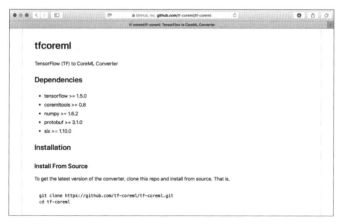

▲ 그림 9-5-2 tf-coreml의 다운로드 페이지

앞서 「9-1 화상 분류」에서 언급한 h5 파일 「image_classication.h5」을 「9-5 Frozen GraphDef로의 변환」에서 FrozenGraphDef 「image_classication. h5.pb」으로 변환했으므로 이번에는 그것을 mlmodel 파일 「image_classication. mlmodel」로 변환한다.

### ◎ 「tf-coreml」 설치

「tf-coreml」을 설치하는 명령은 다음과 같다.

```
$ pip install -U tfcoreml
```

### ◎ tf_converter.convert() 서식

「tf-coreml」로 모델의 변환을 실행할 때는 파이썬 스크립트에서 「tfcoreml」을 불러온 후, tf_converter.convert()을 사용한다. 서식은 다음과 같다.

**서식**
```
tf_coreml.convert(
    tf_model_path='<변환하는 FrozenGraphDef 경로>',
    mlmodel_path='<출력하는 mlmodel 파일 경로>',
    input_name_shape_dict={"< 입력배열 이름 >:0":< 입력배열 형태 >},
    image_input_names=[< 화상으로 취급하는 입력배열 이름 >:0],
    output_feature_names=[< 출력배열 이름 >:0],
    class_labels='<클래스 라벨 파일 경로>')
```

「image_input_names」에서 지정한 입력 배열은 Core ML에서 「Image」로 다룬다. 지정하지 않으면 「MultiArray」로 다룬다.

입력 배열과 출력 배열의 이름 오른쪽에 있는 「:0」은 복수 입력 중에 첫 번째라는 의미이다.

「class_labels」에서 클래스 레벨의 경로를 지정한다. 새 줄의 단락으로 클래스 레벨을 기술한다. 이로 인해, 검출 결과로 클래스 라벨(문자열)을 되돌려준다.

### ◎ 클래스 라벨 파일 준비

「숫자 사진」을 「0~9」의 10 클래스로 분류하는 화상 분류 모델의 클래스 라벨 파일은 다음과 같다.

● labels.txt

```
0
1
2
3
4
```

```
5
6
7
8
9
```

## ◎ mlmodel 파일로의 변환 실행

FrozenGraphDef 「image_classication.h5.pb」을 변환하는 스크립트는 다음과 같다.

• pb_to_mlmodel.py

```
import tfcoreml as tf_converter

tf_converter.convert(
tf_model_path = 'image_classification.h5.pb',
mlmodel_path = 'image_classification.mlmodel',
input_name_shape_dict = {"flatten_input:0":[1,28,28,1]},
image_input_names = ['flatten_input:0'],
output_feature_names = ['output_node0:0'],
class_labels = 'labels.txt')
```

터미널(윈도우에서는 명령 프롬프트)에서 다음의 명령을 실행하면 mlmodel 파일 「image_classication.mlmodel」이 생성된다.

```
$ python pd_to_mlmodel.py
```

「입력 배열 이름」「입력 배열 형태」「출력 배열 이름」은 「Netron」에서 확인할 수 있다. 입력 노드 형식은 「float32[?, 28, 28, 1]」와 「?」이 있는데 화상 복수(가변 길이)를 예측하는 모델이라는 의미이다. mlmodel 파일에서는 가변 길이는 불가능하므로 화상 1장을 예측하는 모델로 고정한다.

「Netron」에 대해서는 7장 「7-8 주문 모델」에서 해설하고 있으므로 참조한다.

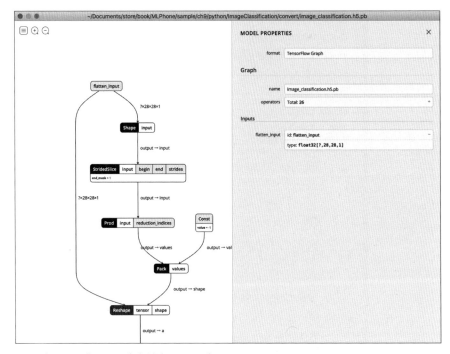

▲ 그림 9-5-3 「Netron」에서 입력 노드 표시

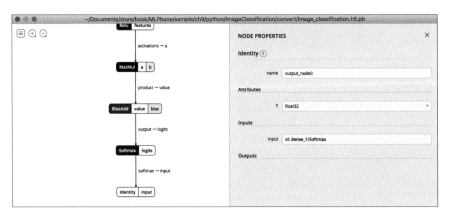

▲ 그림 9-5-4 「Netron」에서 출력 노드 표시

그 외의 tf_converter.convert()의 인수에 대해서는 다음의 서식을 참조한다.

**함수**

tf_converter.convert (tf_model_path, mlmodel_path, output_feature_names, input_name_shape_dict=None, image_input_names=None, is_bgr=False, red_bias=0.0, green_bias=0.0, blue_bias=0.0, gray_bias=0.0, image_scale=1.0, class_labels=None, predicted_feature_name= None, predicted_probabilities_output='' )

**설명**： FrozenGraphDef(*.pb)을 mlmodel 파일(.mlmodel)로 변환

**인수**： tf_model_path： str                         변환하는 FrozenGraphDef의 경로

　　　mlmodel_path： str                         출력하는 mlmodel 파일의 경로

　　　output_feature_names： [str]              출력 배열 이름

　　　input_name_shape_dict： {str： [int] }    입력 배열의 이름과 형태

　　　image_input_names： [str] or str           화상으로 다루는 입력 배열의 이름

　　　is_bgr： bool or dict( )              입력 화상이 픽셀 순(RGB 또는 BGR)

　　　red_bias： float or dict( )           입력 화상의 빨간 채널에 추가된 바이어스값

　　　blue_bias： float or dict( )          입력 화상의 파란 채널에 추가된 바이어스값

　　　green_bias： float or dict( )          입력 화상의 녹색 채널에 추가된 바이어스값

　　　gray_bias:float or dict( )            입력 화상의 그레이스케일에 추가된 바이어스값

　　　image_scale： float or dict( )    바이어스 적용 전에 입력화상이 스케일 된 값

　　　class_labels： list[int or str] or str     클래스 라벨의 문자열 배열 또는 파일 경로

　　　predicted_feature_name： str        클래스 라벨 출력 이름

　　　predicted_probabilities_output： str  뉴럴 네트워크의 출력 이름

**반환값**： model： MLModel                    Core ML모델

## 9-5-2 지원하고 있는 TensorFlow 오퍼레이션

「tf-coreml」는 TensorFlow도 오퍼레이션을 전부 지원하고 있는 것은 아니다. 현재 지원되고 있는 TensorFlow의 오퍼레이션은 다음과 같다.

```
Abs, Add, ArgMax, AvgPool
BatchNormWithGlobalNormalization, BatchToSpaceND*, BiasAdd
ConcatV2, Concat, Const, Conv2D, Conv2DBackpropInput
DepthwiseConv2dNative,
Elu, Exp, ExtractImagePatches,
FusedBatchNorm,
Identity,
Log, LRN,
MatMul, Max*, Maximum, MaxPool, Mean*, Min*, Minimum, MirrorPad, Mul
Neg,
OneHot,
```

```
Pad, Placeholder, Pow*, Prod*,
RealDiv, Reciprocal, Relu, Relu6, Reshape*, ResizeNearestNeighbor, Rsqrt
Sigmoid, Slice*, Softmax, SpaceToBatchND*, Split*, Sqrt, Square,
SquaredDifference, StridedSlice*, Sub, Sum*
Tanh, Transpose*
```

「*」로 표시된 오퍼레이션에서는 특정 사용 패턴만 지원하고 있다. 또한 추론할 때 일반적으로 효과가 없으므로 변환기에 따라 생략되는 몇 가지 다른 오퍼레이션이 있다.

자세한 설명은 「tfcoreml/_ops_to_layers.py」와 「tfcoreml/_layers.py」를 참조한다.

또한 「tf-coreml」에는 다음과 같은 제약도 있다.

- TensorFlow 모델은 사이클프리가 아니면 안된다(사이클은 일반적으로 if, while, map 등과 같은 제어플로우를 위해 작성된다).
- 화상 입력 배열은 「(해치 크기, 높이, 폭, 컬러 채널)」의 형태가 아니면 안된다.
- 배열의 차원 수는 4 이상일 필요가 있다.
- 양자화된 TensorFlow 모델은 이동 소수의 CoreML 모델로 변환된다.

### 9-5-3 앱에서 이용하기

생성한 「image_classiflcation.mlmodel」 모델은 2장 「2-1 화상 분류(사진)」의 모델과 바꾸어서 이용할 수 있다. 검은 배경에 흰색 숫자를 쓴 사진을 찍는 것으로 화상 분류가 행해진다.

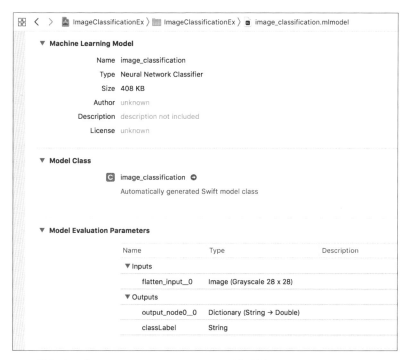

▲ 그림 9-5-5 「image_classificationmlmodel」 모델 정보

▲ 그림 9-5-6 앱에서 모델을 이용한 화면

소스 코드의 변경점은 다음과 같다.

### ◎ 모델의 클래스명

「image_classiflcation.mlmodel」을 프로젝트에 추가한 후, 모델의 클래스명을 「image_classiflcation」으로 변경한다.

```
var model = try! VNCoreMLModel(for: image_classification().model)
```

COLUMN

**Core ML 모델의 변환 도구**

「Core ML 모델」의 변환 도구에는 「tf-coreml」외에도 다음과 같은 도구가 있다. TensorFlow 이외에 Keras, Caffe, scikit-learn, libsvm, XGBoost, MXNet 등의 모델도 변환할 수 있다.

- coremltools 2.0

  Keras, Caffe, scikit-learn, libsvm, XGBoost 모델을 Core ML 모델로 변환하는 변환기

  https://pypi.org/project/coremltools/

- incubator-mxnet

  MXNet 모델을 Core ML 모델로 변환하는 변환기

  https://github.com/apache/incubator-mxnet/tree/master/tools/coreml

- onnx-coreml

  ONNEX 모델을 Core ML 모델로 변환하는 변환기

  https://github.com/onnx/onnx-coreml

## 9-6   tflite 파일로의 변환

### 9-6-1   tflite 파일로의 변환 순서

「FrozenGraphDef」(*.pb)을 「.tflite 파일」(*.tflite)로 변환할 때는 「.tflite_convert」를 사용한다. 「tflite_convert」는 TensorFlow 1.9에서 패키지의 일부로 제공되고 있다.

▲ 그림 9-6-1 tflite 파일로의 변환

• TOCO : TensorFlow Lite Optimizing Converter

  https://github.com/tensorflow/tensorflow/tree/master/tensorflow/contrib/lite/toco

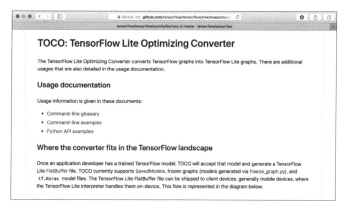

▲ 그림 9-6-2 TensorFlow Lite Optimizing Converter의 해설 페이지

「9-1 화상 분류」의 h5 파일 「image_classiflcation.h5」를 「9-5 Frozen GraphDef로의 변환」에서 FrozenGraphDef 「image_classiflcation.h5.pb」로 변환했으므로 이번에는 그것을 tflite 파일 「image_classiflcation.tite」로 변환한다.

### ◎ tflite_convert 명령 서식

명령 서식은 다음과 같다.

```
tflite_convert \
  --output_file=<tflite 파일 경로> \
  --graph_def_file=<FrozenGraphDef경로> \
  --input_arrays=<입력배열 이름> \
  --output_arrays=< 출력배열 이름 >
```

### ◎ tflite 파일로의 변환 실행

FrozenGraphDef 「image_classiflcation.h5.pb」을 변환하는 명령은 다음과 같다. tflite 파일 「image_classiflcation.tite」이 생성된다.

```
$ tflite_convert \
  --output_file=image_classification.tflite \
  --graph_def_file=image_classification.h5.pb \
  --input_arrays=flatten_input \
  --output_arrays=output_node0
```

「입력 배열 이름」「출력 배열 이름」은 「Netron」에서 확인할 수 있다. 「Netron」에 대해서는 7장 「7-8 주문 모델」에서 설명하고 있다.

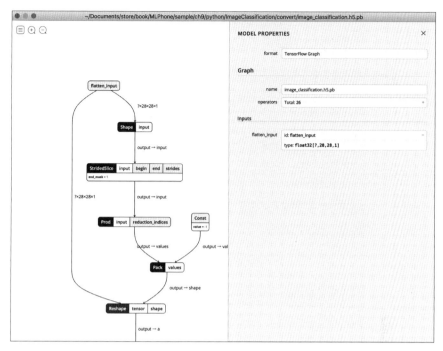

▲ 그림 9-6-3 「Netron」에서 입력 노드 표시

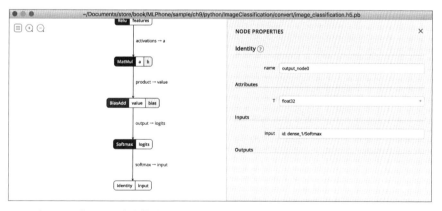

▲ 그림 9-6-4 「Netron」에서 출력 노드 표시

tflite_convert의 다른 파라미터는 다음과 같다.

| 파라미터 | 설명 |
|---|---|
| —help | 도움 |
| —output_file | 출력하는 tflite 파일의 경로 |
| —graph_def_file | 변환하는 FrozenGraphDef의 경로 |
| —saved_model_dir | 변환하는 SavedModel의 경로 |
| —output_format | 출력하는 파일의 형식. TFLITE 또는 GRAPHVIZ_DOT |
| —inference_type | 출력 배열의 타겟 데이터형. FLOAT 또는 QUANTIZED_UINT8 |
| —inference_input_type | 입력 배열의 타겟 데이터형. FLOAT 또는 QUANTIZED_UINT8 |
| —input_arrays | 입력 배열의 이름(콤마 구분자) |
| —input_shapes | 입력 배열의 형태(콤마 구분자) |
| —output_arrays | 출력 배열의 이름(콤마 구분자) |
| —saved_model_tag_set | SavedModel 내 MetaGraphDef를 식별하는 콤마 구분자 태그 세트. 초기 설정은 「serve」 |
| —saved_model_signature_key | 입력과 출력을 포함한 SignatureDef를 인식하는 키. 초기 설정은 「DEFAULT_SERVING_SIGNATURE_DEF_KEY」 |
| —std_dev_values | 입력 배열 훈련 데이터의 표준 편차(콤마 구분자) 양자화에 이용. 초기 설정은 「None」 |
| —mean_values | 입력 배열 훈련 데이터의 평균(콤마 구분자) 양자화에 이용. 초기 설정은 「None」 |
| —default_ranges_min | 지정된 범위 내의 배열에 사용된 최솟값의 초기 설정값. 더미 양자화에 따른 양자화를 실험하기 위한 것. 초기 설정은 「None」 |
| —default_ranges_max | 지정된 범위 내의 배열에 사용된 최댓값의 초기 설정값. 더미 양자화에 따른 양자화를 실험하기 위한 것. 초기 설정은 「None」 |
| —drop_control_dependency | 컨트롤의 의존 관계를 사일런트에 드롭할지, 하지 않을지. 초기 설정은 「True」 |
| —reorder_across_fake_quant | 예기치 못한 곳에서 FakeQuant 노드를 재배열할지, 하지 않을지. 초기 설정은 「False」 |
| —change_concat_input_ ranges | 연속 연산자의 입력 및 출력 범위를 변경할지, 하지 않을지. 초기 설정은 False |
| —allow_custom_ops | 커스텀 조작을 허가할지, 하지 않을지. 초기 설정은 「False」 |

▲ 표 9-6-1 tflite_convert의 파라미터

## 9-6-2 지원하고 있는 TensorFlow 오퍼레이션

TensorFlow Lite에서 지원하고 있는 오퍼레이션은 TensorFlow보다 적기 때문에 모든 모델이 변환 가능한 것이 아니다.

지원하고 있는 오퍼레이션이 있어도 퍼포먼스상의 이유로 사용 방법이 제한되는 경우가 있다. 다음 사이트를 참조한다.

- TensorFlow Lite & TensorFlow Compatibility Guide

  https://github.com/tensorflow/tensorflow/blob/master/tensorflow/contrib/

  lite/g3doc/tf_ops_compatibility.md

## 9-6-3 앱에서 이용하기

생성한 「image_classiflcation.tflite」 모델은 7장 「7-8 주문 모델」의 모델과 바꾸어서 이용할 수 있다. 검은 배경에 흰색 숫자를 쓴 사진을 찍는 것으로 화상 분류가 행해진다.

▲ 그림 9-6-6
안드로이드 앱에서 모델을 이용한 화면

▲ 그림 9-6-5  iOS 앱에서 모델을 이용한 화면

## 9-6-4 iOS 소스 코드 변경하기

iOS 소스 코드의 변경점은 다음과 같다.

## ◎ 클라우드 모델 소스와 로컬 모델 소스의 이름

「image_classiflcation.tflite」 프로젝트로의 추가와 Firebase로의 호스트를 실행한 후, 클라우드 모델 소스의 이름을 「image_classiflcation」, 로컬 모델 소스의 이름을 「local_image_classiflcation」, 리소스명을 「image_classiflcation」으로 변경한다.

```
//클라우드 모델 소스 등록
let cloudModelSource = CloudModelSource(
    modelName: "image_classification",  ← 클라우드 모델 소스 이름 변경
    enableModelUpdates: true,
    initialConditions: conditions,
    updateConditions: conditions
)
if !ModelManager.modelManager()
    .register(cloudModelSource) {return}

//로컬 모델 소스 등록
let modelPath = Bundle.main.path(
    forResource: "image_classification",  ← 리소스 이름 변경
    ofType: "tflite")
let localModelSource = LocalModelSource(
    modelName: "local_image_classification",  ← 로컬 모델소스 이름 변경
    path: modelPath!)
if !ModelManager.modelManager()
    .register(localModelSource) {return}

//커스텀 모델 검출기 생성
let options = ModelOptions(
    cloudModelName: "image_classification",  ← 클라우드 모델소스 이름 변경
    localModelName: "local_image_classification"  ← 로컬 모델소스 이름 변경
)
self.interpreter = ModelInterpreter.modelInterpreter(options: options)
```

## ◎ 클래스 라벨 파일

클래스 라벨 파일도 바꿔넣는다.

● labels.txt

```
0
1
2
```

```
3
4
5
6
7
8
9
```

### ◎ 모델의 입력 형식과 출력 형식

모델의 입력 형식을 「Float32」의 「[1, 28, 28, 1]」, 출력 형식을 「Float32」의 「[1, 10]」으로 변경한다.

```
//모델의 입력 형식과 출력 형식 지정
let ioOptions = ModelInputOutputOptions()
do {
    try ioOptions.setInputFormat(index: 0, type: .float32, dimensions: [1, 28, 28,
        1]) ← 모델 입력 형식 변경
    try ioOptions.setOutputFormat(index: 0, type: .float32, dimensions: [1, 10])
        ← 모델 출력 형식 변경
} catch let error as NSError {
    print(error.localizedDescription)
    return
}

//모델 입력 데이터 지정
let data: Data = self.image2inputData(image,
    size: CGSize(width:28, height:28))! ← 모델 입력형식 변경
let input = ModelInputs()
do {
    try input.addInput(data)
} catch let error as NSError {
    print(error.localizedDescription)
    return
}
```

### ◎ 검출 결과 데이터형

검출 결과의 데이터형을 「Float32」의 배열로 변경한다. Uint8의 비율은 「0~255」였지만 Float32의 비율은 「0.0~1.0」이므로 비율 계산도 변경한다.

```
// 검출 결과 획득
let outputs = try? outputs?.output(index: 0)
if (outputs == nil) {return}

//outputs을 enumerate로 변환
let inArray = (outputs as! NSArray)[0] as! NSArray


let count = inArray.count
var outArray = [Float32]()  ← Float32로 변경
for r in 0..<count {
    outArray.append(Float32(truncating: inArray[r] as! NSNumber))  ←Float32로 변경
}
let enumerate = outArray.enumerated()

// 신뢰도순으로 정렬
let sorted = enumerate.sorted(by: {$0.element > $1.element})
var text: String = "\n"
for i in 0..<min(3, sorted.count) { //상위3건
    let index = sorted[i].offset //Index
    let accuracy = Int(sorted[i].element*100.0) //신뢰도   ← 비율 계산 변경

    text += String(format:"%@ : %d%%\n", self.labels[index], accuracy)
}
```

## ◎ 입력 데이터

화상 데이터를 「RGB」에서 「그레이스케일」, 「UInt8」에서 「Float32」로 변경한다.
그레이스케일의 계산식은 「Red*0.3+Green*0.59+Blue*0.11」이다.

```
//UIImage을 다차원 배열로 변환
func image2inputData(_ image: UIImage, size: CGSize) -> Data? {
    let cgImage = image.cgImage!

    //CGImage 리사이즈와 RGBA Data로 변환
    let rgbaData = self.cgImage2rgbaData(cgImage, size: size)!

    //RGBA Data를 그레이스케일 Data로 변환
    var r: Float = 0
    var g: Float = 0
    var b: Float = 0
    let inputData = NSMutableData()
    for pixel in rgbaData.enumerated() {
        if (pixel.offset % 4) == 0 {r = Float(pixel.element)}
```

```
    if (pixel.offset % 4) == 1 {g = Float(pixel.element)}
    if (pixel.offset % 4) == 2 {
        b = Float(pixel.element)
        var gray: Float32 = Float32(r*0.3+g*0.59+b*0.11)  ←그레이 스케일로 변경
        inputData.append(Data(bytes: &gray, count:4))  ←Float32로 변경
    }
  }
  return inputData as Data
}
```

안드로이드 소스 코드의 변경

안드로이드 소스 코드의 변경점은 다음과 같다.

◎ 클라우드 모델 소스와 로컬 모델 소스의 이름

「image_classiflcation.tflite」의 프로젝트로의 추가와 Firebase로의 호스트를 실행한 후, 클라우드 모델 소스의 이름을 「image_classiflcation」, 로컬 모델 소스의 이름을 「local_image_classiflcation」, 리소스명을 「image_classiflcation」으로 변경한다.

```
//클라우드 모델 소스 등록
FirebaseCloudModelSource cloudSource =
   new FirebaseCloudModelSource.Builder("image_classification")
     ← 클라우드 모델 소스 이름변경
   .enableModelUpdates(true)
   .setInitialDownloadConditions(conditions)
   .setUpdatesDownloadConditions(conditions)
   .build();
FirebaseModelManager.getInstance().registerCloudModelSource(cloudSource);

//로컬 모델 소스 등록
FirebaseLocalModelSource localSource =
   new FirebaseLocalModelSource.Builder("local_image_classification")
     ← 로컬 모델 소스 이름변경
   .setAssetFilePath("image_classification.tflite")  ← 리소스 명 변경
   .build();
FirebaseModelManager.getInstance().registerLocalModelSource(localSource);

//커스텀 모델 검출기 생성
try {
```

```
    FirebaseModelOptions options = new FirebaseModelOptions.Builder()
      .setCloudModelName("image_classification") ← 클라우드 모델 소스 이름 변경
      .setLocalModelName("local_image_classification") ← 로컬 모델 소스 이름 변경
      .build();
    interpreter = FirebaseModelInterpreter.getInstance(options);
  } catch (FirebaseMLException e) {
    android.util.Log.d("debug",e.getLocalizedMessage());
  }
```

### ◎ 클래스 라벨 파일

클래스 라벨 파일도 바꿔넣는다. 앞서 언급한 「9-6-4 iOS 소스 코드의 변경」의 내용을 참조한다.

### ◎ 모델의 입력 형식과 출력 형식

모델의 입력 형식을 「Float32」의 「[1, 28, 28, 1]」, 출력 형식을 「Float32」의 「[1, 10]」으로 변경한다.

```
//모델 입력 형식과 출력 형식 지정
FirebaseModelInputOutputOptions inputOutputOptions =
  new FirebaseModelInputOutputOptions.Builder()
    .setInputFormat(0, FirebaseModelDataType.FLOAT32, new int[]{1, 28, 28, 1})
        ← 모델 입력 형식 변경
    .setOutputFormat(0, FirebaseModelDataType.FLOAT32, new int[]{1, 10}) ←
모델 출력 형식 변경
    .build();

//모델 입력 데이터 생성
float[ ][ ][ ][ ] input = image2inputData(image, new Point(28, 28)); ← 모델 입력
형식 변경
FirebaseModelInputs inputs = new FirebaseModelInputs.Builder()
  .add(input)
  .build();
```

### ◎ 검출 결과 데이터형

검출 결과의 데이터형을 「Float」의 배열로 변경한다. byte의 비율은 「0~255」였지만 Float의 비율은 「0.0~1.0」이므로 비율 계산도 변경한다.

```
// 검출 결과 획득
float[ ][ ] output = outputs.getOutput(0); ← float로 변경

//outputs를 HashMap로변환
Map<Integer, Integer> hashMap = new HashMap<>();
float[ ] inArray = output[0]; ← float로 변경
for (int i = 0; i < inArray.length; i++) {
   hashMap.put(i, (int)inArray[i]);
}

// 신뢰도순으로 정렬
List<Map.Entry<Integer,Integer>> entries =
   new ArrayList<>(hashMap.entrySet());
Collections.sort(entries, new Comparator<Map.Entry<Integer,Integer>>() {
   @Override
   public int compare(Map.Entry<Integer,Integer> entry1,
      Map.Entry<Integer,Integer> entry2) {
      return (entry2.getValue()).compareTo(entry1.getValue());
   }
});
String text = "\n";
for (int i = 0; i < Math.min(3, entries.size()); i++) { //상위 3건
   Map.Entry<Integer,Integer> s = entries.get(i);
   int index = s.getKey(); //Index
   int accuracy = (int)((float)s.getValue()*100f); //신뢰도 ← 비율계산 변경
   text += String.format("%s : %d%%\n", labels[index], accuracy);
}
final String str = text;
```

## ◎ 입력 데이터

화상 데이터를 「RGB」에서 「그레이스케일」, 「byte」에서 「Float」으로 변경한다. 그레이 스케일의 계산식은 「Red*0.3+Green*0.59+Blue*0.11」이다.

```
//Bitmap을 다차원배열로 변환
private float[ ][ ][ ][ ] image2inputData(Bitmap image, Point size) { ←
float으로 변경
   //Bitmap 리사이즈와 RGBA int 배열로 변환
   int[ ] rgbaData = cgImage2rgbaData(image, size);

   //RGBA int배열을 그레이스케일 float배열로 변환
   float[ ][ ][ ][ ] inputData = new float[1][size.y][size.x][1];
   for (int i = 0; i < rgbaData.length; i++) {
```

```
        float r = (float)Color.red(rgbaData[i]);
        float g = (float)Color.green(rgbaData[i]);
        float b = (float)Color.blue(rgbaData[i]);
        float gray = r*0.3f+g*0.59f+b*0.11f;
        inputData[0][i/size.x][i%size.x][0] = gray;  ← 그레이 스케일로 변경
    }
    return inputData;
}
```

# APPENDIX A

# iOS 개발 환경 구성하기

iOS 개발에 앞서 가장 먼저 해야할 일은 개발 환경을 세팅하는 것이다. iOS는 Xcode를 사용해서 개발할 수 있으며 Objective-C 또는 Swift 프로그래밍 언어를 사용하여 iOS 플랫폼을 위한 애플리케이션을 개발하는 데 필요한 도구 및 API를 제공한다.

Xcode는 다음을 수행하기 위해 사용할 수 있는 IDE(Integrated Development Environment : 통합 개발 환경)이다.

- 테스트 디바이스 관리
- iOS 시뮬레이터 사용
- iOS 디바이스에 앱 설치
- 개발, 디버그, 성능 테스트 등

Xcode는 App Store 및 홈페이지를 통해 다운받을 수 있다(A-2 참조). 실제 다운로드를 받기위해서는 애플 계정이 필요하니 없는 분들은 계정 생성 후 진행하기 바란다.

# A-2 Xcode 설치하기

## A-2-1 App Store를 이용하여 설치하기

1. App Store에서 Xcode 검색

2. 검색 결과에서 Xcode 선택

3. 검색 결과에서 검색되지 않는 경우 왼쪽 메뉴에서 개발을 선택하여 다운로드 가능 (부록 그림 A–1. 참고)

4. 받기 버튼 클릭

5. 자동으로 다운로드와 설치가 진행된다. 네트워크 상황에 따라 시간이 많이 걸릴 수 있다.

6. 설치가 완료되면 열기 버튼을 클릭하여 Xcode를 실행

7. Xcode와 함께 설치되는 SDK의 라이선스에 동의하는지 물어본다.

8. Agree 버튼 클릭

9. SDK와 명령어 라인 도구(Command Line Tools)를 자동으로 다운로드 후 설치한다.

10. 설치가 완료되면 자동으로 실행된다.

▲ 부록 그림 A– 1 App Store를 이용한 Xcode 설치

▲ 부록 그림 A-2 App Store에서 버전 기록 확인하기 1

▲ 부록 그림 A-3 App Store에서 버전 기록 확인하기 2

A-2-2 **Apple 홈페이지를 이용하여 설치하기**

기본적으로 App Store에서 설치가 가능하지만, 버전마다 지원가능한 Mac 운영 체제가 다르기 때문에 필요에 따라서 이전 버전을 찾아 설치 하도록 한다.

이러한 경우 Xcode 설치를 위해 developer.apple.com 계정 생성이 필요하다.

- Xcode 다운로드 사이트

  https://developer.apple.com/xcode/download/

▲ 부록 그림 A-4 애플계정 로그인 화면

▲ 부록 그림 A-5 다운로드 화면

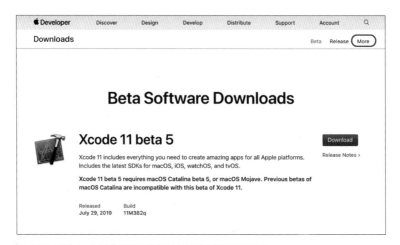

▲ 부록 그림 A-6 다운로드 화면에서 이전 버전 찾아가기

▲ 부록 그림 A-7 버전기록 참고하여 유저 OS 환경에 어울리는 버전 검색 및 다운로드하기

▲ 부록 그림 A-8 Xcode 설치하기

▲ 부록 그림 A-9 Xcode 설치완료

Xcode는 애플이 개발한 OS X의 개발 툴 모음이다. 3.2 버전은 맥 OS X 10.6에 포함되어 있으나 자동으로 설치되지는 않는다. 이전의 버전의 맥 OS X에서는 3.2를 지원하지 않기 때문에 옛 버전을 Apple Developer Connection에서 무료로 받을 수 있다. Xcode의 주 프로그램은 같은 이름의 통합 개발 환경이다. 여기에는 애플 개발자 문서와 그래픽 인터페이스를 만드는 데 쓰는 인터페이스 빌더가 포함되어 있다.

Xcode는 자유 소프트웨어인 GCC의 수정된 버전(GCC, apple-darwin9-gcc-4.2.1, apple-darwin9-gcc-4.0.1)을 포함하고 있고 코코아, 카본, 자바에 대한 다양한 프로그래밍 모델을 포함하여 C, C++, 포트란, 오브젝티브-C, 오브젝티브-C++, 스위프트, 자바, 애플스크립트, 파이썬, 루비를 지원한다. 서드 파티로 GNU 파스칼[1], 프리 파스칼[2], 에이다[3], C 샤프[4], 펄[5], 하스켈[6], D를 지원한다. Xcode는 디버거의 백엔드로 GDB를 사용한다.

# A-4 Xcode 사용하기

## A-4-1 프로젝트 작성하기

메뉴에서 「File」 -〉 「New」 -〉 「Project…」 순으로 선택한다.

▲ 부록 그림 A-10 Project 시작하기

템플릿(Template) 선택 화면이 나오면 「iOS」 → 「Single View …」를 선택
한 후에 「Next」를 클릭한다. 여기에서는 여러 템플릿 중에서 「Single View
Application」를 선택한다.

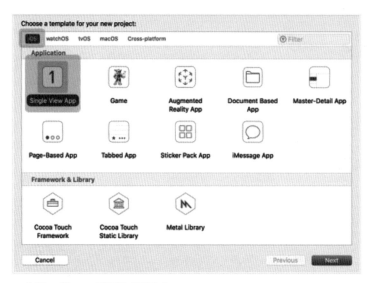

▲ 부록 그림 A-11 템플릿 선택하기

다음 설명을 참고하여 새 프로젝트의 각 항목을 설정한다.

- Product Name : TestApp과 같이 프로젝트명 기입
- Team : Xcode에서 생성가능. 설정하지 않는 경우 에러가 발생한다.
- Organization Name : 임의 선택 가능
- Organization Identifier : 아래 Bundle Identifier 결정에 영향을 주므로 공개시에는 주의해서 선택해야 하지만, 비공개로 하는 경우에는 적당한 값으로 기입한다.
- Language : 개발 언어가 Swift인지 Objective-C인지를 선택한다. 처음 사용하는 경우에는 Swift를 추천한다.

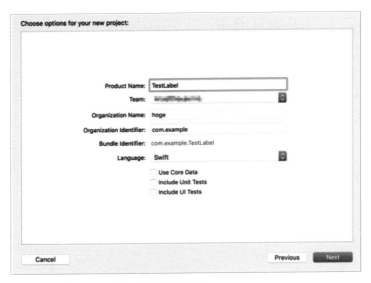

▲ 부록 그림 A-12 프로젝트 항목 설정하기

마지막으로 프로젝트의 저장 위치를 적절히 지정해준다. Team란이 None일 경우 Status 에러가 발생하므로 그러한 경우 등록한 Apple ID를 Team에 입력한다.

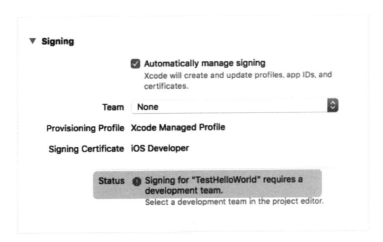

▲ 부록 그림 A-13 Team란  미기입에 따른 에러 화면

Xcode 개발화면 구성

Xcode가 정상 기동한다면 드디어 앱 개발 준비가 되었다고 할 수 있다. Xcode의
개발 화면은 다음과 같이 5개의 영역으로 나뉘어져 있다.

- Toolbar
- Navigator area
- Editor area
- Utility area
- Debug area

▲ 부록 그림 A-14 Xcode 개발화면 구성

A-4-3 앱 빌드 및 실행하기

간단히 테스트 앱을 작성해보자. 아무런 코드 작성 없이도 빈 화면인 앱을 작성
할 수 있다.

Xcode 왼쪽 위에 있는 삼각형의 그 오른쪽의 iOS Simulator를 확인하여
Simulator를 「iPhone xx」로 설정하고 삼각형 버튼을 클릭해 보자.

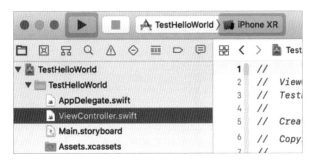

▲ 부록 그림 A–15 Xcode에서 앱 빌드 및 실행하기 1

잠시 후 정상적으로 Simulator가 기동한다. 참고로 「Window」 메뉴에서
「Physical Size」를 선택하여 화면 크기 조절을 할 수 있다.

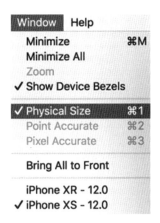

▲ 부록 그림 A–16 Xcode에서 앱 빌드 및 실행하기 2

▲ 부록 그림 A-17 Xcode에서 앱 빌드 및 실행하기 3

지금까지 간단히 iOS 개발 환경 준비에 대해 알아 보았다. 그외 API 참고 자료, 샘플 코드와 같은 다양한 자료에 대해서는 아래 주소를 통해 보다 자세히 알아 볼 수 있다.

- 애플 개발자 사이트
  https://developer.apple.com/kr/
- 애플 개발자 프로그램
  https://developer.apple.com/kr/programs/

# APPENDIX B

# Android 개발 환경 구성하기

# B-1 　Android 개발 환경 설치준비

Android 개발은 전용 통합 개발 환경(IDE)인 안드로이드 스튜디오를 통해 이루어지며 설치를 위한 시스템 요구사항은 아래와 같다.

- OS 버전 : 윈도우: 7/8/10

  맥 OS X: 10.10 이상

  리눅스: 64비트(32비트 호환) 배포판의 GNOME 또는 KDE 데스크톱 환경과 GNU C Library(glibc) 2.19 이상 필요
- RAM : 3 GB RAM 최소, 8 GB RAM 권장; + 1 GB(안드로이드 에뮬레이터용)
- 디스크 공간 : 4 GB 이상의 디스크 공간 권장, 최소 2 GB 필요(IDE 500 MB + 안드로이드 SDK 1.5 GB)
- 화면 해상도 : 1280x800 이상

# B-2 　Android Studio 설치하기

## B-2-1 　윈도우 환경에서 설치하기

Android Studio를 윈도우에 설치하려면 다음 단계를 진행한다.

- 설치 파일 다운로드

  https://developer.android.com/studio/index.html?hl=ko
- 다운로드한 .exe 파일을 실행
- 설치 마법사의 안내에 따라 Android Studio와 필요한 SDK 도구를 설치

일부 윈도우 시스템에서는 JDK가 설치된 위치를 런처 스크립트가 찾지 못하는 경우가 있으므로 이 문제가 발생하면 올바른 위치를 나타내는 환경 변수를 설정해야 한다.

Start 메뉴 〉 Computer 〉 System Properties 〉 Advanced System Properties 를 선택한 다음 Advanced 탭 〉 Environment Variables를 열고 JDK 폴더

(예: C:\Program Files\Java\jdkx.x.x_xx)를 가리키는 새 시스템 변수 JAVA_
HOME을 추가한다.

▲ 부록 그림 B-1 다운로드한 exe 파일 실행하기(스튜디오 설치)

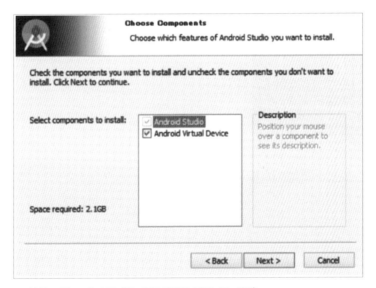

▲ 부록 그림 B-2 스튜디오 설치 1(설치 컴포넌트 선택)

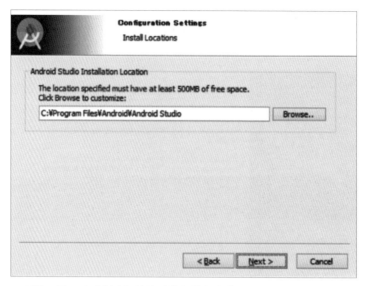

▲ 부록 그림 B-3 스튜디오 설치 2(설치 위치 지정)

▲ 부록 그림 B-4 스튜디오 설치 3(스튜디오 설치 완료)

▲ 부록 그림 B-5 기존 설정 가져올지 여부를 선택(처음인 경우)

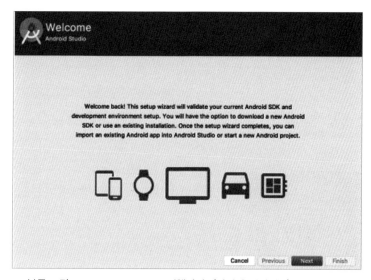

Welcome

Android Studio

Welcome back! This setup wizard will validate your current Android SDK and development environment setup. You will have the option to download a new Android SDK or use an existing installation. Once the setup wizard completes, you can import an existing Android app into Android Studio or start a new Android project.

▲ 부록 그림 B-6 Set Up Wizard 진행하기 1(마법사 시작하기)

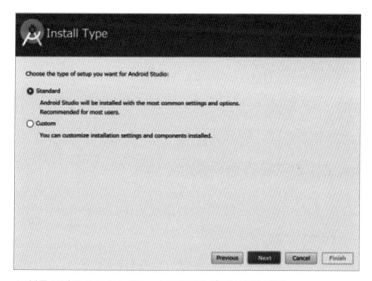

Install Type

Choose the type of setup you want for Android Studio:

Standard
Android Studio will be installed with the most common settings and options.
Recommended for most users.

Custom
You can customize installation settings and components installed.

▲ 부록 그림 B-7 Set Up Wizard 진행하기 2(설치 타입 지정)

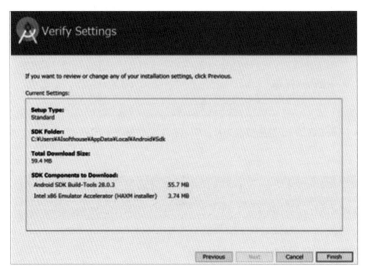

▲ 부록 그림 B-8 Set Up Wizard 진행하기 3(기본 설정값 설정 완료)

▲ 부록 그림 B-9 Set Up Wizard 진행하기 5(설치 완료 후 Android Studio Top 화면 확인)

### B-2-2 Mac OS 환경에서 설치하기

Android Studio를 Mac에 설치하는 경우 다음 단계를 참고하여 진행한다.

- 설치 파일 다운로드

  https://developer.android.com/studio/index.html?hl=ko

- 다운로드한 dmg 파일을 설치
- Android Studio를 Applications 폴더에 끌어다 놓은 다음, Android Studio를 시작
- 이전의 Android Studio 설정을 가져올지 여부를 선택한 다음, OK를 클릭
- Android Studio Setup Wizard가 나머지 설정을 안내한다.

**주의** JDK 1.8을 사용할 경우 Mac에서 Android Studio의 안정성 문제가 있는 것으로 알려져 있으므로 이 문제가 해결될 때까지는 JDK를 구버전(1.7 등)으로 다운 그레이드하여 진행할 수 있다.

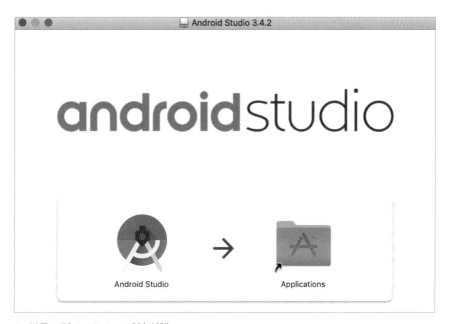

▲ 부록 그림 B-10 dmg 파일 실행

▲ 부록 그림 B-11 기존 설정을 가져올지 여부를 선택(처음인 경우)

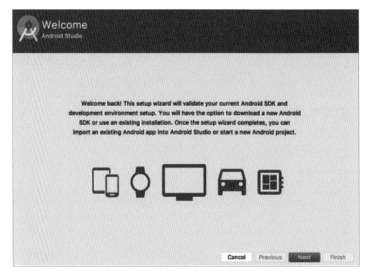

▲ 부록 그림 B-12 Set Up Wizard 진행하기 1(마법사 시작하기)

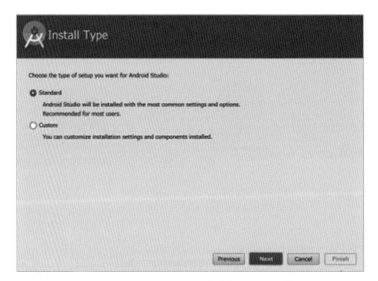

▲ 부록 그림 B-13 Set Up Wizard 진행하기 2(설치 타입 지정)

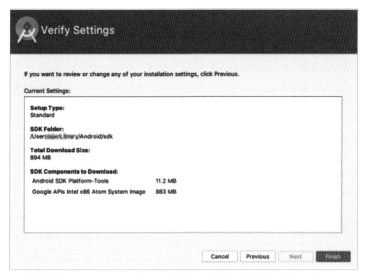

▲ 부록 그림 B-14 Set Up Wizard 진행하기 3(기본 설정값 설정완료)

# Android Studio

Version 3.4.2

+ Start a new Android Studio project

📂 Open an existing Android Studio project

↳ Check out project from Version Control ▼

📱 Profile or debug APK

↙ Import project (Gradle, Eclipse ADT, etc.)

📱 Import an Android code sample

⚙ Configure ▼    Get Help ▼

▲ 부록 그림 B-15 Set Up Wizard 진행하기 4(설치 완료 후 Android Studio Top 화면확인)

## B-2-3 업데이트

개발 환경의 업데이트는 새로운 도구와 기타 API가 나오게 되면, Android Studio가 팝업으로 알려준다. 또는 윈도우는 Help 〉 Check for Update 를 통해, Mac OS의 경우 Android Studio 〉 Check for Update를 클릭하여 업데이트를 확인할 수 있다.

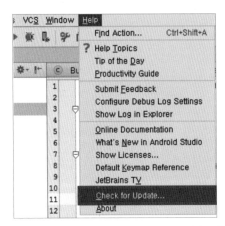

▲ 부록 그림 B-16 윈도우 환경에서 업데이트 확인하기

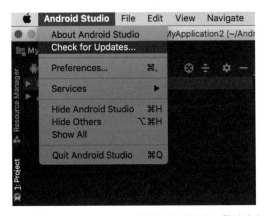

▲ 부록 그림 B-17 Mac OS 환경에서 업데이트 확인하기

**574** 머신 러닝, 딥 러닝 실전입문

# B-3 Android 프로젝트 생성하기

## B-3-1 Android Studio Top에서 생성하기

Start a New Android Studio project를 클릭하여 새로운 프로젝트를 생성한다.

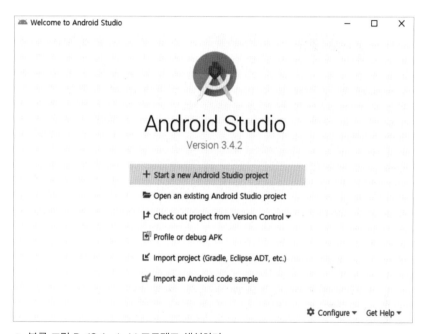

▲ 부록 그림 B-18 Android 프로젝트 생성하기

프로젝트를 열었던 적이 있었다면 메뉴에서 File > New > New Project를 선택
하여 새로운 프로젝트를 생성할 수 있다.

## B-3-2 액티비티 선택하기

프로젝트에 추가할 액티비티로 Empty Activity를 선택한다.

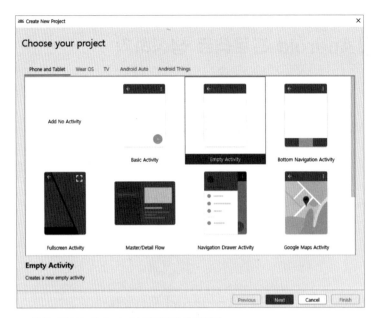

▲ 부록 그림 B-19 Android 액티비티 추가하기

Empty Activity는 최소한의 구성요소만 포함된 레이아웃 파일과 코드 파일이 생성된다.

최소한의 템플릿을 사용하여 처음부터 작업해야 할 경우 사용한다. 다음 두 개의 파일이 생성된다.

- ConstraintLayout 에 TextView 하나가 추가된 XML 레이아웃 파일(확장자 xml)
- onCreate 메소드만 추가되어 있는 액티비티 클래스가 포함된 자바 코드 파일(확장자 java)

## B-3-3 앱 이름과 패키지 이름 입력하기

앱의 이름(Name)과 패키지 이름(Package name)을 입력한다. Name의 첫 번째 글자는 대문자여야 한다.

이전에 있었던 company domain 항목이 사라졌으므로 Package name 항목에 역순으로 프로젝트 이름 앞에 붙여줘야 한다.

예를 들어 com.example 대신에 com.test.test라고 입력한다. myapplication 은 프로젝트 이름을 변형하여 자동으로 입력되는 이름이다.

한 번 정해 놓으면 다음 번 프로젝트 생성시에도 계속 같은 이름으로 적용된다.

**주의** Package name은 앱의 고유 식별자로 사용되기 때문에 구글 플레이스토어에 앱을 등록할 때 기존 것들과 중복되면 안된다.

Minimum API Level 항목에서 앱을 실행할 최소 SDK를 선택한다.

예를 들어 최소 SDK로 API 15 (Android 4.0.3)을 지정하면 API 15 미만의 안드로이드 OS를 사용하는 안드로이드 디바이스에서 설치 및 동작하지 않는다.

어떤 버전을 선택해야 할지 결정할 때 Help me choose를 클릭하면 버전별로 사용되는 디바이스 비율을 보여준다.

Use androidx.* artifacts가 체크된 상태로 비활성화 되어있다. 기존 support 라이브러리는 지원이 중단된다고 하니 대신 androidx를 사용한다.

import 시 support 라이브러리 대신에 androidx를 사용하면 된다. 그 외에는 별 차이 없이 사용가능하다.

androidx 관련해서 에러가 나는 경우 아래 링크에서 해당 패키지를 찾아서 androidx용으로 바꾸어주면 해결된다.

- https://developer.android.com/jetpack/androidx/migrate

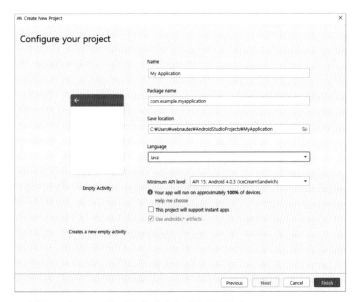

▲ 부록 그림 B-20 앱 이름과 패키지 이름 입력하기

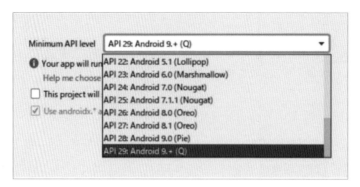

▲ 부록 그림 B-21 타겟 설정

Android 디바이스에서 앱 실행하기

그럼 정상적으로 빌드 및 실행이 되는지 Hello World를 에뮬레이터에 출력해 보자. 이미 Empty Activity로 프로젝트를 작성했으므로 어느정도 설정과 샘플코드가 입력되어 있다.

메뉴 아래에 있는 삼각형의 아이콘을 클릭해서 실행한다. 또는 Run 〉 Run 'app'으로도 가능하다.

▲ 부록 그림 B-22 실행 아이콘

함께 실행시킬 Device를 선택하는 다이얼로그가 표시되는데 처음에는 에뮬레이터의 이미지가 준비되어 있지 않으므로 〈none〉으로 되어 있다.

「Create New Virtual Device」로 새롭게 작성한다.

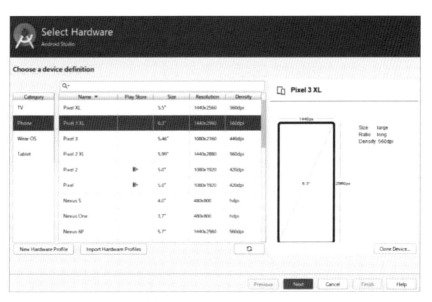

▲ 부록 그림 B-23 Create New Virtual Device 설정하기

왼쪽 탭에서 「Phone」을 선택하고 Pixel 3 XL로 작성해 보자. 그리고 계속해서 「Next」를 선택한다.

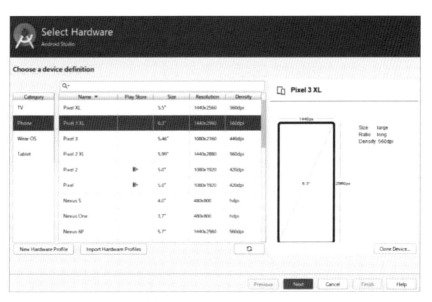

▲ 부록 그림 B-24 디바이스 선택

에뮬레이터는 처음 SDK 설정시 다운로드한 이미지만 바로 사용할 수 있다. 그외의 것들은 「Download」해야 한다. 여기서 바로 추가할 수 있지만 개당 약 1GB 가까이 되는 크기이므로 각자 주의해서 진행하도록 한다. 이번에 사용하는 예에서는 Q API 29, x86_64, Android 9.+(Google APIs)를 사용한다.

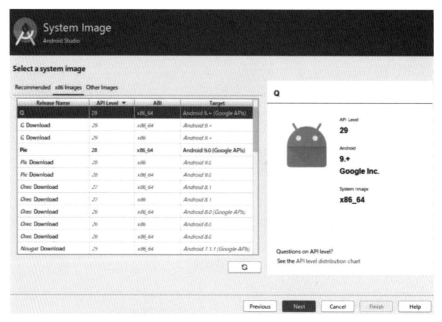

▲ 부록 그림 B-25 시스템 이미지 설정

AVD Manager를 이용한 상세 설정이 가능하지만 이번에는 AVD Name을 알기 쉽게 설정 후 「Finish」로 종료한다.

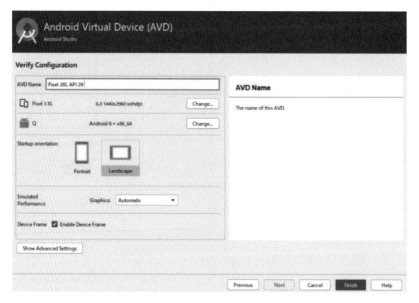

▲ 부록 그림 B-26 AVD 설정 완료

이렇게 설정 완료 후 리스트에 등록된 에뮬레이터를 선택한 후 「OK」를 클릭한다.

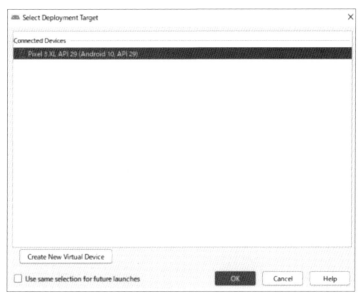

▲ 부록 그림 B-27 타겟 에뮬레이터 선택

다음과 같이 에뮬레이터 기동 후 Hello World를 확인할 수 있다.

▲ 부록 그림 B-28 Hello World 표시

# ◆ 찾아보기